奔富交易策略

战胜不确定性的趋势交易通则

THE UNIVERSAL TACTICS OF
SUCCESSFUL TREND TRADING
FINDING OPPORTUNITY IN UNCERTAINTY

[澳] 布伦特·奔富 著　金鞠 译
BRENT PENFOLD

本书是《交易圣经：穿越各类投资市场的通则》的姊妹篇，延续了作者在《交易圣经》中的写作风格，为所有志在从事交易的读者提供了一份详细的交易系统构建解决方案。本书在《交易圣经》归纳的资金管理方法之外，系统整理并归纳了趋势交易的各种方法与原则，并对这些原则做了市场测试与验证，对于投资者来说，可以根据本书尝试构建自己的趋势交易策略与系统。本书内容主要分为四部分：第一部分探讨趋势交易的优势；第二部分介绍广受业界欢迎的几种趋势交易策略；第三部分探讨如何衡量趋势交易风险；第四部分介绍趋势交易者常见的错误，以及如何避免这些错误。

Brent Penfold. The Universal Tactics of Successful Trend Trading: Finding Opportunity in Uncertainty.

ISBN 978-1-119-73451-2.

北京市版权局著作权合同登记　图字：01-2023-4932 号。

图书在版编目（CIP）数据

奔富交易策略：战胜不确定性的趋势交易通则 /（澳）布伦特·奔富（Brent Penfold）著；金鞠译．北京：机械工业出版社，2024. 12. -- ISBN 978-7-111-77321-4

Ⅰ. F830. 9

中国国家版本馆 CIP 数据核字第 20250KL045 号

机械工业出版社（北京市百万庄大街 22 号　邮政编码 100037）

策划编辑：顾　煦　　责任编辑：顾　煦　牛汉原

责任校对：张勤思　杨　霞　景　飞　　责任印制：李　昂

河北宝昌佳彩印刷有限公司印刷

2025 年 4 月第 1 版第 1 次印刷

170mm × 230mm · 27.25 印张 · 1 插页 · 372 千字

标准书号：ISBN 978-7-111-77321-4

定价：109.00 元

电话服务

客服电话：010-88361066

010-88379833

010-68326294

网络服务

机　工　官　网：www.cmpbook.com

机　工　官　博：weibo.com/cmp1952

金　　书　　网：www.golden-book.com

机工教育服务网：www.cmpedu.com

献给我美丽的家人，卡蒂亚、博和波士顿，

这是我做过的最好的三笔交易。

| 致谢 |

我想对所有购买过我的前作——《交易圣经》（*The Universal Principles of Successful Trading*，简称 *UPST*）[㊀] 的读者表示感谢。

如果你也是读者之一，那么非常非常感谢你！

如果你还不是读者之一，我还是非常感谢你买了本书！

本书的诞生，全靠 *UPST* 的成功。

自 2010 年出版以来，*UPST* 已被翻译成波兰语、德语、韩语、日语以及简体中文和繁体中文，成为国际畅销书。

若不是因为前作的成功，作为姊妹篇的本书可能永远也无法问世。

因此，非常感谢所有帮助 *UPST* 取得今天的成功的交易者。

㊀ 已由机械工业出版社出版，书名为《交易圣经：穿越各类投资市场的通则》。

| 前言 |

□ 系好安全带

本书的主题，是关于实用的趋势交易分析。

不过，等等。在你决定尝试趋势交易或继续趋势交易之前，你首先需要做一点快速的回顾和自我分析，以确定你是否适合它。如果你内心深处确实不适合趋势交易，继续阅读本书就毫无意义了。因此，在开始之前，你要先斟酌一番。

现在，如果在你快速自省后，你认为趋势交易不适合你，那么不必介意，因为这是你对自己以及资本账户和家庭方面诚实、负责的表现。

不过，若你决定要去做趋势交易，并且你坚持执行，那么好吧，最终你是会得到回报的。然而，这里的关键字是“坚持”。趋势交易虽然概念上简洁，但实际操作相当复杂。你需要学会忍受它的不适感。交易之旅，不会是没有颠簸的平稳旅程。但如果你坚持下去，并且保持理智，最终你会得到回报。所以，不如系好安全带，让我带你快速浏览一下专业的趋势交易的世界。

□ 关于趋势交易的第一个也是最重要的事实

让我从不适感说起。无可否认，趋势交易是痛苦的。是的，我说的是痛苦，大写“M”的“痛苦”。㊀

趋势交易的痛苦在于，你可能会有超过三分之二的交易以亏损结束，你要亏损很久才能获得几次盈利，然后是更长时间的亏损。如果你还没有被劝退，那么你需要注意以下几点：

- 你不能为了追求短期快速的利润而交易。
- 你不能为了证明你的市场分析是正确的而交易。
- 你不是为了在市场上做点什么的冲动或兴奋感而交易。
- 你应根据自己对市场趋势的判断进行交易，即使这些判断有时可能不准确。你要学会适应。
- 你只是为了获得预期收益而交易，而不是为了利润。这是对的。
- 预期收益来源于你的盈利交易和亏损交易。是的，确实如此。
- 预期收益只能通过很长一段时间的累积，经历多次亏损和少数盈利才能获得。还记得我提醒过你趋势交易的痛苦吗？

了解并接受这些原则，你将为交易做好准备。

我这么说，不是为了扫你的兴。我这样说是出于实际考虑，向你说明交易的本质。我不希望你开发出一个很不错的趋势交易方法后，却眼看着你在连续 10 次、20 次或 30 次交易失败后将它抛弃。这种情况的确会发生，别以为不会发生。市场的“最大逆境先生”将确保这种情况一定会存在。

记住，趋势交易可能伴随着持续的挑战和压力。交易往往伴随着连续的亏损，这可能非常具有挑战性。你可能需要在相同的市场投资组合中重复

㊀ 痛苦的英文为miserable，作者为了突出痛苦的程度，将首字母大写，为Miserable，这样写更加醒目。——译者注

下单和交易。这是一个不断重复的清洗、重建的循环。它重复、无聊、充满痛苦。你会不断产生损失，有时亏损很多。它更能让人麻木，而不会感到刺激。

然而，尽管面临这些挑战，但它还是有利可图的，有时候利润还相当丰厚。

前提是，你能够挺过动荡时期。在动荡时期生存下来，才能享受美好的交易时光。

你需要采取适当的资金管理策略，确保交易风险相对于风险资本保持在较低水平。你需要确保你的爆仓风险（ROR）为0。也就是说，你需要确保自己在输得起的状态下从事交易活动，既不乱动止损点，也不因为损失而发怒。你需要在困难时期保持坚强，并学会在市场低迷时期保持耐心。但若你按我说的做，最终你将走出低谷，豁然开朗。

如果你开始了这段趋势交易之旅，我希望你记住几个词。

我希望，当你身处所有趋势交易者都经历过的至暗时刻时，你会想起这几个词。当情况已经糟到极点的时候，我希望你能记住，成功的趋势交易的关键就是生存下去，避免爆仓的风险，学会善于接受失败，遵循一个稳健的交易计划。记住，你交易的目的是获得预期收益，而非仅追求短期利润。这种期望需要在长期和大量的交易中实现。这可能需要一整年甚至要几年的时间。这是因为你无法预知哪些市场或何时会产生趋势，但如果你能够在权益曲线波动中保持稳定，在权益达到新的高点时，你将获得回报。

你还愿意做趋势交易吗？

如果你不愿意进行趋势交易，那也没关系。这表明你做出了果断和诚实的决定。

你愿意？很好，欢迎来到这个充满痛苦的趋势交易的世界。我希望你会喜欢我将要和你分享的理念。

□ 如何在交易中赚钱

现在我已经带你快速浏览了一下，你已经冷静地决定上车（记得扣紧安全带），让我们开门见山吧。你读这本书的目的只有一个，这和我写这本书的原因是一样的。你想知道如何在趋势交易中赚钱。

我来告诉你怎么做。

但在我继续本书的旅程时，你要跟紧我。当你读完的时候，你需要独立地验证和确认我说的每一句话的有效性。我告诉你的信息无法直接触及你的灵魂，应该由你通过充分的“躬行”来确立交易的信念。你要挑战人性的弱点，付出足够多的努力。就这么做吧，正确执行下去，你将会得到回报。

祝你好运！

布伦特·奔富

澳大利亚，悉尼

目录

导 言

本书肩负两大目标。

□ 一本现实主义的书

第一，我希望它基于自己的优势而流行于业界。我希望，假以时日它可以被视为是以现实主义和坦诚直率的方式论述趋势交易的一次发声。它能够和趋势交易的理念一样，经受住时间的考验。

□ 一本配套的书

第二，我也希望本书被视为前作——《交易圣经》的必要且值得一读的伴读书目，这是对我在《交易圣经》中详细阐述过的趋势交易的成功之道所做的自然的延伸与补充。

□ 缺失的章节

在《交易圣经》中，我采取了一种整体性的方式来论述交易的过程，它遵循了一系列不可替代的核心原则。原则，适用于所有的交易者，无论他们遵循的市场、合约、时间周期、技术或分析框架如何。交易上最重要的是遵循一套品质优良的操作过程，其次才涉及市场、合约、时间周期、技术和分析框架。

由于前作定位于整体性的论述，书中没有过多纠结交易系统的分析与构建，尽管这是交易中最有趣的部分。书中也几乎没有涉及分析市场结构、辨别适当的开仓架构以及应用合理的交易计划。

前作作为补充性的文本，它未详细探讨市场结构、分析框架、开仓架构的条件、进场、止损、离场等技术，却依然获得广泛流行，这令我大感惊讶。简单来说，它没有专注于交易中最有趣的一面：交易策略的分析、研究、构建、复盘和完善。没有。它专注的是交易中比较枯燥的部分，也就是交易成功的普遍性原则。这些内容对我个人来说是高于一切的，尽管我不否认它有令人乏味的一面。因此本书的重要性虽不如前作，但从内容上将会更有趣。

现在回到主题。

《交易圣经》更加侧重于整体性、理论性。而本书更侧重于趋势交易的实践与指导。本书是《交易圣经》的自然的延伸与补充，我会在本书中展示如何以实践性的方式，将通用的交易原则运用于趋势交易策略的研究、评价与构建。

□ 我的目标

如上文所提及，我的目标在于令本书：

1. 成为一本重要的、坦诚的、有见解的、可行的、有益的书，适合有志从事趋势交易的交易者，因为其自有的优势，经得起时间的考验。
2. 成为《交易圣经》的必要且值得一读的伴读书目，作为前作中缺失的章节。

相应地，它也将专注、聚焦于交易中策略性的一面。它将不再涉及其他趋势交易的普遍原则，因为它们已经在《交易圣经》中得到了充分的论述。

祝我好运吧。

□ 不足以确保成功

请你理解，本书不是一针见效。单靠本书不足以令你锁定长期的交易成功。虽然我坚信这是本好书，但你无法仅看这本书就成为一个成功的、持久的交易者，成为那种经历了无法规避的亏损、下行期、自我怀疑以及所有交易者都耳熟能详的痛苦，却依然坚韧如故的交易者。不，本书不足以使你那样。但是，如果和我的前作《交易圣经》组合阅读，我很有把握它们将把你从持续亏损的交易者改造为长期赢家。如果你还没有开始，那我请求你赶紧开始阅读《交易圣经》（见图 0-1）。

本书仅仅涉及交易成功的普遍性原则中的一个部分，那就是交易策略。如果你希望获得可持续的交易成功，你需要补齐交易原则的剩余短板。

□ 难免有重复

我很抱歉，书中将重复出现一部分《交易圣经》中的内容。

尽管本书的聚焦点范围非常窄，但有时我也需要触及在《交易圣经》中已经详细论述过的其他部分的内容。因此，难免会出现重复的内容。对于你不时将看到的重复内容，我在此道歉。但请你理解我的重复是有必要的，是为了更好地解释、强调、支持我将要提出的论点。我绝不会为了凑字数而重复。实际上，由于本书的定位是《交易圣经》的补充材料，我还希望这本“手册”能够尽量轻薄一些。

□ 照顾不同经验层次的读者

我希望本书对所有交易者都有贡献。

《交易圣经》

准备	启蒙	交易风格	市场	三大支柱	交易
最大逆境 情绪导向 随机市场 财务边界 善输者赢 风险管控 交易伙伴 输家游戏	避免爆仓风险 善输者赢 资金管理 圣杯=期望×机会 简单 支撑、阻力位 涉足众人不敢去的地方测试	风格 趋势交易 波段交易 时间周期 日内 短期 中期 长期	特点 单一市场 多个市场	交易三大支柱 资金管理 策略 心理 资金管理 固定风险 固定资本 固定比率 固定单位 威廉斯固定风险 固定比例 固定波幅	统合一切要素 监控表现 正向强化 资金曲线
				策略 方法–主观交易 机械交易 策略 =开仓+交易计划+验证 开仓 分析–市场理论 交易的潘多拉宝盒 星相学 周期 道氏理论 波浪理论 斐波那契 分型 几何学 指标 市场轮廓 形态 季节性 统计 威廉·江恩 交易计划 进场+止损+离场	本书只涵盖了《交易圣经》的这一部分
				验证 测试（30次电邮模拟交易） 交易心理 管理希望、贪婪、恐惧和痛苦	

真像学校，有这么多要学的

图 0-1　本书还不足以让你在交易中取得成功，你还需要掌握《交易圣经》中涉及的知识

对于交易的新手来说，有好消息也有坏消息。坏消息是，我将提供大量的信息，注意是大量，所以阅读时需要专心。好消息是，你同时将获得大量的有用的信息。

对于更有经验的读者来说，我希望本书传递的理念能引起你的共鸣，要么令你更加确信你所掌握的知识，要么鼓励你重新审视和研究自己的知识体系，并认真思考我所分享的理念。

□ 要证据，不要观点和传闻

本书中，我坚持有一份证据说一份话。不要观点，也不要传闻。当前，绝大多数与交易有关的已经出版、表达或描述的内容，都是基于作者、出版人、编辑的观点，并辅以精心选择的图表案例。不幸的是，这些观点经不起仔细的推敲检验。

本书中，我倾向于只讨论那些可以提炼成清晰、明确的客观规则的观点，只讨论那些可以在适当的软件中进行编码，以回测其历史表现的规则。所有我认为值得探讨的交易理念，我倾向于展示它的历史盈亏表现。

通常，最热情的演讲嘉宾、吸引人的作家或有魅力的演讲者会吸引交易者的注意。许多人把这种人为展示的“自信”当成了真正有价值的、具备可操作性的知识。然而，使用这些影响广泛却结论武断的观点来赚钱，通常是不可能的。不幸的是，正是因为粗糙且缺乏可操作性，这些“复读机”和“扬声器”才得以继续表达自己的观点。缺乏细节就避免了问责环节，这对他们来说是好事。可悲的是，经验不足的交易者往往忽略了缺乏细节的问题，他们将为自己的无知付出交易亏损的代价。他们经常决定第二天做多哪些热门的股票，但不考虑在哪里设置止损，也不考虑交易的期望是什么。

在本书中，我将尝试把交易理念编成代码，无论好或坏，以展示它们的历史盈亏表现。但在此我还应该补充一句重要的提醒，就是任何交易理念的历史表现都不能保证未来依旧如此。

□ 没有新潮、奇异的理念

如果你选择了我的书，想了解一些新的交易理念，很抱歉我要让你失望了，因为我没有。我将与你分享的，不是什么新鲜事。我将分享的理念，也可以从别的书中找到。本书没什么新东西。我仅仅是站在了其他交易前辈的肩膀上。不过，我可以奉告的是，我站在交易巨人而不是那些弱不禁风的人的肩膀上。

所以，很不幸，如果你寻找的是新的交易理念，本书不适合你。

但是，若你寻找的是安全可靠的交易理念，我自认帮得上忙。我将分享一些安全可靠的交易理念。但提前说一声，它们大多数都是你已经了解的。其中一些，特别是有一条理念，古老且简单。实际上，它特别古老且特别简单。这条理念过于古老，又过于浅显，以至于绝大多数交易者都会怀疑它的有用性。对于大多数人来说，古老且简单就意味着不够“新潮”和不具备“可盈利性”，因此不够“有用”。

不过我得告诉你，“古老”和“简单”，其实也是“优良”与“坚韧”的另一种说法。到本书结束的时候（如果届时你还没有放弃阅读），我希望让你相信“古老”和“简单”，在交易中将焕然一新地表现为“新潮”“有用”和“关键”。

我也希望我能够用全新的理念吸引你。一个全新的、带有神秘色彩的理论，能够燃起你对未来更美好、更有盈利可能性的交易生涯的希望，并激活你感觉良好的脑神经递质。但我做不到。再也没有什么比一个全新的、带有神秘色彩的理论，更能助力本书的成功发行。但很不幸，我没有。

我还是喜欢古老且简单的交易理念。

□ 简单才是王道

我喜欢简单的理念，理由是它们很简单。当下，亏损的交易者有太多亏损的理由。但其中的一条理由是，大多数交易者不相信显而易见的理念，也不相信最简单的交易方案。他们不相信交易本可以很简单，所以他们总是寻求全新的、复杂的交易思路的线索和优势。

请相信，简单也是可行的。简单就意味着你避免了“过度的拟合曲线”的陷阱。你避免的是很多有意识、无意识地调整交易策略，使回测曲线过度拟合历史数据表现的陷阱。简单意味着更少的可调节部分，也意味着未来出错的可能性更小。对于我来说，简单在交易中并不意味着“更少”，而是意味着“更多”。我说“更多”，是想表明简单的策略将更加稳健，稳健性是任何策略最重要的特质，没有之一。稳健，才能够经受住时间的考验。稳健性，不仅是为了今天能赚钱，还是为了明天和未来。所以，我要分享的东西很简单。因此，请不要怀疑你即将学到的东西，而要接受它，只因它具备了最大的优点，那就是简单。

所以，若你不是在寻找一个新的理念，仅仅是寻求帮助，希望就交易中真正有效的理念获得相关介绍或者提醒，那么本书可能会悄悄地惊艳你。

□ 不必完美

此外，我将与你们分享的理念也不是完美的。它们确实有亏损的可能。它们也确实经历过低谷期。它们会伤害你，让你迷茫、失望、沮丧，有时甚至是愤怒。但它们有一个优势，就是一个正向的期望。优秀的交易者可以从正向期望的优势中赚钱。

□ 保持真实

本书是为严肃的交易者而写，而不是为眼高手低的人而写。本书讲的是如何在交易中一步步脚踏实地、开拓奋进，而不是揭露所谓的“交易的秘密”，既不兜售虚假的希望，也不发表无稽之谈。它不会告诉你如何在交易中打出“神话般的‘本垒打’”。不，本书是为了让严肃的交易者保持真实。

是的，我要分享给大家的，并不是什么光鲜亮丽的新的理念。是的，我与你分享的东西有时会让你伤痕累累，但这是交易的一部分。交易并不全是阳光和庆祝的击掌。长期成功的交易也会伴随黑暗和不确定的时光。我可以保证，在这些页面之间我将与你分享的内容，有时会让你感到动摇和怀疑，但至少我分享的是真实的、有优势的理念。

□ 成功总会到来

如果你能理解、尊重并接受资金管理的重要性，并理解它作为战胜爆仓风险 ROR 的主要武器之一的重要性，那么我在本书中要与你分享的内容，将帮助你在动荡的全球市场中找到正确的航向。但首先，你需要理解、尊重、接纳和执行我在《交易圣经》中详细阐述过的成功交易的普遍原则。如果你能办到，并且可以将它们与我在后续章节中与你分享的内容结合起来，那么你可能会对你将到达的目的地感到惊喜。你将到达一个我希望是安全的、一个被称为可持续交易的目的地。

□ 我的背景

自从 1983 年作为实习经纪人加入美国银行以来，我从事市场工作已逾 35 年。从我的第一次交易开始，我可能已经尝试了所有的交易技巧。但凡有一本书、一个研讨会、一个工作室或一个软件程序可以帮助我的交易，我就会买它、参加它或安装它。20 世纪 90 年代，我在寻找优势的过程中，感觉自己正在穿过一扇旋转的研讨会大门。我参加了许多颇受好评的研讨会。我参加了拉塞尔·桑兹的海龟研讨会，跟柯蒂斯·阿诺德学习 PPS，跟布赖斯·吉尔摩学习几何，还参加了拉里·威廉斯的百万美元挑战（MDC）研讨会。我到处学习有用的东西，拉里·威廉斯的 MDC 研讨会加强了我对短期机械价格模式的研究。

作为一名交易者，我在一个由全球指数、货币和商品期货组成的投资组合中，交易多个时间框架（短期、中期和长期）的不相关的系统（或算法）趋势和逆趋势策略的投资对象。我的投资组合涉及30多个市场。对于指数期货，我交易SPI、日经指数、恒生指数、Dax指数、Stoxx50指数、富时指数、E-Mini纳斯达克指数和E-Mini标准普尔500指数期货合约。对于货币期货，我交易的主要是兑美元的货币对，其中包括欧元、英镑、日元和瑞士法郎。对于商品期货，我交易的是美国利率、能源、谷物、肉类、金属和软食品市场中三个流动性最强的期货合约。

我几乎每天24小时都在交易我的投资组合，每天都至少有一个期货订单在世界某个地方被触发。

我主要是一个模式交易者。除了使用真实平均波幅和200日移动平均线，我仅仅关注价格本身。请你不要过度解读我使用的200日移动平均线。我使用200天这个参数并没有什么神奇之处。这只是我一直习惯用的一个参数。我甚至不知道它是不是把握主导趋势的最佳参数，我也不关心这一点。在我的交易中，我最不愿意做的就是开始使用“最优化”的参数，因为这是最快通往贫穷的途径之一。请理解，我使用的那些涉及200日移动平均线的策略，并不是直接用它来寻找开仓结构。这些策略不会用它来寻找进场、止损或退出的价格水平。它们仅仅用它来确定主导趋势。

□ 不仅是期货交易

尽管我自己是期货交易者，但请不要以为本书是关于期货交易的。是的，书中很多用来分享和说明想法的例子和投资组合都涉及期货，但这是出于它们对我的便利性。我将在本书中分享的内容，与我在《交易圣经》中所做的类似，主要关注的是良好的交易过程本身，而不是个别市场的选择和工具的选择这些次要问题。本书并不是想让你转向期货。期货只是我比较喜欢的交易工具。你可以有自己偏好的市场和交易的工具。所以，请不要认为这本书的目的是试图把你转变成去参与我所交易的市场和工具。不，我写本书是为了鼓励你首先关注良好的交易过程，而不是任何单个市场、工具、技术或时间框架的选择偏好。本书大多数的例子都涉及期货，我使用期货为例，是因为它对于我来说很方便，仅此而已。

所以请理解，本书主要讲的是良好交易的正确过程，这和你选择的市场、工具还有时间框架无关。在本书中展示的市场和工具仅供说明之用，而在遵循良好的交易原则面前，它们的重要性又变得次要。

□ 通往可持续交易之路

我希望本书能成为你通往可持续交易路上的一块合理的垫脚石。当然，我相信如果本书和我之前的《交易圣经》结合使用，你将很可能到达你的目的地。

在接下来的篇幅里，我有很多内容要和大家分享。我先对将要讨论的内容做一个简要的概述。

第 1 章，我概述了作为交易者，我们要取得成功是多么困难。

第 2 章，我提供了一些关键信息，涉及交易有关的知识、风险、应用和执行。

第 3 章，我将与你分享趋势交易的吸引力，以及为什么你应该认真考虑把它作为你的交易技术。

第 4 章，我简要地介绍了趋势存在的原因。

第 5 章，我分享了关于为什么那么多人在趋势交易中失败的想法。

第 6 章，我回顾了一些不同的趋势交易策略，展示了当前存在的各种技术。

第 7 章，我讨论了在风险调整的基础上衡量策略表现的重要性。

第 8 章，我分享了一个交易者可以用来审查、研发和选择交易策略的工具包。

第 9 章，我以使用工具包来开发一个我认为是明智的、可持续的交易策略的例子来结束本书。

□ 仅仅是一家之言

当你读我的书时，请记住并理解我所写的只是我个人的意见。请不要仅仅因为我写了一些东西，就认为它一定是真的。我当然不是什么交易大师，我也不相信有人能在交易中宣称自己是大师。我只是在写我认为是真实的东西。所以，请不要因为我写的任何内容而感到生气，这只代表我的想法，你完全可以提出不同的意见。我也保证不会生气。我唯一要提醒的是，你需要提供必要的证据来反驳我的立场，这是因为我的想法 / 立场将获得来自历史证据和实际交易经验的支持。所以，如果你发现自己不同意我的观点，那么你需要提供必要的证据来支持你的观点。仅仅依靠直觉或个人观点是不够的。记住，我们的直觉和个人观点通常会被我们的认知偏见所控制，这些偏见可以而且确实会严重影响我们的交易决策。所以要注意了！

正如我所写的只是我的观点，请你理解，我并不是想让你接轨到我的思维方式或交易方式中去。我仅仅是出于想和大家分享我对交易的思考和方法的初心而撰写了这些内容。你如何使用这些理念，取决于你自己的选择。

再提醒一次，请记住不要仅仅因为我写了一些东西，就认为它必然是真的。虽然我发自内心地相信，我写的东西是真的，我也会有证据来支持它，但这并不意味着你就应该以最肤浅的方式接受它是真的。当然，你可以引入我的想法和意见，但记住在市场上真正实施之前，要先经过自己的验证。

□ 条条大路通罗马

我们都知道，有很多条路可以通向罗马。同样在交易中，你需要记住和理解有很多不同的交易方式。我只是向你们展示其中一种方法，我所使用的一种方法。我并不是说我的方法是唯一的方法，也不是说我的方法是最好的方法。我所做的只是展示我经历的交易过程。这并不意味着你必须走同样的路。然而，如果你发现自己在交易之旅中迷失了方向，至少你知道我的方法对你来说是一个可行的选项。

□ 重复

我的写作风格是通过重复来加强观点，所以现在请允许我为你们将要在我的书中看到的重复内容道歉。相信我，我是一个喜欢重复的人。有人批评过我的写作风格和教学方式，但我只希望做对我来说有意义的事情。这就是我做事的方式。我不是专业的教育家或作家。我只是做交易，并且我很乐于在纸上写下我的想法，即使它们有点脱节、循环和重复。我希望我能说几句话就心满意足了（这肯定会让卡蒂亚更开心），然而，这不是我的思维方式。所以，如果重复会让你生气，那么现在请接受我诚挚的道歉。

□ 质疑并验证一切

请不要用最肤浅的方式接受我或其他作者写的观点。当然，你可以接纳你听到的、看到的或读到的所有关于交易的意见和想法，但请你务必保留意见，直到你自己首先质疑并独立验证了这个想法为止。

只有经过你自己的质疑、审查和独立验证，才能证明我或他人的想法是否具有真实性，更重要的是，在你手中是否具有价值。只有通过你自己的努力，你才能判断什么是真实的，什么是虚构的。承担这份工作，你会得到应有的回报。

□ 让我们开始吧

我希望你能接纳我在本书中与你分享的想法，如果你有任何问题，请不要犹豫，通过我的网站联系我。

在你的旅程开始之际，我想讨论我们的生活悖论，对于一个交易者来说，这既是最好的时代，也是最糟糕的时代。你感到困惑吗？好吧，让我热烈欢迎你来到我充满矛盾的交易世界。

| 第1章 |

悖 论

涅槃与绝望

今天，我们生活在一个交易悖论中，对于一名交易者来说，这既是最好的时代，也是最糟糕的时代。

今天，我们的日子从来没有这么好过。随着互联网的出现、高速无线网络的发展以及带有更智能在线交易应用程序的智能手机的普及，交易者可以在任何时间、任何市场、任何交易所买卖几乎任何交易品种。

20 世纪 80 年代初，那时候我还以为戴着数据寻呼机是一种不公平的优势，用现在和那个时候对比，今天感觉已经完全是未来主义，所有的技术魔法都触手可及。

今天，我们有多个在线的、有折扣的经纪人，既有基于网络的，也有基于智能手机应用程序的。我们有廉价的历史数据和实时数据，以及自动交易程序，有多个图表程序，包含数百个指标。我们有多个市场可以交易，从外汇到金融再到大宗商品。我们可以交易多种工具，从期权到认股权证、期货、股票以及 CFD 价差合约。

但交易世界的发展，并未止步于这些可用的电子魔法。

交易者从未有过如此众多、可用的交易知识。今天，有这么多交易理论可以考虑，有这么多交易通讯要订阅，有这么多交易作者要阅读，有这么多金融节目要收听，有这么多交易教育工作者要聆听，有这么多交易研讨会要参加。

真的，现代交易者没有任何失败的理由或借口。这就是最好的时代。

但不幸的是，这也是最糟糕的时代。

为什么？问问大多数交易者就知道了。因为尽管技术和交易知识取得了进步，但今天的大多数交易者仍然亏损。这是一个不幸的情况，超过 90% 的活跃交易者将会失败，就像 20 世纪 80 年代那样，当时我认为戴着数据寻呼机既时髦又有利。所以，对于大多数人来说，这是最糟糕的时代。

这就是我们交易者所处的悖论时代。

令人困惑的时代

这不仅是最糟糕的时代，也是一个令人困惑的时代。这个世界似乎擅长给出混乱和不确定。它抛出了那么多问题，却没有给出多少好的答案。

每当我试图解开世界上的谜题时，通常以头痛告终。有谁知道那些大的宏观问题的答案？我想没有人真的知道。我的意思是，谁能确切地知道欧盟内的国家是否会团结一致？谁知道美国能否控制住自己的债务和赤字？谁知道日本能否找到解决人口问题的办法？谁又知道各国央行是会让货币政策正常化，还是继续供应廉价而充裕的货币？它们是会继续让市场对流动性上瘾，还是会让风险恢复到以前那种受尊重和应有的地位？我当然不知道。

但问题还不止于宏观层面。微观层面的问题也在累积，交易本身也会抛出大量问题。

在数百个可进入的市场中，我们应该在哪些市场交易？我们应该在本地市场还是国际市场交易？我们应该在哪个市场交易：非必需消费品市场、主要消费品市场、能源市场、金融市场、医疗市场、工业市场、信息技术市场、材料市场、金属市场、采矿市场、电信市场、公用事业市场还是大宗商品市场？在每个细分市场中，我们应该选择哪些个体企业或市场？

但问题还不止于此。

我们应该选择哪些工具交易？股票、期权、认股权证、差价合约还是期货？

我们是采用基本面分析还是技术分析，还是两者兼而有之？如果是技术分析，我们应该使用周期、模式、指标、占星术、几何、道氏理论、季节性、市场解析、艾略特波浪理论还是江恩理论？这里还只列举了其中的一部分。

就像我说的，有这么多问题，而且还在不停地产生新问题。

市场是看涨还是看跌？我们应该顺趋势交易还是逆趋势交易？我们应该做短期、中期还是长期的交易？我们应该承担多大的风险？我们应该在哪里进场，在哪里设置止损以及在哪里退出？

就像我说的，有很多问题需要回答，所以今天如此多交易者都这么困惑，就没有什么好奇怪的。

我可以怎样帮到你

我是来帮你的。

但在此之前，我有一个重要的限定条件。我需要让你们知道，我并不了解市场的一切。我希望我知道，但实际上我不知道。我年轻的时候，以为自己什么都懂。随着年龄的增长，我变得更聪明了！所以，坦率地说，我必须告诉你一个不幸的事实：我至少在市场上工作了 35 年，写的《交易圣经》已经有 10 年了，但我仍未掌握关于交易和市场的一切。

然而，我知道你正在寻求答案。

我能做的就是分享我的部分工作。我确实通过交易赚钱了。所以，我能告诉你的是，如果我可以通过交易赚钱，那么你也可以。如果我能在风险可控的情况下获得 20% ～ 30% 的年化收益率，你也可以。可控，这是一个很重要的词。我不是什么拥有独特和独家知识的了不起的交易者。不，我和你一样。或许我比你拥有更多的经验、更多的市场伤疤，但我仍是普通人。我也没有漫威超级英雄的能力或洞察力。我只是一个普通人，一路积累了很多经验，获得了一些知识。

所以，请相信，不管你到目前为止的经验如何，交易的成功是可以实现的。

如何成功交易

我写这本书的原因有且只有一个，那就是向你展示如何以趋势交易的理念赚钱。简单地说，通过趋势交易赚钱取决于对成功交易的普遍真理和原则的理解和接受。你需要阅读、理解、接受和执行成功交易的普遍真理和原则。如果你掌握了普遍真理和原则，利润就会随之而来。它们必然如此。忽视它们，你就只能继续挣扎，没有商量、没有如果、没有啰唆，也没有借口。这适用于所有市场、所有时间框架和所有工具的所有交易者。

关于成功交易的普遍原则，你需要阅读我之前的书——《交易圣经》。

要了解交易的普遍真理，你需要阅读第 2 章。

小结

尽管对于交易者来说，现在既是最好的时代，也是最糟糕的时代，但我相信有一条安全的前进道路，可以帮助你导航到一个明智的目的地。这条路将对回答我们交易者每天必须回答的许多令人困惑的问题大有帮助。这是一条让你在不确定性中找到机会的途径。即使以我有限的知识，我也希望这条路能让你在明智的可持续交易中获得回报。这条道路将从第 2 章开始，在那里我想与你们分享一些关键的信息。

| 第2章 |

关键信息

不吸取历史教训的人，注定会重蹈覆辙。

——温斯顿·丘吉尔（1874—1965）

我希望你们从我的经历中学习。如果我能帮助你避免犯下别人（和我）在过去所犯的错误，那么我肯定能帮助你沿着可持续交易的道路前进。我只需要以一个连贯的顺序将我的想法记录下来。祝我好运吧。

众所周知，90% 以上的活跃的交易者都会亏损。为了避免同样的命运，重要的是你要知道并记住过去。知道了它，你就可以避免重复别人犯过的错误。而交易者擅长一遍又一遍地重复同样的旧错误。为了帮助你避免同样的命运，重要的是停下来回顾一下所有技术分析、交易和市场留下的悲惨案例。

我理解的分享我过去的经验和知识的最好方式，是把它们作为关键信息呈现出来。

这些关键信息代表了我所信奉的核心知识和价值观，并被我强烈地尊奉。如果其中一些冒犯了你，我现在道歉；然而，我只能分享对我来说正确的观念。对于我的交易指南针来说，它们代表着真正的方向。我希望它们也能帮助你引导你的可持续的交易之旅。

我想与大家分享的关键信息可以分为四个方面：

- 知识。
- 风险。
- 应用。
- 执行。

让我们仔细研究。

知识

在你的头脑中，这显然是一切开始的起点。这是你把钥匙插入点火开关之前的那一刻。我的主要关于知识的信息包括：

- 承认并接受每个人都会失败。
- 期待并接受三分之二的亏损。
- 接受技术分析没有什么价值。
- 寻找证据。
- 接受没有人能预测未来。
- 是时候认真起来了。
- 不要将你的想法直接作为交易的依据。

- 请阅读《交易圣经》。
- 成为一个怀疑主义者。
- 0 爆仓风险为王。
- 复合年增长率是女王。
- 唯一的秘诀。
- 接受交易的真相。
- 承认做一个主观交易者是很困难的。
- 跟着聪明的钱走。
- 安慰剂交易者。
- 合理看待指标。
- 最大的过错。

让我们依次来看一下。

□ 承认并接受每个人都会失败

是的，每一个人。即使是交易的赢家，也会输很多次。只要你交易，你就会输。如果你已经在交易，那么你已经知道了我这番话的真实性。

交易中很少有绝对，但一些基本原则是坚定且不可避免的，例如亏损的必然性。我重复一遍：

- 你将在交易中亏损。
- 你将会经常亏损。

所以，你不要花费过多的时间和精力，试图设计能避免所有损失的方法。损失是不可避免的。如果你花费太多的时间和精力试图消除损失，那么你只会造成过度的曲线拟合的问题。这是我将进一步详细讨论的问题，也是你应该不惜一切代价避免的问题。

损失是交易的成本，所以你需要接受它、习惯它，并最终（努力）适应它。

□ 期待并接受三分之二的亏损

本书讲的是趋势交易。我之前提到过一个不可动摇的、无法回避的关于顺趋势交易的现实。平均每 10 次趋势交易中，你可能会损失 6 ～ 7 次。这几乎是一个可以担保的承诺。

如果你不能接受趋势交易有三分之二的时间亏损，那么你就不应该交易。而且，如果你不能顺趋势交易，也不要认为逆势交易或波段交易能够拯救你。逆势交易当然能赚钱，但这并不是最安全的交易方式。最安全的交易方式是顺势交易。是趋势推动了市场，这是所有利润的基础。站在一个不断变化的市场的正确的那一边，是大部分利润的来源。逆势交易很难，获利潜力有限。

你将需要忽略大多数纸上谈兵、虚无缥缈的交易著作。交易并不都是获取盈利和逐渐致富的。你需要接受这样一个现实，交易首先是为了生存，为了避免爆仓风险。交易是为了在市场中活得足够长，在胜利到来的时候享受胜利。交易是为了经历、处理持续发生的亏损和由此引发的低谷期，并从中幸存下来。交易是关于处理低谷期对你的方法造成的疑虑。交易不是为了享受账户的权益新高点带来的短暂阳光体验。交易是要应对经常到来的低谷期，你将在黑暗、阴郁和经常沮丧的孤立的地方自我约束，努力生存。活得足够长，以便在好机会出现时能够享受它们，并实现你理应享受的权益曲线新高点。权益曲线高点很快就会消失，然后再把你拉回低谷期。交易就像一台洗衣机，被设定了不断冲洗和重复的循环程序，置身其中的你经常被抛掷在低谷期和权益曲线新高点之间。

我之所以絮絮叨叨地谈论亏损，是因为这就是趋势交易的现实。虽然交易的概念相对简单，但若你每天与市场接触的常规活动就是不断记录新出现的亏损，事情就一点也不简单了。正如我之前说过的，我倾向于让你意识到趋势交易的挑战，这样你就不会在连续10次、20次或30次亏损后失去信心，放弃你的策略。

□ 接受技术分析没有什么价值

记住过去。请永远不要忘记它。如果你忘了，就会有大麻烦。过去的主角，就是那只叫作技术分析的变色龙。

技术分析尝试利用历史价格数据来预测未来价格走势。有谁不想知道未来价格呢？它是水晶球的终极代表。但要警惕，技术分析存在矛盾：它声称能洞察市场，同时它可能消耗你的资金。

每当你开始审视技术分析的庞大繁杂的领域，你都会发现充斥其中的失败历史。这是一个充斥着虚假的技术、失败的策略、凋零的梦想、毁弃的雄心以及空荡荡的交易账户的杀戮领域。技术分析领域充斥着许多失败的方法和交易策略，你能指望的就是这样的东西。这些方法只在少数被精心挑选的图表上看起来不错。这些经过了过度的曲线拟合、数据挖掘的策略，存在太多过度最优化的变量。没有蕴含任何理性推理的方法，没有一丝证据支持它们在过去曾经有过有效的技术，更不用说在未来能有效。放眼望去，到处都是失败。

不幸的是，技术分析领域的失败相对于它的成功更为出名。超过90%的活跃交易者都在持续亏损，这描绘了一幅相当惨淡的画面。

尽管媒体不断营销炒作，但在技术分析中很难找到真正有实质意义的想法。是的，废墟中确实有装了宝石的口袋，只是它们很难被找到。我最多只能把技术分析的一般领域描述为一种热情的观点。毫无疑问，大多数作者都相信他们写的和分享的东西。毫无疑问，他们展示的例子看起来很权威。唯一的问题是，他们的观点的权威性只能在几张精心挑选的图表上以轶事的方式呈现。他们很少用权益曲线来证明他们的想法的历史表现和模拟表现。

如果是这样，它们通常包含太多过度最优化的变量。不幸的是，我们交易者太过轻信，所以我们相信技术分析的倡导者发出的有说服力的声音，这损害了我们的交易账户和交易灵魂。因此，过度依赖技术分析可能导致悲观的结果。这是你需要意识到的风险。

□ 寻找证据

在技术分析的许多有问题的领域中，你能采取的最好的立场，就是采用基于证据的方法。当然，你可以听或读任何你感兴趣的东西。但在你投入资金之前，你应该首先独立地验证这个想法。你需要收集独立的证据，以证明一个想法或工具在被纳入策略时是具备价值的。

一旦想法被编码，你需要计算它的期望值和你的爆仓风险。如果是0，那么你需要完成一个权益曲线稳定性的评估（详见第5章和第8章），看看你的爆仓风险对变量值的变化有多敏感。如果成功，你需要和你的交易伙伴一起完成一份测试（通过电子邮件进行的30次模拟交易）。

做了所有这些，你将（有望）避免90%的交易者（那些过于相信技术分析而对自己的爆仓风险或策略股票曲线的脆弱性一无所知的交易者）过去所犯下的错误。

你不应完全依赖技术分析作为安全交易的保障。当然，有一些理念是好的，但它们只能代表一个庞大的、充满相互替代和激烈竞争的、甚至有时完全相反的（例如，在第6章里利弗莫尔的反应策略与艾略特的波浪理论）方法集合中的极小一部分。你要想从谷壳中拣出小麦，唯一的方法就是收集证据。

证据要求包括以下几个方面。

- 完整的打包交付的交易策略，清晰无误的规则：
  - 何时交易。
  - 在哪里进场。
  - 在哪里设置止损。

    ○ 在哪里出场。
- 带有明确资金单位的资金管理策略。
- 产生一个历史权益曲线，让你能够计算：
    ○ 策略期望回报。
    ○ 爆仓风险。
- 完成权益曲线稳定性的评价，以衡量你的策略产生的权益曲线对变量值变化的敏感性。

一旦收集到可接受的证据，你就可以更好、更安全地对你正在研究的特定领域的技术分析做出判断。

□ 接受没有人能预测未来

如果你还不知道这一点，那么请让我告诉你。根本就没有什么预测未来的水晶球。没有人能够准确预见未来市场，因此最好避免依赖如江恩理论、艾略特波浪理论或占星术等预测方法。

（现在我觉得我这番评论肯定得罪了一些人。如果这也包括你，那么请接受我的道歉，并请理解我的评论只反映我个人的观点，我并不是市场上的权威。正如我之前所说的，我并不了解市场的方方面面，所以我的评论很可能是错误的。然而，从我的经验来看，我的评论对我来说是成立的。）

现在回到江恩理论、艾略特波浪理论和占星术。它们的吸引力在于它们被认为具有决定未来价格走向的能力。我亲身体会过拥有水晶球的吸引力。多年来，在我转向关注机械价格模式之前，我是艾略特波浪理论的信徒。这些策略消除了明天的不确定性，给我带来了安慰。唯一的问题是，这是一种虚假的安慰。它们几乎没有“可靠的”预测能力。当然，它们时不时会产生正确的预测，使它们有时具有不可抗拒的吸引力，但一只破损的手表一天也有两次指向正确的时间。

最好接受这样一个事实：没有人能以可靠的方式预测未来。偶尔的正确是不够的。

然而，这些预测理论缺乏表现的一致性、连贯性，这还不是真正的问题。真正的问题是它们将交易者的注意力从现在转移到未来。关注未来，会逐渐累积对结果的期待和情感投入。

这些预测理论在对交易者的潜意识和意识进行蛊惑，让他们相信预测会实现，结果却看到预测没有实现，交易者只能不断调整止损，给预测生效落地以更多的时间，直到当止损扩大最终变成灾难性损失时，一切都太晚了。

这就是最大的讽刺。

预测性策略通常是逆趋势策略。它们总是寻找与趋势相反的逆转。它们是要抵抗大趋势的。当趋势一直继续、一直继续时，趋势交易者什么都不做就能赚到大部分钱，专注预测的交易者却忙着试图抓住逆转，结果一次又一次地被止损出局。

根据我的经验，最好把那些专注预测的方法留给那些好高骛远的人，而我们交易者应当关注当下的市场。不要再犯很多交易者已经犯过并且还在继续犯的错误。

□ 是时候认真起来了

你需要重新审视自己的交易动机。希望你不是为了交易带来的兴奋或肾上腺素飙升而交易，希望你不是为了解决市场上的难题而进行脑力挑战，希望你的交易不是为了向你周围的人证明你是最聪明的，希望你的交易不是为了证明你是对的。

我希望你交易的唯一目的是赚钱，再无其他动机。

□ 不要将你的想法直接作为交易的依据

你认为自己很聪明。你确实很聪明。然而，你生活中许多其他方面的聪明才智不一定能很好地迁移到交易中。看看你的交易账户就知道了。交易你的想法其实在花钱。你的另一半知道这一点。你的会计也知道。我怀疑，在内心深处，连你自己都知道。所以，你最好现在就停止交易你的想法。停下来了吗？很好。

这听起来可能很奇怪，但是，我就要说出来。（为什么不呢，毕竟这是我自己的书！）

在交易中，一般来说思考是要花钱的。我说什么？

成功的、可持续的交易者，通常会执行重复性的行为，这些行为相对来说只需要很少的思考和大量的行动。比如，收集数据、寻找开仓结构、执行交易和管理头寸。大部分是标准化的重复行为，以确定偏爱的、可识别的开仓结构，并应用一致的、明智的交易计划。他们很少会涉及偏离轨道的、乖张的、创造性的、深刻的思考。

他们在制定交易方法时，已经进行过深入的思考。

在交易时，他们通常会把 100% 的精力和能量集中在完美地执行交易计划上。我就是这样做的，这确实是一种折磨。日复一日，记录成交、收集数据、运行策略、管理持仓、调整止损、审查新的开仓结构，以及报出新的交易单。这是一份工作。在撰写本书时，在我的交互式经纪商交易工作站平台上有 86 个持仓。执行我的多个交易计划是费时、重复、无聊的苦差事。但这是一份工作。然而，除了我的精力和努力，它对我的唯一的要求就是专注。它不需要“思考”。

所以，请停止交易你的想法，开始考虑研发一个理智的、稳健的、正期望的趋势交易方法。一旦研发完成，就专注于执行你的交易计划。你不需要过多考虑交易计划之外的市场情况。当然，在研究其他交易策略或改善你的主要交易方法时，要深入思考。但在交易时，最好少一点思考，多一点专注。

要提醒你，你也要记住，交易不是为了满足你个人对市场的见解。你不是为了选择市场方向而交易，也不是为了证明你的想法是正确的。你交易的唯一目的是获得期望收益。这份期望收益只能来自你的交易计划，而不是你的个人想法。我再说一遍，你的个人想法没有价值，问问你的合伙人和会计就行了。你的个人想法是要花钱的。

你必须学会根据你的正向期望的交易计划来交易，而不是根据你认为的想法。

□ 请阅读《交易圣经》

我会再说一遍。（我喜欢反复说，你看，我说过我是个喜欢重复的人。）尽管本书基于我最良善的写作意图，书中也充满优质的内容，但它不足以令你在市场上取得成功。它仅仅是你通向可持续交易道路的一块垫脚石而已。本书是关于战术和策略的，是关于研发正向期望的趋势交易策略的。虽然本书非常重要，但并不是交易的全部。你还需要了解、理解、接纳、渴望并执行、反复执行《交易圣经》中指出的成功交易的普遍原则，以便在市场中生存并繁荣发展。如果你还没有，请阅读我的前作——《交易圣经》。尽管本书的内容很好，但单靠它还不能让你盈利，也不能让你实现可持续发展。如果你还没有，请你，求你，拜托你务必读一读《交易圣经》。把它和本书结合起来，你就会在通往可持续交易的道路上行稳致远。

□ 成为一个怀疑主义者

我想鼓励你在交易想法时，做一个怀疑主义者。这是因为不是所有的想法都是平等的。正如我提到的，技术分析领域还有很多不足之处。当然，你可以欢迎所有的想法，我希望你也能听取我的想法。然而，对于所有的想法，包括我的想法，你都要持怀疑态度，直到你能够独立地检测和验证它们。学会验证你交易的想法，并交易经你验证过的想法。不要肤浅地接受任何交易想法，不管它读起来、听起来或看起来有多么令人信服。请你成为一个怀疑主义者，首先学会调查、回测、验证，并且在你考虑把真正的钱押注在任何想法上之前，先去验证所有的想法。

所以，请让我再重复一遍，我所写的只是我的观点。仅仅因为我或其他作者写了一些东西，并不一定能使这些观点成真。只有你能确认和验证我的想法。只有你能决定我的建议的价值。只有你能判断我说的是不是真的。战胜人性的弱点，把工作做好，你就会得到回报。

□ 0 爆仓风险为王

在我看来，爆仓风险（ROR）是交易中最重要的概念。它是最重要的，没有之一。方法、开仓结构、入场技巧、止损技巧、资金管理、交易心理学，统统比不上，爆仓风险是首屈一指的。

爆仓风险是一个统计概念，它会告诉交易者，根据他们的交易方式，最终交易账户彻底爆仓的概率。或者用外行人的话来说，就是破产。爆仓风险结合了交易的两个重要组成部分：期望和资金管理。它结合了交易者每损失一美元所期望赚取的收益，以及根据他们的资金管理策略，准备在每笔交易中承担风险的资本数量。结合了期望和资金管理，将产生一个爆仓概率：爆仓风险的统计值。如果交易者希望在市场中尽可能持久地生存，他们必须以 0 爆仓风险开始交易。没有如果，没有可是，没有商量，没有妥协余地。所以，任何高于 0 的爆仓风险都太高了。当然，一个爆仓风险为 50% 的交易者会比一个爆仓风险为 2% 的交易者更快到达爆仓点。然而，即使有 2% 或 1% 的爆仓风险，交易者仍然会破产，这只是时间早晚的问题。

每个交易者，如果他们有取得成功的雄心，必须知道他们的单独策略或组合策略结合了资金管理的爆仓风险。如果他们的爆仓风险高于 0，那就没有启动交易的必要。如果他们执意要交易，那么他们就会得到应得的负面结果。

如我所说，0 爆仓风险为王。

想要获得更详细的爆仓风险的解释，请参考我的前作——《交易圣经》。

□ 复合年增长率是女王

如果 0 爆仓风险为王，那么复合年增长率（CAGR）就是女王。

CAGR 是你的策略在交易期间获得的年化收益率。这是一种衡量策略在产生利润的效率上无可争议的指标。

在交易中生存下来后，你的下一个目标是赚钱，复合年增长率是策略的净美元收益的最终仲裁者。虽然它没有考虑到为实现业绩而产生的风险水平，但复合年增长率是连接着期初资本和期末资本之间的差距的决定性的直线。

同样重要的是，不要将复合年增长率与“平均”收益率混淆。虽然平均收益率被用来计算一些业绩指标，但它不应该被用来衡量和比较一个交易策略的表现。

让我来解释一下。平均收益率就是它说的那样。如果你开始用 2.5 万美元交易你的策略，它增长了 100%，那么年底你的账户里就会有 5 万美元。如果在接下来的一年里你的策略遭受了 50% 的损失，你将回到最初的 2.5 万美元。

所以，在这两年中，你的 CAGR 或年化收益率是 0。你既没有赚钱，也没有亏钱。

然而，一个不择手段的策略开发商或供应商只关心销售业绩的最大化，可能会公布该策略的年平均收益率为 25%。第一年 100% 的收益，第二年 50% 的亏损，净回报率为 50%，除以两年，平均收益率为 25%。这个数字被称为年平均收益率，如果它被用来展示一个策略的表现，就会产生误导。因为如果两年后你的年平均收益率是 25%，你的交易账户不应该超过 2.5 万美元吗？

你真正应该感兴趣的是你的策略在年复合基础上实现的收益，即 CAGR 或年化回报率，在这个例子中是 0。

请记住，CAGR 是策略表现的女王，在衡量策略的交易结果时，要有意识地忽略年平均回报率。

□ 唯一的秘诀

秘密，秘密，秘密。哦，谁不想知道交易秘密呢？嘿，我很想知道！在这个市场中交易超过 35 年之后，我觉得交易只有一个真正的秘密。简单来说就是：

善于认输的人，才是长期的赢家。

这句话适用于一位芝加哥交易所的前场内交易者，他被称为交易所内的幽灵。

我认为他的这句话一针见血。大多数交易者都是输家。他们厌恶损失，不断移动止损点，寻找借口来维持交易，寻找各种理由来合理化自己的交易行为。他们对亏损的头寸视而不见，直到损失变得太大，以至于再也不能忽视它，并被迫在灾难性的亏损中止损出局。大多数人之所以是糟糕的交易者，只因为他们认输的能力实在糟糕。行为金融学将这称为处置效应（disposition effect），即交易者会不惜一切代价避免损失。你需要重新对你的思维模式进行编程，来抵消这个效应。

学会接受你的失败，学会成为一个输得起的人。我做到了，现在的我就是这样的人。在认输方面，我是金牌得主。我是一个非常活跃的交易者，我通常在一半的交易中会亏损。所以，我输了很多。如果我不是认输方面的世界冠军，我就不会在这里、在现在、在家里写这篇文章。所以，请你学会接受失败，成为一个输得起的人。损失本来就是交易中不可缺少的一部分，为了保持继续交易，损失是你必须承担的融资成本。成为一个好的失败者，你就向成功迈出了一大步。这是交易成功的唯一真正的秘诀。

如果你不能让自己成为一个善于认输的人，那么你就不可能学会顺趋势交易。记住，趋势交易者平均有 60% ～ 70% 的交易可能亏损，因此需要你能够接受失败。如果你无法让自己学会认输，那么请放下这本书，转身离开，并感恩你从一种你将宁愿忘记的痛苦经历中及时抽身出来！

□ 接受交易的真相

让我把这些关键信息联系起来。单独来看，它们就已经很强了，但结合在一起，它们就击中了交易的真相，具有里程碑式的意义。

与流行的交易文献相反，有利可图的交易并不是关于挑选盈利的机会、挑选顶部或底部，也不是要了解和掌握你的内在自我。不是。你现在知道了，交易，尤其是顺趋势交易，是充满悲伤和痛苦的。它充满了不确定性和低谷期。最终你会发现它缺乏多巴胺和血清素。如果这还不够具有挑战性，它还附加了一个数学上的爆仓风险统计值。显然我给你们描绘了一幅凄凉的景象，希望能引起你们的注意。现在，我想把我的严峻观察缩小到一个精确的焦点上，把你的精力、资源和注意力集中到有意义的地方。

如果你还有疑问，请让我再强调一次，盈利性交易并不是那些流行的交易文献误解和误读的样子。也就是如我所说，盈利性交易并不是在挑选什么东西。不是要挑选盈利的机会，即挑顶或挑底。不是。这与控制你的内心世界无关。不是要找到一个神奇的技术指标，也不是要掌握最完美的入市技巧。不是。盈利性交易也不是去成为最聪明的交易者。这与观点是否正确无关，也绝对与了解交易的秘密无关。无关。

在我看来，关于盈利性交易的普遍真理，建立在两个关键因素之上：

1. 数学。
2. 成为最善于认输的人。

很简单，这就是我在交易中生存和赚钱的方法。在你开始交易之前，这也是你需要实现的。这个普遍真理是建立在成功交易的普遍原则之上的（请参阅《交易圣经》）。让我们逐一深入探讨。

数学

赚钱的交易只是数学问题，你需要以 0 爆仓风险开始交易。你需要学习如何正确地计算它。如果不是 0 爆仓风险，或者你不会计算爆仓风险，那么你就没有开始交易的资格。如果你执意进行交易，那么你将会经历你应得的负面结果。

盈利性交易的数学，就是以 0 的爆仓风险进行交易。

要计算它，首先要知道根据你的交易方法，你每损失一美元所期望赚取的收益。你需要从你的方法（开仓结构、进场、止损和出场）中获得正向的期望。这也与了解你准备在每笔交易中承担多少风险有关。它是了解你进行交易必须拥有的货币数量。你需要有良好的资金管理策略。

你的期望和资金管理的数学组合将产生一个爆仓的百分比概率。这就是盈利性交易的数学，将正向期望的交易策略与明智的资金管理策略结合起来。要想盈利，你需要以 0 爆仓风险开始交易。这就是盈利性交易的数学。

成为最善于认输的人

盈利性的交易也需要你抵抗住倾向于让你持有亏损头寸的处置效应。记住，盈利性交易的唯一真正秘诀是：善于认输的人，才是长期的赢家。你需要学会拥抱亏损，因为在交易中你无法避免亏损。你需要学会忍受亏损的痛苦，因为它将成为你永恒的伴侣。你需要学会永远不要移动止损点，而是要坚持你的交易计划。你需要学会忽视希望、恐惧和贪婪。你需要学会停止多虑，专注于你的交易计划。你需要培养一种正确的思维模式。你需要具备良好的交易心理。

我建议你把图 2-1 打印出来，贴在交易屏幕上方。

交易的普遍真理
盈利性交易不是要挑选盈利的机会，即挑顶或挑底，而是简单专注： 数学 盈利交易 = 正向期望策略 + 资金管理 盈利性交易 = 0 爆仓风险 成为最善于认输的人 • 拥抱亏损。 • 忍受亏损的痛苦，这是交易的一部分。 • 忽视希望、恐惧和贪婪，专注于你的交易计划。 • 培养一种正确的思维模式。 • 具备良好的交易心理。 关于交易的普遍真理，还是基于《交易圣经》中的原则 《交易圣经》中的原则 = 资金管理 + 策略 + 交易心理

图 2-1 关于交易的普遍真理是，盈利性交易不在于挑选胜利的机会，即挑顶或挑底，而是关于数学和成为最善于认输的人

□ 承认做一个主观交易者是很困难的

市场中存在两种类型的交易者。他们通常被归为机械交易者和主观交易者。

请注意，“机械”“系统”“定量”和“算法”都是彼此可以互换的标签。它们都指同一类型的交易者。尽管“算法”还意味着，当一个开仓结构出现并被触发时，能引发自动的电子在线订单执行。所有这些标签都是指同一类型的交易者：一个拥有 100% 客观策略的交易者，在何时交易、在哪里进场、在哪里设置止损和在哪里退出等方面有明确的规则。他们的交易计划中没有涉及主观决定的环节。

现在所有的交易者，无论是机械交易者还是主观交易者，都应该有一个完整的交易计划，包括开仓结构、进场、止损和出场。

一个机械的、系统的、定量的或算法的交易者，在一个开仓结构出现时，他们对于是否要参与交易并没有主观决定的权限。他们将完美地、不带恐惧和偏好地遵循自己的交易计划。当一个交易结构出现时，他们将开展交易，不管市场状况或新闻标题如何。此外，算法交易者还将对他们的在线交易平台进行编程，以监控他们的开仓结构，并自动执行他们的下单指令。

主观交易者将保留是否执行自己的交易计划的最终决定权。他们将做出最终的决定，会自行决定是否扣动交易的扳机。

在我看来，作为一个主观交易者，想要取得交易的成功是非常困难的。我鼓励每个人考虑在系统或机械的基础上进行交易，而不是依据主观决定。

我们来看看为什么。

两种交易者基本上是一致的，除了两个方面：

	交易计划	证据		交易计划	证据
机械交易者	完整	存在	主观交易者	不完整	不存在

机械交易者有完整的交易计划。他们通常规则较少，交易计划可以根据历史表现来衡量。他们遵循的是一套基于证据的交易方法。

主观交易者通常没有完整的交易计划，因为他们通常有一个“但是，等等”的借口来推迟执行。他们不完整的交易计划通常有更多的规则（陷入过度的曲线拟合的陷阱），也缺失可观察的历史表现（由于不完整）。他们不遵循以证据为基础的思维模式。

两类交易者都有交易计划。一个已经完成，一个还在制定过程中。虽然系统交易者知道他们的交易计划，但主观交易者不知道。我相信“主观”这个标签是对毫无准备的交易者的一种体面的说法。交易计划的不完整，意味着他们不知道自己的期望或爆仓风险。嘿，他们甚至可能都不知道“期望”和“爆仓风险”是什么意思。

这就是为什么我认为作为一个主观交易者通常更难取得成功。他们通常不知道自己的期望值和爆仓风险，只会盲目交易，他们的背后只有信念和希望。而机械交易者知道他们的期望值和爆仓风险，带着目的和历史证据进行交易，这给了他们信心。

主观交易者由于不知道自己的期望值和爆仓风险，也没有历史证据来告诉他们交易计划是否有优势。他们是在盲目交易。盲目使得交易成功的难度加大了。

以下面的主观交易策略为例。

一个主观交易者可能会决定在趋势方向上从传统的压缩形态（如旗形、三角旗形和三角形）中顺趋势方向交易突破。对于主导趋势的决定，他们可能会选择使用200日简单移动均线。一旦进入交易，他们可能会决定使用一个在短期或中期移动平均线以外的、相反方向的、日线的收盘点，作为他们的止损点。

现在我对这种方法没有疑问，实际上我可以看到这种策略的许多优点（请参阅第6章）。然而，对于大多数遵循这种方法的主观交易者来说，我想他们不会知道这种策略的期望。我可以自信地说，他们可能不知道在他们偏好的投资组合的历史数据集中，存在多少“旗形”“三角旗形”或“三角形”。他们可能也不知道他们决定交易时所依据的这些开仓机会在历史中出现的频次。不仅如此，他们还需要祈祷这些历史模式是可以实现整体盈利的。但若信心仅仅来自几个精心挑选的图表例子，显然是不够的。

此外，主观交易者依赖于他们的视觉能力，来识别自己偏好的交易形态。在涉及主观意识参与的情况下，在最好的情况下，这都算是一项足够困难的任务。当你的意识还在产生各种认知偏见时，这几乎就是一项不可能完成的任务了。期望是一种强大的力量。期望作用于感知，就好比重力作用于我们的身体一样。它是一种力。而当你期待找到一个旗形、三角旗形或三角形时，你猜怎么着，你总会找到一个，不管这个是否存在，因为我们总是倾向于看到我们期望看到的东西。对于主观交易者来说，这是一个大问题。很不幸的是，依靠你的视觉技能来寻找形态，是不足以对交易策略构成支持的。

要知道一个策略的期望，你需要搜索投资组合的整个历史数据集。你需要客观地定义这些形态。马马虎虎的宽泛定义是不合格的。这些形态需要被准确地编码，这样就不会有“如果”“但是”或认知上的“期待”。

接下来，交易者必须弄清楚如何衡量他们主观的“但是，等等”这样时刻的影响。我不知道该如何衡量这种主观决策的环节施加的影响。但让我们假设主观交易者知道自己的决策效果。

一旦完整的主观交易计划完成，就应该创建历史损益分析和权益曲线，并计算期望值和爆仓风险。

然后问题就开始了。这个方法有正向的期望吗？是或否？如果是，该策略一旦与被偏好的资金管理策略结合，其爆仓风险是多少？是 0 吗？如果是，这个策略是否能给出足够多的交易机会，来使得策略值得被执行？如果有，你就向前迈进了一步。然后你需要确定它的稳健性水平，这将归结为一个关于其历史权益曲线的问题。它是稳定的还是脆弱的？请注意，我稍后将花更多的时间讨论“健壮性”。但这里的要点是，策略的有用性首先始于它是否具有正向期望值和 0 爆仓风险。大多数主观交易者都无法回答这个问题。不必多说，仅仅这样还不够好。

没有这些信息，主观交易者很难取得成功。

因此，不幸的是，大多数主观交易者通常是依靠希望在进行交易。他们希望自己的交易计划有一个正向期望。他们希望自己不会破产。在不知道期望值或爆仓风险的情况下，主观交易者本质上就是赌徒，他们依赖于未经证实的理论，而这些理论又建立在几个精心挑选的完美图表例子的基础之上。

我认为，在内心深处，主观交易者不希望“证据”的聚光灯照在他们身上。他们更愿意在阴暗处操作，这样他们就不会被点名。他们会经常使用老掉牙的借口：

……理论是完美的，你不能以我的不完美的应用来评判我……

是的，我已经见过有人用这个借口。我相信，大多数（但不是全部）的主观交易者都有点妄想症。虽然他们不情愿，但他们成了自己认知偏见的俘虏，相信自己有能力完美地识别和交易所有即将到来的开仓结构（旗形、三角旗形和三角形等）。他们有一个压倒性的（错误的）信念，相信自己可以识别可交易的形态。

所以，在我看来，要成为一个成功的主观交易者是非常困难的，不是不可能，但是很困难。一个交易者，如果不知道自己的期望和爆仓风险，那就真的是在黑暗中交易。他们交易的信念是，他们偏好的交易方法存在切实的优势。

对于新手或苦苦挣扎的交易者，我建议他们学习如何开发一种机械的策略，没有留下任何待解释的空白。一旦研究完成，并对他们的策略提供的适当的期望、机会数量、爆仓风险和稳健性感到满意，他们就可以决定如何交易。像机械交易者或算法交易者那样，像我自己那样，或者像拉里·威廉斯那样处理每一个信号，依据主观偏好选择机械信号来交易。他们可以成为像拉里一样的主观型的机械交易者。但首先，他们需要一个系统的、机械的策略，让他们能够计算自己的爆仓风险和各种表现的度量指标。

□ 跟着聪明的钱走

如果我还没能说服你，关于在系统、机械、算法的基础上交易的优点，那么你应该观察专业人士，看看他们是怎么做的（见图 2-2）。

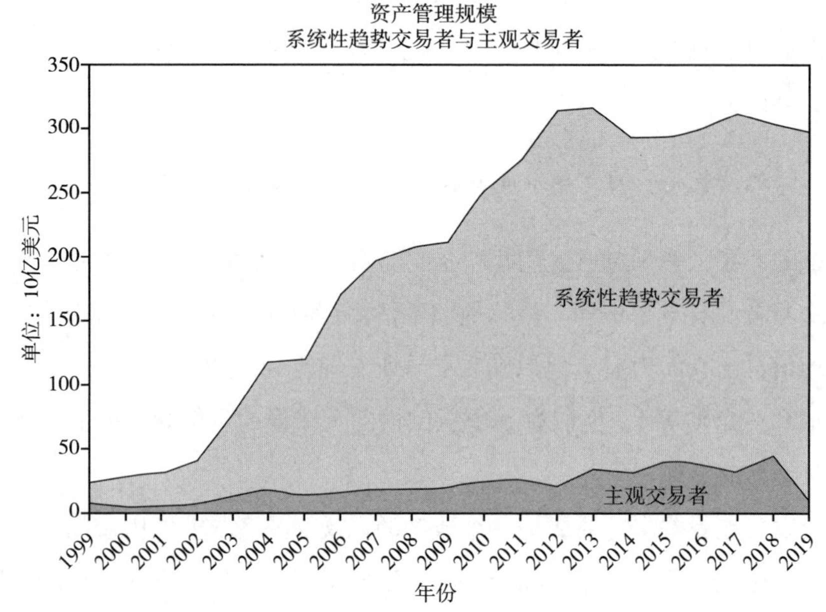

图 2-2 如果你还没有决定是想成为一个系统性趋势交易者还是一个主观交易者，你可能会做得最差，然后你跟随专业的资金，请基于系统进行交易

根据巴克莱对冲的数据，可以看出系统趋势跟踪者管理的资产从 1999 年的 220 亿美元增长到 2019 年的 2 980 亿美元以上。他们估计，在同一时期，主观交易者管理的资产仅从 80 亿美元增加到 120 亿美元。

显然，如果专业的资金将更多权重赋予系统性趋势交易，难道还不值得引起你的重视和注意吗？我恳求你注意。如果你真的想在交易中获得成功，那么请把你的注意力和精力集中在成为一个机械 / 系统 / 算法的交易者上。

只有遵循精确的、基于证据的、可测量的规则，你才能计算你的交易期望值和爆仓风险，并知道你的交易究竟是有目的的，还是仅仅在赌博。

□ 安慰剂交易者

我担心的是，主观交易者要想取得交易成功非常困难，让我对此论证一番。在我的前作中，我讨论了那些基于未经证明的理论进入市场但仍然继续赚钱的成功交易者。也就是交易者在不知道自己的期望值或爆仓风险的情况下，盲目地开展交易，还取得了成功。

我把这些交易者称为安慰剂交易者。

这些交易者对交易的信心，被错误地建立在缺乏依据的想法上。我现在赞同这样的观点，即一个交易者为什么入市其实并不重要，只要他们累积的盈利大于他们累积的损失。即使交易者对某一特定市场理论的信念是错误的，但如果他们因为良好的交易直觉（确保他们的盈利弥补了所有损失的直觉）而盈利，那么他们依据什么来交易真的那么重要吗？当然不重要。

然而，大多数交易者是要亏损的，而这些安慰剂交易者是这条规则的例外。我认为他们是天生的好交易者，他们知道截断亏损，让利润奔跑。不幸的是，对于我们这些剩余的普通人来说，这并没有那么容易。

因此，我仍然坚持我的主张，也就是作为主观交易者要想取得成功是困难的，大多数交易者应该首先成为一个机械或系统的交易者。然而，我承认有一小部分有天赋的交易者。那些有天赋的交易者注定成为杰出的交易者，他们不需要结构化的系统方法来产生正向的交易期望和0爆仓风险就能成功。

□ 合理看待指标

请少用指标。一般来说，我不喜欢建立在主观选取的变量基础上的相关指标。是的，我确实在我的策略中使用了一些指标，比如平均真实波幅和移动平均指标；然而，一般来说，我更喜欢处理单纯价格信号。依赖于变量的指标的一个大问题是，它们通常会导致权益曲线的不稳定，这种情况最好避免。在我看来，它们就像谚语所说的“毒酒杯”，它们会让你兴奋不已，用看似有用的观点刺激你，结果却发现它们的用处最终消失了，通常还会令你付出惨重代价。

□ 最大的过错

你在交易中可能犯的最大过错，就是失去你的全部风险资本。超过90%

的活跃交易者都犯过这种错。超过 90% 的活跃交易者会继续犯错。请你不要犯下这种错。你最好的防御手段是确保你的爆仓风险保持在 0。把自己的目标定为：不仅成为爆仓风险方面的专家，而且成为专业的交易系统执行者。如果可以，你甚至应该在两只眼睑内侧都纹上“0 爆仓风险”的字样，这样你甚至做梦都能想到它。感觉痛苦吗？绝对如此。但文身的痛苦程度相较于犯错来说，要轻得多。

好了，到此为止我就把与“知识”有关的关键信息讲完了。我的下一个关键信息是“风险”。

风险

这个时候你需要检查你是否带着安全气囊在驾驶。除了赔钱，你还有其他需要注意和警惕的风险。如果这是一本有声书，我会插入：

……危险，危险啊，威尔·罗宾逊……

来提醒你前方的危险。

而我所说的风险，与策略表现或动荡的市场无关。还有其他同样重要的风险是你需要注意的。它们包括：

- 说书人。
- 圣杯。
- 你——渴望实现意义。
- 策略覆灭的四骑士。

□ 说书人

小心那些专家。

你知道他们是谁，自称专家的人、噪声制造者、哗众取宠的人、聪明的编辑和有说服力的沟通者。我说的是那些衣冠楚楚的财经新闻主持人，他们慷慨地提供自己的见解。我说的是那些暗示大胆预测的醒目标题。我说的是那些在股市收盘时接受采访、神情紧张的经纪人。我说的是那些坚持不懈地发送电子邮件的出版商，他们支持强烈的市场观点和预测。我特别指的是那些鼓吹自己的“经济”思想的经济学家，既有真实的，也有自诩的。那些有魅力的面孔，带着有趣而权威的声音和话语，而且他们真的相信他们所说的话。你认识他们。信息传播者、重复者、放大者、小说贩子和修正主义者。市场的噪声制造机。说书人。

这些占据了电波、互联网和纸媒的说书人。从电视到广播，从书籍到新闻通讯，从播客到 YouTube，他们无处不在。你一定见过、听过、读过它们。他们会提供热情的评论和伪装成有用信息的有趣的散文。他们的近期偏见，通常会鼓励他们错误地延续和推断最近的过去。他们在宣扬自己钟爱和笃信的观点时，会成为自己确认的、锚定的偏见的受害者。他们成为乌合之众和群体意识的捍卫者，这是愤怒的市场（一个本质上是惩罚一切大众共识的市场）发出的危险信号，而他们却认为市场的“最大逆境先生”的狠角色是浪得虚名。

你必须学会忽略那些说书人。你现在必须对自己的命运承担全部责任，把自己锁在一个虚拟的密封茧房里，在那里你只能听到自己的声音，排除了所有的外部干扰。他们都是噪声，他们的评论都不属于可操作的信息。

那些侃侃而谈的财经新闻服务提供者，可能是你最大的风险，他们激动得喘不过气来，公布着每一秒的走势。那些认真的经济学家重复着基于他们自己信仰的信条，把教条和有用的基于证据提出的事实混为一谈。这些外围市场参与者，尽管他们打扮得无可挑剔，从事着听起来很权威的金融宣传，但提供的不过是夸夸其谈的专家意见，只能提供一堆用来安抚普通观众的、微不足道的爆米花。

为了坚持自己的路线，你必须学会无视他们，尽管他们的叙述令人信服。这种说法只能充当警笛的角色，它会引诱你走向财务的毁灭。他们的观点没有任何正向的期望，也不属于任何具备可操作性的知识。

这都是噪声，而不是可操作的信息。

说书人的噪声只是热情的意见。这纯粹是出于狂妄自大。请记住，热情的、条理清晰的评论并不是有用的、可操作的信息，它只是属于某人的意见，与任何表面上的期望无关。

有一类说书人是你需要特别警惕的，就是那些真正严肃、风度翩翩、受过良好教育、有资质、谈吐优雅的经济学家。我相信他们是最危险的。不是因为他们的观点不如其他任何让你分心的人准确，而是因为他们的职业为他们提供了名不副实的附加值，导致人们认真对待他们。你需要明白，尽管他们受过大学教育，但他们的专业领域也就是经济学的知识。没有确凿的科学证据支持他们所偏爱的经济思想流派。他们就像一个没有被深入研究过的交易策略一样，在他们自己偏好的、用于解释经济和世界如何运行的理论中，容纳了太多的变量和太多的假设。然而，他们所受的大学教育为他们提供的光环以及他们冷静的“经济学”语言，还有令人肃然起敬的工作单位都在暗示，他们的观点和预测是很有可取之处的。但不幸的是，这种“光环”吸引交易者并带来了灾难性的后果，就像飞蛾被光线吸引一样。

如果你怀疑我对他们糟糕观点的糟糕看法，那么请参阅大卫·施耐德和彼得·图利普在 2017 年发表的题为《利用历史预测错误衡量经济前景的不确定性：美联储的方法》的论文。在发表这篇论文时，大卫·施耐德在美联储工作，彼得·图利普在澳大利亚储备银行工作。他们都是重量级人物和训练有素的经济学家。他们的论文得出的结论是，经济学家无法预测经济前景。他们的研究对重要经济指标（如失业率、通胀、利率和国内生产总值等）进行预测，然后将这些预测与实际结果进行了比较。结果呢？你猜对了。有广泛的错误！是的，尽管经济学家受过良好的教育，外形严肃，言必称经济，举止得体，却无法预测！他们的经济模型已经失败了。他们的观点一文不值。你还不如用抛硬币的方法比较好。

你需要记住，市场评论员、观察家或权威人士、信息传播者、重复者、造势者、小说贩子和修正主义者通常（但并非总是）别有用心。他们的动机是谋取你的信任，把你看作一个潜在的客户。他们希望表现得知识渊博和自信，这样你也会感觉到他们的知识渊博和自信。他们试图培养信任感，让你对他们充满信任，以至于你可能会从他们的商业模式中购买什么东西。无论是银行贷款、有线电视、流媒体还是咨询订阅服务，他们都有隐蔽的动机。他们不过是多巴胺贩子。我们应该倾听或阅读的人是真正的交易者，最好还是成功的交易者，而不是出现在智能屏幕上的那些充满活力、说话得体的模特。

最好忽略那些说书人。

□ 圣杯

你面临的另一个巨大风险是，相信存在一种神秘的交易“圣杯”策略，那种准确率为100%、跌幅为0的无痛策略。你知道我在说什么。

所以，让我们来直面这个大家都关心的话题：对交易“圣杯”的不健康、不现实和一点都不神圣的痴迷的追求。许多交易者相信有一个普遍的秘密，它将揭示和解开市场的奥妙，让他们的交易账户和自尊心都感到满足。如果他们能找到它就好了。他们至今还没有找到，但绝非因为他们的懈怠！

这种相信存在一个完美的、你可以购买到或研发出来的策略的信念，对你来说是一个持续的风险。它浪费时间，分散注意力，助长拖延症。这是一个你不想掉进去的巨大陷阱。

你需要专注于当下，不要拖延，不要再把时间浪费在梦想找到或研发出完美的交易策略（你眼中那个将要成为你的提款机的完美策略）上。你需要把自己拉回来，专注于此时此刻。

当下的意义体现在你必须支付的账单上。这就是我们所处的现实生活。毫无疑问，你发现自己在做白日梦，无所事事地梦想着有一种更简单的交易方式，只要你能找到它。白日梦可能是一种令人愉快的消遣——然而，它们无助于支付账单。

观点、信念、声明或目的，都不会对你的银行账户有所贡献。今天交易的是一个稳健的、具备正向期望的、爆仓风险为0的交易策略，这就是随着时间的推移你的账户会逐渐充盈的原因，而不是你无所事事地考虑想做什么。

有了这本书，你将没有理由不去寻找一个稳健的具备正向期望的交易策略，并独立地验证它，选择一个可管理的投资组合，完成一个测试，并将自己置于一个以0爆仓风险交易的位置上。毫无任何理由。只有你的意愿，或者缺乏意愿，才会阻碍你前进。但前提是，你必须活在当下。

然而，作为一个现实主义者，我知道你们大多数人仍然会为那个"圣杯"策略在思想的最深处点燃一根蜡烛。因此，与其试图把它彻底拒之门外，不如让我们试着给它一些清晰的定位，这样你可能会找到一个合适的地方让这根蜡烛继续燃烧，找到一个足够安全的地方，这样它才不会烧毁你的房子！

首先，"圣杯"对不同的交易者来说有不同的含义。它可能指100%完全正确、像聚宝盆一样不会亏损的精准策略。在其他人看来，这也可能是指一种准确率足够高的策略，而且回撤很小。不管策略的"神圣"程度如何，其理念是，它代表了一种稳健的、没有痛苦的交易方法。这体现了一种入市交易的乐趣。

所以，我们每个人都会对交易天堂有自己的程度和定义。

我个人诚实地相信，这样一种"简单"且近乎"完美"的交易策略是不存在的，对它的追求是毫无意义的，是有害的，也是徒耗精力和资源的。

之所以说它毫无意义，因为你我不需要什么"圣杯"策略也能赚钱，一个普通的稳健策略就能很好地运作。

说它有害，是因为它会分散你的注意力，使你无法继续处理今天的交易。说它有害，是因为追求完美是一项不可能完成的任务。追求完美的目标，就像找到灿烂彩虹的尽头一样不可能。陷入无尽的挫败感，会让任何理性的人偏离自己的中心。如我所说，这是有害的。

说它徒耗能量和资源，是因为这将是一个无限费力的目标。这就是问题的关键，它很可能是一个根本不能被完成的任务。

然而，我也理解人类的本性，我们都是受到好奇心驱使的物种。

因此，就目前而言，让我们假设并接受“圣杯”策略确实存在，无论在何种程度上或定义上。例如，让我们假设詹姆斯·西门斯的文艺复兴科技公司的神秘的大奖章基金确实拥有这样一个传说中的“圣杯”策略，或者是由“圣杯”策略构成的投资组合。根据彭博社 2016 年发表的一篇文章，该基金在 1988 年至 2016 年期间的复合年增长率（不含费用）为 80%！我想这样傲人的成就足以担当“圣杯”的标签。

所以，我们不妨假设存在“圣杯”策略，似乎有证据（我承认这只是基于彭博社的一篇文章，尽管文艺复兴科技公司是对冲基金同行羡慕的对象）证明这种赚钱策略或策略组合确实存在。

所以，让我们接受“圣杯”策略的存在，这根胡萝卜是坚实地种植在大奖章基金中的。现在，我们可以把研究和幻想的罗盘都指向文艺复兴科技公司所在的纽约州萨福克县。

所以，我们找到它了。“圣杯”确实存在，而且我们还知道它在哪里。

现在，回归到一个现实主义者。

要想达到大奖章基金所取得的成就，我认为唯一符合逻辑的是接受你必须复制它们的条件。这就是问题所在。据彭博社报道，在它们雇用的大约 300 名员工中，有 90 人拥有数学和物理学博士学位。这是你希望复制它们的成就必须付出的努力和费用，这对我们大多数人来说是不可能完成的任务。

所以，我的观点是这样的。即使我们接受了“圣杯”的存在，想要追求它也是毫无意义的，除非你自己已经是个亿万富翁。所以，放弃吧。放弃幻想，专注于当下，今天有很多稳健的趋势交易策略以及有很多正向的、拥有样本以外的绩效的策略，正等待着随时为你效劳。我将在第 6 章为你回顾其中的一些策略。你只需要停止盯着栅栏以外，而把注意力收到你自己的庭院里。

所以，为了确保我们把“圣杯”从系统中清除出去，请让我来梳理和重复我的观点。如果我们接受“圣杯”策略确实存在，我们也要承认：追求“圣杯”策略，在时间、精力、资源上都太昂贵了。

同时，我们还要承认：

1. 没有必要为了成功而去探索“圣杯”策略。
2. 专注于当下已经有效的事情会更有价值。
3. 专注于过去的成功经验会更有价值。
4. 如果在过去行之有效，那么在未来也更有可能奏效。

因此，我们交易者需要将现实和希望“区分开来”。

对于现实，我们需要关注此时此刻；关注那些有效的事情；专注于实际的、成熟的、稳健的交易理念；专注于现在赚钱，来支付现在到来的账单。

对于希望，我们需要留出时间进行研究，抽出时间（尝试）去发现难以捉摸的“圣杯”。但只有在你此时此刻已经成功赚钱的情况下，才可以留出时间去做研究。

简而言之，如果你本质上是一个寻宝者，你需要接受今天没有“圣杯”策略的现实。或许它明天就存在，但在今天绝对不存在。所以，请接受现在，专注于当下赚钱，不要迷失在属于明天的、幻想的兔子洞里。追求或等待完美都是白日梦。今天没有完美的策略，已有的策略足够好，但不是完美的。你必须忍受痛苦才能盈利。不要冒险让自己陷入无休止的兔子洞，相信今天就有一个有利可图、不痛不累的赚钱策略，这是在浪费时间。把你的注意力集中在现实上，专注于当下，只有当你成功地成为一个可持续的交易者时，才允许“希望”出现在你的交易事业中。

□ 你——渴望实现意义

信不信由你，但是你给自己带来了另一个巨大的风险。

作为个体，我们都希望得到认可和重视。在交易上也一样。要获得价值感，我们相信需要创造出属于自己的策略。

这种对意义的追求，是你必须解决和控制的问题。你的自我意识可能是你交易成功的最大障碍。是你。你想要获得意义。你想要你的工作被重视和认可。交易者认为，他们在市场上追求成功所做的工作和努力，都应该得到认可和回报。他们希望自己所有的努力都能得到回报，而获得认可、获得付出努力的回报的最好方式，就是交易自己的策略。由于大多数策略都受到数据挖掘和过度的曲线拟合的困扰，所以它们的回报期望不是正向的，而是负向的。所以，交易者不停地改进和调整，继续头脑风暴和构造，并且很不幸的是，继续受苦，他们一直被困在这个无尽的循环中，因为他们认为，为了成为成功的交易者，他们已经付出了所有的努力，付出了经济上的损失，他们理应得到正向的回报。在他们看来，唯一合适的回报是真正交易自己的策略，即便还有其他很好的、不是那么完美的、但已经很好的、行之有效的、具有正向的、样本之外的绩效的交易策略可供选择。

这是一个悖论，交易者唯一应该关心的回报是不断增长的账户余额。然而，他们更重视通过自己的发展和努力来实现这一点。这一切都是因为他们想实现人生意义。只要能帮你赚钱，策略是谁设计的真的那么重要吗？最好不要过分迎合你的自我需求。

稍后，我将与你分享我认为的、可能是最好的公开交易策略之一。这没有什么秘密。这是众所周知的。这种策略应该成为每个交易者的基准，他们应该根据它来比较自己的研发努力。如果交易者不能研发一个更好的策略，那么在我看来，他们应该交易这种策略。它很简单，也很稳健。是谁研发的不重要。如果任何个人研发的效果还不如它，那就应该退居二线。

我在这里强调的寓意是，忽视已经建立起来的健全的策略，而追逐你的自我价值、迎合你的自我，是一种愚蠢的行为。

如果你苦于需要实现意义，提醒自己你已经在实现意义了，因为你选择的交易策略、你选择的资金管理策略和你的执行，都是100%出于你的决策。如果没有“你自己”的有力介入，你的爆仓风险就一定会超过0。所以，你确实实现了意义。

所以，请接受这个事实：很多好的趋势交易策略已经被开发出来了，而且不是由你我开发的。你需要学会把你的自我放在合适的地方。你必须与让自我和努力变得有意义的需求做斗争。不要试图从你所购买、参加、安装和浏览的所有交易图书、策略、研讨会、讲习班、软件和网络论坛中付出的所有努力和收获的所有知识中提取回报。如果你遇到一个稳健而简单的策略，你通过自己的努力无法超越，那么请把你的骄傲和自我抛在一边，相信你看到的，并充分利用它的价值。

□ 策略覆灭的四骑士

最后，你要注意前方有一个巨大的风险，我称为策略失败的关键预测指标，即策略覆灭的四骑士（见图2-3）。它们是：

1. 数据挖掘。
2. 过度的曲线拟合。
3. 最新的交易理念。
4. 权益曲线的缺失。

策略失败的关键预测指标
策略覆灭的四骑士 1. 数据挖掘 信号： i. 只有少数市场。 ii. 精挑细选的市场。 iii. 建立在特定市场大类之上。 2. 过度的曲线拟合 信号： i. 太多的规则。 ii. 太多特定参数的指标。 iii. 为做多和做空的开仓结构设定的不同的参数值。 iv. 每种市场有特定的参数值。 3. 最新的交易理念 信号： i. 营销宣传最新发现的独特价值。 ii. 缺少样本外的数据佐证。 4. 权益曲线的缺失 信号： i. 没有权益曲线 = 没有策略。 ii. 没有策略意味着缺少被清晰界定的交易规则。

图 2-3 当你看到策略覆灭的四骑士向你疾驰而来时，快跑

数据挖掘

当业绩结果只能出现在少数几个精选的市场上时，数据挖掘就发生了。这不过是老式的挑水果，开发者仅仅在表现最好的市场上展示他们的策略表现。当策略的历史结果只在少数（完美）市场或仅在单一市场（如仅货币或仅利率）上显示时，就会出现这种情况。现在，我知道，单一市场可以而且确实有自己的奇怪特质，市场大类也是如此。例如，指数市场与其他市场表现得截然不同，因为它们总是在回补（均值回归），这使得传统的趋势交易

策略很难成功。我个人在指数方面的交易策略和其他市场不同。然而，我有一条不错的通用规则，就是在评价策略时，最好看到一个策略在多元化市场的整体投资组合中的表现，而不是在特定选择的少数市场中的表现。跨越多元市场投资组合的通用性，是成功策略的关键属性之一。通用性消除了数据挖掘的风险。能实现盈利的策略应该是基于合理的理念，这些理念应该适用于任何可以自由交易的市场。如果在评价策略时，只看到几个精心选择的市场，你就应该对自己或他人的研发努力产生足够的怀疑。

过度的曲线拟合

在统计学中，数据由信号和噪声组成。那些反映主导趋势的市场数据，代表了优质的信号。而所有的回补、波段转折，对于趋势交易者来说都代表噪声。过度的曲线拟合的策略试图捕捉市场的每一次下跌和反弹。交易者应该设计这样的策略，它只捕捉历史数据中有意义的信号，而不是噪声，因为噪声对于趋势交易者来说没有预测能力。

现在，曲线拟合将始终存在于所有的策略研发中，因为总是需要一定程度的曲线拟合来捕捉有意义的市场信号。因此，曲线拟合将始终存在于任何策略中。如果你想研发一个策略，你就需要先搞清楚你想要捕捉的信号以及捕捉它的方法。没有要捕捉的信号以及捕捉的方法，就没有策略。所以，曲线拟合总是存在的。所有的交易者都会这么做。但大多数交易者都做得过头了。优秀的交易者总是试图将其影响最小化。当你试图捕捉市场的每一次下跌和反弹（噪声）时，当你最终采用或看到的策略具有如下特征时，你可能陷入了过度的曲线拟合的陷阱：

- 你对复杂性的偏好超过了简单性。
- 太多的规则和太多的过滤器。
- 太多的指标有太多的可调节变量。

- 买卖信号之间的不同参数值。
- 不同市场之间设置的不同参数值。

或者，简而言之，就是策略过于复杂，而不是简单。策略所引入的复杂性是为了避免、剔除或跳过损害业绩的重大损失，同时捕捉提高利润的全垒打、值得庆祝的和飙升的盈利业绩。但是，亏损将在未来不可避免地再次出现，因为策略引入的复杂性将无力避免它们。那些利润将不可避免地无法重现，因为复杂性将无法重新捕获它们。这两种负面结果都将损害交易者的账户和信心。

最新的交易理念

这是一个大问题。这是一个很难抵抗的问题，因为你将面对的是那些不择手段的开发者所使用的充满内啡肽的、聪明的营销魔法。当你看到宣传最新发现的营销炒作时，你就会意识到这一点。他们巧妙的营销方式旨在激发我们大脑中的神经受体，释放那些令人愉悦的内啡肽，给我们一种天然的兴奋感，他们希望这将导致冲动购买的行为，只需点击一下。这是一种很难抵制的冲动。新事物的吸引力是一种强大的动力，因为关于新事物的想法给了人们希望，它将取代"旧"经历所包含的痛苦和失望。比如，不断失败的经历。谁不想要一些新的东西，来抹去过去的负面经历呢？

另一个需要警惕的技巧是营销人员使用的"否定"方法：他们建议你需要"最新的"，否则你就会落后。但他们"否定"你，是不公平的。就拿这个聪明但有操控性的营销方式来说：

> 你需要不断发展最前沿、最尖端的交易策略。没有它们，你就会落后，并滑入平庸交易者的深渊，他们永远不会成功。

"哇！"嘿？谁不想有机会保持领先？谁也不想落后，更不想跌入深渊！这句话听起来既让人安心，又很直观，足以俘获广大新手交易者的心。你需要注意这些类型的宣传，因为它们是危险的，即便没有危险也是有误导性的。它们通过获取最新的策略来吸引和满足你对于确定性的需求。这意味着，昨天的策略及其伴随的损失将注定被扔进垃圾箱，永远不会再出现，因为你将不再使用昨天的交易信息。这是 100% 的垃圾。你需要的是真正有效的东西，能被样本以外的证据所支持的东西。而且这个想法越老，你就需要越多的样本以外的证据来建立你的信心。

因此，请尽量对任何令人眼花缭乱的“新”交易发现保持警惕，这些发现没有任何样本外的表现，并在试图控制你的内啡肽。

权益曲线的缺失

最后，交易策略失败的另一个明显线索是历史权益曲线的缺失。这种缺失是一个很明显的线索。之所以会出现这种情况，是因为该策略过于主观，没有清晰和明显的规则来编写代码，或者开发人员在仔细检查后知道这是一个失败的理念。所以，不管叙述有多吸引人，或者被精心挑选以佐证理念的图表看起来有多好，除非历史权益曲线以及被计算的期望值和爆仓风险呈现在你眼前，否则它就是个白日梦，不值得一顾。

到此为止，我已经完全阐述了关键风险信息。接下来，我要分享的是我在策略应用上的见解。

应用

该开车上路了。关于应用，我提供的信息主要包括：

- 培养你的验证技能，现在就获取软件。
- 少即是多。
- 稳健是金。

- 拥抱旧理念，这是新时尚。
- 抵制新理念。
- 制定打包交付的策略。
- 交易一系列的打包交付的策略。

让我们逐一来看看。

□ 培养你的验证技能，现在就获取软件

如果你对待交易是认真的，非常认真，你就会想要正确的工具。你需要合适的软件工具来验证交易想法。如果没有证据表明你的方法有正向的期望和 0 爆仓风险，那么你就是在赌博。没有如果。没有可是。你得到的就是你应得的结果。

是时候改变这一点了。

是时候培养一项有用且必要的技能了。你必须学习将交易方法编写成代码。你必须学习如何创建历史权益曲线，进行损益分析和计算绩效指标。要做到这一点，你需要购买并学习如何使用适当的回测软件。如果没有合适的软件，你将无法有效地验证一个交易想法。因此，学习如何开始编写你在精雕细琢的交易想法，开始创建权益曲线。如果你不相信我，那么请阅读我在《交易圣经》第 12 章对布莱恩 · 谢德的采访。

现在的坏消息是，这需要时间、精力，同时还要承受挫败感。学习如何编码不是一朝一夕的事。你需要跨出这一步，因为如果没有编码的技能，你将很难独立验证交易理念。好消息是，若有了合适的软件技能，你将置身于一个更有知识和自信的地方，在此你将能够做出更好的决定。

我使用 Excel 的 VBA（Visual Basic 应用程序）来编码和测试我的交易想法。学习如何使用 Excel 宏编写代码是我做过的最有价值的事情。它使我变得独立，并使我具备了检验脑海中出现的任何交易想法的技能。我并不是建

议你去使用 Excel 的 VBA，因为我知道有很多好的第三方程序可以让你编写交易想法。然而，我建议，如果你还没有编码技能，你应该寻求获得它们！

要找到可用的资源，最好做一个简单的谷歌搜索。然而，为了帮助你，我最近与来自世界各地的交易者（他们来自加拿大、美国、波兰、澳大利亚、巴西、中国香港和日本）举行了一整个周末的在线研讨会。在研讨会上，我问我的交易者他们使用什么软件，我很乐于与你分享他们的回答。有一串由各种各样的软件构成的列表，然而，作为初学者，你可能会喜欢查看以下现成的交易包：

- AmiBroker。
- Channalyze。
- MultiCharts。
- Trade Navigator。
- Tradeguide。
- TradeStation。
- Trading Blox。

在这个列表中，我的交易者最爱用的软件包是 TradeStation、MultiCharts、AmiBroker 和 Trading Blox。

除了这些第三方软件包外，我的一些交易者选择直接使用以下编程语言来编写我的策略：

- Visual Basic。
- Python。
- Java。
- Ruby。

现在，我很乐于与大家分享一个很有趣并且很有价值的见解，那就是尽管我的交易者中有几个是专业的程序员，但其他人，比如我，并不是。然而，他们和我一样，通过努力学习如何直接用编程语言编写代码。同样有趣的是，决定编写自己的交易程序的不仅是那些热情的、自学成才的程序员，还有那些专业的程序员。以下是我从我的一位交易者那里收到的一封电子邮件，他的职业是程序员：

嗨，布伦特。

我使用 TradeStation/MultiCharts 来完成任何需要高度可视化或自动化的工作，但它不适用于投资组合层次的交易模拟或执行。

我使用 Trading Blox 进行投资组合模拟，但它不适合可视化，而且它们要求我每年为信息集成付费。

我还使用 Excel 来验证单个信号，调试。

我一直在用 Java 开发我自己的回测平台……叫作 Pathjinder =))。

在回测你的系统时，我实际上已经厌倦了 TradeStation/Trading Blox 的限制，我决定在完成这轮回测后使用 Pathfinder 进行所有的测试和自动化。我很久以前就应该这么做了。实际上，你在研讨会上所说的话给了我灵感，我看到了你所构建的一切，而你甚至都不是一个程序员！

谢谢你！

M. L USA。

给别人留下印象当然是件好事。它实际上让我想起了我自己，当年我得到灵感，并开始构建我自己的 VBA Excel 模型的历程。请参考《交易圣经》第 12 章我对拉里·威廉斯的采访。

和我一样，下面这位交易者也埋头苦干，成为一名自学成才的程序员：

嗨，布伦特。

我不会说我已经是一个成熟的程序员。在过去的几个月里，我一直在学习 Python，并且在过去的几周内刚刚编写了你的 5 个策略（以至于它可以一键式检查数据并生成订单）。我将在接下来的 2 ～ 3 周完成其他 4 个策略，使得整个 IDX 投资组合将能够通过几下点击实现在 Python 的运行。

此致敬礼

J. W 澳大利亚。

然而，以下这位同样是自学成才的交易者，却将编程学习提升到了另一个高度：

嗨，布伦特。

关于软件开发的一些注意事项：

- 你的关于交易的结构化、简单和直接的方法，真的让我很有共鸣。
- 我买了微软的 Visual Studio 和两本关于 VB.NET 编程的书。
- 我读了第一章，做了书中所有的练习……每天晚上孩子们上床睡觉后，我都会继续在餐桌上苦读。
- 我列出了我需要软件做的事情——我关注的是如何做：
    1. 打开一个文本文件，并加载到一个数组中（我的电脑中使用的是美国日期）。
    2. 实施计算，计算每种系统的开仓结构、进场水平、止损、进场日期、离场水平、离场日期以及每种系统的多空净头寸。
    3. 为成交订单制作记录文本。
    4. 记录交易历史，计算相关的业绩指标。
    5. 打开一个 Excel 文件，将数组粘贴到 Excel 文件中，保存并关闭。
- 我将这个步骤分解成更小的步骤，并为每一步都测试了一个小程序（例如，打开一个文件并且读取每一行，关闭和保存），谷歌是寻找做法的极好的资料来源。

- 我检查了输出，以确保程序 100% 正常工作，过程中遇到并纠正了许多错误。
- 我之前需要妻子每天下交易订单……所以我需要简化流程（让她的生活更轻松）……我编写了一个 MT4 程序来读取 CSV 的订单文件，然后自动下交易订单。

没有什么是其他人做不到的——就像吃大象一样……一次一小口……然后在大约 3 年的时间里一点点地吃下去。

此致敬礼

T. W. 澳大利亚。

好了，读者们。违抗人性，做足功课，循序渐进，坚持下去，你最终会得到回报。学习将交易想法编为程序，来创建权益曲线，进行盈亏分析并计算最终的期望值和爆仓风险是完全可能的。如果对结果的稳健性分析证明你的权益曲线是稳定的，那么你也可以学习将你的策略进行编程，来自动产生订单。但如果你不相信这是可行的，那么就重新阅读上面的读者来信。他们都是活生生的人，是真实的交易者，他们有着真实的雄心。他们是值得倾听的人。完全不是那些人云亦云、哗众取宠、拾人牙慧、以讹传讹的人和修正主义者可以比的。

还记得你很聪明吗？很好，因为你确实很聪明。你现在已经足够聪明，知道不要去交易你的想法。现在，发挥你的聪明才智，开始自学如何通过现成的第三方软件包或直接用编程语言中编写交易理念。记住，你是聪明的。我已经展示了其他交易者是如何做到的，所以，你也可以做到。你不这么做的唯一的借口是：

- 时间太紧，需要依赖第三方的帮助。
- 你不像你想象的那样渴望交易成功。

- 单纯的懒惰。
- 你没有我想象中那么聪明。
- 不幸的是，你下意识地为了赌博的刺激而进行交易。

在任何时候开始事业都不晚，记住每次只吃一小口，循序渐进。（现在我要看看能不能说服卡蒂亚加入我的下单，祝我好运！）

□ 少即是多

权益曲线不稳定，说明策略是失败的。不稳定通常是由过度的曲线拟合引起的。过度的曲线拟合造成了过多的复杂性。“复杂性”是成年人对太多构成部件（规则和过滤器）和太多带有可调变量的指标的说法。这就是为什么我一般不喜欢那些需要交易者花太多时间去调整每一个变量来创造出他们梦想中的权益曲线的指标。梦想通常会变成一场噩梦，就像黑夜跟着白天一样。

后面，我将花更多的时间讨论过度的曲线拟合以及由此产生的复杂性、权益曲线的稳定性/不稳定性以及策略失败等的问题。

然而，在这一点上，关键是要保持你的方法简单。记住，少即是多。请保持你的策略简单、客观并且具有一致性，因为复杂、主观和不一致将会是致命的。在复杂性中，交易者将只会发现深深的痛苦和失望。

我个人认为，下面这些语录是我读过的、关于交易的最好的语录。第一个来自汤姆·德马克，他是世界知名的市场分析师，曾为保罗·都铎·琼斯和史蒂夫·科恩等人工作过。他在阿特·柯标斯的 *Market Beaters* 一书中写道：

> 事情的真相是，经过了 17 个程序员和长达四五年的测试，发现还是最基本的四五个系统的交易效果最好。

汤姆·德马克指的是他为保罗·都铎·琼斯工作的那段时间。在都铎投资公司时，他创建了四五个基本系统。在制定了这些策略后，该公司引入了

17 名程序员来研究优化策略、人工智能和任何可能与高级数学有关的东西。就在那时，他做出了自己的观察：经过了 17 个程序员和长达四五年的测试，发现还是最基本的四五个系统的交易效果最好。就像我说的，我觉得他的观察非常有见地，这个信息的寓意是，不要在复杂性中寻找答案。

在研发交易思想时，请避免堕入复杂性的深坑，请你坚定少即是多。如果你不相信我，那就请听汤姆·德马克的话。

□ 稳健是金

稳健性的定义，是指策略在非特定样本数据上能够产生稳定的、向上倾斜的权益曲线。可交易的稳健性应该是每一种方法的终极“圣杯”目标。稳健性是交易中的黄金，它是值得追求的。当然，所有的方法论都认为自己有效，但在实际应用中却并非如此。因此，如果一种简单有效的方法从它发布以来就一直有效，或者从这个想法发表以来就一直有效，这是很罕见的，非常罕见，因此价值连城。稳健性是可以让你在那些不可避免和痛苦的低谷中坚持下去的东西。当你开始怀疑自己的策略时，它能让你保持信心。

稳健性和稳定性，在本书中是可以互换的概念。

稳健性——头号属性

稳健性应该是你在策略中寻找的第一个属性。这是任何策略都应该具备的最重要的属性。除非一个策略能够在未来继续表现良好，否则它毫无价值。策略的表现将直接取决于它的稳健性。你需要学习如何识别它。每当我检查一个想法时，不管它多么引人注目，除非我看到它的稳健性，否则我会忽略它。我希望你也能这样做。

稳健性——排在绩效指标之前

稳健性的重要程度超过了绩效指标。你必须相信这一点。如果你还没有意识到，你最终会发现有一大堆令人眼花缭乱的绩效指标。作为交易者，你可能会被可供选择的衡量标准冲昏头脑。从一系列的比率（夏普、索蒂诺、卡玛、Mar、特雷诺和马丁）到范·撒普的质量系统数字，再到詹森的阿尔法和莫迪利亚尼，再到期望、爆仓风险、收益风险比率、利润系数、溃疡表现指数、最大回撤和 CAGR，你很快就会意识到，描述交易系统绩效的体系可能会变得相当混乱。

然而，不幸的是，如果策略不够稳健，无法看到正向的、向上倾斜的、非特定数据样本的权益曲线，那么大多数绩效指标都是多余的。如果一个策略没有根基，那么无论各种绩效指标看起来多么闪亮和令人印象深刻都无济于事。因此，请理解，再厉害的绩效指标也无助于提升一条不断下跌的权益曲线。

在我看来，稳健性的重要程度要超过大多数的绩效指标。

然而，如果你发现有许多非常稳健的策略在争夺你的注意力，那么在对这些方法进行排名时，一系列性能指标无疑是有用的。我将在后面的第 8 章中分享我使用的绩效指标。

但不幸的是，对于大多数低于这个标准的策略来说，它们根本不够稳健，几乎没有指标表明它们是稳健的。过度的曲线拟合和数据挖掘会让狂热的想法在市场的冲击下崩溃。即便再多的、高于一般水平的、积极的绩效指标，也无助于拯救权益曲线的下行颓势。如果你觉得有必要，当然要回顾并考虑那些吸引你注意力的绩效指标；然而要明白，如果你的策略一开始就不够稳健，那么这些绩效指标都是多余的。

稳健性——时间是无价的

在评价一个策略时，无价的是自发布日期开始的时间。

时间越长，非特定样本的数据结果就越多。时间越长，就越有证据表明这个策略是稳健的。时间越长，交易者就对他们的策略会挺过未来的回撤

（见图 2-4）越有信心，因为当你处于长期、深度、黑暗的回撤时，信心就是一切，相信你的策略会恢复并回到一个新的权益高点。这种坚持按策略来进行交易的信心，来自它的非特定数据样本的表现。在市场中的时间越长，证据就越多。策略越老，效果越好。你对你的策略越有信心，你就越有可能继续交易你的策略，并摆脱它的回撤。

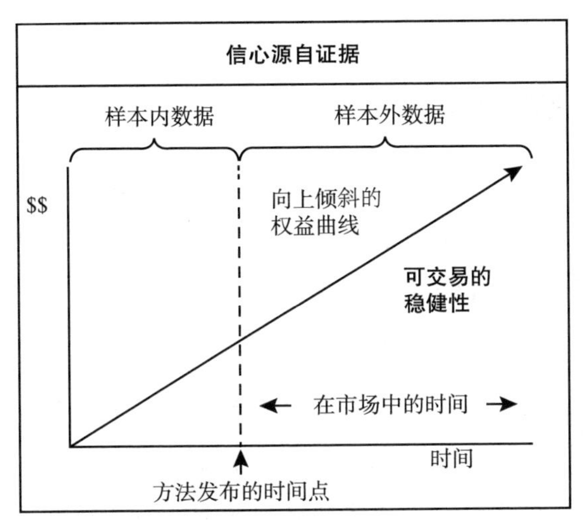

图 2-4 一个交易的策略想法被知道的时间越长，非特定样本的表现数据就越多，它给交易者的信心就越大

稳健性——R 平方反映出策略的可交易性

我提到过，可交易的稳健性应当是所有策略的终极“圣杯”目标。所以，当稳健性确实存在时，如果稳健性又是可交易的，那就更可取。比如对于普通散户交易者来说，尽管一种策略可能具有令人信服的稳健性，但如果它的回撤是机构的规模，那就完全没有可交易性了。对于你和我来说，我们需要保持真实。

我个人使用的、衡量可交易性的一个指标是 R 平方值。它衡量权益曲线与回归线的接近程度。R 平方值在 100%，表明权益曲线非常平滑，接近于一条直线。读数低，说明股票曲线非常坎坷，难以交易。我通常更喜欢具有 90% 以上 R 平方值的策略。

稳健性——如何衡量

只有两种方法可以用来衡量策略的稳健性：

1. 以证据为基础。
2. 以信念为基础。

稳健性——以证据为基础

唯一不可否认的证据或具备了稳健性的证据，是正向的、非特定样本数据的绩效表现。自策略发布后，产生的一条正向的、向右上方倾斜的权益曲线，这是一切疑问的终极裁决者，非特定样本数据的测试结果。这很简单，纯粹的、100% 的证据。这是事实。这条策略的稳健性是无可置疑的。没有什么比获得非特定样本数据的绩效支撑更好的了。不需要聪明的、基于代数的性能指标，不需要令人信服的、压倒性的交易逻辑，不需要建立共识，做出过于热情和权威的倡导，也不需要圆滑聪明的认知操纵的营销。对于非特定样本数据的策略表现来说，这些都是多余的。

具有大量的、非特定样本数据的表现性能的最佳策略，反而是较老的、已经闻名已久的方法，是经受住了时间考验的经典思想。利用旧的或已建立的交易原则，为交易者提供了大量的样本外数据，以证明其策略的权益曲线的稳定性。非特定样本数据越多，策略就越有时间来测试、证明其稳定性和稳健性。

如果策略存在良好的非特定样本的测试性能表现，那么其他一切都是多余的。关于策略的意见、不可思议的指标、好为人师的评论、充满可疑的怀疑论、偏爱性的赞美、犹犹豫豫的模糊论调，都是多余的，毫无意义。如果一个策略能够提供正向的、非特定样本的测试性能，那么它就是稳健的。没有如果、没有可是，只要有稳健两个字就足够了。在第 6 章中，我将回顾一些已经被完善的趋势交易策略。将如你所见，其中大多数策略都有积极的非特定样本数据的表现。它们是稳健的。它们的表现无可否认。然而，它们的表现是否处在一个可以接受的水平，这就是另一个问题了，我将在后面的篇幅中讨论。然而，至于稳健性的证据，我将要回顾的大多数策略毫无疑问都是具备的。

稳健性——以信念为基础

如果一个策略没有经历历史数据的考验，那么根据定义，它就是新策略。新策略没有提供基于非特定样本数据的表现，或其他稳健性的证据，因为这些都不存在。然而，这不应该阻止交易者尝试开发或评价新策略。如果新策略是通用的，并遵循了良好的设计原则，那么新策略就没有理由不具有稳健性。

以新策略作为交易的依据，实际上是基于信念在交易。研发人员通过确保通用性并遵循良好的设计原则，希望他们的新策略将具备稳健性。足够多的稳健性，可以避免策略开发中的两种弊端——数据挖掘和过度的曲线拟合。研发人员希望新策略的权益曲线表现出稳定性。这当然是有可能的。

关键是要避免策略开发的两种弊端。其中一个可以被消除，而另一个却永远存在。经验丰富的交易者会尽量减少曲线拟合，而经验不足的交易者却会在这方面走火入魔。

稳健性有两个关键指标：

1. 通用性。
2. 良好的设计。

通用性——避免数据挖掘

通用性指的是一种策略在各种市场的多样化投资组合中的盈利能力。通用性是稳健性的一个很好的标志，因为它表明一个策略已经避免了数据挖掘，即避免了仅仅在一些精心挑选的市场上起作用。

良好的设计——避免过度的曲线拟合

策略在设计时遵循良好的设计原则，也是稳健性一个很好的指标。因为它表明该策略避免了过度的曲线拟合。

良好的设计原则包括：

- 可测性。
    - 提供完整的贸易计划，包括定义清晰的、明确的和客观的交易规则，如：
        - 何时开始交易。
        - 何处进场。
        - 在哪里设置止损。
        - 在哪里离场。
    - 允许计算策略的期望值和交易者的爆仓风险。
- 简单性。
    - 偏好于少即是多。
    - 偏好简单胜过复杂。
    - 偏好客观胜过主观。
    - 偏好僵化胜过灵活。
    - 偏好合理、无聊和充满逻辑的想法，胜过惊心动魄、令人兴奋和晦涩的想法。
    - 偏好更少的规则。
    - 偏好更少的指标。
    - 偏好更少的变量。
    - 对做多和做空的开仓结构都有相同的参数值。
    - 对所有市场都运用相同的参数值。
    - 避免过度的曲线拟合。

如果存在这些线索，则可以认为该策略具有潜在的稳健性。就这么简单。通用性、可测性以及简单性。尤其是简单性。少即是多。

如果你不相信我，那么请（再）听一遍汤姆·德马克之前的话：

> 事情的真相是，经过了17个程序员和长达四五年的测试，发现还是最基本的四五个系统的交易效果最好。

就我个人而言，作为一个机械/系统或算法交易者（取决于你更喜欢哪个标签），我相信汤姆·德马克的评论是我读过的关于交易的最好的见解。答案往往不是在复杂中找到的。

当你决定立下契约的时候，你会来到这个岔路口。你需要决定走哪条路。这是一条老生常谈的以证据为基础的路径，具有陈旧的、无聊的、已经经过验证的想法，可以证明非特定样本数据的稳定性；或者是具有乐观前景的、基于信念的路径，并希望你的交易技能不断精进，创建一个具有足够稳定的权益曲线的策略，避免数据挖掘和过度的曲线拟合。这个岔路口会给你一个简单的二元选择。你是会选择证据而不是信仰，还是会选择希望而不是实用主义？我个人更倾向于选择可以被证明的证据，而不是以信仰为内核的希望。

□ 拥抱旧理念，这是新时尚

是的，你已经知道了，我喜欢“旧”理念。我喜欢它们的原因很简单，因为它们够“旧”。“旧”意味着在市场上有足够的时间。时间给已经建立的理论背书。时间在非特定样本的数据中，证明了一个交易策略的稳健性。时间意味着长寿。长寿意味着盈利能力。盈利能力意味着稳健性，这是所有交易方法的唯一目标。时间越长，稳健性就越强，而越具有稳健性，我就越有信心。非特定样本数据的稳健性的证据，只能来自旧的、已经被建立的交易理念。

这里的寓意是不要忘记过去。所以，你需要重新阅读旧的技术书籍，重新审视前人的想法，以收集证据来证明其策略是否有效。你应该参考 2000 年之前出版的书籍，因为它们至少会给你超过 20 年的样本外数据。如果这些书拥有一个值得被编码的交易理念，超过 20 年的数据足以衡量其稳健性。

在第 6 章中，我将回顾一些不同的趋势交易策略，其中大多数具有样本外的数据表现。我知道这不是一个详尽的策略清单，但是，这对于你来说肯定会是一个很好的起点。不管你从哪里开始，确保你从拥抱旧的开始。新理念无法用样本外的数据来证明其稳健性，因为对于“新”理念来说，不存在样本外数据。你应当学习如何定位、评估和验证旧理念，因为这里才是丰富的且很有价值的样本外数据存在的地方。

□ 抵制新理念

你很快就会知道，有很多精心构建、具备了稳健性的趋势交易策略供你选择。你真的没有必要去开发你自己的策略，也没有必要冒着落入相关性陷阱的风险。在我看来，你应该忽略那些最近的、更年轻的、最新的、令人兴奋的交易理念，而专注于那些久经考验的交易理念。

抵制“新”交易理念有两个非常重要的原因：

1. 缺少稳健性的证据。
2. 你强大的神经递质。

缺少稳健性的证据

永远记住，正如我刚才提到的，尽管新理念具有难以抵制的吸引力，但从定义上讲，新理念永远不会给你带来坚如磐石的样本外的表现。它们永远不能提供有力的证据来证明稳健性——那个我们在策略中都想要具备的理想属性。新策略只能提供一种希望：它们的权益曲线在未来将继续保持可靠、稳健。当然也存在一些“线索”可以向你传递稳健的信息，比如我已经讨论过的通用性和良好的设计。然而，从一般的理解来说，如果你追求新理念，那就是基于它们的权益曲线将保持稳定的信念在交易。

正如我一直提到的，有足够多的成熟和强大的趋势交易策略可供审视和考虑，大可不必在没有可靠证据证明其稳健性的情况下，重新发明轮子并且单独行动。

现在，我知道所有旧理念在过去某个时间点上都是新的。我明白我不应该对新事物太挑剔。我确实理解这一点。然而我也明白，当有大量的旧的和经过验证的策略可供审视和交易时，我不愿意让自己成为新策略的实验小白鼠。我很乐意让其他人成为第一批尝鲜者，让他们在未知的概率分布的边缘踮起脚尖探路。

然而，话虽如此，如果一个新理念引起了你的注意，那么当然值得考虑一下——但在你真正投入资金之前，要确保它有稳健性的线索，并成功地通过了权益曲线稳定性的评估。但也永远不要忘记，你这样做就等于放弃了一个坚实的、建立良好的、以证据为基础的经典方法，取而代之的新方法可能会被证明是空中楼阁。在我看来，这是个显而易见的选择。我建议你选择已经被样本外数据证明过的经典策略，而不是一个交易的承诺。在交易上，最好避开新事物。

你强大的神经递质

在交易的世界里，“新颖”往往能够巧妙地操纵你的神经递质，让你成为精明营销策略的俘虏。在不知不觉中，一个诱人的网站就攫取了你的注意力，令你沉醉其中，你开始购买那些所谓的最新交易解决方案。你的购买动机并非出于对其效能的认知（这本应是购买的唯一理由），而是因为你的神经递质让你对购买“感觉”良好。这种感觉良好的诱惑力难以抗拒。

让我们再来回顾我之前展示过的聪明而有操纵性的营销方式。它具备一个非常有说服力的信息：

> 你需要不断发展最前沿、最尖端的交易策略。没有它们，你就会落后，并滑入平庸交易者的深渊，他们永远不会成功。

谁愿意落后呢？我不愿意。谁不想出人头地？我当然想。谁需要“前沿”的交易解决方案？我要两个；在哪里报名？

聪明的营销人员的目标是侵入我们的积极的神经化学系统，触发多巴胺和血清素神经递质。强大的神经递质让我们感觉良好。嘿，谁不想感觉良好呢？而让我们感觉良好的神经递质是很难抗拒的。

在长时间的权益回撤过程中遭受到的损失，会损害精神。损失会导致拖延、自我怀疑和缺乏热情——这种精神状态与低水平的多巴胺有关。你会开始觉得自己很失败、孤立、沮丧。孤立和抑郁的感觉，都与血清素的缺乏有关。

供应商和营销人员都知道这一点。所以，他们设计营销的技巧，卖给你一些新的东西，给你兜售希望，让你从抑郁中解脱出来。营销人员知道，提供一种“新的”前沿策略，并承诺财富，这会让潜在客户产生天然的多巴胺刺激，这将提升他们的精神、信心和热情。他们知道，你看到前沿的解决方案会让你想象到成功给你带来的好处。成功的交易意味着你的账户里有钱。不仅是有钱，还是有大钱。很明显，你的大脑无法分辨真实和想象，所以你的大脑会产生血清素，让你对想象中即将赚到的钱感觉良好。或者，换句话说，真的感觉良好，实际上，好到会让你认真考虑购买最前沿的尖端解决方案。营销人员知道这一切。他们知道你会感觉良好，他们只是希望你良好的感觉可以保持足够长的时间来购买他们最新的优惠。“新”的交易策略产品仅仅是短期的、多巴胺驱动的营销努力。消费者要小心了！

交易中的新鲜概念，通常只会对卖家有利，而对交易者不利。

所以，交易中要回避新事物，抵制新事物所激发的希望和感觉良好的冲动。新事物只适合那些准备利用人们缺乏多巴胺和血清素的推销员。

同时，请不要被交易中的“新发现”所带来的神经化学物质的提升所诱惑和愚弄。我知道它们是强大的神经递质，我明白这一点，过去我也曾屈服于它们。我们不都是这样吗？但你必须足够强大，才能忽略它们强大的影响。记住，就新事物本身而言，永远无法提供确凿的样本外的证据来证明其稳健性。它所能提供的最好的证据，仅仅是一些指向稳健性的线索。回避新的交易解决方案才是最佳之选。

□ 制定打包交付的策略

一个打包交付或完整的策略，是可以立即使用的策略，是一种对开仓结构、进场、止损和离场水平都有完整并且客观规则的策略，是一种不需要任何额外解释的策略。

使用打包交付的策略（无论是带有主观决策，还是100%纯机械交易系统），有两个非常重要的原因：

- 破产风险（爆仓风险）。
- 认知偏见。

破产风险（爆仓风险）

每个交易者的首要目标，都是以0爆仓风险开始交易。你毁掉交易账户的风险，是一个结合了你的交易方式（方法论）和你每笔交易的风险（资金管理）的数学函数。任何超过0的爆仓风险都决定了交易者必然会破产。爆仓风险为30%的交易者肯定会比爆仓风险为1%的交易者更早到达破产点。然而，一个交易者即使只有1%的爆仓风险，最终也肯定会破产。这只是时间问题。如果你希望享受一个长期的、可持续的交易生涯，那就需要知道基于你开展交易的策略以及每笔交易中承担的风险，你破产的可能性究竟有多高。正确计算爆仓风险的唯一方法，是拥有一个完整的打包交付的策略，其中所有的规则都被精准而正确地阐明。

记住，作为主观交易者是很难成功的。大多数主观交易者都不具备完整的、可测量的交易计划。如果不具备可测量性，主观交易者就无法计算他们的期望值或爆仓风险。在我看来，这就是一种灾难性的情况。

如果你想交易，那么你需要了解：根据已有的交易策略和资金管理，策略的爆仓风险有多高。你能够正确计算爆仓风险的唯一方法，就是制定一个完整的打包交付的交易策略。没有如果，没有但是，这是没有妥协余地的。无论你认为自己属于纯主观的、纯机械的还是半主观半机械的交易者，你都需要确保你以0爆仓风险开始交易。这是在交易中生存的必要条件。这是一条铁一般的规则，不容妥协。记住0爆仓风险为王。爆仓风险只能从一个完整的策略中被计算出来，在这个策略中，所有的规则都是被明确和客观地定义的，用于设置开仓结构和交易计划（进场、止损和退出）。只有完整的、打包交付的策略才能被编码，并对盈利能力、期望值和爆仓风险进行回测。而泛泛的开仓结构，以及进场、止损和离场的一般的方法，过于松散和模糊，无法进行编码，因此显得太业余、太浅显，无法被考虑用来进行交易。这些方法或许已经足以应付图书销售和网络研讨会，却不足以在真实市场中用真金白银开展交易。

如果你认真对待交易，你需要制定完整的、可以打包交付的策略来计算你的个人爆仓风险。现在你可能决定在主观的基础上进行交易，对交易信号精挑细选，但至少你会知道，你的交易基础将具备一个破产保护的内核。如果它还不是打包交付的策略，你将不得不在黑暗中交易，继续赌运气。

认知偏见

我们的思想是强大的，这通常是一件好事。然而，对于交易来说，这种特性可能会引发一大堆问题。涉及交易时，缺乏清晰明确的开仓结构和交易规则会为我们的思想打开一扇后门，让我们受到各种认知偏见的冲击。认知偏见就是那些被扭曲的思想。正如我之前讨论过的，这对主观交易者来说是一个巨大的问题，因为人们倾向于看到他们想看到的东西。我们的头脑中充满了认知障碍，即使可能，这些障碍也很难被穿越。

让我们来一起看看，我们都有哪些与生俱来的、棘手的、与选择、确认和近期事件有关的认知偏见。

当主观交易者要论证一笔交易的合理性时，如果他们只会记住并引用完美的图表案例，此时他们就会遭受选择上的认知偏见。他们会很自然地忽略所有其他的、同样模式失败的图表示例。主观交易者也会受到确认或信息偏差的影响，在这种情况下，他们只会阅读或寻求能够支持他们观点的信息。他们会忽略其他不利的信息。如果他们做多，他们只会阅读看涨的消息。主观交易者也可能遭受近期事件偏见的影响，他们会期望近期盈利的图表示例能够重复，忽略数据集中所有之前的图表示例，更早的这些图表示例很可能已经证明了这个模式是亏损的。

现在，主观交易者可能会主张他们有能力有意识地控制自己的认知偏见，但客观现实和良好的主观意图很少能够重叠。正如我之前提到的，主观交易者可能会出现预期偏见，他们总是会找到自己想要的东西。以下面这段话为例：

我不敢相信我竟然可以解理我正在阅读的材料。根据剑桥大学的一项研究，我发现，借助人类心智的惊人力量，在阅读材料的单词中，字母顺序是无关紧要的，唯一重要的是第一个字母和最后一个字母要处于正确的位置。其余的字母可以随意打乱而不影响理解。这是因为人类的心智不是靠阅读每个字母来识别的，而是会把词汇当作一个整体。怎样，是不是很神奇？[⊖]

⊖ 原文是英文，每个单词都被打乱，但首尾两个字母是正确的。人类的心智仍可以阅读这样错乱的文本，表现出人类的心智在对待混乱时有超强的梳理能力。由于语言表达的差异，在汉语中很难体现这个特性。因此仅仅在本段第一句尝试部分表现这个错乱文本，将部分词汇进行倒装重构，供读者参考。——译者注

上述这段话选自保罗·齐亚娜的《技术分析的新前沿》。齐亚娜用上面的段落来证明我们的思想在从混乱中重建秩序的方面是多么强大。在这一点上，我不得不同意他的观点。我们读了上面的内容并理解了它，这真是太神奇了！但它也很可怕，因为它表明了我们的大脑在试图创造我们理解的秩序方面是多么强大。我们的预期偏见会导致我们总是看到我们想看到的，就像看云朵一样，总是能从各种各样的形状中看出它像什么。

这是对技术分析的强烈批评，也是主观交易很难成功的原因。许多人认为，识别价格图表上的模式类似于识别云朵形状中的模式。这完全取决于个人的主观理解以及充满认知挑战的解读能力。因此，对解读的依赖使技术分析（以及云朵的识别）过于主观，太不可靠，无法被认真对待。

打包交付的交易策略，消除了认知偏见可以发挥作用的任何空间。不给它们留下可以钻空子的空白或灰色地带。交易者将绝对确信地知道开仓结构是否存在，以及应该在何处进场、停止或退出交易。

打包交付的策略可以保护交易者免受他们充满偏见的想象力的影响。

现在，你可能最终决定在实际应用打包交付的机械策略的过程中，对交易信号带有一些主观选择，但至少你的策略将是一个具有（希望是）正向期望值以及0爆仓风险的完整策略。对于主观交易者来说，他们可以提倡管理自己的认知偏差；然而，在一天结束时，0爆仓风险为王，你可以准确度量爆仓风险的唯一方法，就是使用打包交付的策略。打包交付的策略带来了双赢的结果。它们不仅可以计算出个人策略的爆仓风险，还可以让你保护自己，免受自己非常强大、非常有想象力、但最终具有破坏性的认知偏见的影响。对于我来说，这是一个相当不错的双赢局面。

□ 交易一系列的打包交付的策略

分散交易是行得通的。在策略选择、时间框架和市场选择中分散化。我鼓励你努力在交易策略、时间框架和市场选择上实现多样化。通过这本书，我希望你能从头开始，走上可持续交易的道路。最好的起点就是顺趋势进行交易。这也是最安全的交易方式。当且仅当你已经实现了可持续的顺势交易时，才有资格去寻求制定一个合理的逆趋势交易策略。

最终，所有成功的交易者都会转向交易互不相关的策略组合，并且在交易策略和时间框架上都实现分散化。它们将包括短期、中期和长期的顺趋势和逆趋势策略。顺趋势和逆趋势策略是互不相关的，并且互为补充。当市场起伏不定，让趋势交易者持续止损时，他们的逆趋势策略应该表现良好，这会弥补顺趋势交易造成的损失。

分散交易是行得通的。我自己就这么做。假以时日，你也应该这样做。在多个时间框架和多个市场中，交易多个不相关的策略会给你更多的交易机会，分散化的方式能够抵消掉单个策略和单个市场中的失败交易，以及绘制出一条更加平滑的权益曲线。分散化提供了更好的风险管理方式。但首先，请专注于通过顺趋势实现可持续的交易。

我的关键应用信息分享就到此结束。接下来，我想和大家分享一下我对交易执行的看法。

执行

这是你在交易的旅途中希望能停留的地方！关键的执行措施包括：

- 忍受痛苦。
- 处理挫折。
- 接受不确定性，这是常态。
- 接受不断的变化，这是生活。
- 无视未来。
- 关注自己。

- 学会知足。
- 保持谦卑。

我会依次来解释。

□ 忍受痛苦

你感觉痛苦吗？你可能以为交易可以结束你的痛苦：没有足够的钱的痛苦，一天中没有足够的灵活时间去追求自己的兴趣的痛苦，受到雇主支配的痛苦。

好吧，我很抱歉（又一次）要给你带来坏消息。然而，痛苦是你在交易中沉默的新伙伴。就像生意上的任何合伙人一样，你需要熟悉它的特质，学会如何与它相处。

所以，如果你想交易，你需要向“痛苦”打招呼，彻底将手洗干净，与它坚定地握手，拉它过来做一个坚定的拥抱，并开诚布公地欢迎它进入你的生活。痛苦将成为你永恒的伴侣。学着像一个好朋友一样去拥抱它。

不信？试试这个。当你赔钱的时候，你明显会很痛。当你连续几个月亏损时，肯定会很痛苦。当你赚到钱的时候，你会想，如果你在交易中多待一会儿，你可以多赚多少钱。这会让你很受伤，真的很受伤。当你花了大量的时间和精力去研究一个看似合理的交易理论，而它却没有达到你的最低策略要求时，你就会感到痛苦。当你在你认为是可靠的研讨会上花了很多钱，而你在实践这些所学到的想法时却赔了钱，这将会伤害到你。当你花费大量的时间和精力进行研究、开发、编程和测试一个想法，而它却最终展现了负面的期望收益时，这将会让你很痛苦。当你多年来花费大量的时间和精力来提高你的优势却最终失败时，尽管你花费了所有的时间和精力，它会让你失望，它会伤害你。当你顺趋势交易，67% 的交易都是亏损的时候，你会很受伤。当你在交易中经历权益的回撤，你大部分时间都是这样，即使使用更高精度的方法也改变不了这一点，它也会伤害你。当你提取资金来支付生活开销或纳税时，它会影响你的头寸规模，你会因为交易持仓规模较小、错过潜在的额外利润而感到恼火，这将会伤害你。尤其是当它发生在权益回调期间，它会真的、真的加剧痛苦，真的、真的伤害你。当你在市场之外观望、等待下一笔交易的时候，你会因为没有进入市场、可能错过下一笔大交易而感到焦虑，这种焦虑会对你造成伤害。而当你的伴侣正在计划一个海外度假，而你确信市场将经历重大转变时，一想到在不久的将来要去旅行，甚至在假期的日期还没有确定、机票还没有买好、酒店还没有订好之前，你就会感到痛苦。这会对你造成很大的伤害。

求你，求你，求你，不要再把交易看成通往一个人烟稀少的、棕榈成行的热带海滩景点的门票，以为在那里你将无忧无虑。不。这是一项需要努力和毅力的活动，需要高度的疼痛耐受力。我已经警告过你了。

□ 处理挫折

若我没有详细解释交易中的挫折，交易的痛苦只能沦为泛泛而谈。每个交易者都讨厌它们，尤其是考虑到超过 90% 的交易者永远无法恢复原来的权益曲线高度。

我可以向你保证的是，你的下一个回撤将比你想象的要近得多。所以，与其寄希望于它是一个遥不可及的体验，不如为它不可避免的到来做好准备。问题就变成了：交易者能做些什么？幸运的是，你可以采取一些措施来管理它们。

首先，你会抛弃你的已有策略，重新开始吗？不。回撤是交易的一部分。它们有时可能会令人恼火和痛苦，但（希望）它们只是暂时的。

你回顾过你的策略吗？当然。我总是在仔细审视自己在做什么，同时思考我的策略，是否可以在不陷入过度的曲线拟合陷阱的情况下得到改进。大多数时候，我都会摇头认为不行。一般来说，我的策略很简单，它依赖于价格的变化，没有受到传统的依赖于变量的、滞后的指标的过度影响。通常没有什么需要我调整的，这也是我喜欢的。

你是否认为市场已经发生了根本性的变化，所以需要改变你的策略？不，不，不。或者我应该说是，是，是。市场确实会发生变化，而且已经发生了变化。市场上，一直有新的品种、新的工具和新的创新点出现。从电子交易到高频交易，再到某些市场几乎 24 小时交易。是的，市场确实在变化。但它们总是在变化，这就是它们不变的地方。没有什么是一成不变的。但市场变化越多，它们就越保持不变。改变的仅仅是名字和事件。20 世纪 80 年代的储贷危机。1987 年的股灾。1991 年日本房地产崩盘。1998 年长期资本管理公司的溃败。2000 年互联网泡沫破裂。2008 年美国房地产泡沫以及由此引发的全球金融危机。虽然名称和事件在变，但结果总是一样的。价格在正常、惊喜、冲击、波动、正常、惊喜、冲击、波动……中循环往复，周而复始。

市场在稳定、不稳定、回归稳定的周期中有规律地循环往复，有点类似古代和近代的文明发展历程。这是一种反复上演的戏剧，改变的仅仅是演员和剧本罢了。所以，在我看来，市场在本质上并没有改变。

你的策略需要足够好，才能应对所有的市场状况和市场情绪。以理查德·唐奇安在 1960 年提出的 4 周规则策略为例。该策略的要点是始终有持仓留存于市场中，在四周突破时进场，或者触发止损离场并反向交易。图 2-5 是它的表现。

因为该策略发表于 1960 年，因此图中的回测结果都是样本外的数据。正如你所见，尽管人们不断谈论市场的困难和变化，但执行该策略的权益曲线仍在上升。尽管自 20 世纪 70 年代以来发生了所有令人惊讶的金融冲击。从这条上升的权益曲线来看，在过去的 40 多年里，市场并没有发生本质变化。尽管经历了世界上前所未有的最集中的金融冲击，但关于交易的一切都没有改变。

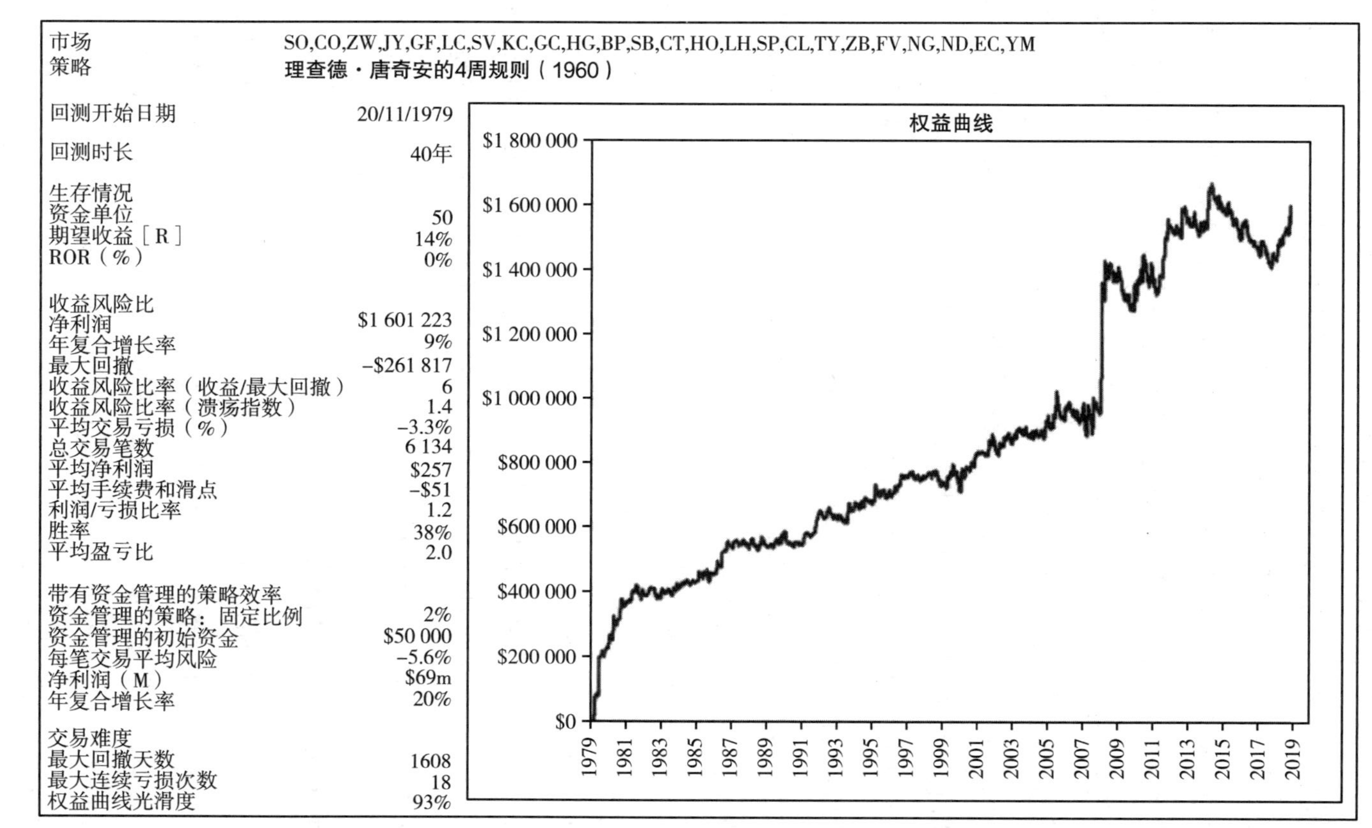

图 2-5　理查德·唐奇安 1960 年的 4 周规则策略的表现表明，在过去的 40 年里，市场并没有发生本质变化，尽管期间发生了一连串的金融危机。这证明了一句古老的格言：万变不离其宗

如果有一天，我承认我的某个特定策略失效了（伴随着持续下跌的权益曲线），我绝不会责怪市场。如果策略失败了，那只是因为我的策略不够好。仅此而已。绝不会有什么市场改变了之类的浅陋借口。

你是否会选择建立新的策略来分散并降低个别策略失败的风险？当然，我就是这么做的。我交易的资产组合是包含超过 30 个市场的、采用不相关但互补（顺趋势 / 逆趋势）策略的、在多个时间段（短期、中期、长期）开展交易的多元化投资组合。然而，我没有理由不去增加或改进我所拥有的。实际上，这就是我花了大部分时间研究、编程和测试新的交易理念的地方。我总是希望改进我的捕猎工具，即便大部分的想法和努力都将付诸东流。

你会增加更多的市场来分散交易风险吗？当然，我就是这么做的。我交易多元化市场的投资组合，以降低单个市场策略失败带来的风险。

你会减少仓位规模吗？当然，我就是这么做的。我的资金管理规则规定，当我亏损时，我会减仓。

你会停止交易吗？这要具体情况具体分析。如果你的权益曲线运行的动量因某一特定策略而转为负值，那么应当停下来，如果不是这种情况，就不必停下来。我就是这么做的。

所以，虽然权益的回调和四季轮回一样不可避免，但你可以采用很多措施来缓冲回调。诀窍在于建立一个多元化、低相关性的策略组合和市场投资组合，这将有助于减轻回调的影响。

□ 接受不确定性，这是常态

看。就像我之前说的，我并不想让你扫兴。我知道，我知道，我知道。如果谈论亏损、苦难、爆仓风险和痛苦还不够消极，我就要主张“不确定性”了。是的，我听到了你的声音，我理解你的愤怒——然而，我必须去除交易的虚假“光环”，让它回归到属于现实的“黯淡”状态。

所以请让我继续我的论述。

交易者的另一个绊脚石，是他们在面对未来时所感受到的不确定性。我们都担心明天。担心当前的状况是否会导致市场崩盘，或金融危机灾难，或在世界各地发生的难以形容的灾难。这个世界充满了不确定性，也充满了不确定性带来的焦虑。我之前提到过，这是一个令人困惑的世界，有太多的大问题需要回答。诚然，我也还没有解开那些谜题。然而我确实知道，世界上总会存在不确定性。所以，你需要接受，这是常态。如果你不这样做，拖延症会扼杀你，令你错过机会，顾虑重重，并分散你执行交易计划的注意力。

首先，你必须接受你无法控制未来（明天），尽管你有那么多的顾虑。

其次，你必须承认未来总存在不确定性，并接受改变现状的事实总是会发生的。从某一方面来说，这是你当下已经可以肯定的。你必须接受现实中没有什么是遵循线性发展的。没有什么是永恒存在的。世界总是在稳定与不稳定之间摇摆不定。明天是不确定的。要学会接受不确定性。如果你能学会欣然接受不确定性，那么你就不会被不确定性带来的恐惧所麻痹。你就不会因为恐惧导致的优柔寡断和拖延，而让自己置身于交易中的不利地位。你也不会因为犹豫拖延而错过机会。

不确定性是拖延症的推动者。拖延是交易者的致命罪过之一。这是你需要避免的恶性循环：一个因不确定性导致拖延的循环，而拖延又会导致错失机会，错失的机会导致颓废消沉。

最好的做法就是，接受不确定性是交易的现实这一事实。没有人知道未来，所以不要在交易前寻找确定性。确定性仅仅是一种幻觉。

请接受这一事实，你个人的顾虑不会对任何处于变化中的事件产生什么影响。它唯一的影响是造成你自己的犹豫和拖延，阻止你正常交易计划的执行。

所以，请学会拥抱不确定性。它过去是、现在是、将来也永远都是交易中的“常态”。我要告诉你一个冷酷无情的事实，那就是你需要学会接受不确定性作为你交易路上的永恒伴侣。你需要接受这样一个事实：交易永远不会让你感到舒服。一旦你学会接受不确定性，你的处境就会好得多。前方必然有怀疑和担忧。这是市场的客观事实。不要让不确定性、拖延症和悲观主义阻挡你前进的脚步。寓意是不要在交易世界中寻找确定性和舒适感。这些在交易的世界中这根本不存在。也要明白，市场中有不确定性存在的地方，就必然有机会潜伏。

□ 接受不断的变化，这是生活

因为“变化”一直是地球上生命的永恒主题，所以明天不太可能像今天。我知道，我们大多数人对变化感到不舒服并且害怕变化。然而，这是历史上唯一不变的，或确定的。我认为不断的“变化”和“不确定性”是齐头并进的。不断的变化是拖延症的另一个诱因。拖延，如你所知，是那些交易者的致命罪过之一。

不确定性、不断的变化或对变化的恐惧，这些都有可能让交易者哑口无言，把他们变成众所周知的被车灯照到的鹿。每当你发现自己担心一个潜在的问题，偏好深思熟虑多过勇猛进取时，请回来阅读这一节。

历史充满了变化，但我们都还在这里。是的，一些金融事件造成了波动，但如果你遵循一个明智的交易计划，你会发现在大多数情况下你会站在正确的一边。变化，以及由此带来的波动，对盈利是有利的。如果你碰巧站错了方向，你的止损会保护你。

请不要让你对变化的恐惧，阻止你在交易中取得成功。

永远记住，自从人类出现在地球上，变化就一直伴随着我们。一直以来，变化都是人类的主题和伴侣。变化见证了各种冰河期的来来去去，见证了文明的兴衰起落，见证了个人命运的兴衰，见证了历代货币的来来去去，见证了金融危机的不断发生，见证了各国在历史上经常发生的违约。变化是对市场行为的一种有据可查的观察结果。“现状”是经常会被打断的。从季节到文明，再到金融市场和财富，几乎没有什么是沿着线性的道路前进的。

它潮起潮落，沿着最终必定终止的趋势路径蜿蜒前行，有时甚至是猛烈地终止。变化，反映了一种规律：稳定引发不稳定，不稳定再引发稳定。它被设定为一个持续的漂洗循环程序。唯一可以确定的是，现在的状态发生将必然会发生变化。

你要知道，不断的变化和永恒的不确定性将是你永远的伴侣。所以，不要再担心那些无法控制的事情，要习惯这个世界持续的不确定性。不要让你对变化和不确定性的担忧导致悲观情绪达到顶峰，而悲观情绪又会导致拖延达到顶峰，继而让失望也达到顶峰。

□ 无视未来

尽管有许多引人注目的头条新闻，但没有人能预知未来。没有一个人。记住，没有水晶球这回事。在内心深处，你已经知道了这一点。然而，尽管你很务实，你还是忍不住在你内心深处那个乐观压倒悲观的角落点燃一支小蜡烛。那么，最好把希望的小蜡烛掐灭。是时候提醒自己，你已经是个成年人了。在你的花园底部已经没有仙女了。是时候苏醒过来，探索生命的真谛了。它不是玫瑰，更多的是九分现实和一分幻觉。

作为交易者，我们必须承认：

- 我们不知道未来。
- 我们不知道成功的交易何时何地会发生。
- 我们不知道一笔交易会持续多久。
- 我们无法控制市场的走势。

所以，请不要再担心那些你无法控制的事情了。最好还是忽略未来吧。

□ 关注自己

现在开始，做一些积极的事情。你自己才是你唯一能控制的人，你控制不了市场，也控制不了你的策略的未来表现。不。你能控制的只有你自己。只有你能负责执行你的交易计划。

只有你负责寻找属于你的开仓结构。只有你负责进场和管理交易。只有你负责根据你的风险资本和资金管理策略，管理你的持仓头寸。作为交易者，你需要忽略未来，只关注自己。作为交易者，你需要专注于控制你的风险和资金管理，这将使你在交易的游戏中生存足够长的时间，并享受胜利的果实。

□ 学会知足

接下来，你需要学会知足。你很可能永远都无法成为一名闪耀的明星交易者——然而，你没有理由不能成为一名有能力和可持续的交易者。

作为一名交易者，你需要接受这样一个事实：你不可能抓住每一次大的价格波动。你需要学会对你所做的交易感到满意。作为一名交易者，你会意识到你不必在每一次大的价格波动中都持有头寸，也能拥有一个适度的期望来成功地管理你的风险资本。作为一名交易者，你会意识到你不必每天都在市场中。作为一名交易者，你会意识到并接受你会错过很好的价格波动，但这没有关系。作为一名交易者，你必须学会满足于你所拥有的。

□ 保持谦卑

当你开始盈利时，请记住你失败时的痛苦。在交易中，你需要保持头脑清醒。你需要克制自己的冲动，不要与任何愿意倾听的人分享你的好交易。当成功到来的时候，我希望你能保持谦卑。如果你不这样做，市场的“最大逆境先生”将给你带来一场痛苦的海啸，而且他会在你最意想不到的时候，给你带来痛苦。

我特别喜欢安德里亚·昂格的见解，他是一位非常有才华的交易者，曾四次获得期货交易世界杯冠军：

如果你想在交易中取得成功，你必须始终保持谦卑。保持谦卑将确保你始终对市场保持尊重，并避免市场损害你的账户。保持谦卑能让你始终意识到谁在控制你的环境。你猜怎么着，那个人不是你。你不是老板，市场才是。谦卑会让你承认你只是交易者海洋中的一滴水。

保持谦卑，会让你保持心态开放、思维灵活和良好的学习适应能力，这样，你就可以从你的成功和失败的经历中学到有益的经验。保持谦虚将确保你不断学习，这是长期交易成功的一个非常重要的因素。

引用了这句话之后，我就要结束关于交易执行方面的论述了。

小结

很抱歉占用了这么长的篇幅，我知道有时是重复的独白，但我必须把我的想法写在纸上。我知道这里有很多东西需要吸收，我也知道你不太可能同意我所说的一切。不用担心。不过，你可以随时回顾这一章，我相信，随着时间的推移，我的信息会越来越多地引起你的共鸣。

随着我的大部分关键信息（希望）的发布，我现在想与你分享一些关于趋势交易如此吸引人的原因的见解。

| 第3章 |

趋势交易的吸引力

那么，趋势交易有什么大惊小怪的？为什么交易中要掌握的首要策略必须是它？很好，我很高兴你提出了疑问！让我们逐个探索。但首先，让我来谈谈围绕趋势交易的争议。

这是一场木偶戏

趋势交易的讽刺和矛盾之处在于，交易者不断收到混杂的信息。

一方面，他们经常被警告：过去的表现并不能代表未来的表现。对市场进行交易择时是不可能的。追逐经理的业绩表现是毫无意义的。论文和学术界的随机漫步理论就是这么说的，价格是随机的。它们没有任何预测能力。根据过去的价格制定未来的交易策略是在浪费时间，即使是扔飞镖的黑猩猩也能做得同样好。有效市场假说鼓吹效率、效率、效率，认为在过去的价格信息中，不存在什么有价值的信息可以利用。你不可能赚取到高于市场回报的超额收益。通过回顾过去的价格走势来预测未来的价格是毫无意义的。

交易者被告知市场是随机的，没有所谓的趋势，不要随大流。

另一方面，他们又被告知，有堆积如山的证据，其中一些可以追溯到几个世纪以前（嘿，你自己看看附录），证明趋势交易产生的超额收益高于市场。而且不仅是在一两个市场，而是在所有市场、所有国家和所有市场周期。他们看到了商品交易顾问（CTAs）整个行业都在获取高额费用和超额市场收益。他们看到：大卫·哈丁、比尔·邓恩、约翰·亨利和埃德·塞科塔等知名的趋势交易经理在持续地跑赢市场。他们可以从中看到趋势的存在。

他们被告知要顺趋势，要与趋势为友。

啊，真伤脑筋。

交易者可能会觉得自己像是在潘趣和朱迪木偶戏[⊖]中的临时演员。他们被拳打脚踢，从一边到另一边，每一次的观点都同样有力（不要跟随昨天的表现，那是随机的）且令人信服（跟随昨天的表现，趋势是你的朋友）。他们（或者我应该说我们）真的会因为这些相互矛盾的信息而感到晕头转向。

好吧，让我看看我能不能帮你大浪淘沙。但在我开始之前，让我们快速了解一下什么是趋势交易，以及为什么趋势很重要。

⊖ 一种英国的传统木偶戏表演节目，主要角色是潘趣先生和他的妻子朱迪。这出木偶戏起源于16世纪的意大利，后来传入英国，并在英国表演了超过350年。潘趣和朱迪木偶戏通常由一系列短场景组成，描绘了潘趣先生和他的妻子以及其他角色之间的互动，其中潘趣先生经常以小丑的形象出现，表演中充满了幽默和暴力元素。——译者注

什么是趋势交易

简而言之，趋势交易是一种利用过去的价格做出买卖决定的方法。趋势跟随者会在市场上涨时做多，在市场下跌时做空。“趋势”将决定交易的方向。

这里的诀窍是正确地定义趋势。

趋势交易有两种风格：

1. 动量趋势交易。
2. 相对强度趋势交易。

如图 3-1 所示，每种风格都有自己的各种技术。趋势交易依赖于三个黄金原则：

- 顺趋势。
- 截断亏损。
- 让利润奔跑。

这是所有成功的趋势交易策略的三个核心价值驱动因素。这些原则并不试图预测市场走势，而只是对市场走势做出回应，目的是从大幅度、超大规模的价格运行中获取回报。

为什么趋势如此重要

趋势之所以重要，是因为它们推动了市场价格，并且它们是所有利润的基础。趋势指的是市场在特定时间范围内的主导方向。一旦实现了在市场中的生存，交易的目标就是赚钱。最简单的赚钱方式就是顺着市场的运动方向，也就是顺着趋势方向进行交易。

趋势交易策略

- ■ 动量趋势交易
  - 相对动量
    - ■ 变化率系统
      - ● 相对价格变化
        - ○ 赫恩的 1% 法则（1850）
        - ○ 加特利 3 周和 6 周交叉（1935）
        - ○ 唐奇安 5 日和 20 日交叉（1960）
        - ○ 50 日和 200 日的黄金交叉
      - ● 相对时间变化
        - ○ 日期法则（1933）
  - 绝对动量
    - ■ 突破系统
      - ● 价格突破
        - ○ 李嘉图规则（1800）
      - ● 波段突破
        - ○ 道氏理论（1900）
      - ● 盘整突破
        - ○ 利弗莫尔回撤（1900）
        - ○ 达瓦斯箱体（1950）
        - ○ 阿诺德 PPS（1987）
      - ● 通道突破
        - ○ 唐奇安的 4 周规则（1960）
        - ○ 德雷福斯的 52 周规则（1960）
        - ○ 海龟交易（1983）
      - ● 波动率突破
        - ○ 布林带（1993）
        - ○ ATR 带
    - ■ 回撤交易系统
        - ○ 埃尔德的三重滤网交易系统（1985）
        - ○ 均值回归
- ■ 相对强度趋势交易

图 3-1 在趋势交易的世界里有大量的技术

趋势指的是阻力最小、最容易获利的那个方向。

若你总在上升趋势中做空，这是很难积累利润的。不是不可能，只是很难。最好是沿着阻力最小（趋势）的方向进行交易，这样更容易获得利润。这里的诀窍是识别趋势！在第 6 章，我将展示一些替代策略是如何尝试识别趋势的。

现在我们对什么是趋势交易以及趋势为什么重要这两个问题有了更多的了解，让我们开始详细讨论，为什么趋势交易如此吸引人。

趋势交易的吸引力

在我看来，趋势交易的吸引力至少有五个很好的理由：

1. 持久性。
2. 有效性。
3. 最佳实践。
4. 它简化了交易过程。
5. 困难性。

我将从它的持久性开始，接下来需要回顾一下历史。

□ 持久性

趋势交易的一大吸引力在于，它并不属于一个崭新的概念。恰恰相反，这是一个非常古老的想法，你很快就会发现它的根源可以追溯到几个世纪以前。这个古老的想法，尽管历史悠久，但在我写这篇文章的时候仍然是有利可图的，我判断它还会继续盈利下去。

我喜欢那些古老而经久不衰的想法。虽然没有人能保证趋势交易在未来会继续盈利，但有很大概率表明它会。对于像我这样以证据为基础的交易者来说，一种方法有效的证据越多越好。我没有兴趣做一个先驱，也没有兴趣做一个实验室小白鼠。我可不希望像那些早期的探险家那样，赢得了众人的心，但最后却脸朝下死去了！

不，我更喜欢沿着人们走过的、有清晰路标的小路走，被公认的路径，比如趋势交易就是其中之一。

趋势交易的想法未必是闪亮崭新的，或许它也不是大家热衷探讨的话题，它也一点都不时髦。但至少，它有一个经得起审视的过去，当交易走投无路时，我们还可以投靠趋势交易。

新而又新的交易理念，一旦开始亏损，就被更快地抛弃。

交易一个古老的想法会给交易者注入信心。当然，旧的想法可能会而且确实会赔钱，但至少你可以有信心，旧的想法很可能在未来会恢复它的应有表现。新的想法却没有同样成熟的历史数据可以依赖。

我们来看看趋势交易的历史有多悠久。

趋势交易的历史

有关技术分析的最早记录，要归属于一位名叫本间宗久的日本大米商人。他被认为在18世纪50年代中期左右发明了蜡烛图。有关趋势交易的最早记录来自一位名叫大卫·李嘉图的先生。这件事发生在很久以前的1838年。正如我所说，趋势交易已经很古老了。

大卫·李嘉图（1772—1823）

大卫·李嘉图是英国人。他最初是一名交易经纪商，后来成为一名交易者和股票操纵者，然后转行成为一名受人尊敬的经济学家和政治家。人们相信，他的财富是依靠他自己成功的趋势交易的三条黄金原则积累起来的（当然，他对股票市场的操纵肯定也有所贡献）。

詹姆斯·格兰特在他1838年的著作《大都会》第二卷中这样描述大卫·李嘉图：

> 我可以观察到，他积累巨额财富的方式就是一丝不苟地遵守他自己所谓的三条黄金原则，过去还常常强迫他的私人朋友也遵守这些原则。这些原则是：
>
> - 永远不要拒绝一个选择权。
> - 截断亏损。
> - 让利润持续奔跑。

好吧，真是直截了当。就这样了，本章一开始指出的趋势交易的三大黄金原则中有两条已经在这了：截断亏损；让利润持续奔跑。虽然大卫·李嘉图的黄金原则没有日期，但我很乐意大胆地估计一下，大约在1800年左右。是的，我同意这个说法。

那么，怎么样？趋势交易的两盏指路明灯，虽然当时没有得到广泛发表，但已经存在了两个多世纪。

这两个重要的想法在今天，仍然像当年一样有效。

说句题外话，不要认为大卫·李嘉图是罗宾汉式的人物，会仁慈地与穷人分享富人的想法。不，他是一个早期的股票市场操纵者。在市场恐慌时，他就以极低的折扣买入了股票。毫无疑问，在低价买入之后，他一直持有，让自己的利润滚滚奔跑！

现在让我们来看看其他一些著名的“趋势”交易者。

帕特·赫恩（1859）

帕特·赫恩是一名股票交易者。据报道，他可能是威廉·福勒1870年出版的《华尔街十年》一书中，第一个系统趋势交易策略的发明人。福勒披露了赫恩的策略：

已故的著名运动员帕特·赫恩是这样做的：他会买100股股票，当这只股票上涨1%时，他会再买100股，依此类推。一旦下跌1%，他就全部卖出。

虽然技术上是金字塔式的，但这仍然是一种顺趋势的策略，让利润持续奔跑，截断亏损。

威廉·福勒（1833—1881）

在同一本书中，福勒记录了趋势交易的三个黄金原则中的两个，他写道：

华尔街的经验证实了一条最重要的格言，那就是：截断亏损，让利润持续奔跑。

因此，这些黄金原则似乎已经流传了很长时间，并在1870年再次出现在印刷品中。记住，第一次记录在册是在詹姆斯·格兰特1838年的书中。

查尔斯·道（1851—1902）

道氏理论是技术分析的基石。它的名字来自《华尔街日报》的联合创始人兼首任主编查尔斯·道，道被许多人认为是技术分析之父。尽管他从未将自己的工作称为道氏理论，但他的工作重点是识别趋势。1900年至1902年，他在为《华尔街日报》撰写的多篇文章中发表了自己的市场观点。在他死后，威廉·汉密尔顿和罗伯特·雷亚都扩展和完善了他的思想。在道死后，人们才用“道氏理论”来定义他的工作。

在他的作品中，很重要的一部分思想是他的高峰和低谷的趋势分析，牛市由更高的高点所定义，熊市由更低的低点所定义。在趋势转向之前，每一个市场趋势都保持独立存在。

这与趋势交易的格言（让利润持续奔跑）是一致的。

道氏理论的波峰和波谷趋势分析，可能是第一次客观、机械地定义“趋势”的尝试。此外，它也可能是继赫恩之后设计的第二个系统趋势交易策略。

所以，目前为止，我们有了三份权威的出版物，记录了1838年、1870年和1900年趋势交易的三大黄金原则。表述清晰，绝无歧义。

但对趋势交易的引用，不止于此。

亚瑟·卡滕（1870—1936）

在20世纪20年代，亚瑟·卡滕被广泛认为是美国最大的商品投机者之一。尽管他取得了巨大的成功，但在1929年的股市崩盘中，他破产了。据报道，他损失了大部分财富。1932年12月3日，他为《星期六晚邮报》写了一篇题为《一个投机者的故事》的文章，他说：

> 我的大部分成功，都是由于我在利润增加的时候坚持不懈。这就是我的最大秘密，信不信由你。

显然，卡滕在1929年崩盘期间没能遵循李嘉图截断亏损的黄金原则，但他知道如何让自己的利润持续奔跑。卡滕绝对是一个趋势跟踪交易者。

理查德·威科夫（1873—1934）

理查德·威科夫是华尔街的交易者、经纪人和时事通讯作者。他的核心信念是在既定的牛市或熊市中，股票趋向于共同进退。因此，他只在大盘上涨时做多，只在大盘下跌时做空。此外，他只会在行业内做多最强的股票，或者做空最弱的股票，这表明他相信相对强度的观点。

正如你所看到的，他投资的核心方法是遵循既定的相对趋势。他非常成功，最后在汉普顿斯拥有了9.5英亩[1]的土地。

杰西·利弗莫尔（1877—1940）

杰西·利弗莫尔可能是那个时代最著名的股票交易者。人们认为他是埃德温·勒菲弗1923年出版的《股票大作手回忆录》中的核心人物原型。利

[1] 1英亩=4046.856平方米。

弗莫尔之所以出名，是因为他不止一次积累起百万美元的财富，又赔得精光。有人认为他从 1929 年的股灾中赚了超过 1 亿美元。人们认为利弗莫尔在 1940 年去世前，已经失去了大部分财产。勒菲弗的书可能是现存的最受欢迎的交易图书之一。如果你还没有读过这本书，请记住一定要读一下。许多人认为这是一部不加掩饰的利弗莫尔传记。书中有一些内容今天被认为是趋势交易的关键核心。它们包括：

> 永远要卖出开始亏损的东西，保留已经盈利的东西。这显然是一件明智的事情，而且对于我来说是如此的熟悉，以至于直到现在，我还是对自己做完全相反的事情感到非常惊讶。
>
> 在华尔街待了很多年，赚了又赔了几百万美元之后，我想告诉你们，从来都不是我的想法让我赚了大钱。一直是我坐着不动。明白了吗？我抱紧了，持仓不动！

显然，他很清楚截断亏损、让利润持续奔跑的力量，这是趋势交易的两大黄金原则。

利弗莫尔写了一本关于交易的书，名为《股票大作手操盘术》（Duell, Sloan and Pearce, 1940）。在他的书中，他直接提到了顺趋势：

> 很多人可能会惊讶地发现，在我的交易方法中，当我从记录中看到一个上升趋势正在进行时，只要一只股票在其运动中达到新高，在经历了正常的回调之后，我就会成为一个买家。同样的道理也适用于我做空的时候。为什么？因为我是在顺应当时的趋势。我的记录信号指引我继续前进！

简而言之，利弗莫尔赞同趋势交易的三个黄金原则：顺趋势，截断亏损，让利润持续奔跑。他也承认，自己在交易中失败的原因是没有遵循自己设定的“截断亏损、让利润持续奔跑”的原则。

虽然利弗莫尔是一位著名的股票交易者，但他不幸在 1940 年结束了自己的生命。许多人认为他的财富剧烈波动对他造成了重大打击。然而，值得赞扬的是，他并没有失去一切，他给妻子哈丽特·诺布尔留下了 500 万美元的遗产。

乔治·西曼（1933）

不幸的是，我找不到关于乔治·西曼出生和死亡的参考资料。然而，他确实在 1933 年写了一本关于股票市场的书，名为《股市成功的七大支柱》。在书中，他建议交易者在牛市时做多强势股票，在熊市时做空弱势股票。西曼相信进行相对强势的趋势交易的好处，这与让利润持续奔跑的黄金原则是一致的。

乔治·切斯特纳特（1885—1956）

乔治·切斯特纳特是一位成功的基金经理，他从 20 世纪 30 年代开始，管理美国投资者基金多年。据报道，他曾写道：

> *要买就买龙头，放过落后者。在市场上，就像在人生的许多其他方面一样，强者越强，弱者越弱。*

切斯特纳特是另一位像威科夫和西曼一样专注于相对强势的趋势交易的投资者，其核心目标是让利润持续奔跑。

罗伯特·D. 爱德华兹和约翰·迈吉（1948）

罗伯特·D. 爱德华兹和约翰·迈吉撰写了影响深远的《股市趋势技术分析》一书，于 1948 年首次出版。这本书至今仍在印刷，我相信现在已经出版到第 11 版了。他们的书普及了现在被称为传统的趋势延续和趋势反转的图表形态，如三角形、三角旗形、旗形和头肩形态。这对搭档还定义了基于波动点的趋势线概念，并帮助推广了道氏理论。爱德华兹和迈吉是趋势交易的倡导者，他们教育其他人顺应趋势进行交易的重要性。

哈罗德·加特利（1899—1972）

哈罗德·加特利是华尔街的经纪人和技术分析师。他最著名的作品是1935年出版的《股票市场的利润》。他谈到了道氏理论、三角形、移动平均线和缺口。加特利可能是第一个提到“机械”交易的人，当他谈起他的3周和6周双移动平均线交叉策略时：

> 作为一种股票交易的机械系统，它只需要一次简单的研究，每周不超过15分钟，却在过去6年里创造了出色的利润。

加特利不仅指出了在趋势方向上交易的重要性，还研究了将趋势交易的策略进行系统化。在第6章中，我将回顾加特利的策略，看看它在发布85年后的表现。

尼古拉斯·达瓦斯（1920—1977）

尼古拉斯·达瓦斯是一位专业舞者。他舞跳得非常好，经常被邀请到世界各地巡演。他还是一个狂热的股票交易者。在20世纪50年代，达瓦斯通过股票交易赚了200多万美元。1960年，他写了一本名为《我如何在股市赚了200万》的书，在书中他分享了他使用的策略。

他的方法被称为达瓦斯箱体策略。这是一种简单的突破策略，追求顺着趋势的方向进行交易。在价格盘整之后，达瓦斯会绘制出一个包含价格的箱体，并在箱体向上时突破买入。这种方法的目的是捕捉趋势，让利润持续奔跑，同时截断亏损。

达瓦斯成功地将趋势交易的黄金原则纳入系统化趋势交易中。

理查德·唐奇安（1905—1993）

理查德·唐奇安是一名大宗商品和期货交易者，他于1949年创立了第一家公开管理的期货基金——期货公司。此外，他还开发了趋势交易策略。他的交易理念是基于这样一种信念，即大宗商品价格在长期、全面的牛市和熊市中波动。他在 1957 年的《商品年鉴》中写道：

> 任何一种良好的趋势跟踪策略都应该自动限制任何头寸的亏损，无论是多还是空，同时绝对不能限制盈利。

在 20 世纪 60 年代，他因几个趋势交易策略而出名，这些策略是他开发的，并与他每周的“商品趋势时机”通讯的订阅者分享。一个是 5 日和 20 日移动均线交叉策略，另一个是突破策略，被称为唐奇安突破通道或 4 周规则。两者都是机械策略，不需要交易者的主观判断力。

在我看来，他的 4 周规则是迄今为止最成功的趋势交易策略之一。

由于他将趋势的捕捉奉为圭臬，在交易策略中，截断亏损，让利润持续奔跑，因此，唐奇安是趋势交易的典型代表。

杰克·德雷福斯（1913—2009）

杰克·德雷福斯是另一位成功的投资者，20 世纪 50 年代和 60 年代他在华尔街经营，被尊为“华尔街之狮”。1953 年至 1964 年间，他的德雷福斯基金的回报率为 604%，而同期道琼斯指数的回报率为 346%。许多人认为他是一个趋势跟踪者，他投资那些创下了 52 周新高的股票。

作为突破型投资者，他坚定地站在了趋势交易阵营，他的成功不言自明。

历经 200 年的洗礼，依旧坚韧

如果我们认可是大卫·李嘉图在 1800 年提出的截断亏损，同时让利润持续奔跑，那么我们就有信心说，“趋势交易”的理念已经问世 200 多年了。接下来的每个世纪都有成功的趋势跟随者。到今天，我认为这仍然是一个有效和成功的交易策略。

趋势交易的思想有 200 多年的历史，这可能是金融领域最持久的思想，在金融这个领域，很少有什么是可以持久的。你将了解到，我喜欢持久的想法，趋势交易当然是持久的。持久性使趋势交易具有吸引力。

既然我们已经明白了趋势交易的一大吸引力在于它的持久性，那么我们就需要转到其吸引力的下一个直接原因，那就是它的有效性。要理解有效性，我们首先需要讨论其背后的科学原理，这是至关重要的。因为现在有一大堆不同意见，劝阻人们成为活跃的交易者。我们需要证据来理解为什么趋势交易是有效的。是的，我们当然希望看到盈利——然而，有“科学”站在我们这边也很有益处。所以，我们先看看科学，然后才轮到真正的盈利。

□ 趋势交易的吸引力——它的有效性，洞察背后的科学原理

趋势交易的另一个吸引力是它的有效性。要理解其中的原因，我们需要看看科学。这是非常重要的，因为学术界存在一个异常强大的流派，他们蔑视活跃的交易，声称这是一种毫无意义的追求，是浪费时间。让我们先试着了解一下学术界对趋势交易的抵制。

理论上说，你不可能打败市场

让我试着总结一下学术界的立场。简而言之，学术界认为你无法打败市场。他们说市场是随机的，是有效的。学术理论认为，价格变化遵循正态分布，这是对“随机”的一种更聪明、更学术的说法。既然价格是随机的，那么任何预测未来价格变化的尝试，比如趋势交易，都是毫无意义的浪费时间。因此，趋势交易是行不通的。你不能用过去的价格来预测未来的价格。

让我们花一点时间来解析一下来自学术界的理论。

随机漫步理论

随机漫步理论（RWT）指出，市场价格是连续独立的（这是随机的一种更聪明的说法），今天的价格变化与昨天的价格变化无关。连续独立意味着

它们遵循正态（随机）分布，价格变化随着时间的推移将是稳定的，即以对称的方式在平均值的任意一侧产生数值。因此，用过去的价格预测未来的价格是没有意义的。

有效市场假说

有效市场假说（EMH）指出，所有市场都是合理定价的，因为它们反映了所有可用的信息。它认为，投资者或交易者不能通过研究已经被市场吸收并正确反映的信息，来获得超常回报。

此外，由于价格只能受到新信息到来的影响，而新信息在到来之前，是未知的，因此价格也被认为是随机的（类似于RWT），因为新信息的到来是随机的。市场既有效又随机。所以，用过去的价格来预测未来的价格是没有意义的。

关键假设是随机的

前面这两种理论的关键假设是，价格变化是随机的，市场是有效的。市场能有效地吸收新的信息，能快速、正确地调整价格。

最重要的是，人们强烈相信价格变化是随机的。如果价格是随机的，那么任何人都无法利用过去的价格来预测未来的价格，而这恰恰是趋势交易的基础：如果价格上涨，预计价格会更高；如果价格下跌，预计价格会进一步下跌。但如果价格是随机的，那么没有人能预测价格会不断上涨，或者预测价格会持续下跌。

其中一条关键假设是，随机价格必须遵循正态分布。正态分布意味着随机性，即价格变化必须以稳定的方式发生，并且必须对称地在平均值的两侧落下，其分布必须符合钟形曲线的形状。

这是许多备受尊敬和被广泛接受的金融模型的关键信念，它们建立在价格变化遵循正态分布（随机分布）的假设之上。这就是他们关于为什么趋势交易是在浪费时间以及不能奏效的讽刺论点。如果价格是随机的，交易者就不能用过去的价格来预测未来的价格。就好比依靠抛硬币来做出交易决定是毫无意义的。

许多模型都依赖于市场遵循正态分布

如图 3-2 所示，在许多重要的模型中都包括价格变化遵循正态（随机）分布这个关键的假设。

以价格变化从属于正态分布为假设的金融模型	
RWT	随机漫步理论
EMH	有效市场假说
MPT	现代投资组合理论
CAPM	资本资产定价模型
Options	布莱克 – 斯科尔斯期权定价模型
VAR	风险价值

图 3-2　许多重要的模型都包括价格变化遵循正态（随机）分布这个关键的假设

我想，我们不应当惊讶于这些模型依赖于正态分布函数，因为市场分布是众多生命意志的体现，它是汇集了众多投资者和交易者的海量意见的单一代表。生活中围绕着我们的一切都会属于某种分布，市场又有什么理由保持例外呢？市场价格的运行代表了每天发生在买卖双方之间的成千上万笔的交易。

在我们周围的生命中，最常见的分布就是正态分布，事件在平均值的两侧、以对称方式随机发生。从我们的身高、体重和智商来看，任何足够大的变量都将遵循正态分布。

正态分布的好处是什么

知道一个时间序列遵循某个分布，人们就可以使用这个分布的函数来估计某个变量的可能结果。它可以用来估计学生的成绩、车祸、保险索赔、抵押贷款违约和死亡人数。它也可以用来预测股市崩盘的可能性。

好消息是，当事件本身表现正常时，正态分布函数的预测效果也会表现得很好。

例如，如果我们接受该理论的信念，即市场价格变化是随机的，并遵循正态分布，我们可以使用正态分布函数来估计市场上涨或下跌1%、2%或5%的可能性。

坏消息是，如果不确定的事件，比如价格变化，不是按照想象的那样属于正态分布，那么估计将是错误的，并且会错得很离谱。对于那些依赖于关键的“正态分布”假设的金融模型来说，这是一个严重的问题。事情还不止于此。

让我们试着再多了解一点，当我们说一个事物属于正态分布时，它究竟意味着什么？

深入理解正态分布

正态（随机）分布是这样一种分布：给定足够大的样本量，变量的结果（身高、体重、智商或每日/每周/每月的价格变化等）将随时间保持稳定，并对称地落在平均值的两侧。每个结果都是连续独立的（随机的）。一半的结果会经历负值变化，另一半的结果则会经历正值的变化。平均值应该非常接近中位数。分布将遵循钟形曲线的形状，其中99.7%的数值应落在平均值的三个标准差范围内。

如果一个变量属于正态分布，其中：

- 68%的数值应落在平均值的一个标准差范围内。
- 95%的数值应落在平均值的两个标准差范围内。
- 99.7%的数值应落在平均值的三个标准差范围内。
- 99.9%的数值应落在平均值的四个标准差范围内。

如果一个变量（如价格变化）被认为是属于正态分布的，那么它所预计的、将要发生的事件中，将很少出现超过平均值的三个标准差的事件，并且几乎不可能出现超过平均值的四个标准差的事件。

钟形曲线

顾名思义，钟形曲线图是一个“钟形”曲线。图 3-3 说明了正态钟形分布应该是什么样子。

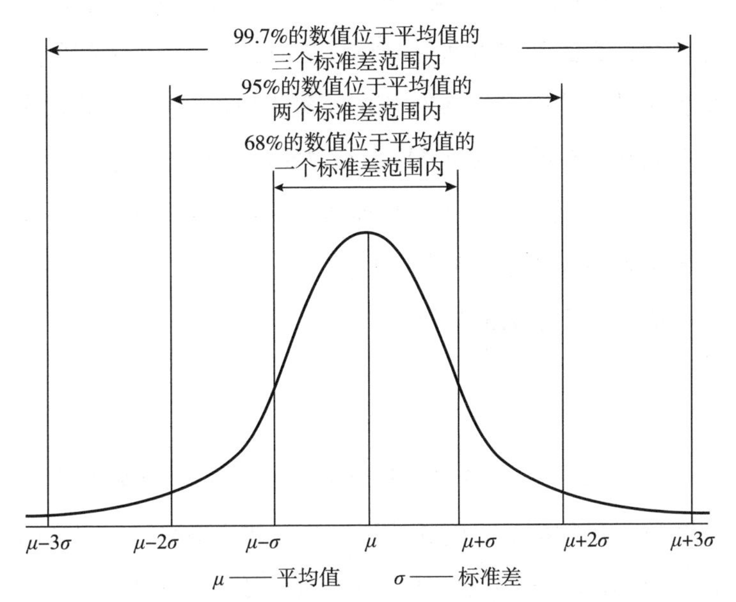

图 3-3　根据理论，价格变化的分布遵循正态的“钟形曲线”（随机）分布

正态分布之所以被称为钟形分布，是因为随机结果随着时间的推移是稳定的，并且对称地落在平均值的两侧。一半的结果将是负值的变化，而另一半的结果将是正值的变化。

很抱歉我又重复了自己的话，但为了彻底搞懂学术界对趋势交易理念的反对意见，理解什么是正态（随机）分布以及它是什么样子将是非常重要的。正态分布是支撑许多金融理论或模型的关键假设，因此它也是以下结论使用随机产生的过去的价格数据来预测未来价格（即趋势交易）毫无意义的关键论据。

让我们从第一个提出的 RWT 开始，仔细研究一下这些理论。

RWT

1863 年，法国经纪人朱尔斯·雷格纳特被认为是第一个提出市场价格运行遵循随机性的人。紧随其后的是另一个法国人路易斯·巴舍利耶，他是一位数学家，他在 1900 年发表了他的博士论文《投机理论》。他得出的结论是，市场价格是随机的，这意味着通过研究过去的价格来预测未来的价格是毫无意义的。伯顿·马尔基尔在他 1973 年的《漫步华尔街》中，再次主张市场的随机性，同时鼓吹一只投掷飞镖的黑猩猩也能具备选股的资格。

这里主要的结论是，价格变化是连续独立的（随机的），所以研究过去的价格来预测未来的价格是毫无意义的。

随机产生的结果将服从正态分布。

EMH

EMH 是尤金·法玛在 1965 年发展的理论。它指出市场是有效的，因为它们反映了所有可用的信息，能够快速、有效和正确地根据出现的任何新信息调整价格。因此，EMH 认为，不可能实现超过市场的回报，因为所有的价格都能瞬间反映所有的信息。

EMH 有三种形式：弱、半强、强。每种形式都建立在前一种形式的基础上。

弱有效市场认为，价格反映了过去所有可获得的公开信息。它主张，你不能用过去的价格来预测未来的价格。这与趋势交易有直接的冲突。半强有效市场建立在弱有效市场的基础上，认为价格也反映了所有当前可获得的公开信息，并将在新的公开信息可以获得时，立即进行调整。半强有效市场使基本面分析的价值打了折扣。强有效市场建立在前两者的基础上，认为价格已经反映了当前所有可用的私人信息（内幕消息）。

EMH 表示，价格有效地反映了所有可用的信息，只有新的信息才能影响或改变价格。因此，由于新的信息是未知的和随机发生的，那么未来的价格变化也必然是未知的，而且也必然是随机发生的。

EMH 的主要结论是，你不能妄想研究任何信息来击败市场，因为这些信息都是瞬间反映在市场价格上的。由于新信息的出现是随机的，因此产生的价格变化也必然是随机的。因此，价格变化是连续独立的（随机的），所以研究过去的价格来预测未来的价格是毫无意义的。

随机的结果将服从正态分布。

随机为王

RWT 和 EMH 都把自己裹在“随机”的外衣里。它们明确地认为，当市场有了自己的主见时，研究过去的价格来预测未来的价格是毫无意义的。怎么会有人想到要用智慧战胜它，这是纯粹的愚蠢。

它们的关键论点是，市场是随机的，价格变化遵循正态分布。因此，任何试图击败一个无懈可击的市场的努力都是在浪费时间、资源和智慧！支持它们论点的关键假设是，价格变化遵循正态（随机）分布。随着我们探讨的深入，请你牢牢记住这一想法——价格变化遵循正态分布。

现在让我们用图形的方式来看看，是什么构成了一个（由 RWT 和 EMH 定义）完美、高效和随机的市场。

一个完美的（随机）市场

根据定义，完美的市场是一个随机的市场。在完美或随机的市场中，价格变化将遵循完美的正态（随机）钟形曲线分布。

由于该理论表明市场既有效又随机，我想创建一个虚拟的市场来模拟它们的关键假设，即价格变化遵循正态分布（由于它们的随机性）。

既然 RWT 和 EMH 接受了随机性，那么我也可以。我可以产生随机性。借助 Excel 的随机数生成器，我将模拟掷两个骰子。

一个骰子将被视为产生负值的移动（–1%、–2%、–3%、–4%、–5% 或 –6%），另一个骰子将被视为产生正值的移动（1%、2%、3%、4%、5% 或 6%）。每次随机抛掷，将两个骰子相加。最终的求和结果将在 –5% 到 5% 之间。

因此，我每次随机掷出两个骰子的结果可能是：

–5%、–4%、–3%、–2%、–1%、0、1%、2%、3%、4% 或 5%。

我的模型将产生 9 600 个随机投掷，以模拟出覆盖 40 年的每日市场交易产生的数据量。

每次随机投掷的求和结果，将累积成一个时间序列。

图 3-4 显示了我的第一个模拟市场。

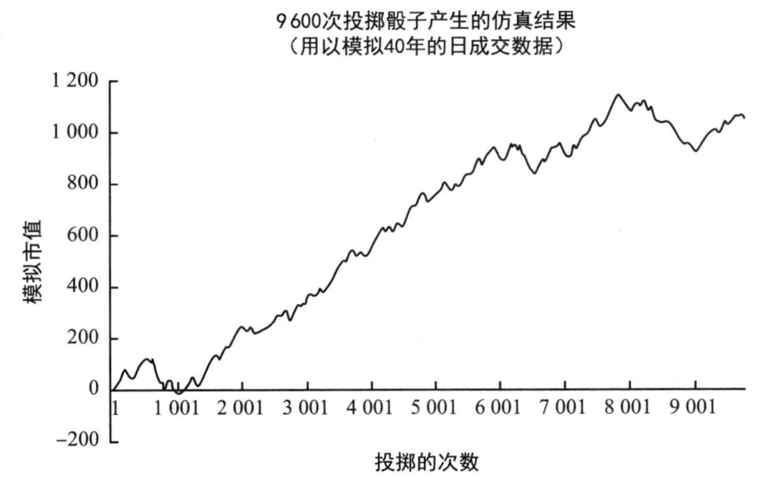

图 3-4 这个模拟的市场，尽管趋势看起来很强，但它是假的，其中价格的变化（由掷骰子决定）遵循正态（随机）分布

哇，还不错。那里有大量的趋势交易的机会。但不要太激动。记住，它是模拟的，它是随机的，它是假的！因为它是由随机数生成器模拟的，所以我可以轻而易举地创建另一个假市场。让我们看看图 3-5 中的市场表现。

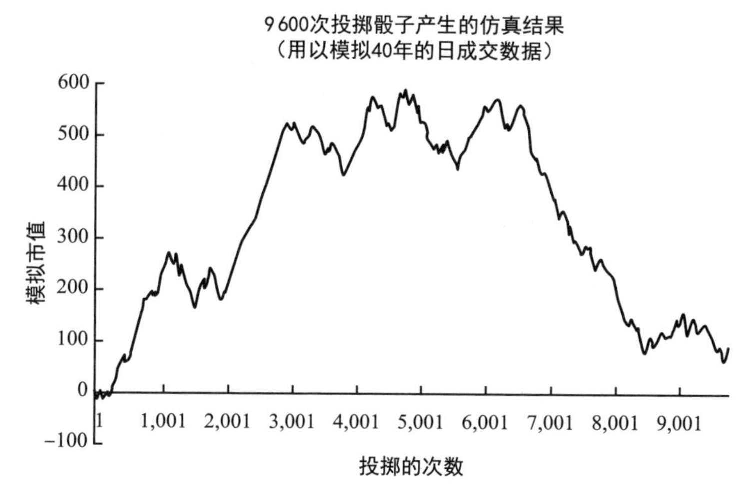

图 3-5 这是又一个模拟市场，价格的变化（由掷骰子决定）遵循正态（随机）分布

嗯，不如我的第一次尝试那么好，但在模拟的 40 年时间里，似乎确实有很多好的趋势交易的机会。

那么，这又如何？

这两个假市场都是以同样的方式创建的，根据 RWT 和 EMH 的假设，在模拟市场当新信息随机（投掷骰子）出现时，价格变化会以有效（即时）的方式发生。和许多真实的市场一样，它们看起来完全不同。

我相信，我的模拟市场的效果很好。

现在，尽管它们的形状不同，但这两个假市场似乎都显示出了大量的趋势交易的机会，就像真实的市场一样。

还是说事情就是如此？

基于 RWT 和 EMH 的理论假设，这样的假市场是否存在并不重要，因为它们与真实市场没有什么不同。无论模拟与否，根据 RWT 和 EMH，价格变化将遵循正态分布。价格变化将是连续独立的（随机的），并且随着时间的推移是稳定的。它们会对称地落在平均值的两侧，一半是负值，一半是正值。无论如何都不会有偏离平均值的倾向，这意味着不可能开发出依赖于预测的策略来获得超额收益。

我再重复一遍。RWT 和 EMH 传达的主要思想是，接受价格变化是正态分布（即随机）的观察结果。在这种情况下，试图赚取超出市场的超额收益是毫无意义的，换句话说，不要试图把握市场的交易时机。不要试图发展像趋势交易这样的交易策略，因为它们试图根据过去的价格来预测未来的价格（趋势）。这是毫无意义的。

所以，尽管我模拟掷骰子看起来效果很棒，但它们就像真实的市场一样，（据说）是正态分布的（随机的），这使得通过预测并积极地交易来取得优势是不可能实现的。

查看价格变化的连续独立性或随机性的最佳方法是查看分布的直方图。图 3-6 显示了我模拟骰子投掷的分布。

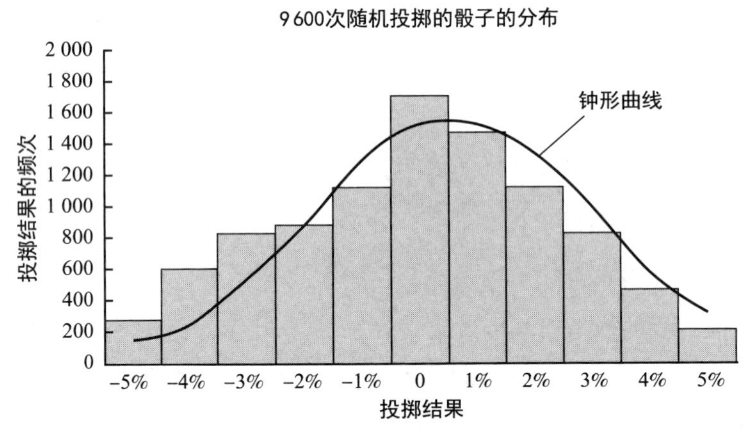

图 3-6 投掷骰子的结果分布直方图显示，数值变化遵循正态分布的“钟形曲线”

我在图 3-6 的直方图上叠加了一条钟形曲线，以说明我的掷骰子的价格变化是如何很好地遵循正态且随机的“钟形曲线”分布的。

但这一切意味着什么呢？

直方图显示，对于我的假市场，也就是我的骰子投掷的大多数价格变化，就像真实的价格变化那样，随着时间的推移是稳定的，是连续独立的

（随机的），并且对称地落在平均值的两侧，一半经历负值的变化，而另一半经历正值的变化。正负变化没有偏差。曲线边缘处的异常值很少。掷骰子的价格变化看起来是稳定的、随机的和正态分布的。价格变化之间没有序列相关性。

三张图的故事

我用三张不同的图来展示相同的模拟时间序列。我用两个令人振奋的（尽管如此但是虚假的）折线图，说明其中存在许多重要的趋势，我用一个直方图，总结了我的骰子随机投掷的分布情况。

虽然这些图都是源自同一个随机序列，但它们讲述了两个不同的故事。

虽然折线图表明可以有机会获得良好的利润，但直方图讲述了一个完全不同的故事。

分布的直方图并没有讲述任何关于“容易”获得利润的故事。它仅仅展示了价格变化的分布是连续独立的。

看看直方图，你会注意到频次最高的骰子投掷的回报是0。也就是在大部分时间里，我的假市场维持不上不下。观察0移动的两侧，你可以看到其他骰子投掷的回报是对称分布在0周围的，这意味着所有负百分比投掷的骰子的总数与所有正百分比投掷的骰子的总数大致相同。结果的分布服从完全正态（随机）分布。随机性彻底占了上风。

让我们来看看表3-1中每个百分比骰子掷出的实际频率数。

现在情况又如何。

直方图数字展示了一个生动的故事：向下的移动似乎抵消了大部分向上的移动。换句话说，大部分的百分比移动看似在上下波动，而实际上没有任何变化！我的由随机骰子生成器支配的模拟市场，已经非常努力了，但获得的收益很少。

所以，让我们回到RWT和EMH中的关键假设。

表 3-1　掷骰子的频率显示了向下移动通常抵消了向上移动，这意味着变化遵循一个稳定的和对称的正态（随机）分布

骰子投掷结果求和	投掷的次数		骰子投掷结果求和	投掷的次数	
–5%	281		0%	1 709	0 移动
–4%	601		1%	1 481	1 709 18%
–3%	831	向下移动	2%	1 141	
–2%	886	3 735 39%	3%	828	向上移动
–1%	1 136		4%	474	4 156 43%
			5%	232	
			总计	9 600	

正如我的掷骰子练习所模拟的那样，价格的变化是连续独立的吗（记住，这是对“随机”的更聪明更学术的说法）？市场本质上是随机的吗？市场遵循正态（随机）分布吗？我们制定策略、依靠研究过去的价格预测期货价格来跑赢市场的努力，是不是在浪费时间？

基于以上观察到的百分比向上和向下移动的直方图如何相互抵消，当价格的变化接近平均值时，你可以支持这样的观点。尽管模拟的时间序列折线图显示了价格的方向性变化，但单单看每一个价格的变化就像真实市场一样，是随机的——这一点可以从它们坐落在平均值两侧的均等分布看出。

这就是 RWT 和 EMH 的信念。这是它们的理论基石。

如果市场和价格都是有效的和随机的，它们的日、周、月和季度价格变化的分布应该遵循正态钟形曲线随机分布，所有的上下波动基本上会抵消。价格的变化会随着时间的推移而保持稳定，在平均值两侧均等分布。我们预计，68% 的价格变化将落在平均百分比回报率的一个标准差范围内，预计 95% 的价格变化落在两个标准差范围内，99.7% 的价格变化落在三个标准差范围内。我们预计几乎不可能（99.99%）看到超过四个标准差的价格变化。

正态分布表明，我们不可能获得超过市场正常水平的异常回报。

正态分布表明，市场和价格运行是随机的，因此，研究过去的价格以预测未来的价格是毫无意义的。由于价格变化是连续独立的，因此没有价格趋势。不要试图跟踪趋势。趋势交易毫无意义，写一本关于趋势交易的书更是毫无意义！而作者我就是一只大呆鸟！

真的吗，我是呆鸟吗？

市场真的是正态分布吗

好了，我们刚刚简短地介绍了市场理论，其关键论点是市场回报或价格变化遵循正态（随机）分布。市场回报是随机的。在这种情况下，制定像趋势交易这样的策略是毫无意义的。趋势交易基于过去的价格来预测未来的价格。但因为价格是随机的，你无法预测你的未来，也无法打败市场。不要试图对市场进行择时。如果你做这种尝试，就是傻，就是在浪费时间。

为了帮助我们更好地了解，让我们把理论上模拟的市场抛在身后，看一个真实的市场。让我们看看现实生活是否符合学术世界的想象。对于真实市场案例，我将使用黄金（见图 3-7）。

图 3-7 在过去的 22 年里，黄金似乎显示出了一些重要的趋势

看来，如果投资者或交易者在 1998 年左右购买黄金，并维持到 2020 年，尽管 2015 年出现了大幅回落，但他们仍将遥遥领先。如果有人看到这样的图，以为在黄金上做交易很容易，那也是情有可原的。

然而，我们现在知道，还有另一种更有用的方法来观察市场，那就是市场每日价格变化或回报的直方图。从不同的角度看这相同的数据可能会发现，在黄金交易上赚钱并没有那么容易。

图 3-8 的直方图显示了 1998 年至 2020 年黄金日收益率的分布。它显示了黄金以特定百分比移动的天数。从中间开始，你可以看到每日 0 移动（也可以说是无变化）是记录频次最高的变化。它的右侧是增长 0.25% 的正向变化，它的左侧是负向变化。每一列的高度表示发生这个变化数值的天数，也就是它发生的频率。

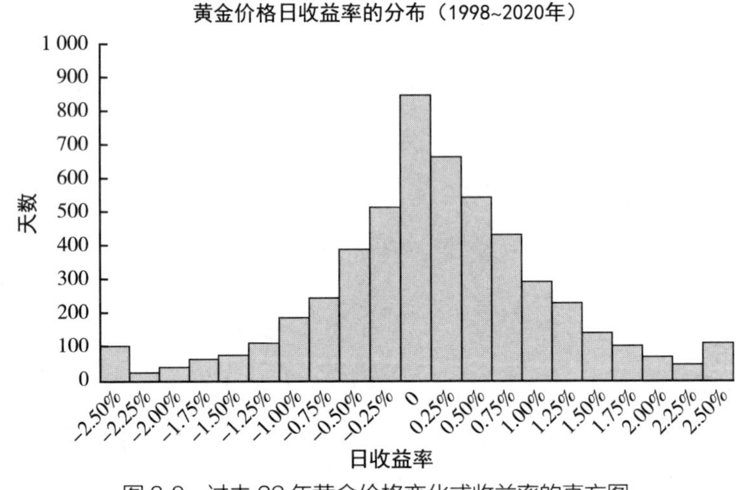

图 3-8　过去 22 年黄金价格变化或收益率的直方图

直方图与折线图讲述了一个完全不同的故事。它并不能讲述那个“简单”利润的故事。

最高的中间那列代表了平均每天 0 移动。作为最高的列，意味着它是发生次数最多的那个百分比变化。

直方图看起来相当对称地分布在平均0移动的两侧。它显示右侧的每日向上移动与左侧的每日向下移动的规模大致相同。它似乎是一个遵循钟形曲线的正态（随机）分布。

让我们来看看表3-2中，黄金每日收益百分比的实际频率数。

表3-2　黄金日价格变化或收益率的频率数表明，向上移动基本上被向下移动抵消

黄金的每日收益率	天数		黄金的每日收益率	天数	
–2.50%	100		0.25%	658	
–2.25%	30		0.50%	539	
–2.00%	47		0.75%	427	合计向上移动
–1.75%	66		1.00%	293	2 623　50%
–1.50%	75		1.25%	231	
–1.25%	112		1.50%	143	
–1.00%	184		1.75%	98	
–0.75%	246		2.00%	70	
–0.50%	395	合计向下移动	2.25%	50	
–0.25%	513	2 608　50%	2.50%	114	
0	840				
			合计	5 231	

好吧，表3-2展示了一个生动的故事。在过去22年的数据中，上升的数量总和基本上等于下降的数量总和。换句话说，过去22年里，大部分市场走势都没有取得任何进展！市场一直在努力工作，但没有取得任何收获。我们可以看到，在5 231个黄金收盘价中，超过840天，或近16%的时间，黄金的日价格一直在努力工作，但仅仅是横向盘整。

所以，让我们回到RWT和EMH中蕴含的关键原始假设。

市场是否呈正态分布？它们本质上是随机的吗？黄金的每日收益（作为我们对真实市场的代表品种）是否遵循钟形的正态分布？黄金的每日收益是否以稳定的、对称的、连续独立的（随机的）方式分布在平均值两侧，其中大部分的数值结果（99.7%）会坐落在其平均值的三个标准差范围（–3.2% 至 +3.2%）内？基于对图 3-8 中直方图的快速浏览，你可以很容易地回答“是”。然而，经过仔细观察，黄金似乎又不像最初认为的那样遵循正态分布？

让我们再看看直方图。

我们需要回答的问题是，黄金（作为我们研究中对所有市场的代表品种）是否遵循正态分布？我们想知道，因为如果是这样，那么我们制定这样的交易策略是毫无意义的：试图根据过去的价格来预测未来（趋势）价格，以获得超过市场表现的超额收益。

黄金呈正态分布吗？它符合钟形曲线吗

回答这个问题的一个简单方法，是简单地在黄金的每日收益直方图的顶部叠加一条钟形正态分布曲线。如果黄金呈正态分布，钟形曲线应该紧贴直方图。

使用黄金的平均日收益率（0.03%）及其标准差（1.08%），可以很容易地生成钟形曲线。使用 Excel 的随机数生成函数，我构建了一条钟形正态分布曲线，其中 68% 的收益落在平均值的一个标准差范围内，95% 落在两个标准差范围内，99.7% 落在三个标准差范围内。然后，我将钟形曲线覆盖在直方图上。

让我们来看看图 3-9。

你看这是什么？有趣吗？虽然乍一看，黄金的直方图似乎遵循正态（随机）分布，但叠加的钟形曲线表明并非如此。正如你所看到的，直方图并不完全符合钟形曲线。位于中间位置的低百分比的日变化发生的频次似乎远超过正态分布的预期，也就是远远超过了钟形曲线的顶部。此外，黄金的日收益率在三个标准差以外的分布（–3.2% 至 +3.2%），也远远超过正态分布的预期，在边缘位置似乎存在厚尾效应。

通过观察直方图并没有紧贴在叠加的钟形曲线分布的事实，我们可以看到黄金的日收益率或价格变化是不遵循正态分布的。

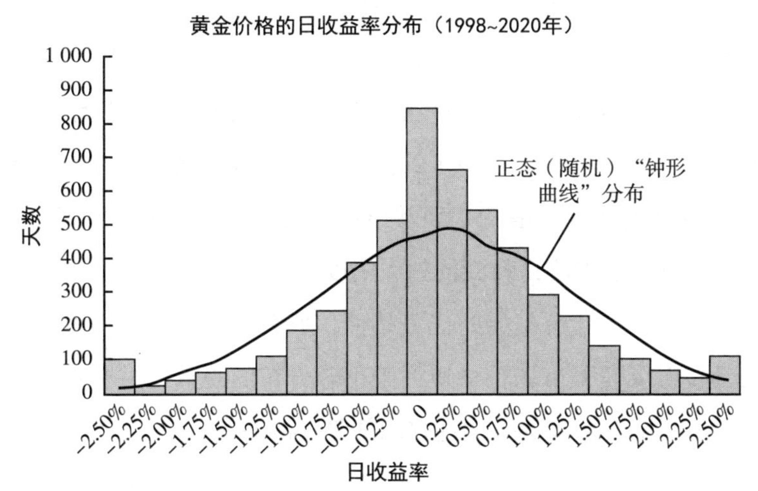

图 3-9 尽管有理论主张，但黄金的日收益率不遵循正态（随机）“钟形曲线”分布

厚尾——你唯一会喜欢“厚”这个字眼出现的地方

请参考图 3-10，你会注意到这些被标记为“厚尾”的边缘地带。

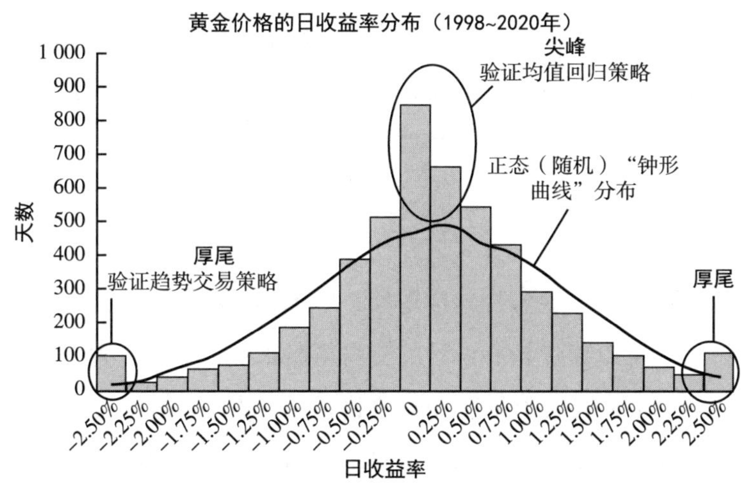

图 3-10 尖峰和厚尾的存在，表明黄金的日收益率不遵循正态（随机）“钟形曲线”分布

如果价格是正态分布并遵循钟形曲线的，厚尾现象的存在表明价格发生大幅度变化的次数要比人们预期的次数要多得多。厚尾或尾部风险，指的是出现极端结果的风险。厚尾事件通常被称为黑天鹅事件。“黑天鹅”一词，是从纳西姆·塔勒布的《随机漫步的傻瓜》中流行起来的。厚尾是指市场行为的一个重要组成部分，也就是经常出现的意料之外的超大幅度价格变化。在正态分布的市场中无法预料到的超大幅度的价格变化。

如果将黄金看作所有市场的代表品种，那么在其每日价格变化中存在的厚尾现象，有力反驳了市场价格遵循于正态分布的观点，并验证了趋势交易策略，即寻求利用大幅度的方向性移动的策略的有效性。

□ 尖峰

在图 3-10 中，你还会注意到，我已经标记出了直方图超过钟形曲线的中间区域。尖峰区域代表许多比平均移动幅度更小的移动。如果市场是正态分布的，这个区域的数量就远远超出了我们的预期。如果黄金代表了所有市场，那么其每日价格变化中尖峰区域的存在，也否定了市场价格遵循正态分布的观点，并验证了利用均值回归的交易策略。尖峰区域鼓励交易者从期权出售中获得轻松的溢价收入。然而，如果他们忘记了价格波动幅度大于预期的厚尾区域的存在，这将消灭一批期权的卖家。

交易策略

正如我所提出的，这两种异常现象（厚尾和尖峰）都与市场行为的一个重要部分有关，可以通过精心设计的交易策略来加以利用。厚尾和尖峰的存在，摧毁了学术界的论点基石：市场价格遵循正态（随机）分布。厚尾和尖峰的存在，是对象牙塔学术界的双重打击。因此，厚尾的存在，证实了趋势交易策略（旨在捕捉大幅波动的策略）的有效性。尖峰的存在，证实了逆趋势（波段）策略（捕捉回归均值的波动的策略）的有效性。

那么，市场呈正态分布吗？它们是完美的吗

根据我们对黄金每日价格变化的理论和分布的理解，黄金似乎不符合正态分布假设。这为交易者利用各自的厚尾和尖峰开发趋势交易和均值回归策略打开了大门。似乎拥有进取心的交易者是可以获得额外收益的。

然而，唯一的障碍是我目前掌握的黄金市场样本的数据规模。

单独一个样本体量的大小并不足以排除正态分布的假设。（我是否听到了来自象牙塔学术界松了一口气的声音？）

现在让我们来看看我的包括了 24 个市场的通用投资组合，看看作为一个群体，它们的价格变化或收益是否遵循正态分布，并且表现得像理论所主张的那样好。我知道我的 24 个市场的样本量没有达到具有统计意义所需的 30 个。然而，我觉得它对于我的目的来说，已经足够大了，因为我相信我的投资组合既多样化又足够普遍，足以成为“市场”的代表。我们将看看这 24 个市场，看看它们的价格变化或收益率是不是正态分布的，还是说具有与黄金相似的特征。表 3-3 总结了我将使用的市场样本。

表 3-3 我的通用投资组合包含 24 个在芝加哥商品（期货）交易所交易的最具有流动性、最为多样化的市场

通用投资组合一 P24			
大类	市场	大类	市场
指数	纳斯达克 100 指数	能源	原油
	标普 500 指数		天然气
	道琼斯指数		燃油
利率	5 年期国债	谷物	玉米
	10 年期国债		大豆
	30 年期国债		小麦
货币	欧元	肉类	育肥用牛
	日元		生猪

（续）

通用投资组合一 P24			
大类	市场	大类	市场
货币	英磅	肉类	活牛
金属	铜	软商品	糖
	黄金		咖啡
	白银		棉花

通用投资组合的收益是否服从正态分布

关于数据，我使用了 1998 年到 2020 年间 22 年的实物现货的价格。涵盖 22 年的 24 个市场给了我大量的每日收盘价。我将把我的 24 个市场的投资组合称为“P24”。

让我们首先看看我的投资组合的日收益率或价格变化的直方图，它们可以衡量从一天到下一天的损益百分比（见图 3-11）。

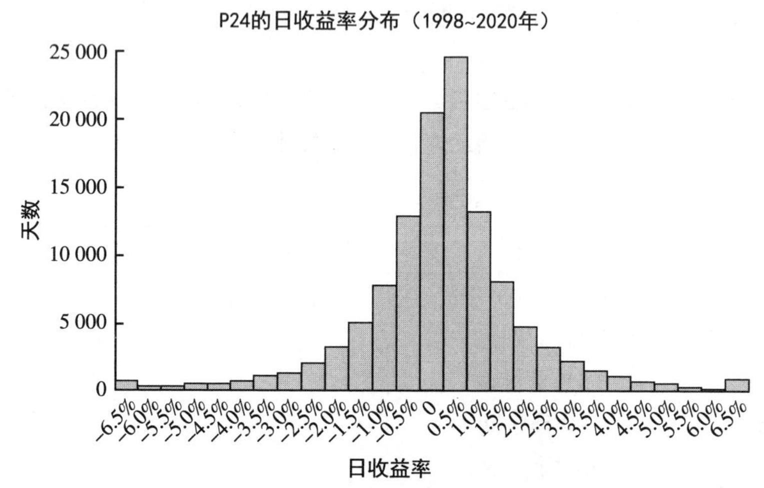

图 3-11 我的 24 个市场投资组合的每日价格变化或日收益率，一眼看去遵循正态（随机）“钟形曲线”分布

乍一看，直方图似乎显示，我的投资组合的日收益率是遵循正态分布的，价格的变化随着时间发展是稳定的，并且对称地坐落在平均值的两侧。让我们来看看表 3-4 中，每个日收益率发生的实际频数。

表 3-4 我的 24 个市场的通用投资组合的每日向上移动的总数似乎已经被向下移动的总数抵消了

P24 的日收益率	天数			P24 的日收益率	天数		
−6.50%	601			0.50%	24 762		
−6.00%	186			1.00%	13 200	合计	
−5.50%	242			1.50%	8 115	向上移动	
−5.00%	378			2.00%	4 868	61 781	52%
−4.50%	486			2.50%	3 205		
−4.00%	704			3.00%	2 206		
−3.50%	1 044			3.50%	1 527		
−3.00%	1 442			4.00%	1 083		
−2.50%	2 067			4.50%	709		
−2.00%	3 267			5.00%	527		
−1.50%	4 995	合计		5.50%	371		
−1.00%	7 853	向下移动		6.00%	236		
−0.50%	12 935	56 671	48%	6.50%	972		
0	20 471						
				合计	118 452		

在负收益和正收益之间，似乎没有偏差，向下移动的总数，被向上移动的总数所抵消。日收益似乎是平衡分布的，以恒定、对称和连续独立（随机）的方式分布在平均值（0.02%）的两侧。肉眼看来，该投资组合的大部分日收益率（99.7%）与平均值（0.02%）相差不到三个标准差（3 × 1.85% = −5.5% 至 +5.5%）。

日收益似乎遵循正态（随机）钟形曲线分布。

事实果真如此吗？

市场日收益符合钟形曲线吗

为了测试我们肉眼观察的准确性，最好在直方图上放置一个正态的随机“钟形”曲线分布。如果市场的日收益是正态分布的（随机的），直方图应该能紧贴在钟形曲线下。

为了实现这一点，我创建了一个正态分布的曲线，它有和我的投资组合中相同的参数：平均每日价格变化（0.02%）、标准差（1.85%）和样本量（118 452）。我通过再次使用 Excel 的随机数生成函数，确保我全部数据的 68% 位于一个标准差范围内，95% 位于两个标准差范围内，99.7% 位于三个标准差范围内。然后我把我的钟形曲线分布放置在直方图上。

如图 3-12 所示。

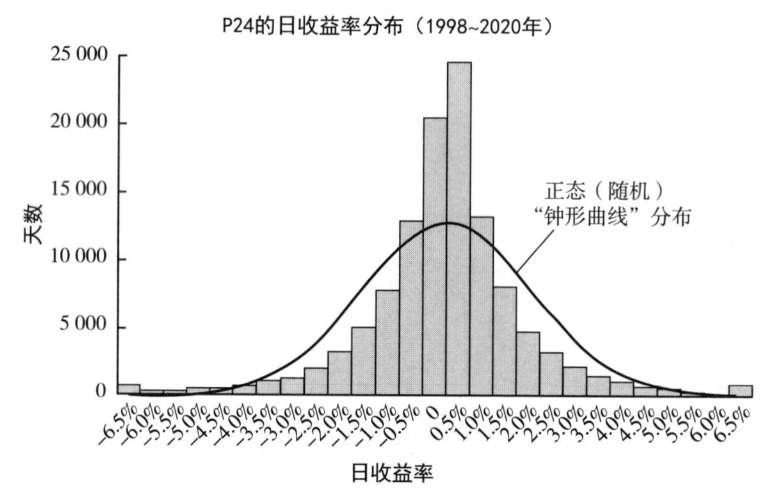

图 3-12　正态（随机）“钟形曲线”分布放置在我的 24 个市场的通用投资组合的每日价格波动或收益率的直方图上

哪里还有 RWT 和 EMH 的影子呢？

我可以听到清脆的打脸声！

与我们关于黄金的经验类似，乍一看，我的投资组合的日收益率直方图似乎遵循正态随机分布。然而，在覆盖了钟形曲线之后，它显示了完全不同的情况。正如你所看到的，直方图并不紧贴在钟形曲线下面。中低百分比幅度的日收益率似乎比正态随机分布所预期的要频繁得多，远远超过了钟形曲线的顶部。此外，我的投资组合显示出超过三个标准差移动（–5.5% 至 +5.5%）的日收益率，要远远高于你在正态随机分布框架下的预期。

看看数据吧，我的 24 个市场的投资组合的日收益率绝对不是正态分布的。

□ 尖峰和厚尾

在图 3-13 中，我分别用“尖峰”和“厚尾”标记了中间的高值区域和两侧的边缘区域。如果市场是正态分布的，尖峰区域代表小幅变化的日收益率，比你预期的要小得多。如果市场是正态分布的，厚尾区域代表大幅变动的日收益率，比你预期的要大得多。在我的投资组合的日收益中，存在着尖峰和厚尾，这有力地驳斥了市场收益率是正态分布的观点。如果市场收益率是正态分布的，那么每天有更多的小幅波动（令均值回归策略有效）和更多的大幅波动（令趋势交易策略有效）。

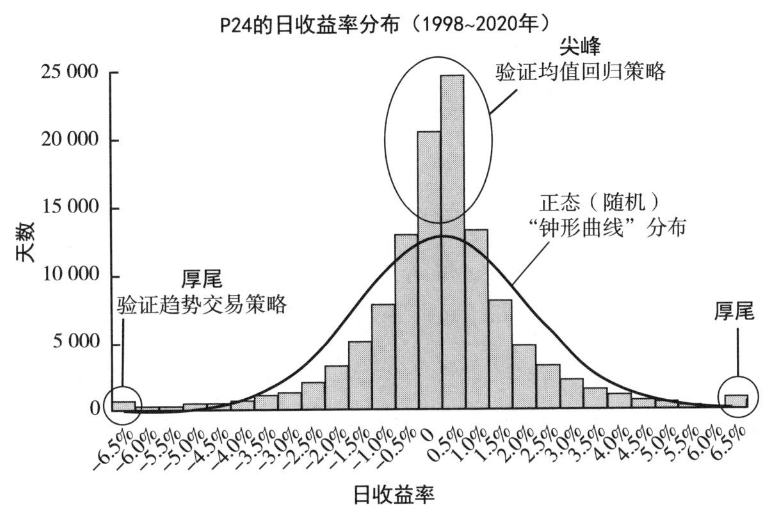

图 3-13　在我的 24 个市场的每日收益率的通用投资组合分布中存在尖峰和厚尾，表明每日价格变化并不遵循正态随机“钟形曲线”分布

这就是市场背后的科学原理，它验证了使用均值回归策略或趋势交易策略来追求高于市场的超额收益的合理性。

所以，让我们回到 RWT 和 EMH 中嵌入的原始关键假设。

市场是否呈正态分布？研发均值回归策略和趋势交易策略，利用过去的价格来预测未来的价格，是在浪费时间吗？

根据我上面的数据，不是！

这是一个响亮的否定，以防那些在象牙塔里的人听不到。

好吧，我知道你要说：知道日 K 线的运行方式是很好的。而且，我听到了你的想法：这一切都很好，但真正有利可图的趋势交易应该持续超过几天。当然，它们至少应该持续几周，如果是几个月就更好了，如果我们真的要成为大赢家，应该持续几个季度？

我很高兴你能像一个趋势交易者一样思考！好问题。不，这是一个很伟大的问题。你在想的是，市场是否在更长的时间框架内呈正态分布。

让我带你去看看吧。

市场是分形吗

有一种观点认为，市场是分形的。在多个时间框架内，表现出高度相似的行为或模式，无论是每小时、每天、每周、每月，还是更长的时间周期。在我的每日价格变化投资组合中，存在尖峰和厚尾，这证明市场在日度的时间范围内呈正态分布的观点是错误的。它们证明了交易者通过制定均值回归策略和趋势交易策略来获得超额市场收益的努力是合理的。然而，这些市场的异常现象（尖峰和厚尾现象）是否存在于所有时间周期的收益中，无论我们关注的是每周、每月、每季度还是每年的价格变化？

如果确实如此，那么任何关于市场收益率呈正态分布的概念，都应该被扔进垃圾箱（而交易界来自学术界象牙塔的声音就不必理会了）。

在我发表任何评论之前，让我们先看看更长时间框架的价格变化（收益）的直方图。

周收益分布

图 3-14 中的直方图显示了我的投资组合的周收益的分布情况。

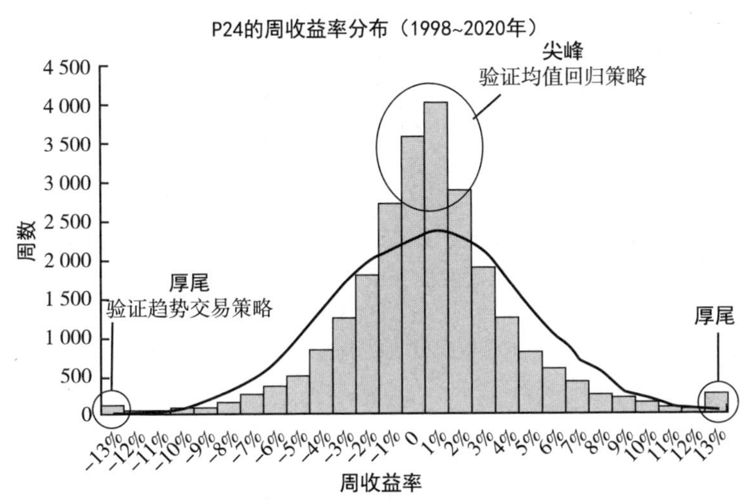

图 3-14 P24 的每周价格变化或收益率的分布，并不遵循正态随机“钟形曲线”分布

月收益分布

图 3-15 中的直方图显示了我的投资组合的月收益率的分布情况。

季收益分布

图 3-16 中的直方图显示了我的投资组合的季收益率的分布情况。

年收益分布

最后，图 3-17 中的直方图显示了我的投资组合的年收益率的分布情况。

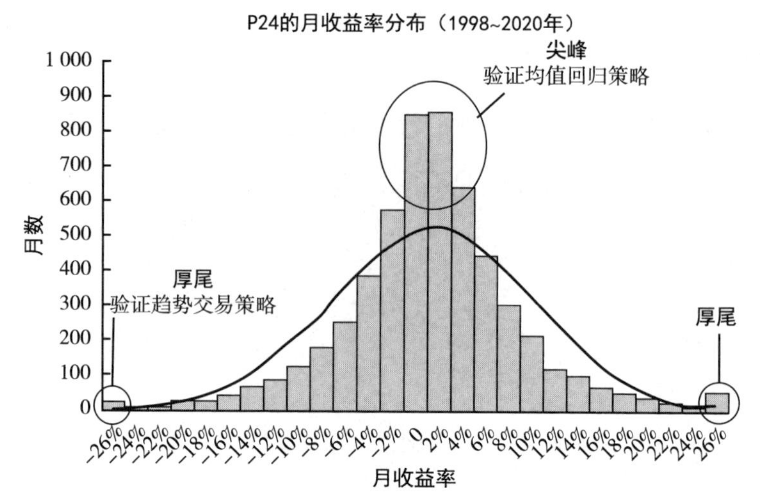

图 3-15　P24 的每月价格变化或收益率的分布，并不遵循正态随机“钟形曲线”分布

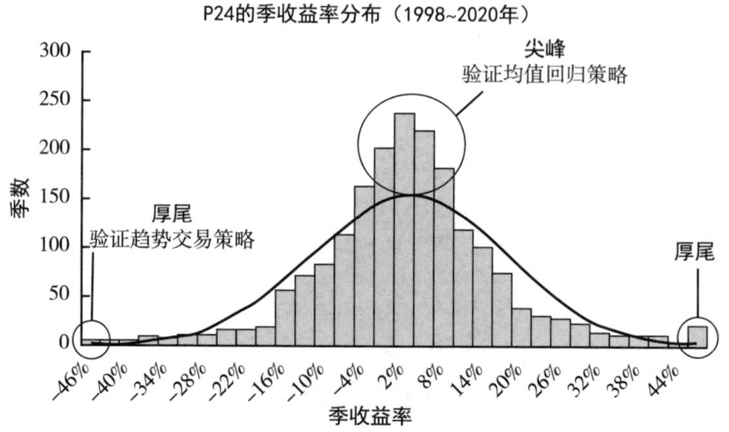

图 3-16　P24 的季度价格变化或收益率的分布，并不遵循正态随机“钟形曲线”分布

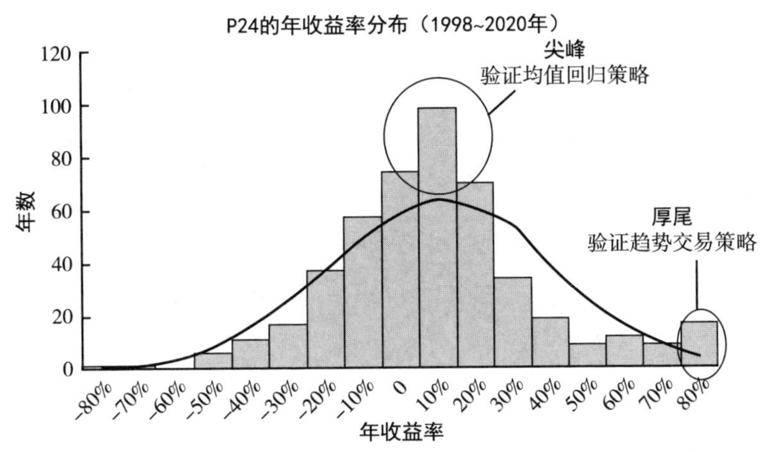

图 3-17 P24 的年度价格变化或收益率的分布，并不遵循正态随机“钟形曲线”分布

市场收益是否遵循正态分布

那么，市场收益在多个时间框架内是否像学术理论所主张的那样遵循正态分布呢？好吧，让我考虑一秒，嗯，不！

正如你从直方图中看到的，尽管有来自 RWT 和 EMH 理论的重大抗议，但过去 22 年的市场收益并没有遵循正态随机钟形曲线分布。也许在这些理论最初形成的时候情况是这样的，但在 1998 年到 2020 年的 22 年期间肯定不是这样的。

这些直方图显示，在多个时间段内，位于收益分布两侧的尾部事件发生的概率比它们遵循正态随机分布时的预期概率更大。尖峰或厚尾验证了趋势交易的存在和目的。

□ 如果价格不遵循正态分布，为什么学术模型要依赖于这个假设

如果价格的变化不是正态分布的，那么为什么模型要依赖于关键的假设呢？好问题。我可以声称，在这些理论发展的年代，价格还是正态分布的；然而，稍加分析会发现情况并非如此。

我们先普及一点背景知识。如前所述，EMH 是由尤金 · 法玛在 1965 年至 1970 年之间提出的。1965 年，他在《商业杂志》上发表了一篇名为《股票市场价格的行为》的论文，在文中他支持 RWT。1970 年，他在《金融杂志》上发表了一篇题为《高效资本市场：理论与实证工作的综述》的论文。在文中，他提出了 EMH 及其弱、半强和强的三种形式。

为了了解法玛论文发表时的市场价格是否为正态分布，我将回顾 1928 年至 1964 年间，标准普尔 500 指数（S&P500）的每日价格变化。这段时间的数据是法玛能接触到的。

让我直奔主题吧，在图 3-18 中展示 S&P500 每日价格变化或收益率的直方图，看看它们是否遵循正态分布，是否很好地遵循于随机钟形曲线分布（正如 RWT 和 EMH 都假设的那样）。

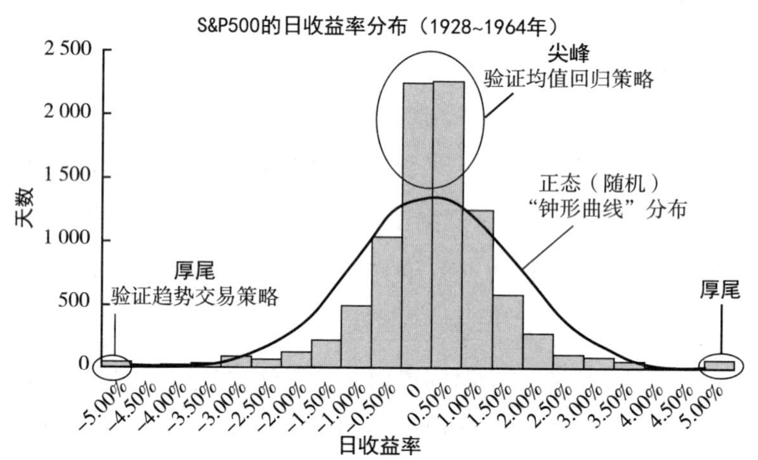

图 3-18 标准普尔 500 指数在 1928 年至 1964 年间的每日价格变化或收益率分布，并不遵循正态随机“钟形曲线”分布

啊，有趣，这是丑闻吗？我是否听到象牙塔“砰”的一声？

在关键思想得到支持（RWT）和发展（EMH）的时候，有证据表明（我知道这只是一个市场，但仍然有证据）当时世界上最大经济体的一个关键市场不是正态分布的。然而，RWT 得到了强有力的支持，EMH 被广泛宣传，两者都依赖于一个关键的假设，即价格是正态分布的。

很奇怪，嘿？有些人可能会说他们根本不知道？但这不太可能。

当然，那时还没有个人电脑、Excel 和免费数据。然而，他们是非常聪明的人，他们的时间可能比我们今天更多。那么，为什么他们要在他们的模型中嵌入如此脆弱的关键假设呢？

嗯，我们只能猜测。然而，许多人认为，正态分布假设由于其方便简化和使用简单的统计方法而被接受、嵌入和使用。或者因为两个词：方便和容易。

如果我们接受这种推论，这就表明学术界似乎可能已经采取了阻力最小的路线。由于其意想不到的后果，我们今天仍在受到这个决定的影响：

- “过去业绩不代表未来业绩”。
- “不可能把握交易的择时”。
- “追逐基金经理的业绩毫无意义”。

在学术界灌输并牢固确立的正态分布观点，给了许多人一种错误的安全感，并大大低估了市场风险。正态分布的口号让许多人相信，市场崩溃的可能性相当低。然而，直方图和历史告诉我们，如果价格变化实际上是正态分布的，它们发生的频率比你预期的更高。

因此，所有依赖于价格变化呈正态分布假设的模型，都低估了价格大幅变化的可能性，它们都低估了风险。你可能会认为，在 1998 年长期资本管理公司（LTCM）倒闭或 2008 年和 2020 年金融危机爆发后，人们认为价格变化遵循正态分布的根深蒂固的观点，已经被扔进了垃圾箱。但没有，它仍然根深蒂固。

数据被忽视是很令人困惑的。带有厚尾的直方图清楚地表明，价格的变化不是正态分布的。它们不是对称的，它们有厚尾，它们不是真正随机的，因为超大幅度的价格移动比正态分布模型所预期的更为频繁。

尽管如此，这些模型建立在价格变化遵循正态分布的错误观点上，却至今仍在使用。它们仍被用来解释各种金融工具的潜在风险（或有限的潜在风险），如反向的恐慌指数（VIX ETN）。这些工具通过卖空波动性来轻松获得溢价收入，因为它们认为 99.9% 的每日价格变化将发生在平均值的四个标准差范围内。VIX ETN 的结局并不好。

让我们来看看表 3-5，其中我总结了自 1928 年以来 S&P500 的日收益率的分布情况。

表 3-5　S&P500 每日收益率的频率显示，出现等于或大于四个标准差的移动远远超过正态随机分布的预期。假设日收益率遵循正态分布，那就大大低估了股市突然波动和崩盘的风险

S&P500 日收益率的分布（自 1928 年起）							
标准差		S&P500 的日收益率	天数	标准差		S&P500 的日收益率	天数
4 × STD	–4.7%	–5.0%	75	平均	0	0	5 510
		–4.5%	31			0.5%	5 855
		–4.0%	40			1.0%	3 176
3 × STD	–3.5%	–3.5%	58	1 × STD	1.2%	1.5%	1 415
		–3.0%	121			2.0%	652
2 × STD	–2.3%	–2.5%	163	2 × STD	2.4%	2.5%	292
		–2.0%	296			3.0%	168
		–1.5%	606			3.5%	85
1 × STD	–1.1%	–1.0%	1 253	3 × STD	3.5%	4.0%	51
		–0.5%	2 665			4.5%	37
				4 × STD	4.7%	5.0%	97

根据正态随机分布，价格移动超过四个标准差几乎是不可能的（100.00%–99.99%=0.01%）。根据表 3-5 的数据，四个标准差的价格移动，只应当发生

两天（22 646 天 ×0.01%）。然而，正如你所看到的，S&P500 在过去超过 90 年的时间里，有超过 75 个交易日经历了负的四个标准差移动。对于正态随机分布的倡导者来说，这是一个巨大的失误。然而，尽管有数据，关键的正态分布假设仍在使用，并且仍然大大低估了风险。就像 2018 年年初那样。2018 年 2 月 5 日，S&P500 盘中下跌 4.5%，几乎相当于四个标准差（−4.7%）。如果价格是正态分布的，每 43 年才会发生一次。当天，VIX ETN 的持有者的票据价值下跌了 80% 到 90%。数十亿美元蒸发了。

我可以想象，许多 VIX ETN 的持有者和收取期权溢价的类似工具的持有者，更不用说“裸”卖出期权的散户，他们会非常震惊，由于他们坚信正态分布，这样的事件在他们的一生中也不太可能发生一次。在 2020 年 2 月 19 日至 3 月 24 日期间，S&P500 经历了 6 次超过四个标准差的价格波幅（−4.7% 至 +4.7%）！请看：

日期	每日收盘变化	日期	每日收盘变化
2020 年 3 月 16 日，星期一	−10.3%	2020 年 2 月 27 日，星期四	−4.9%
2020 年 3 月 12 日，星期四	−9.9%	2020 年 3 月 13 日，星期五	8.5%
2020 年 3 月 9 日，星期一	−7.8%	2020 年 3 月 24 日，星期二	9.5%

根据该理论，价格变化超过四个标准差，在超过 90 年的时间里只能出现两次！

还相信价格遵循正态分布的人简直疯了。

但一项对分布的研究表明，大于预期的价格波动确实会发生得比正态分布预期的更频繁。厚尾现象确实存在。但对 RWT 和 EMH 的坚信，使得如 VIX ETN 的创造者、LTCM、“裸”期权卖家和“买入并持有”策略的倡导者对极端数据的风险视而不见，因为它们不符合钟形曲线分布。

厚尾——趋势交易背后的科学

厚尾或极端的市场波动，不仅验证了趋势交易的概念，而且使趋势交易成为金融市场中最显著的异常现象。

尽管有 RWT 和 EMH 的理论主张，但市场不是完全有效的，也不是完全随机的。趋势时有发生，它们确实存在，它们堆积在分布曲线的边缘，乞求被交易。交易者可以制定这样的交易策略：利用过去的价格来产生买卖信号并预测未来的价格。我们作为交易者的任务，就是找出合理的方式来实现这一点。

厚尾——到目前为止，我们这个故事的寓意

厚尾的寓意：是的，市场中确实有趋势，但同样重要的是，我们应该学会尊重市场的最大逆境原则，学会容忍意想不到的事情的发生。极端的价格波动会时有发生，而且比许多人预期的要频繁。所以，我们应当期待着被惊讶，准备好被惊讶，永远不要不带止损地交易。此外，我们应该学会抵制通过“裸”卖出期权轻松赚取保费收入的诱惑。虽然它可以提供多年的稳定收入，但它可以在一个交易时段内瞬间被拿走，甚至被拿走更多。只要想象一下这些收集权利金的期权卖家在蒸汽压路机前捡硬币的场景。这一切永远都不会顺利结束，最好不要幻想去收集这些容易获得的保费收入！

回到本书主旨，科学已经证明了厚尾的存在，这证实了对趋势交易的追求是合理的。极端的价格波动发生在多个时间框架内。它们确实存在。我们的工作是制定明智的趋势交易策略来捕捉它们。

那么，为什么不是每个人都能接受趋势交易呢

好吧，我听见你的问题了。如果统计学证明趋势交易总会因为厚尾的存在而获胜，那么为什么不是所有的交易者都遵循趋势，为什么不是所有的趋势交易者都从中赚钱？好问题。毫无疑问，许多人都听过这句老生常谈：

顺趋势交易，与趋势为友。

但我知道，许多试图顺着趋势进行交易的交易者，都未能做到这一点。交易者失败的原因有很多，我在《交易圣经》中讨论过。然而，既然我已经用科学来验证趋势交易的有效性，请让我再次用科学来解释为什么这么多的人认为执行趋势交易这么困难。

这与钟形曲线有关，更具体地说，与钟形曲线的构造有关。虽然厚尾的出现对于趋势跟随者来说是很好的，但它们的出现频率远低于常规的小幅价格变化。

请记住，大多数的价格变化都发生在平均值的两个标准差范围内（95%）。但巨大的挑战在于，只有经历许多次价格变化之后，“钟形曲线”才会看起来有模有样。因此，趋势交易者必须经历许多失败的交易，才能享受到一个良好的来自厚尾边缘的盈利。虽然市场可以靠空气生存，但我们的交易账户不能。因此，如果一个交易者资本不足，或者没有使用0爆仓风险理念进行交易，那么在发生足够极端的厚尾事件来弥补所有损失之前，他们就会先耗尽交易资本。

因此，虽然厚尾理论证明趋势交易不会失败，但它也解释了为什么很难承受很多处于近乎完美的正态分布钟形曲线下的亏损交易。太多亏损的交易使大多数交易者很难忍受。这不是办不到，只是很难。然而，一个精心设计的、稳健的、正向期望的趋势交易策略，当与产生0爆仓风险的明智的资金管理方法结合时，并且在多元化的投资组合上进行交易，这将帮助交易者承受许多次的损失，然后开始享受一些很好的盈利。

既然我们明白了厚尾的科学理论是如何支持对趋势交易的追求的，是时候看看“钱”了。理解科学是很好的，然而，单纯欣赏科学并不能帮我们支付账单。

现在让我们寻找趋势交易有效的证据。

□ 趋势交易的吸引力

趋势交易的有效性——证据

在任何关于分布、随机性和效率的学术讨论出现之前，市场的存在是为了促进买卖双方之间的商品和服务的交换。有些市场已经存在了几个世纪。多年来，许多参与者已经收集和整理了大量数据，以调查趋势交易的有效性。今天，有大量的研究支持趋势跟随策略在获得超额市场回报方面的有效性（关于趋势交易的文献，详见附录）。

我并不打算在此详细展示证据，而是想引导你关注两个关键的信息来源。

第一个是由亚历克斯·格雷泽曼和凯瑟琳·卡明斯基撰写的《管理期货的趋势跟踪策略：寻找危机阿尔法》。不要被标题中的"管理期货"所迷惑。这本书是关于趋势交易的。它是关于趋势交易的历史、表现以及其应该如何在一个投资组合中发挥作用。请注意，这并不是一本写给散户交易者的书，而是一本写给机构投资者和基金配置者的书。它读起来有点枯燥，里面充满了统计数据和表格。然而，尽管它有学术的外表，但我认为它确实提供了最全面、最深入的关于趋势交易表现的研究。它详细地解释了趋势交易的基本原理和优点。它是深刻的，并经过了充分的研究（涵盖了 800 年），而且写得很好。然而，这并不是一本关于如何开发趋势交易策略的书。所以，不要去那里寻找想法，但如果你想深入了解支持趋势交易回报的数据，这是一本适合你的书。这本书有理有据，令人信服。

格雷泽曼和卡明斯基研究了从 1223 年到 2013 年的 84 个股票、固定收益证券、大宗商品和外汇市场。他们根据价格是高于还是低于过去 12 个月的滚动回报率，建立了风险大小相等的多头或空头头寸，表 3-6 对比并总结了它们的表现。

表 3-6 在过去的 800 年里，趋势交易不仅比买入并持有更有利可图，而且以风险调整的绩效——夏普比率来衡量，也是最优越的

买入并持有策略和趋势交易策略的绩效统计（期间：1223 ～ 2013 年）		
	买入并持有投资组合	趋势跟踪投资组合
年化回报率	4.8%	13.0%
年化标准差	10.3%	11.2%
夏普比率	0.47	1.16

资料来源：From Alex Greyserman，Kathryn Kaminski，Trend Following with Managed Futures：The Search for Crisis Alpha. © John Wiley & Sons.

其趋势交易策略的年化回报率为 13%，年化标准差为 11%，夏普比率为 1。相比之下，买入并持有策略的年化回报率仅为 4.8%，年化标准差为 10.3%，夏普比率为 0.47。趋势交易经风险调整后的收益表现是买入并持有策略的两倍。

我认为下面这一段最好地总结了格雷泽曼和卡明斯基的发现：

> 通过使用大约 800 年的市场数据，趋势交易可以从长期的角度来看。几个世纪以来，从经验上看，趋势交易提供了明显的正回报、高夏普比率以及与传统资产类别、通货膨胀和利率制度的低相关性。此策略在危机期间提供了持续的积极表现，而且表现似乎与投资市场的广度相关联。从投资组合的角度来看，趋势交易与传统投资组合（如 60/40 投资组合）的结合，显著提升了风险调整绩效。

此外，我想再介绍一篇由布莱恩·赫斯特、姚华华和拉斯在 2017 年更新的题为《一个世纪的趋势跟踪投资证据》的论文。尽管他们没有涵盖 800 年，但他们的分析追溯到了 1880 年。他们确定，在 1880 年到 2013 年之间涵盖了 67 个市场的全球投资组合的趋势交易，实现了每年 14.5% 的年化回报率！他们还发现，自 1880 年以来，趋势交易每 10 年都取得积极的结果，与债券、

房地产和股票等传统资产类别的相关性较低。他们发现，在 20 世纪 10 次最大的金融危机中，有 8 次趋势交易投资表现良好。最后，他们发现趋势交易投资在所有市场周期中都表现良好，包括良好增长和糟糕增长（衰退）、战争与和平、低利率和高利率环境以及低通胀和高通胀时期。

目前为止，一切顺利。

厚尾理论证实了对趋势交易的追求，而大量的研究论文（和书籍）为其有效性提供了充分的经验证据（再申明，请参阅附录）。

注意事项

在此，我要提醒一句。虽然令人信服，但证明趋势交易有效的学术论文和撰写精良的书也面临着与模拟权益曲线同样的批评。如果你已经有数据在手，那么事后看来，很容易使一个策略看起来很好。就像交易者可能会成为他们自己都意想不到的过度的曲线拟合和数据挖掘的受害者一样，学者们也可能如此。

别误会我的意思，我欢迎所有支持趋势交易的经验证据。然而，我只是想成为一个现实主义者，并且我承认大多数实证论文都是回顾性预测，这一点和模拟权益曲线并无不同。

正如我们不久将了解到的，模拟的权益曲线可以有不同的形状和大小，提供不同程度的适用性的证据。大多数的模拟权益曲线是依赖于参数值的脆弱结构。它们所提供的证据，不过是一次成功的曲线拟合和数据挖掘。这表明交易者能够将他们的交易理念与历史数据成功匹配。这类似于学术研究论文的产生过程，作者们依靠其回顾历史趋势的交易策略，才成功地产生了积极的结果。

最终，这些讨论都可以归结于样本内数据和样本外数据。

对于实证研究和审查交易策略来说，可以使用的最佳数据是样本外数据，也就是在策略或想法被首次提出后市场发生的数据。

从整体层面上看，大卫·李嘉图关于截断亏损、让利润持续奔跑的洞察力支撑并验证了1800年后趋势交易策略的总体测试。然而，魔鬼隐藏在细节中。除非在特定日期就如何截断亏损和让利润持续奔跑提出深思熟虑的策略，否则任何开发这种策略的尝试都将受到曲线拟合和数据挖掘的批评。是的，自1800年以来，截断损失、让利润持续奔跑的想法就已经为人所知。然而，除非有人事先明确地阐明，否则用于寻找进场和出场水平的确切策略，可能只是研究人员或作者事后侥幸找到的支持趋势交易收益的策略。如果不是侥幸，那么可能是优化各种回顾参数的结果，这些参数用于产生看起来令人印象深刻的回测结果，简而言之，这是曲线拟合的过程。

尽管他们的研究论文都有深刻的见解，他们很多都拥有了不起的学位，但学者们的分析也可能受到曲线拟合和数据挖掘的批评。

所以，是的，我欢迎积极的趋势交易的信息，但这样做时要抬起头、睁大眼睛，注意是否使用了样本内或样本外数据。如果用的是样本外数据，那么所有人都会一致赞同。如果用的是样本内数据，那么要警惕研究结果，就像警惕一个完美的模拟权益曲线一样。

很抱歉我对正态分布、钟形曲线、理论和厚尾进行了这么长的叙述。然而，我希望给了你一个很好的洞察，也就是为什么趋势交易是有效的，这是它明显而巨大的吸引力之一。

接下来，我想讨论一下它具有巨大吸引力的另一个原因，即它是交易的最佳实践。

□ 最佳实践

目前为止，我已经讨论了趋势交易为何有效的科学原理。我还向你提供了一些可以证明趋势交易有效性的学术研究成果。

趋势交易的另一个吸引力是，它是最佳实践。世界上一些最好的基金经理都是系统性趋势交易者。正如我在第2章提到的，根据巴克莱对冲的数据，系统性趋势交易者管理的资产从 1999 年的 220 亿美元增长到 2019 年的 2 980 多亿美元。据巴克莱对冲，主观交易者只能将同期管理的资产从 80 亿美元增加到 120 亿美元，与其相比，系统性趋势交易者管理的资产规模是一个巨大的增长。相关数据信息请查阅第 2 章。

如果我们认可大量的资金是一种背书，那么趋势交易肯定被视为最佳实践。所以，如果它对于专业的系统性趋势交易者来说足够好，那么我们是否可以说，它对于其他人来说也是足够好的？毕竟，追随强者不算可耻！

我想再次向你提供一个外部信息来源，就是迈克尔·卡沃尔的《趋势跟踪》一书。卡沃尔不仅很好地解释了趋势交易的好处，而且还为世界上一些最擅长进行趋势交易的基金经理提供了极好的见解。

在卡沃尔的书中，我仅举几个例子，你会读到以下那些通过跟踪趋势而获得了非凡回报的基金经理：

- 元盛资本的大卫·哈丁。
- 邓恩资本管理公司的比尔·邓恩。
- 约翰·亨利公司的约翰·亨利。
- 埃德·塞科塔。
- 坎贝尔公司的基思·坎贝尔。
- 切萨皮克资本管理公司的杰里·帕克。
- 亚伯拉罕交易公司的塞勒姆·亚伯拉罕。

这些最佳实践的经理为趋势交易的好处提供了可靠的证据，因为他们的绩效结果都是建立在样本外的数据上。我说样本外，是因为绩效回报是他们在账户权益业绩中的实际盈亏，而不是基于模拟的权益曲线。他们也不是基于学术研究在写论文。他们完全是利用自己的趋势交易策略，来获得良好的回报。所有的回报都是发生在他们策略制定以后，也就是通过样本外的数据进行的交易。

因此，这些经理人不仅支持趋势交易是最佳实践的观点，而且他们的结果也提供了样本外数据，证明趋势交易是有效的而且效果很好。

趋势交易吸引我的另一个原因，是它简化了交易过程。

□ 它简化了交易过程

对于任何想要交易的人来说，交易都是一项艰巨的任务。即使对于那些有经验的人来说，也不能例外。

早些时候，我讨论了在交易的世界存在众多未解的问题，这些问题多么令人困惑。每个交易者都会面临这些问题。上至宏观视角——欧洲、北美和亚洲面临的关键挑战，下到微观策略——交易者在市场、工具、时间框架和技术之间进行的选择。每个交易者都要做无数的选择和决定，甚至包括进场止损和离场价格这些细枝末节。

有时，交易者似乎要做太多的决定。如果没有一个完整的交易计划，交易者可能会有太多的问题需要回答。这会令人崩溃。然而，我相信采用一个完整的交易计划有助于简化这个过程。而且在我看来，采用趋势交易策略可以进一步简化整个过程。

诸多待定决策——在哪个市场进行交易

对于大多数交易者来说，他们要做的第一个决定是，他们想在哪些市场进行交易，选出合适的市场来交易并非易事。

一些新的交易者、甚至是已经有经验的交易者可能认为，他们希望在选择合适的市场进行交易之前，需要对全球经济形成一种整体性认识。全球经济增长是扩张还是收缩？这会对各个市场产生什么影响？哪一个可能跑赢市场，房地产、股票、债券还是大宗商品市场？

在地区基础上，一些人可能认为他们需要发展出与特定国家相关的观点，以成功地选择一个合适的市场进行交易。我之前提到的问题包括：

- 欧盟还能维持统一吗？
- 美国会控制其债务和赤字吗？
- 日本能解决其在人口结构上面临的挑战吗？

如果有积极或消极的事件冲击，可能会对各种市场产生什么影响？

有些人可能认为，要想在市场上取得成功，他们需要就金融危机是否会发生、何时会发生、哪些市场将受益或处于不利地位提出意见。一些人可能认为，他们需要发展成为深刻的思想家，希望成为更准确的预测者，甚至是成为训练有素的经济学家，成功地选择一个或多个合适的市场进行交易。

这么多的问题。

确定和选择合适的市场、市场组合或公司股票进行交易，这个任务既令人生畏，又令人失望。没有人能保证他们选择的市场或公司会像预期的那样表现。事实上，市场上的“最大逆境先生”很有可能会让他们选择的市场和公司走上与预期相反的道路。

但问题还不止于构建投资组合。

诸多待定决策——使用什么技术

在选择了一个合适的市场进行交易后，下一个问题是如何确定进场的时间？他们应该在何时去买卖呢？这不是一个简单的问题。就像选择市场一样，有多种策略可以帮助交易者选择入场时间。

首先，他们需要决定是使用基本面分析还是技术分析，还是两者的结合？如果是技术分析，他们需要决定他们应该学习和实践哪种学派的理论？例如，他们应该考虑：

- 周期。
- 形态识别：

    - ○ 图表形态。
    - ○ 蜡烛图形态。
- 季节性分析。
- 占星术。
- 月相。
- 潮汐节奏。
- 道氏理论。
- 艾略特波浪理论。
- 江恩理论。
- 市场概况。
- 斐波那契分析。
- 分形。
- 神圣几何学。
- 趋势线。
- 指标分析：
    - ○ 价格。
    - ○ 趋势。
    - ○ 回撤位。
    - ○ 动量。
    - ○ 情绪。
- 波动率。
- 成交量。

……噢！

这不仅仅是选择一种技术这么简单，因为很多技术根本不起作用！由于超过 90% 的活跃交易者陷入了亏损，你可以说超过 90% 的上述技术也不起作用。

这是一块雷区。一旦交易者选择了一种技术，他们必须祈祷幸运与其同在。

一旦选择了一种方法，还有执行环节：分析，准备指令单，进场，设置止损和退出指令单。交易者有很多事情要做，也有很多困惑之处。在哪些市场进行交易？使用哪种策略？什么时候交易，哪里进场，哪里止损，哪里离场？投资和交易将要直面很多的焦虑和困惑，但当你决定成为一名趋势交易者时，这些焦虑和困惑就不会有了。

趋势交易，简化的交易

趋势交易的一个关键好处是，它确实简化了投资或交易的决策流程。

趋势交易者不是试图识别单个市场或公司，而是交易一个多样化的流动性市场投资组合。在选择哪个市场或公司进行交易时没有任何压力。当选择原油而不是黄金，选择奈飞公司而不是苹果时，这种决策不会让人焦虑到失眠。因此在面对全球经济增长是扩张还是收缩以及可能对市场造成的影响时，趋势交易者不会感到焦虑。

作为一名趋势交易者，你不必面对要解开投资秘密的压力。它消除了你必须像经济学家一样思考的压力；它消除了你必须创建全球宏观经济叙事能力的压力；它消除了理解市场走势的原因的压力；它消除了我们必须战胜市场的压力；它消除了要求做出正确选择的压力；它消除了选择赢家和避免输家的压力；它消除了不确定性和拖延；它消除了对任何特定市场的单一关注；它消除了只做多的不灵活性，因为你也可以参与做空。

虽然我们知道趋势交易的困难，但相对于其他策略来说它还是更加简单的。

你也不必对形成全球增长的观点感到痛苦，你只需要交易一个由流动性市场构成的多元分散的投资组合。

你也不必对于为欧洲、美国和日本的经济大问题找到答案而感到痛苦，你只需要交易一个由流动性市场构成的多元分散的投资组合。

你不必为要预测下一次金融危机而感到痛苦，你只需要交易一个由流动性市场构成的多元分散的投资组合。

你不必为需要做出预测而感到痛苦，你只需要交易一个由流动性市场构成的多元分散的投资组合。

你不必为市场选择而感到痛苦，你只需要交易一个由流动性市场构成的多元分散的投资组合。

你不必为从输家中挑选赢家而感到痛苦，你只需要交易一个由流动性市场构成的多元分散的投资组合。

人们不再需要担心个别市场了。

你不必为选择和学习正确的技术分析领域而感到痛苦，你可以直接实现趋势交易的三个黄金原则：

- 顺趋势：
  - 购买那些上涨的市场或公司。
  - 卖出那些下跌的市场或公司。
- 截断损失。
- 让利润持续奔跑。

你不必为试图理解市场为何会波动而感到痛苦，你只是顺趋势。

你不必为试图理解为什么一些市场会失败而感到痛苦，你只是截断了损失。

你不必再为确定正确的获利了结时间而感到痛苦，你只是让利润持续奔跑。

如我所说，趋势交易的另一个巨大吸引力是，它大大地简化了整个投资和交易过程（见图 3-19）。

趋势交易 101

趋势交易者交易不同的市场投资组合

趋势交易者坚持他们的交易计划

趋势交易者不需要通过知道市场在哪里或为什么移动来赚钱

趋势交易者只需要顺趋势

图 3-19　趋势交易简化了整个投资和交易过程

成为趋势交易者的主要好处	
赚钱——看看世界上最好的投资 / 交易经理就知道了	
成为趋势交易者的次要好处	
消除了必须解开投资秘密的压力	他们遵循交易计划
消除了必须像经济学家一样思考的压力	他们遵循交易计划
消除了必须创建全球宏观经济叙事能力的压力	他们遵循交易计划
消除了必须理解市场走势的原因的压力	他们遵循交易计划
消除了必须战胜市场的压力	他们遵循交易计划
消除了必须做出正确选择的压力	他们遵循交易计划
消除了必须挑选赢家的压力	他们遵循交易计划
消除了避免失败的压力	他们遵循交易计划
消除了不确定性和拖延	他们遵循交易计划
消除了选对市场的压力	他们遵循交易计划
消除了对任何特定市场的关注	他们遵循交易计划
消除了只做多的灵活性，可以做空	他们遵循交易计划

图 3-19 趋势交易简化了整个投资和交易过程（续）

趋势交易对于我来说，最后一个吸引力在于它的困难性。

□ 困难性

信不信由你，对于我来说，成功执行趋势交易很难的事实让它对我很有吸引力。这也应该让它对你很有吸引力。

嘿，如果趋势交易很容易，每个人都会这么做，那么厚尾效应可能会消失。每十笔交易中有六七笔损失是很难应对的，凭这一点，趋势交易淘汰了许多散户趋势交易者。虽然趋势交易相对简单，但要消化如此多的亏损交易，交易者在心理上和财务上都很困难。在心理上，因为在亏损之后，亏损之后，亏损之后（你明白我的意思），还要消化和记录损失，它是折磨灵魂的。在财务上，因为你必须有足够的风险资本，不仅要为多元化市场的投资组合交易提供资金，还要为趋势交易造成的不可避免的权益持续回落提供资金。权益回落和趋势交易携手并进，就像夜以继日一样有规律。许多散户趋势交易者无法应对不可避免的持续下跌。

所以，对于我来说，这使得趋势交易很有吸引力。在这么多人失败的地方取得成功，是一种荣誉。你也应该努力在一个有如此多的人止步不前的领域取得成功。这让你有机会展示，那么多人选择容易的路，别人高举双手宣称要么太难（对于他们来说是真实的），要么不起作用（这是一个很大的谎言），而你多么坚定。

我鼓励你们接受挑战，并在这么多人失败的情况下，表现出成功所需要的坚韧和决心。

小结

我希望我已经让你很好地理解为什么趋势交易如此有吸引力的原因。两个多世纪的数据证明了这是一个可以持久的策略。关于厚尾的科学，证明了它的有效性，而很多研究论文一致宣称它是一种有利可图的技术。专业人士将其视为最佳实践，并且有世界知名的人才，他们经常为他们的投资者跑赢市场。它有助于简化投资和交易过程，并且对于有志于此的交易者来说，困难是一个值得的挑战。

所以，我希望每个人都赞同我的观点，趋势交易不仅是一种明显的追求，也是一个有价值和有利可图的追求。

然而，我必须让你知道，尽管现在有明显和良好的理由来追求趋势交易，大多数尝试这样做的散户交易者都失败了！

是的，这就是关于散户趋势交易者的冷酷的事实。就像波段交易者或逆趋势交易者一样，他们中的大多数都是亏损的。当然，正如我所讨论的，亏损交易的数量之多，阻止了许多散户趋势交易者的成长——然而，也有其他因素在起作用。但在我给你一些额外的观点，解释大多数人是如何在趋势交易中失败的之前，让我先与你分享一些关于趋势为什么存在的见解。

| 第4章 |

趋势为什么存在

混乱的控制

关于趋势为什么会存在，人们有很多观点。一方面，有些学者的理论表明趋势很难存在。另一方面，有大量的经验证据支持趋势的存在。归根到底，趋势的存在并不完全符合任何理论金融模型。因此，尽管趋势跟踪很流行，但对它们发生的原因没有适当的解释。

根据随机漫步理论（RWT），市场是随机的，价格变化与之前的价格变化无关，价格之间没有连续的依赖关系，也就是说没有趋势的存在。正如我们所知，有效市场假说（EMH）认为，所有市场都是合理定价的，市场反映了所有可获得的信息，这些信息被迅速、有效和正确地吸收。交易者无法利用现有信息来预测未来的价格，因为这些信息已经有效地反映在市场价格中，市场中没有趋势的存在。

尽管他们反对，但趋势确实存在，正如厚尾分布的出现所证明的那样。

行为金融学

鉴于这种反常现象，另一个金融思维领域正开始挑战金融市场的数学观点。虽然 RWT 和 EMH 仍然不乏支持者，但出现了一种新的金融模型，被称为行为金融学。

行为金融学是基于对人类行为的观察，它结合心理学和经济学来解释交易者的非理性的决策。它认为，行为和认知的偏见等心理因素会影响交易者，这限制和扭曲了他们获得的信息。这种扭曲会导致他们有时表现得像旅鼠自杀[1]一样，做出不正确、不理性的决定。

交易者知道，情绪确实会影响财务决策。我们经常在市场上看到它。我们看到和感受到恐惧和贪婪是如何破坏决策的。我们可以看到，人类的行为如何使价格超出正常极限，因为人群的贪婪，害怕自己踏空而推高泡沫。我们可以看到，在回归之前，人群的恐惧会因为集体害怕而爆仓，从而压低价格。毫无疑问，恐惧和贪婪对市场价格都有影响。行为金融学认识到了这一点。

行为金融学认为，人们做出理性的决定，不是因为所有的信息都被有效、快速和正确地吸收，而是认为市场会受到人们情绪的影响，主要是恐惧和贪婪的影响。它认为情绪不可能总是理性的。人们不仅有各种不同的形状和体型，而且他们还带着各种不同的心理信仰、偏见和特质。根据行为金融学的研究，这些个人的怪癖会延迟和阻碍信息被有效、快速和正确地纳入市场价格。

[1] 据说旅鼠在数量过多时，会集体跳海自杀，以减少种群数量。——译者注

行为金融学的关键结论是，人们存在行为偏见，这种偏见会减缓新信息驱动的价格发现。这造成了市场摩擦。这种摩擦反过来又使发展趋势延续下去。这些行为偏见是我们身体结构的重要组成部分，虽然有时它们可以很好地为我们服务，但它们也会无意中让我们表现得像旅鼠一样，感到恐慌，无法保持头脑清醒。

根据行为金融学，信息没有被有效、快速和正确地吸收到价格中。不。无论是好是坏，我们（你和我）都是情绪化的存在，把我们人类的“思想”包袱带到桌面上。我们的偏见损害了对新信息的有效和正确地吸收，从而使趋势得以出现和延续。他们的意思是，我们有点昏沉，反应有点慢，有时我们兴奋起来，有时我们太兴奋了，有时我们会否认。我们是人类，而不是理性的机器。是的，当受到挑战时，我们可以很容易地倒退到那个六岁心智的内在自我，表现出过度兴奋和过度恐慌的一面。

所以，现在有两种思想流派。传统的 RWT 和 EMH 认为交易者是理性的（因为所有的信息都被有效、快速和正确地吸收），而行为金融学认为交易者是非理性的（因为我们固有的偏见导致信息没有被有效、快速和准确地吸收）。

如果我们都是理性的，那么所有的信息都会正确地反映在价格上。交易者将无法利用现有的信息来预测未来的价格。趋势将不复存在，因为价格将迅速调整到正确的基本水平。然而，如果我们不是理性的，而是相反的，那么我们的个人行为偏见就会减缓价格发现过程，推迟价格的正确调整。我们对新信息的渐进式的反应，使得趋势出现和形成。

所以，这取决于你相信自己是理性的还是不理性的。很有趣，不是吗？

不管你个人的想法如何，行为金融学至少试图解释趋势的存在，这与 RWT 或 EMH 不同。

然而，在我们研究这些行为偏见之前，必须指出，行为金融学面临着来自学术界（那些禁止它们的象牙塔里高高在上的家伙）的大量抵制。没有人确切知道他们抵制的原因，但许多人怀疑这是由于行为金融不够“科学”。许多经济学者都渴望让他们的专业领域被公认为一种基于数学的科学。他们认为行为金融学还不够严谨，他们认为这是一种哲学，几乎没有对照实验来验证因果关系。对于他们来说，它太笼统、太模糊、太混沌、太“艺术”、太软弱。虽然许多投资决策的心理基础可以用看似合理的原则来解释，但没有确凿的证据表明这些原则确实解释了所研究的事件。这些观点都有点模糊。

无论如何，不管阻力如何，我们至少可以了解这些行为偏见，并深入了解趋势（厚尾）得以存在的原因。

图 4-1 说明了行为金融学是如何解释趋势的。

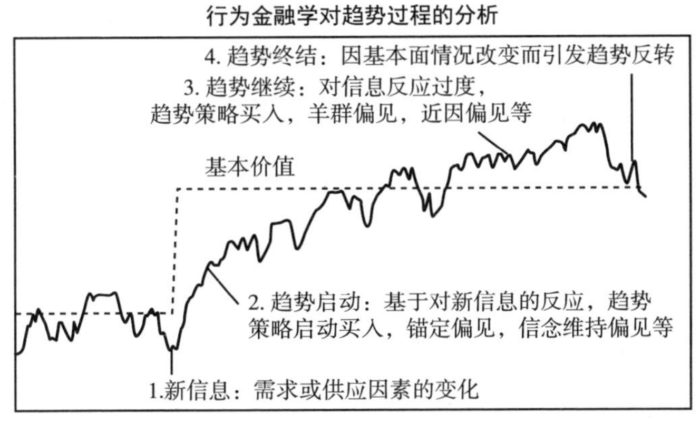

图 4-1 与其他理论不同，行为金融学至少试图解释趋势的存在

行为金融学认为，我们的认知偏见导致了价格发现的延迟。这种延迟会产生摩擦，从而使趋势得以发展。明白了吗？他们的意思是，人类在信息中发现真相的速度很慢，认知偏见蒙蔽了我们，减慢了人对信息的反应速度。

让我们关注一下偏见，是它要对人群进入市场的新信息反应迟缓负责。它会导致我们对新信息要么反应不足，要么反应过度。这将导致定价效率低下，从而延迟了正确的价格发现。市场摩擦推迟了价格调整，而价格调整又让趋势出现，然后持续下去，直到达到“合理”的价格水平。

如果你还不了解自己，请让我向你介绍你脑海中萦绕的细微差别。这些都是那些自称是市场专家、中继器、放大器、信息收集器、批评者和修正主义者心中普遍存在的认知偏见。我告诉过你要忽略那些外围市场的参与者。他们造成的破坏加上我们自己的认知偏见有助于延续趋势。我们的认知偏见会导致反应不足或反应过度，这也使我们很难成为一个成功的主观交易者。让我们看一看。

□ 反应不足

锚定偏见

我们显然带有一种锚定偏见，倾向于将观点锚定在我们收到的第一条信息上。就像出生时就被烙上记忆的小鸭子，我们被自己掌握的第一条信息所束缚，很难调整观点来适应新的信息。我们不愿做出反应，导致价格对新出现的消息反应不足。

信念维持偏见

我们中的许多人都有虔诚的信仰，有些人比其他人更坚定。你可能不知道的是，我们也可以对自己所使用的交易策略形成强烈的信心。信心如此强大，以至于即使在策略持续表现不佳之后，我们仍然会坚持下去。这导致我们忽视了那些可能与糟糕的策略表现相矛盾的新信息。我第一次知道这一点——当我发现自己在艾略特波浪理论中坚持了太长时间。这种坚持我们正在持续亏损的策略的信念，被称为信念维持偏见。它导致我们对新信息的调整速度太慢，导致价格再次对新信息反应不足。

确认偏见

我们都有过这种经历：对人们抱有偏见，只关注他们的糟糕品质，而不是优良品质。这被称为确认偏见。我们只看他们的不良行为，这证实了我们对他们的恶意，而忽视了他们的善意。我们在交易时也会这样做。我们倾向于只寻找能证实我们立场的信息，而忽略任何与之矛盾的信息。如果我们做多黄金，就只会关注有关法定货币终结的令人不安的消息，而忽略有关重大新黄金发现的消息。这导致我们对新信息的调整速度太慢，导致价格对新信息反应不足，从而使趋势出现。

保守主义偏见

我们是习惯的造物，年龄越大，习惯就越牢固，我们变得越保守，抗拒对日常生活的改变。嘿，我可能是这个星球上唯一一个不用脸书的人了。我拖延了很长时间才改用电子经纪商。作为交易者，我们是一样的。面对新信息，我们往往会犹豫，不能很快地消化和反应。这种犹豫最终会被行动取代，但我们在不同的时间采取行动，越来越多的交易者开始对消息做出反应，这就使趋势出现。

损失厌恶偏见或处置效应

交易者都是糟糕的输家。我们都有这种经历：对失败的交易坚持的时间远远超过了它本应该坚持的时间。我们这样做是因为讨厌损失、讨厌痛苦。虽然我们不介意账面上的亏损，但平仓实现亏损令人厌恶，因为在我们的脑海中，这是真正的痛苦。这种对损失厌恶的偏见，减轻了做多失败时的抛售压力，并允许下跌趋势持续更长的时间。如果我们都能更早地集体退出，“止损”就能帮助价格更快地加速至基本面所支持的正确的水平。

我们也是糟糕的赢家。我们都有过这种经历：在有盈利时过早地卖出了。我们这样做是因为我们喜欢实现利润。这种早期的抛售压力延缓了上行的势头，而这股势头本可以使上涨趋势持续到达到新的基本面所支持的水平。

□ 反应过度

羊群偏见

我们喜欢群体生活：我们渴望被接受，不喜欢被拒绝。我们讨厌被单独挑出来，被视为不同的人。欢迎来到我们的羊群偏见。作为交易者，我们喜欢共识，喜欢它带给我们的舒适和和谐感。所以，作为交易者，我们倾向于跟随人群。这对我们的趋势交易者很有好处。这导致价格反应过度，超出了真实的基本面所支持的水平，导致趋势继续下去。这种羊群效应自成因果，可能会导致资产泡沫的形成。我打赌你不知道吧？大多数人一直认为是央行造成了泡沫！

近因偏见

我们中的许多人很容易被脑海中最近的想法或经历所影响。这指的是"近期"。在交易中，我们往往更重视近期的价格波动，而不是更遥远的之前的价格波动。如果我们看到价格上涨，我们预计价格将继续走高。这使得上涨趋势持续，导致价格反应过度，最终超出了真实的基本面所支持的水平。

路径依赖

除了行为金融学，还有一个在金融学中越来越受欢迎的观点，叫作路径依赖。它提供了关于趋势为什么存在的另一种解释。路径依赖是指过去如何影响决策，或简单总结为历史很重要。

RWT 认为，价格的变化完全独立于之前的价格变化。通过抛硬币，我们能够理解这一点。然而，对于市场价格，我们就不能这么确定。根据路径依赖理论，价格不是随机的，而是包含了路径依赖。

路径依赖解释了历史信息所塑造的观点如何被交易员坚持，即使有了新的信息，旧的观点也仍然能成立。路径依赖关系的发生是因为，简单地继续使用以前持有的观点通常比吸收新的信息更容易（类似于我们的保守主义偏见）。换句话说，历史在做决定时很重要。所以，如果人们的记忆是基于他们的经历，那么市场也是如此。它们是依赖于路径的，而不是随机的，所以趋势可以而且确实存在，因为人们对以前的价格走势有一个记忆。

获胜者是谁

好吧，现在你知道了。学术界公认的理论认为趋势是不存在的，而对我们的行为的研究所产生的经验证据的新见解表明，趋势是存在的！感觉头疼了吗？嗯，我确实提到过围绕着趋势交易的学术争鸣有点像潘趣和朱迪木偶戏！

我想我们必须接受经济学不是一门硬科学，而是一门难以量化人类因素的软数学结构。不幸的是，没有一个统一的理论可以把所有的东西都结合在一起。但不用担心，学术界之间的分歧是他们自己的问题，而我们的任务则是寻找和利用厚尾效应。我们知道厚尾效应确实存在！他们不能再怀疑这一点了！

小结

现在我们已经意识到，我们自己关于反应不足和反应过度的行为特质很可能是趋势得以存在的原因，是时候更多地了解为什么这么多人在趋势交易中失败了。趋势交易的失败率如此之高，与证明了趋势得以存在的硬科学数据完全不一致。现在让我分享我的想法，尽管有吸引力，尽管有硬科学，但大多数人是如何在趋势交易中失败的。

|第5章|

为什么这么多人失败

科学说我们不会输

不管学术模型怎么说，大量的科学研究表明，极端的价格波动是会发生的，而且发生的频率比我们预期的要高。价格不是随机的，也不遵循正态分布。厚尾的存在给钟形曲线理论所预示的结果造成了巨大的扭曲，验证了对趋势交易的追求是合理的，趋势交易策略是有效的。然而，尽管科学证据支持趋势交易的有效性，但许多实践者却未能获得成功。我们需要探究的问题是：为何在趋势交易中，众多交易者遭遇了失败？

趋势交易的概况

在我试图回答这个问题之前，首先要提供一个趋势交易的概述，以帮你真正理解趋势交易的所有细微之处。这将有助于凸显出这么多人在受科学所支持的追求中，依然遭到失败的讽刺之处。

□ 识别趋势

所以，让我们往后退几步。如果我问你成功交易最常被引用的谚语是什么，你认为你会怎么回答？是的，没错……

顺趋势交易，与趋势为友。

这是趋势交易成功的首要执行规则。

现在让我们保守一点，假设只有 60% 的活跃交易者听到并理解了这一信息（尽管我相信它会更高）。如果真是这样，为何 90% 以上的趋势交易者仍旧面临亏损？当然，如果大多数交易者知道进行成功的趋势交易的首要执行规则是……

顺趋势交易……

为什么还有这么多活跃的交易者会亏损呢？

有趣，嘿？

如果你认为超过 60% 的交易者知道他们应该顺趋势进行交易，但超过 90% 的活跃交易者都亏损了，你不觉得这听起来很讽刺吗？这种情况构成了一个明显的矛盾：尽管趋势交易的理念广为人知，但实践中却鲜有人能成功运用。当大多数人都知道要顺着这个趋势进行交易，但大多数人却没有这样做时，市场中就会发生一些非常奇怪的事情。

□ 为什么趋势交易应该很简单

尽管有这么多人经历了失败，但如果你执行三个黄金原则，进行趋势交易应该很简单：

- 顺趋势交易。
- 截断亏损。
- 让利润持续奔跑。

多亏了大卫·李嘉图和其他人，人们知道这些原则已经超过了两个世纪。它们不仅历史悠久，而且简单有效。所有成功的趋势交易方法都在其策略规则中包含了这三个原则。理解了这些原则，你便掌握了趋势交易的关键。趋势交易就是这么简单。原则不多也不少。如果有人不这样主张，那我就要不同意了。然而，还是有很多人在顺趋势交易时失败了。

关于趋势交易的四个重要观察结果

为了完成这个概述，让我分享一下关于趋势交易的四个非常重要的观察结果。

1. 顺趋势交易是最安全的交易方式。
2. 趋势驱动市场价格变化，是所有利润的基础。
3. 作为一个趋势交易者，你很痛苦，你将面对 67% 的交易亏损率！
4. 两种流行的顺趋势的交易方式包括：
   - 交易突破。
   - 交易回撤。

第一，顺趋势交易是最安全的交易方式。相反，违背趋势就是违背市场的规律。最好顺着阻力最小的方向进行交易，因为最容易获得利润。

第二，市场的波动是因为它们处于趋势中。趋势驱动市场，也是所有利润的基础。你能够维持趋势交易的时间越长，你获得巨额利润的潜力就越大。趋势交易者可以持续从几周到几个月再到更多、更长时间的交易。

第三，趋势交易的讽刺性是，尽管这是最安全的交易方式，但它也是最悲惨的交易方式之一。由于市场很少有趋势，一个趋势交易者的胜率通常只有三分之一。因此，他们平均会花费 67% 的时间来面对亏损！如果你希望顺趋势交易，我也希望你能这样做，你就必须接受这样一个事实，这将是一个悲惨的存在。你不会知道利润什么时候会到来。你将花费大部分时间在权益回撤上。这将是痛苦的。这将令人沮丧。这将是悲惨的。没有如果，没有可是，没有商量的余地。顺趋势交易是很痛苦的。我已经无数次提到这一点了。

然而，如果你能接受前三个观察结果，那么你作为一个趋势交易者，就有很大的胜算。如果你不能接受，那么你需要重新评估你对交易的兴趣。

最后，两种最流行的趋势交易方法包括：

1. 顺趋势方向交易突破：
   - 永远不会错过一次大的趋势。
   - 使用更大的止损点。
2. 顺趋势方向交易回调：
   - 可能会错过大趋势。
   - 使用较小的止损点。

这两种策略都是有效的。

交易突破价格高或价格低的趋势方向，如广为流行的海龟交易通道突破策略，是一种成功的顺趋势交易的策略。突破策略不会在上升趋势中等待回撤或回调出现后再进入市场做多。突破策略也不会在下降趋势中等待反弹或回调出现后再进入市场做空。它们会在上升趋势中以更高的价格买入，在下降趋势中以更低的价格卖出。交易突破的好处是，交易者永远不会错过大趋势。缺点是突破趋势交易需要比回撤趋势交易面临更大的止损。

回撤趋势交易需要在进入市场之前经历价格的停顿，在上升趋势中经历回调，或在下降趋势中经历反弹。回撤趋势交易的一个缺点是，有时强烈的趋势市场不提供交易者进场的回撤机会。回撤趋势交易，可能而且确实会错过一些大的趋势。然而，回撤趋势交易的一个优点是，它确实允许交易者以更小的初始止损进场。

□ 简而言之

大多数人都听说过“顺趋势交易，与趋势为友”这句话——尽管这种做法充满了悲剧色彩，趋势交易就像与顺趋势交易、截断亏损、让利润持续奔跑一样简单。顺便一提，基于数据的科学研究显示，顺趋势的交易策略不太可能导致亏损。开展交易简直是毫不费力！

为什么这么多人都失败了

如果趋势交易这么简单，既有科学依据支持，又这么有利可图，为什么这么多人都失败了呢？我知道，我知道，我知道，我听到你说了。好吧，如果它如此简单，如此了不起，为什么这么多人觉得它如此困难？

有两个原因可以解释为什么这么多人在趋势交易中失败。我以前都分别提到过；然而，重新审视它们也没什么大不了（我告诉过你我喜欢重复）：

1. 钟形曲线——它的结构使交易很艰难。
2. 交易者——无知永远占上风。

□ 钟形曲线——它的结构使交易很艰难

我们现在知道，尽管统计数据显示趋势交易是有效的，但并非所有采用这一策略的交易者都能取得交易的成功。这是一个难题。一方面，有确凿的科学数据显示，趋势交易不会失败。另一方面，有一群失败的交易者诅咒趋势交易。感觉到困惑了吗？让我先来看看严谨的科学数据是如何增加趋势交易中取得成功的难度的。还记得我的口头禅，“做趋势交易者是一种痛苦的存在”吗？是的，这一切都是关于钟形曲线，或者确切地说是关于它的结构。

是的，我们看着类似于正态分布的钟形曲线，看着其中的厚尾现象，背后窃笑并且嘲弄学术界的无能。即便学术界对此视而不见，但我们可以清楚地看到厚尾现象的存在。是的，这对于趋势交易者来说是个福音。然而，如果不承认回报的整体分配结果，我们就不能指出、嘲笑别人，觉得自己比学术界优越。是的，厚尾现象使趋势交易令人兴奋。然而，一个完整的（钟形曲线）分布的回报还有更多的构成成分，而不仅仅是极端的“厚尾”回报。有很多很多的回报（价格的变化）发生在平均值的一个、两个和三个标准差范围内。有大量的正值和负值的回报，是小幅的、随机的、烦人的、令人疲惫的和折磨灵魂的。有大量的正值和负值的回报，位于钟形曲线下方。它们的存在是因为，市场并不总是呈趋势状态。我们发现的那些“尖峰”表明，市场不断地向均值回归方向回归，受到区间约束，并创造了无数次虚假的突破。虚假突破导致账户的日渐消瘦和趋势交易者的痛心疾首（见图 5-1）。

这是趋势交易充满挑战的主要原因。

这就是为何趋势交易者在多数交易中面临亏损。他们必须经历大量的失败，才能实现一次大的“厚尾”盈利。这很困难。这不仅对灵魂很困难，对账户也很困难。交易者必须知道他们需要做什么来为他们必须承担的大量损失和经纪费用提供资金。他们需要一个明智的资金管理策略，确保爆仓风险为 0。

钟形曲线的厚尾部分证明了趋势交易从长期来看是有利可图的。然而，它也显示了从短期到中期的范围内，趋势交易面临重大挑战。交易者必须解决一系列问题，对于大多数趋势交易者来说，这在心理上和财务上都是一个挑战。

啊，钟形曲线，成也因你，败也怨你！

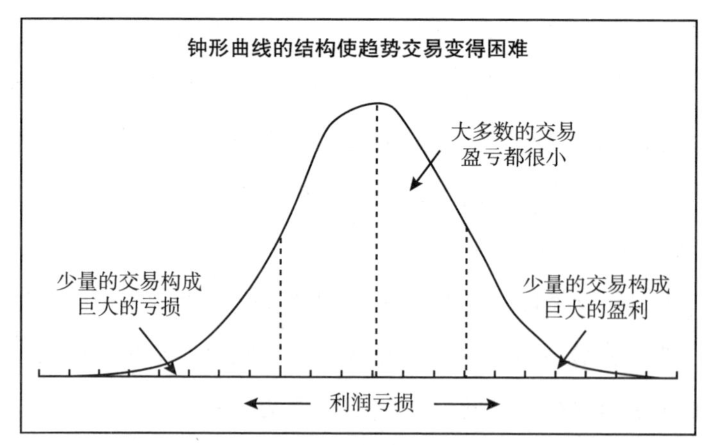

图 5-1　需要有大量的小幅波动才能构成钟形曲线，这对于趋势交易者来说，既沮丧又艰难

许多趋势交易者失败，在很大程度上是因为他们缺乏对交易原则的深刻理解和正确应用。

□ 交易者——无知永远占上风

交易者失败的主要原因是在爆仓风险超过 0 时进行交易。尽管他们有良好的意图，但缺乏知识往往导致失败。交易者不可以无视爆仓风险。这是一个不容忽视且持续存在的因素。它是存在的、真实的、致命的。分析爆仓风险可以帮助我们将交易错误归因于两个主要因素：资金管理和策略期望。

1. 糟糕的资金管理：大多数人因过度交易而未能实施合理的资金管理。使用过少的交易单位会导致个人爆仓风险超过 0，增加财务崩溃的风险。
2. 糟糕的策略：大多数交易者没有稳健的正向的策略期望，缺乏在样本外数据中表现良好的权益曲线。大多数人的策略都沦为数据挖掘和过度的曲线拟合的双重问题的牺牲品，导致不稳定、可变和向下倾斜的低期望甚至负期望的预期权益曲线，这导致爆仓风险超过 0，以及与之伴随的财务崩溃。说出这个观点确实不容易。

另外，糟糕的心态也可能导致交易者的失败。如果你熟悉*UPST*，你会知道我将交易心理的重要性排在资金管理和交易方法之后。所以，是的，糟糕的心理可能会对交易者的表现产生影响，然而，在我看来，与使用了糟糕的资金管理和糟糕的方法所造成的损害相比，交易心理的影响相对较小。此外，我相信，如果你同时解决了糟糕的资金管理和糟糕的方法所带来的问题，你就能在减少交易心理带来的挑战上前进一大步。

在这场交易失败的悲剧中，交易者自身是主要角色。对，就是交易者。交易者失败的主要原因是自身的无知。

他们不了解爆仓风险的概念，也不了解爆仓风险在决定交易成败中的关键作用。

尽管知识和经验可以使交易变得简单，但获取它们并不容易，无知往往会阻碍我们实现最佳意图。

即使有良好的意图，缺乏正确知识的交易者在趋势交易中仍可能失败。事实是，他们成了胜利者的炮灰。他们无意中要么使用过少的资金单位进行交易，要么使用低至负期望的交易策略，当与他们的资金单位结合时，会产生超过0的爆仓风险，这保证了他们的失败。他们的交易将他们引向死亡，却浑然不知等待他们的是什么。他们通常在交易中选择了错误的一方，要么退出亏损交易太晚，要么退出盈利交易太早。

尽管严谨的、科学的数据证明，趋势交易是有利可图的，但大多数趋势交易者都是亏损的。如果问为什么，最简单的答案是他们的无知。他们未能意识到自己的爆仓风险已经超过了0。任何高于0的爆仓风险都可能导致交易失败。相较于高爆仓风险的交易者，低爆仓风险的交易者有更长的生存期。然而，爆仓风险仍然存在于他们的交易执行过程中，他们无法逃避最终失败的命运。交易者必须以0爆仓风险开始趋势交易，并希望他们的策略的权益曲线足够稳定，使他们的爆仓风险保持在0。如果他们这样做，那么就能生存下来，最终享受利润的到来。

不幸的是，由于无知，大多数趋势交易者既不知道爆仓风险的理论，也不知道基于既定的个人资金管理和交易策略的个人爆仓风险水平。

他们不了解爆仓风险，缺乏计算个人爆仓风险的适当的交易知识。他们不了解主观变量工具可能导致策略研究中的两个问题：数据挖掘和过度的曲线拟合。这使他们成为这两种问题的受害者。

数据挖掘发生在交易者仅关注其策略表现最佳的市场的情况下。这是一种已经过时的市场选择方法。它提供了策略稳健的虚假的希望。

当交易者在策略中包含过多规则、过滤器、指标和变量，以追求完美的历史表现时，会导致过度的曲线拟合。这种情况应避免，因为它损害了策略的稳健性。

数据挖掘和过度的曲线拟合是让交易者爆仓风险提升至 0 以上的主要因素。即使交易者知道他们的策略在理论上能提供 0 爆仓风险，他们可能没意识到，使用主观变量的指标可能导致策略产生多种不同的权益曲线。广泛分布的回报权益曲线最终会导致个人爆仓风险超过 0。

现在，我将总结无知的表现。交易者因以下无知而作茧自缚：

- 对爆仓风险的无知。
- 对期望的无知。
- 对糟糕的交易方法的无知。

对爆仓风险的无知——这是一个基本的数学概念

我再次强调这一核心想法，它对我的成功至关重要。

大多数趋势交易者失败，主要是因为他们在高于 0 的爆仓风险下进行交易。他们这样做是因为他们不了解爆仓风险的概念。他们缺乏正确的交易知识来获得成功。他们未意识到成功的交易者首先应以 0 爆仓风险确保生存（见图 5-2）。

爆仓风险 = Fn［资金单位 + 策略 E［R］］

图 5-2 爆仓风险与资金单位和策略期望收益的关系

具备正确的知识，交易者将理解爆仓风险并学会如何计算它。他们将理解交易的数学原理，即以 0 爆仓风险进行交易。他们会知道，对抗爆仓风险的两个关键武器是资金管理和正向的策略期望。他们将了解资金管理对维持 0 爆仓风险的重要性。他们将知道正向的策略期望来源于开仓结构、入场、止损和离场水平的选择。他们将知道每承担一美元风险的期望收益。他们将明白使用的资金单位数量和策略的期望收益如何影响破产风险。他们知道，只有以 0 爆仓风险进行交易，才能确保生存和成功。

他们希望交易的策略不仅有正向期望，而且具有稳健性，表现为稳定上升的权益曲线。他们将了解数据挖掘和过度的曲线拟合对稳定上升的权益曲线的负面影响。他们知道如何设计趋势交易方法，避免数据挖掘和过度的曲线拟合，确保他们个人的爆仓风险为 0。

然而，大多数趋势交易者未能意识到学习适当交易知识的重要性。他们无意中以太少的货币单位进行交易，并使用自认为具有正向期望的策略。但不幸的是，由于知识缺乏、审查不足或过度的曲线拟合，他们开发的策略可能导致爆仓风险超过 0。

太少的货币单位或过度的曲线拟合的策略可能导致爆仓风险超过 0。任何高于 0 的爆仓风险都预示着交易者面临爆仓，只是时间问题。

交易的数学原理十分简单并且十分关键：始终坚持以 0 爆仓风险为目标进行交易。

若你尚未掌握这些知识，请查阅 *UPST* 获取更多关于爆仓风险的详细信息。

对期望的无知——未能识别自身的交易优势

控制爆仓风险的两大关键是资金管理和策略期望。鉴于我在 *UPST* 中已广泛讨论资金管理，我将专注于第二个关键要素——期望。期望来自一个交易者的策略。第 5 章旨在提供见解，解释为何众多趋势交易未能成功。我将阐释为何众多交易者开发并交易了低效甚至负向期望的策略，导致爆仓风险超过 0 并面临失败。交易者通常不清楚自己的优势所在，无论他们的期望是正面的、低的还是负面的。

对交易方法的无知导致糟糕的策略——垃圾进，垃圾出

大多数人未意识到他们开发的是无效的交易策略。

如果你也接受科学所证明的厚尾现象的存在，这验证了趋势交易的有效性，成功的趋势交易不仅需要识别趋势，还需要包括截断亏损和让利润持续奔跑，那么你应当赞同，趋势交易可以分解为四个关键要素：趋势、回撤、止损和退出。如果是这样，我认为，大多数交易者的策略糟糕并且权益曲线不佳导致交易者的个人爆仓风险超过 0，既然如此，大多数的策略方法肯定使用的是糟糕的趋势工具、糟糕的回撤工具、糟糕的止损或退出技术，对吗？

或者简单地说，垃圾进，垃圾出。

换句话说。

我们知道，超过 90% 的交易者是亏损的，这是一个不幸的现象。我们现在知道，他们的亏损不过是因为他们以超过 0 的爆仓风险进行交易。既然对抗爆仓风险的关键武器是策略期望，那么我们可以假设 90% 的交易计划必须是糟糕的，或者具有低至负值的期望值。如果 90% 的交易计划是糟糕的，那么这必然意味着用于开发这些交易计划的 90% 的工具也是糟糕的。正如我所说的，垃圾进，垃圾出。

因此，对于读者来说，一个重要的教训是，要非常警惕大多数可用的交易工具。需要警惕的工具几乎占到市面上可用工具的 90%。

因此，为什么这么多的人在趋势交易中失败，尽管科学证明它是有效的，这个问题应该重新表述如下：

为什么 90% 的可用的交易工具竟然如此糟糕？

我的回答是：变异性。

变异性害死了指标

主流的交易工具都是指标。它们是目前最流行的工具类型。由于在多个平台上的可用性，它们成为交易者的首选。为了阐释“变异性”对指标和趋势交易者的影响，我开发了一个名为回撤趋势交易者（RTT）的指标基础策略。RTT 采用了大多数交易者使用的最流行的指标。稍后，我将根据我的权益曲线稳健性审查来分析 RTT，看看我们能否深入了解这么多的趋势交易者会亏损的原因。

但首先，让我们找出最受欢迎的那些指标。

流行的指标

有数百种指标可以帮助交易者制定交易策略。我在图 5-3 中总结了其中的一部分。

请注意，图 5-3 绝不是一个完整的列表。

一般来说，一个指标或任何交易工具的设计初衷都是为了帮助交易者辨别市场结构的特定部分。一些指标被设计用来识别趋势，如移动平均线和异同移动平均线（MACD）指标。一些指标被设计用来捕捉回撤，如相对强弱指数（RSI）、振荡指标和斐波那契比率。一些指标被设计用来识别耗尽或反转点，如反转和背离形态。一些指标是为了锁定可能导致逆转的极端情绪，比如 VIX。其他一些指标则旨在衡量波动性的变化，比如布林带指标。

所有工具的设计初衷，都是为了帮助交易者确定市场结构中的特定部分。

导航、检查、选择、尝试或消除指标对于交易者来说通常是一项艰巨的任务，因为有太多的指标可供选择。

可用指标汇总

累积 / 派发指标	等量图	负量指标	标准差通道
平均趋向指数	指数移动平均线	能量潮	随机振荡器
阿隆振荡器	斐波那契扩展	平行位移止损和反转指标	趋势线
平均真实波动范围	力道指数	百分比追踪止损	三重指数平滑平均线
布林带	海琴 – 阿什蜡烛图	枢轴点	真实波动范围
蔡金资金流量指标	一目均衡表	正量指标	特里格斯动量振荡器
蔡金振荡器	凯尔特纳通道	价格比较	特里格斯资金流量
蔡金波动率	KST 指标	价格差异	特里格斯平滑动量
烛台退出	线性回归	价格信封	最终振荡器
商品渠道指数	最小二乘法	价格比率	随机相对强弱指数
科普克指标	霍尔移动平均线	价格成交量趋势	特里格斯波动率
钱德动量振荡器	MA 振荡器	百分比带	特里格斯趋势指数
波动指数	异同移动平均线	彩虹三维移动平均线	波动率
蜡烛图形态	质量指数	价格变化率	波动率比率
去趋势价格振荡器	中位价格	相对强度	波动率止损
方向运动	动量	相对强弱指数	成交量振荡器
位移移动平均线	资金流量指数	安全区域指标	加权移动平均线
唐奇安通道	移动平均线	简单移动平均线	怀尔德移动平均线
易动性指标	移动平均线过滤器	慢速随机指标	威廉指标
埃尔德射线指数	多重移动平均线	平滑变化率指标	威廉累积派发指标

图 5-3 交易者在指标方面并不缺乏选择

为了帮助确定哪些是更受欢迎的指标，我们可以感谢保罗·恰纳和他的《技术分析的新前沿》一书。恰纳确定了在 2005 年至 2010 年期间，大多数使用彭博专业服务的全球交易者所使用的四个最受欢迎的指标。我在图 5-4 中对它们进行了总结。

四个最受欢迎的指标					
排名	指标	交易者使用的百分比	排名	指标	交易者使用的百分比
1	RSI 相对强弱指数	44%	3	BOLL 布林带	12%
2	MACD 异同移动平均线	22%	4	STO 随机指标	9%

图 5-4 彭博交易者在 2005 年至 2010 年期间使用的最受欢迎的四个指标

资料来源：Based on Paul Ciana, *New Frontiers in Technical Analysis*: *Effective Tools and Strategies for Trading and Investing*, Volume 156 of Bloomberg Financial, John Wiley & Sons, 2011.

在四个指标中有两个回撤指标、一个趋势指标和一个波动指标。

让我来关注大多数交易者使用的最流行的指标工具：RSI。

RSI

RSI 是由威尔斯·怀尔德在 1978 年开发的。这是一个简单的测量回撤的工具，可以测量 K 线相对于之前周期的相对位置。它衡量的是超买或超卖的情况。如果这些超买或超卖水平分别设定在 80% 和 20%，那么在任何时候当前收盘价高于 80% 或低于 20% 的回顾范围内，就表明当前的回撤已经完成，并且很可能出现反转。

因此，相对强弱指数有两个变量，它的回顾时期以及超买和超卖水平。

根据恰纳的说法，RSI 是其大多数专业服务用户使用的最受欢迎的指标。由于它是最受欢迎的，它成为我基于指标的 RTT 策略的完美候选对象。我将很快回顾 RTT，看看 RSI（或任何指标）的“变异性”会如何伤害每个对象：工具、策略、交易者和他们的交易账户！

但首先，让我分享一下，我如何根据权益曲线的稳健性审查来评估策略。我这样做是为了确定策略的收益率曲线（以及交易者的个人爆仓风险）

是否足够稳定，是否可以进行交易。一旦完成评估，我将看一下 RTT。

策略稳健性的审查

关于如何进行交易，交易者大多会产生各种各样的想法，这没有问题。但交易者难以做到的是，开发出具有积极向上倾斜的、受样本外数据支持的权益曲线的稳健策略。他们通常是研究过程中的双重问题（数据挖掘和过度的曲线拟合）的牺牲品。为了应对这些挑战，我开发了一个审查过程，旨在帮助我自己审查和制定明智的策略。审查包含了获胜策略的关键属性。简而言之，它们是：

- 可测量性。
- 稳健性。

□ 可测量性

可测量性对于计算爆仓风险很重要。如果没有精确和客观的进场、止损、离场规则，交易者将无法建立一个基于证据的策略和由此产生的历史权益曲线，来计算策略的期望值和交易者的个人爆仓风险。

□ 稳健性

稳健性对于避免数据挖掘和过度的曲线拟合非常重要。稳健性可以通过实际证据（如样本外表现）或指标（如具有通用性和遵循良好的设计原则）来衡量。通用性对于避免数据挖掘非常重要。良好稳健的策略应该在多样化的市场投资组合中盈利，而不仅仅是在其中表现最好的市场里。遵循良好的设计原则可以避免过度的曲线拟合。

过度的曲线拟合的策略通常含有大量的、分布广泛的权益曲线、期望和爆仓风险，并且在样本外数据中表现不佳。而稳健的策略通常只有狭窄的备选权益曲线、期望和爆仓风险，并享有稳定的、向上倾斜的权益曲线，几乎不会受变异性困扰。它微小的变异性有助于将交易者的爆仓风险维持在0。

衡量稳健性的一个关键组成部分，是进行权益曲线稳健性的审查。审查的全部目的，是确定一种策略的权益曲线是否足够稳定，可以将交易者的爆仓风险维持在0，并可以进行交易。图5-5总结了我接下来进行的回顾。当我回顾我的RTT指标策略时，我将仔细检查每个部分。

权益曲线稳健性审查	
策略	
开仓	
盈利策略的属性	
可测量性	期望
	资金单位
	ROR
稳健性	
证据	样本外表现
指标	
通用性	是否能在广泛的市场组合中获利
良好的设计原则	权益曲线稳健性审查
	参数数量
	参数调整次数
	备选权益曲线数量
	权益曲线变异性
	期望变异性
	是否有一组参数值使得爆仓风险大于0
	是否权益曲线足够进行交易

图5-5 权益曲线稳健性审查用以判断策略的稳健性是否满足交易要求

现在是时候向你介绍RTT了。

RTT

RTT 是一种趋势交易方法，它在等待市场回撤后，顺着趋势方向进行交易。该方法利用两个移动平均线，分别定义 34 日的中期趋势和 250 日的长期趋势。通过设置 10 个 K 线周期和 80% 阈值的 RSI 指标，它识别超买（超过 80%）和超卖（低于 20%）状态，从而判断回撤。它只有在 RSI 所定义的回撤位置完成后，才会开始朝着中期和长期趋势方向交易。当 K 线突破开仓信号时，交易进场，而止损点则设置在开仓信号 K 线或进场 K 线较远一侧的 K 线突破点。当最近的波段位置被突破时，持有盈利的仓位应离场。

图 5-6 展示了一个 RTT 交易示例。

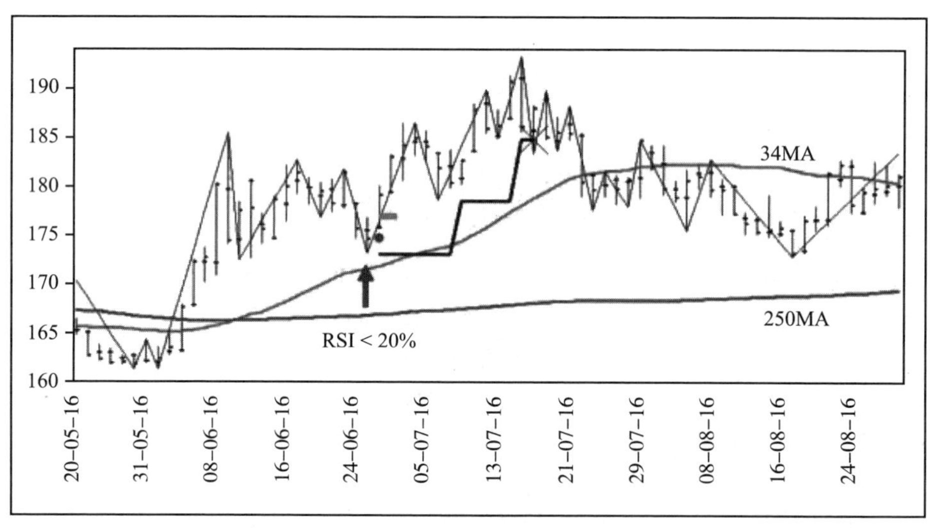

图 5-6 RTT 是一个简单的策略，它将等待回撤，然后在潜在趋势的方向开始交易

RTT 是一个简单的策略，仅采用三个指标（其中两个指标是相同的）和四个参数。

我再总结一下交易规则：

策略：	RTT
开发时间：	2015 年
公布时间：	2015 年
数据频次：	每日
交易方法：	趋势交易
技术：	回撤进场
交易方向：	做多和做空
市场范围：	全部
指标：	移动平均线 RSI
参数—数量：	4 34 日移动平均线 250 日移动平均线 RSI（10 天，80%）
参数—对称性：	买卖交易设置相同的变量
参数—应用：	所有市场的参数相同
规则：	7 条
买入规则	
趋势—中期：	上涨—上一个收盘价高于 34 日移动平均线
趋势—长期：	上涨—上一个收盘价高于 250 日移动平均线
回撤：	RSI 低于 20%
进场：	前一个 K 线的高点被突破时买入 规避跳空开盘
初始止损：	在信号 K 线或进场 K 线的最低点被突破时卖出
跟踪止损：	在最近的波动低点被突破时卖出
卖出规则	
趋势—中期：	下跌—上一个收盘价低于 34 日移动平均线
趋势—长期：	下跌—上一个收盘价低于 250 日移动平均线
回撤：	RSI 高于 80%
进场：	前一个 K 线的低点被突破时卖出 规避跳空开盘
初始止损：	在信号 K 线或进场 K 线的最高点被突破时买入
跟踪止损：	在最近的波动高点被突破时买入

□ RTT 是否适合交易

现在，请记住，我们手头的任务是检查一个典型的、基于指标的趋势交易策略，以深入了解为什么这么多的交易者无法做到顺趋势交易。为了帮助我们理解，我加入了大多数交易者使用的最流行的指标：RSI。为了使用这个示例，我将完成一个权益曲线的稳健性审查（请参考图 5-5）。

可测量性

根据我的评估，首先需要确定该策略是不是可测量的。这些规则是否足够清晰，可以建立一个历史权益曲线，并计算其期望和爆仓风险？

如图 5-7 所示，RTT 策略是可测量的。伴随 20 个资金单位和 17.5% 的期望，RTT 提供了 0 爆仓风险。这是一个重要的发现。

稳健性

接下来，我必须确定 RTT 策略对于交易来说是否足够稳健？不幸的是，当我在 2015 年为了演示创建了这个策略时，并没有足够多的样本外表现数据作为实际的证据。由于我几乎没有关于稳健性的证据，所以我需要评估稳健性是否存在。可迁移性是稳健性的一个很好的指标。可迁移性确保开发者不会陷入数据挖掘的陷阱，以免他们只专注于最好的市场。因此，为了避免数据挖掘的任何问题，我对我的 24 个市场的通用投资组合运用了这个策略。如图 5-7 所示，它在整个市场投资组合中都是盈利的，因此是具备了可迁移性的。

到目前为止，就是这样。这是另一个重大的发现。

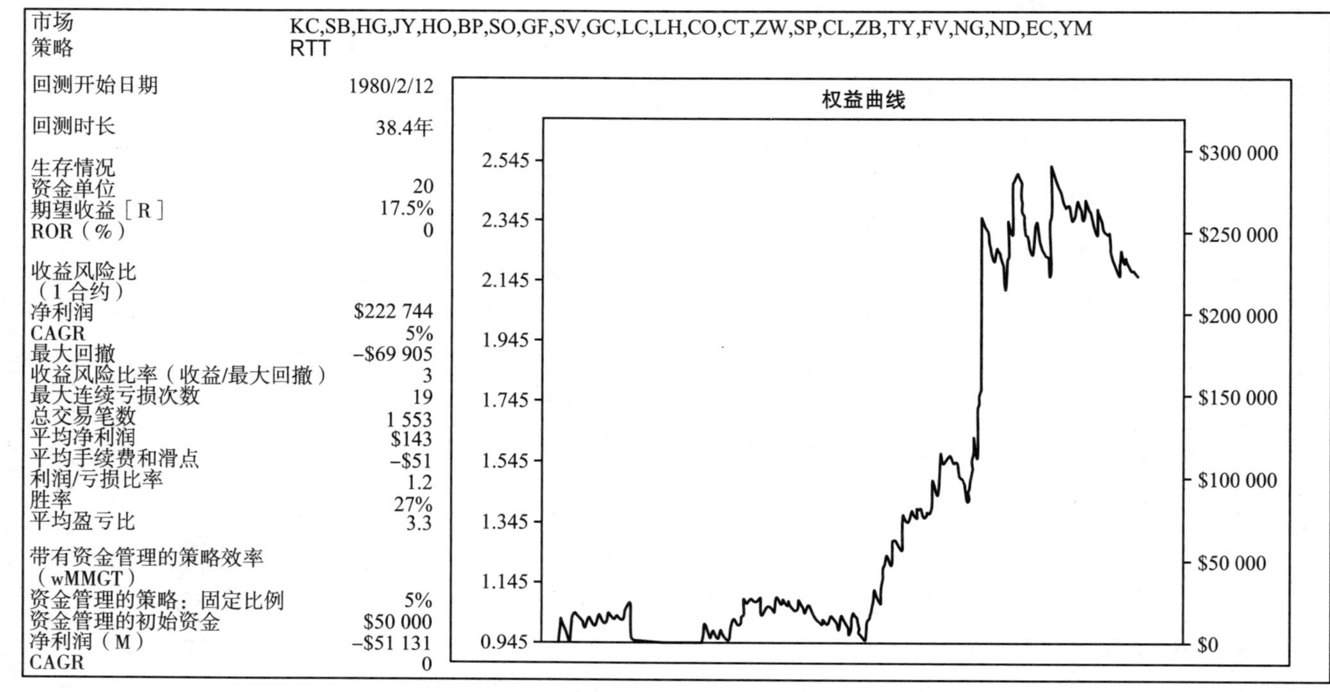

图 5-7　RTT 是可测量的，在模拟交易中可以盈利，并且爆仓风险为 0

稳健性还有一个很好的指标，是策略研发过程是否遵循了良好的设计原则。是否遵循简单的原则。简单的设计有助于避免策略开发的另一个陷阱——过度的曲线拟合。所有的策略都会伴随曲线拟合的成分，经验不足的交易者会过度使用曲线拟合，而经验丰富的交易者会尽量减少它的影响。最小化曲线拟合的最佳方法是使用尽可能少的规则、尽可能少的指标和尽可能少的参数。参数越少，自由度就越小，策略与过去数据发生曲线拟合的可能性就越小。此外，稳健的策略将对做多和做空方向设置相同的参数值，并在所有市场中维持相同的参数值。

看看 RTT，你会发现它有七条规则，包含三个指标和四个变量。

不幸的是，没有一种简单明了的方法能够确定是否存在过度的曲线拟合。理想情况下，可以有严谨的、样本外的数据来证明 RTT 是否稳健。但在没有样本外数据的情况下，我所知道的衡量曲线拟合水平的最佳方法是进行权益曲线稳健性审查。

顺便说一句，我本可以采用的另一种方法是将数据分成两半，以提供样本内数据和样本外数据。这当然是衡量策略的曲线稳健性的一种方法。然而，我更喜欢使用所有的数据并执行权益曲线稳健性审查。我想知道一个策略的所有潜在的备选权益曲线范围、期望值和与此相伴的爆仓风险。

另一方面：我并不主张这是交易的首选策略，它也不会是。然而，它完美地为我们展示了使用流行的、依靠于主观参数的、以指标工具为基础的趋势跟踪交易者在开发策略时所面临的挑战。

□ 权益曲线稳健性分析

最终，作为交易者，我们应该想知道，策略对参数的变化是否敏感，比如，我在 RTT 的 RSI 和移动平均线指标中使用的参数。正如我希望向你们展示的，重要的是，我们要了解策略中潜在的权益曲线、由此产生的期望值和爆仓风险。我想强调的是，不要天真地认为你的交易将遵循一条基于单一一组参数值的权益曲线。我几乎可以确定，你将在未来不断检查和调整参数数值。从我的经验来看，交易者普遍不擅长把事情维持在刚刚好的程度。尤其是男人。他们喜欢修修补补。好吧，我想提前提醒交易者这一点，这样他们将探索他们的策略，包括备选权益曲线、期望和不同参数值的爆仓风险计算——这样他们就会意识到他们未来的所有可能性。交易者需要睁大眼睛进行交易。当他们睁大眼睛时，他们就会看清前面的陷阱，并开始理解为什么他们之前没能成功地顺着趋势进行交易。

□ 备选权益曲线的范围有多大

首先，交易者需要意识到潜在的权益曲线的数量。范围的大小，将取决于一个策略所拥有的参数的数量和每个参数所允许的调整的次数。我（不知是对是错）将调整的次数限制为四次。

一般来说，在控制其他变量不变的前提下，参数越多，以及每个参数允许的调整次数越多，备选权益曲线的范围就越大。也就是说，参数越多，其存在的自由度就越多。但是太多的自由度会给交易者太多的灵活性或回旋余地，使策略符合过去的数据。它为过度的曲线拟合和不可避免的失败打开了大门。

现在，由于我不是数学家，我也不能说使用下面的公式一定是正确的，我只能说，它大致上是正确的。对于一个有四个参数的策略，在保持其他三个参数不变的情况下，每个参数有四种调整方式，我将采用以下计算：

$$4 \times 4 \times 4 \times 4 = 256$$

所以，（我认为）可能有256条备选权益曲线需要计算。毫无疑问，我可能找错了数字，但不管怎样，我知道这个范围的空间是很大的！

（注意，如果你是一个数学家，请随时通过我的网站与我联系，给我正确的公式！谢谢。）

□ RTT 的权益曲线的范围

请记住，我们这里的练习是评估带有参数的工具的脆弱性，因为我认为工具的“变异性”是许多交易者无法顺趋势进行交易的一个重要原因。他们没有意识到他们的策略涵盖了其他的权益曲线、期望值和收益率。“变异性”是他们在不经意间以高于 0 的爆仓风险进行交易而亏损的原因。

让我们再看一下 RTT 的四个参数：

1. 34 日移动平均线。
2. 250 日移动平均线。
3. 10 个 K 线范围的 RSI 数值。
4. 80% 的超买和超卖水平。

RTT 有 20 个货币单位和当前的参数（34 日、250 日、10 个 K 线和 80%），似乎是一个正向期望的策略，能够产生 0 爆仓风险（见图 5-8）。

有四个参数，并且允许对每个参数进行四次调整，我相信 RTT 的范围包含了 256 条潜在的权益曲线。让我们从其中一些曲线开始，看看我们能学到什么。

为了开始我的权益曲线稳健性审查，我将首先把 RSI 中的回顾时长从 10 日更改为 6 日。请记住，相对强弱指数是大多数交易者使用的最流行的指标之一。

哇，如图 5-9 所示，权益曲线移动了 50% 以上！让我们再次将 RSI 的回顾期从 6 日更改为 5 日。

我们在图 5-10 中，又看到了一个变化。不仅体现在权益曲线上，而且体现在交易者的爆仓风险计算中。策略期望的下降，令爆仓风险从 0 显著转移到 21%。

让我们对 RSI 的回顾期做最后一次改变，将它从 5 日改为 4 日。

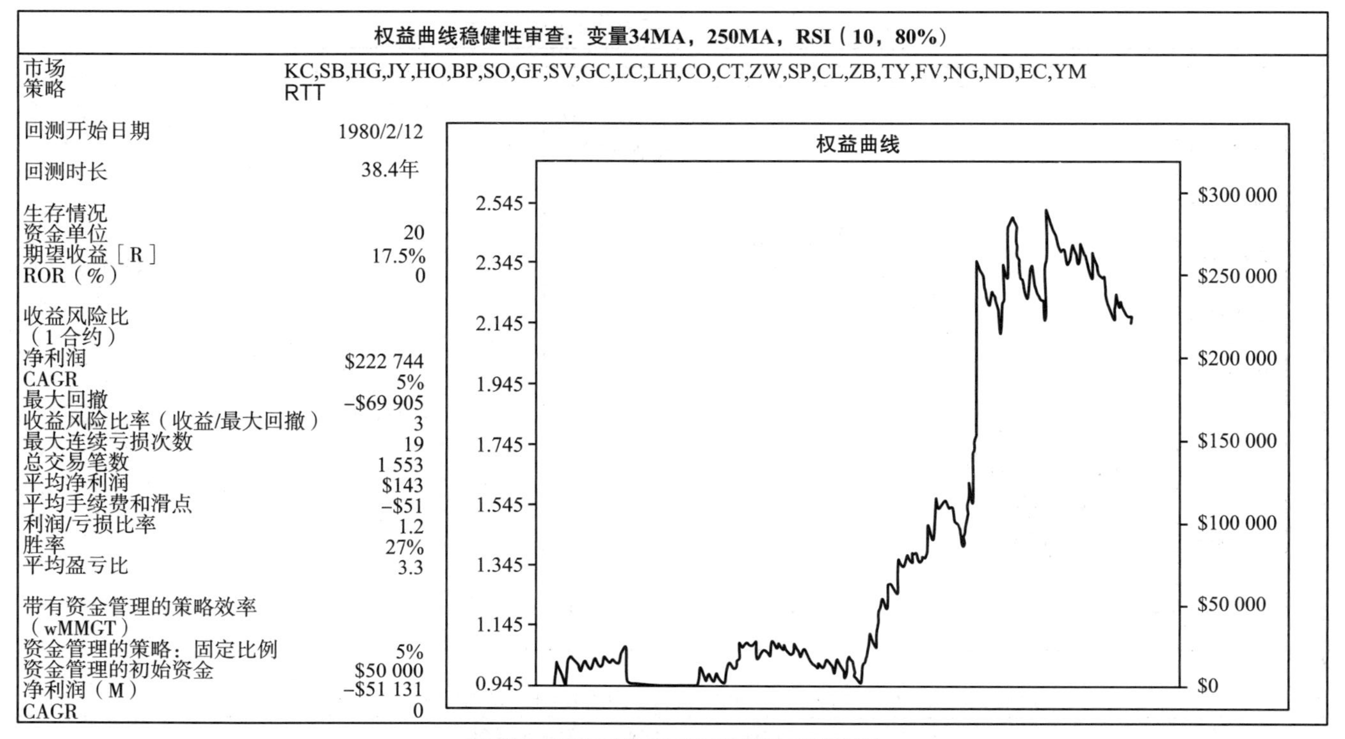

图 5-8 RTT 在初始变量值下的模拟表现

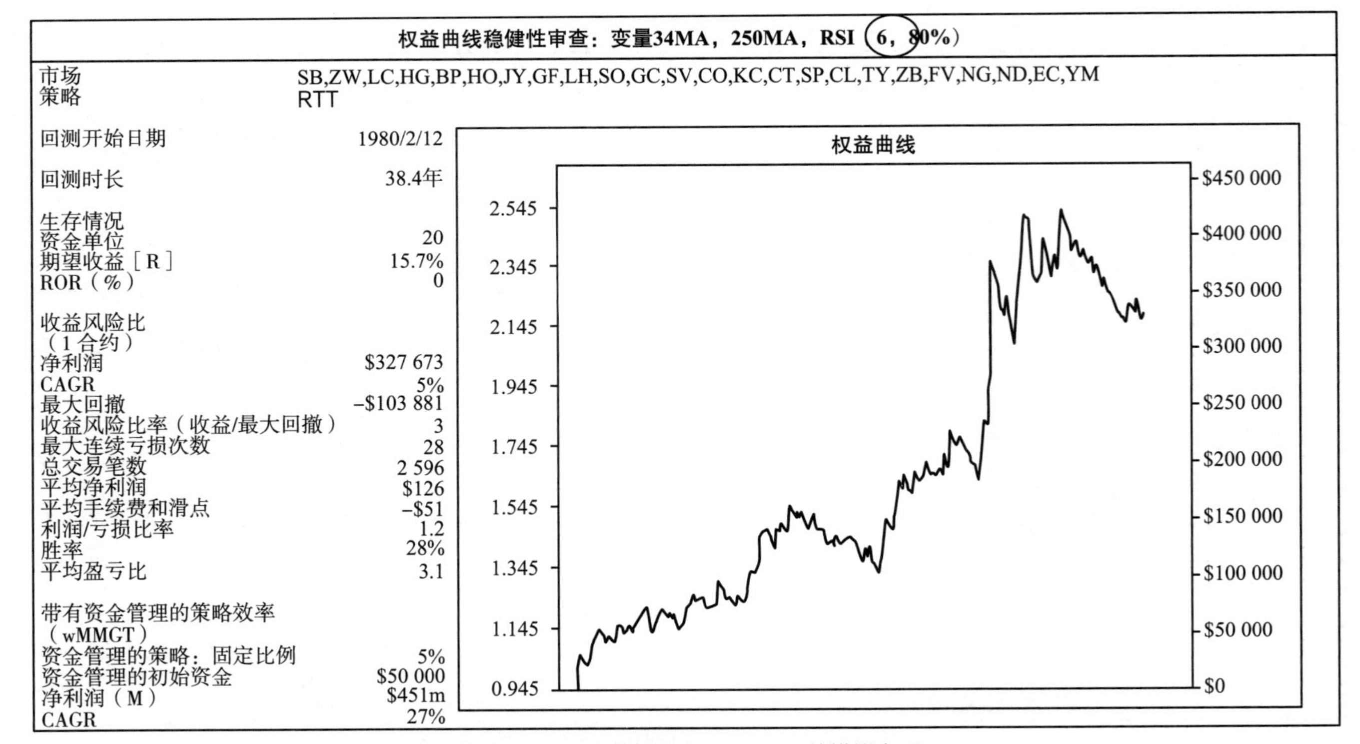

图 5-9　RSI 参数值变为 6 后 RTT 的模拟表现

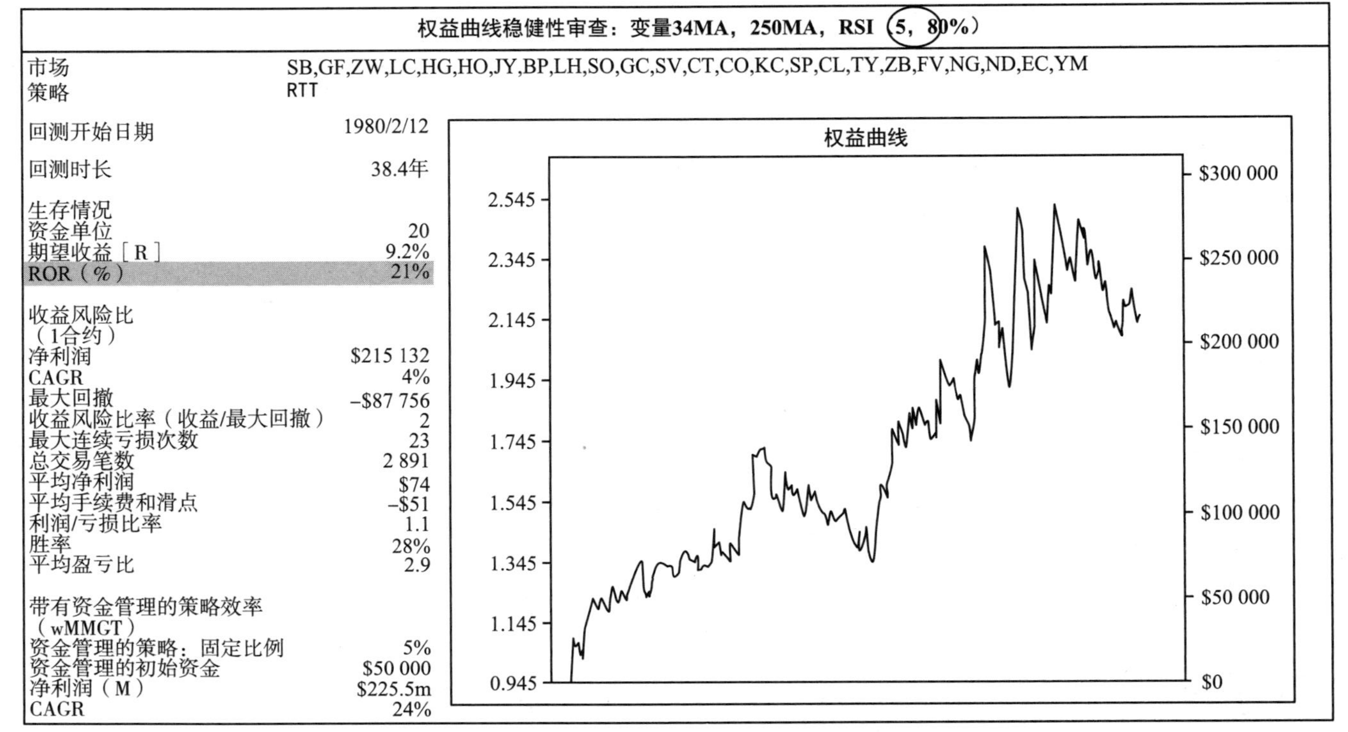

图 5-10 RSI 参数值变为 5 后 RTT 的模拟表现

图 5-11 显示了权益曲线、期望值和爆仓风险的另一个变化。

让我们把注意力转移到中期移动平均线上，把它从 34 日改为 50 日。

哇，图 5-12 显示这种改变并不太好。

现在让我们将长期移动平均值从 250 日更改为 200 日。

图 5-13 显示另一个变化和另一个权益曲线、另一个期望值和爆仓风险计算值。

让我把这几条备选的权益曲线一起放在图 5-14 中。

接下来，在图 5-15 中，我测量了权益曲线之间的变化范围。

哇。根据原始值和随后的五个参数变化，我产生了六种截然不同的权益曲线。最佳权益曲线和最坏权益曲线之间的最大落差是 18 万美元。当与原始的历史表现相比时，这代表了 81% 的变化幅度。此外，我们看到 RTT 的期望收益从 17.5% 下降到 5.6%，下降了 68%，而爆仓风险从 0 上升到 32% 的高点！

这里存在着非常大的灵活性，我还没有创造出 256 条备选权益曲线！看一下这 6 条权益曲线，你就知道这不是一幅稳定的图景。

交易者总是改变参数值

作为一名交易者，如果我们能确信该策略在不同的可变参数下仍然能保持盈利，那自然是再好不过了。然而，在高低权益曲线之间的变化却令人反胃。作为一名开发人员或交易者，如果没有后见之明或样本外数据的表现，你将不会知道你所确定的参数值是否会产生最好的表现。你不知道，也不会知道，直到几年以后你可以回头说，“是的，我的选择是对的”。知道需要更多的时间来掌握情况，对于“当下”的交易者来说并不感到安慰。到目前为止，在参数值仅发生有限变化的情况下，结果就导致历史权益变化了 81%，策略期望下降了 68%，爆仓风险飙升至 32%。最恐怖的是，我只对三个参数值做了改变，而不是全部的四个参数值，这就产生了 6 条截然不同的权益曲线。

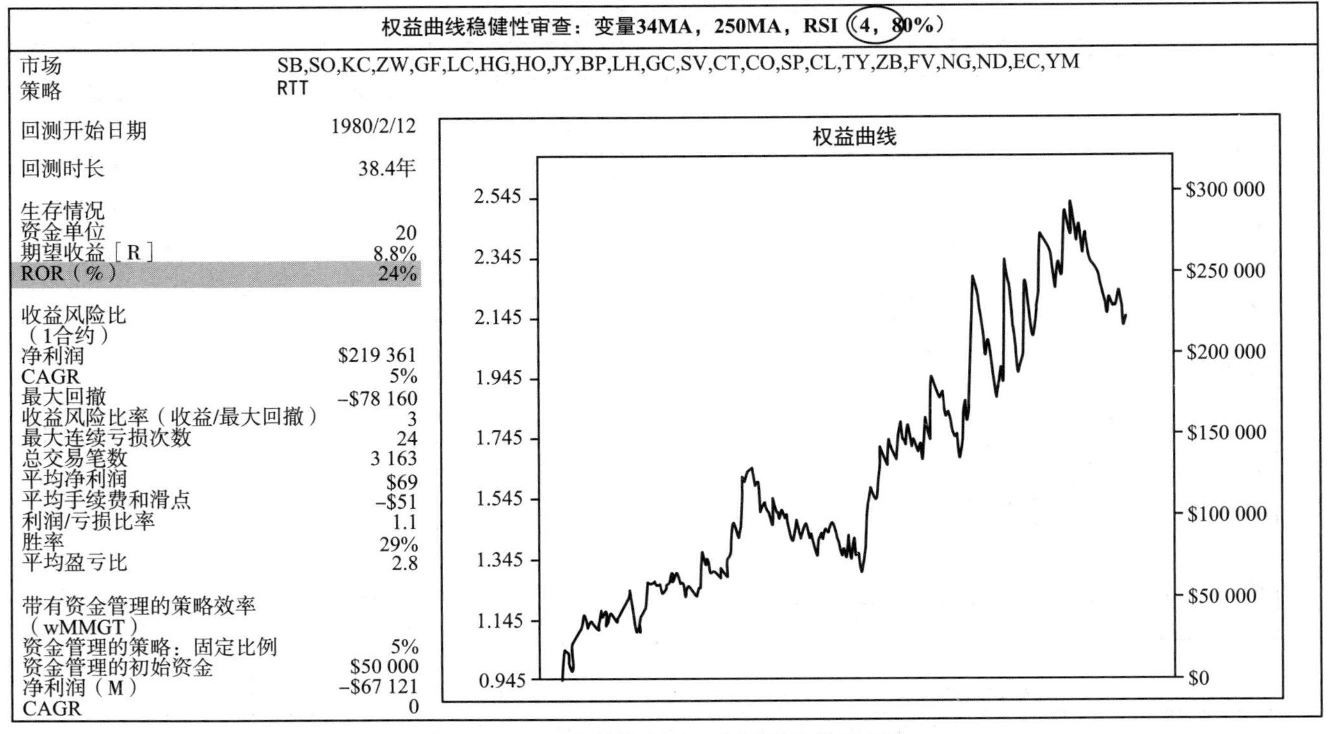

图 5-11 RSI 参数值变为 4 后 RTT 的模拟表现

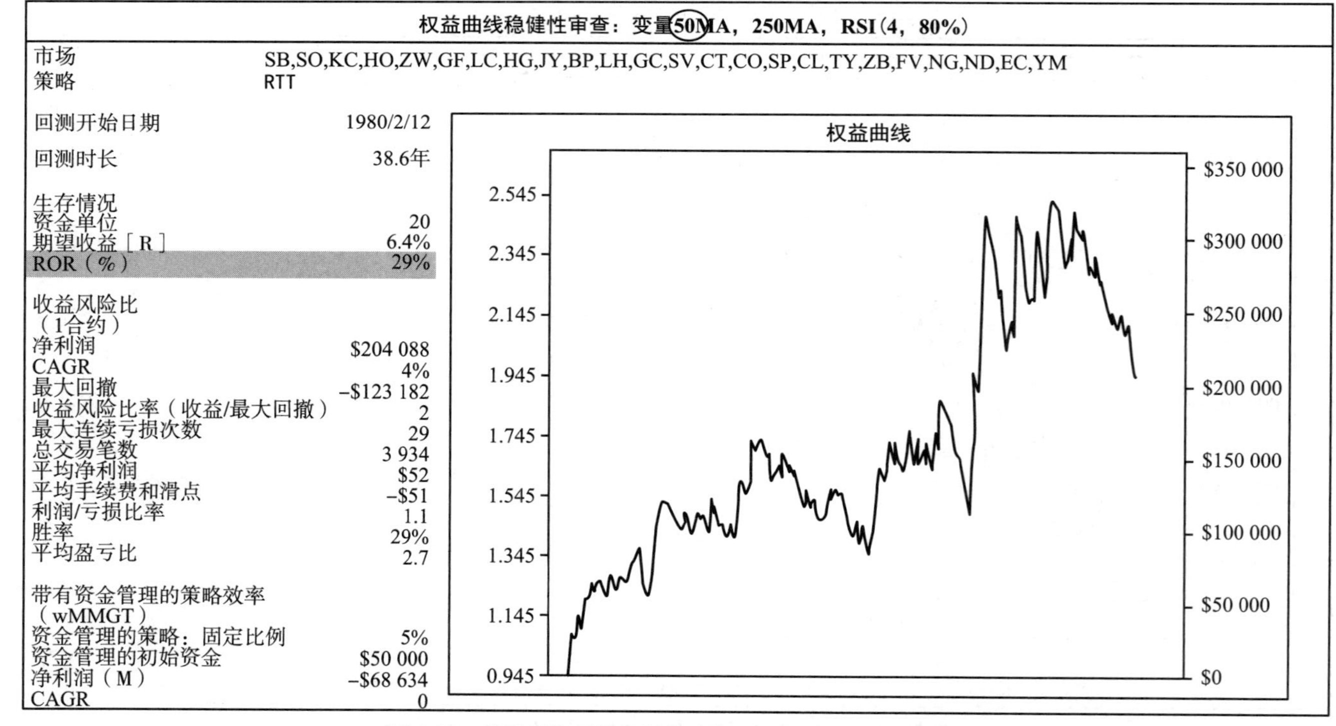

图 5-12 移动平均线的参数值改为 50 后 RTT 的模拟表现

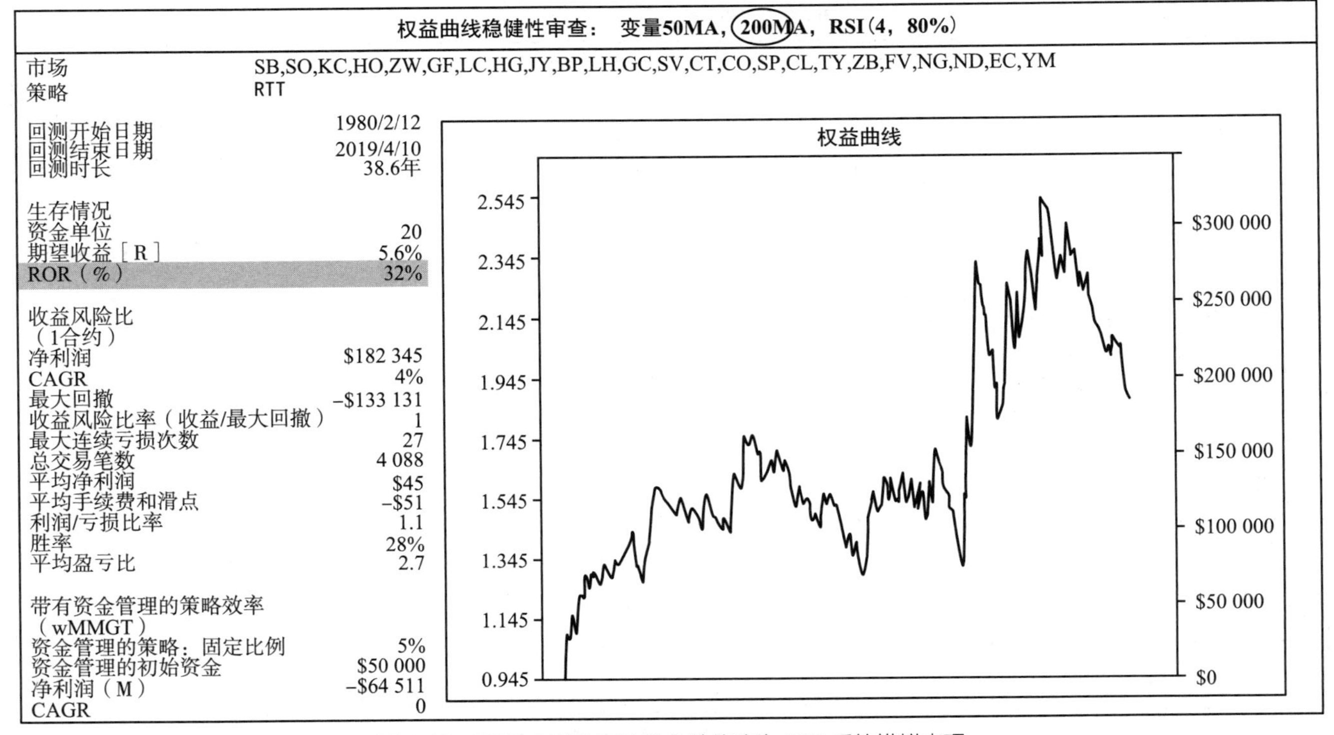

图 5-13 RTT 在移动平均线参数值改为 200 后的模拟表现

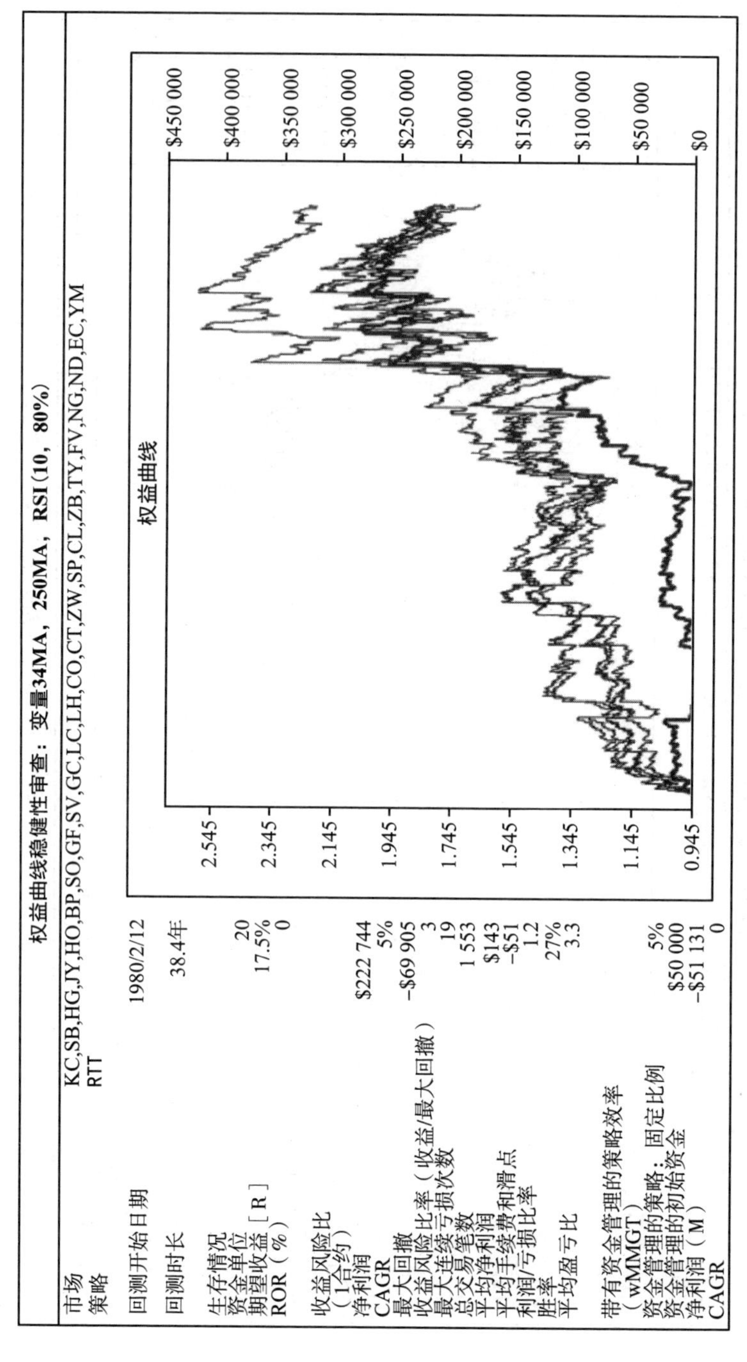

图 5-14 RTT 的 6 条备选权益曲线

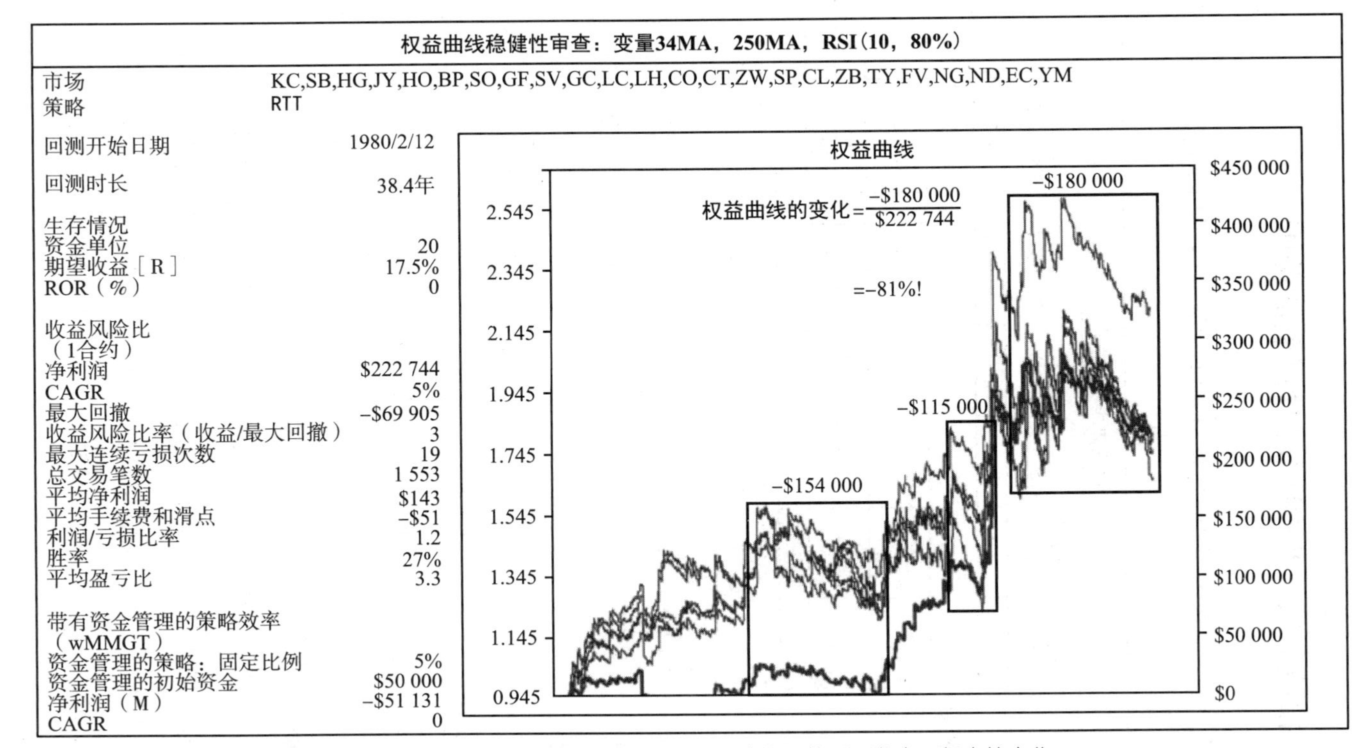

图 5-15　RTT 的权益曲线在经过 5 个参数的调整后，发生了很大的变化

备选权益曲线、期望和爆仓风险的范围

图 5-16 总结了每个参数值变化对 RTT 策略的期望和爆仓风险计算的影响。

权益曲线稳健性审查

指标	移动平均线	移动平均线	RSI天数	水平	期望收益		资金单位		ROR
参数	34	250	10	80%	17.50%	+	20	=	0
参数值调整									
	34	250	6	80%	15.70%	+	20	=	0
	34	250	5	80%	9.20%	+	20	=	21%
	34	250	4	80%	8.80%	+	20	=	24%
	50	250	4	80%	6.40%	+	20	=	29%
	50	200	4	80%	5.60%	+	20	=	32%

图 5-16　RTT 参数值的变化对爆仓风险有不利影响

基于 20 个单位的货币，只有前两组参数值产生了 0 爆仓风险。然而，有四组参数值产生了超过 0 的爆仓风险，这使得任何交易这些组合的人最终都会陷入亏损。

现在，有些人可能认为，了解一个策略的范围是无关紧要的，因为他们发自内心地相信他们已经找到了一个好的、有逻辑的和合理的参数值组合。事实上，他们这么说是太谦虚了，因为在他们的内心深处，他们确信自己已经确定了一组最好的参数值！不幸的是，市场的“最大逆境先生”将确保它永远不会那么轻易就范。

我已经在图 5-17 中完成了 RTT 策略的权益曲线稳健性的审查。

我认为对 RTT 策略的审查已经很清楚了。正如你所看到的，有如此多类型的变化，以至于一些可能的备选权益曲线产生了超过 0 的爆仓风险计算值。根据我的小实验，你可以看到 RTT 不存在一条稳定的权益曲线，因此它不适合用来交易。

权益曲线稳健性审查			
策略			RTT
开仓			MA（34） MA（250） RSI（4.80%）
盈利策略的特点			
可测量性		期望	9%
		资金单位	20
		ROR	0
稳健性			
证据		样本外表现	无
指标			
	通用性	是否能在广泛的市场组合中获利	是
	良好的设计原则	权益曲线稳健性审查	
		参数数量	4
		参数调整次数	4
		备选权益曲线数量	256
		权益曲线变异性	大
		期望变异性	大
		是否有一组参数值使得爆仓风险大于0	是
		是否权益曲线足够交易	否

图5-17 策略权益曲线稳健性的审查将确定策略的权益曲线是否足够稳定以便进行交易

现在，只有当交易者可以进行这种类型的审查时，这些信息才会暴露出来。

最佳参数值总是发生变化

交易者不应该忽视他们的策略，还存在着备选的权益曲线。他们不应该沾沾自喜，相信自己已经为策略确定了最佳和正确的参数值。这是因为当他们调整策略的参数值以追求历史表现最优时，他们很有可能会在一些备选权益曲线之间来回切换。他们可能没有调整自己参数值的想法，但经验表明他们会调整，因为他们总是追逐昨天的最佳表现。

这是指标等主观参数依赖工具面临的巨大讽刺，也是如此多的趋势交易者遇到滑铁卢的原因，尽管有科学表明趋势交易不会失败。

指标提供了太多的灵活性，以至于我们很容易发生对历史数据的过度的曲线拟合。它们给交易者提供了一种虚假的安慰，让他们相信自己免于市场“最大逆境先生”的影响，同时也让他们误以为自己已经找到了最佳或正确的参数值。指标所做的只是允许交易者根据过去的数据来调整他们的策略。让他们有安全感。交易者不应落入这种自满的陷阱。最佳参数值不会永远保持不变。不。交易者总是在改变它们。因此，交易者需要进行权益曲线稳健性的审查，以确定其策略的权益曲线、期望值和爆仓风险计算中的所有可能的变化。虽然他们可能认为他们只会交易最初设定的参数值，但我几乎可以保证交易者将不可避免地调整他们的参数值。我这么说有两个原因：

1. 贪婪。
2. 人性。

□ 贪婪

市场总在变化，寻找产生更多利润和期望的参数值的诱惑将是难以抵挡的。交易者将相应地调整策略的参数值，试图把握最佳的历史数据匹配度。但不幸的是，回顾过去并不能帮助交易者捕捉未来的利润。市场在牛市和熊市阶段的循环过程中不断变化。它们在趋势时期不断被拉伸，在有价格区间范围限制的条件下被压缩。试图捕捉昨天能够产生最佳表现的参数值的行为是愚蠢的。但可悲的是，许多交易者无法忽视存在于他们内心的贪婪野兽。

所以，我们知道贪婪或好奇会让交易者不断调整他们的参数值。在这个过程中，他们将循环经历并确定许多种参数组合，这些参数组合在调整的当天总是具备（历史上的）最大盈利表现。

当看到上述5种备选的权益曲线时，交易者会发现，在任何一个特定的时间点，上述每一种可变参数组合都有自己的高光时刻。每一组参数值都属于该特定时间点能够产生最大的历史利润和期望的最佳参数组合。因此，如果交易者每天运行各种组合并对盈利能力进行排名，你会注意到在整个历史回测期间，没有一种策略能够一直保持最佳排名。当然也不会是我最初的设置参数值，34日、250日、10个K线和80%。不是的。市场总在不断变化，各种参数值的表现也在不断变化。这就是贪婪对交易者的影响。未来，他们将定期监测自己的策略的历史表现，如果他们看到另一组可变参数值带来了更多利润，他们就会改变策略。但他们所做的只不过是找到了属于那一天的最佳的历史曲线拟合参数。他们所做的只是对他们的策略与过去的数据进行了过度的曲线拟合。他们会不断地重复，直到他们注意到他们在追求最大化历史机会的过程中交易了广泛的参数值。这就是为什么在交易前完成权益曲线稳健性的审查如此重要，以便能够识别所有可能的备选权益曲线、结果期望和爆仓风险。如果一个是低期望策略或负期望策略，爆仓风险高于0，那么它将在交易开始前被识别。此时，交易者就可以有意识地决定是否要交易该策略。

□ 人性

此外，人类的本性，尤其是男人的本性，总是学不会让事情停留在刚刚好的程度，而是总喜欢修修补补。因此，我几乎可以保证，任何交易基于指标策略的人都将不可避免地调整他们的参数值。为什么？因为他们具备了主观能动性。

了解你的策略的备选权益曲线构成的范围的上下沿

因此，由于这两个因素，交易者不能相信他们只会交易一套策略参数。

相应地，为了确保他们能睁大眼睛，交易者必须检查他们的策略范围内的潜在的备选权益曲线、期望和爆仓风险计算值的范围（见图 5-18）。这项检查将揭示每个交易者都应该注意到的两个关键问题：

1. 爆仓的可能性。
2. 可交易性。

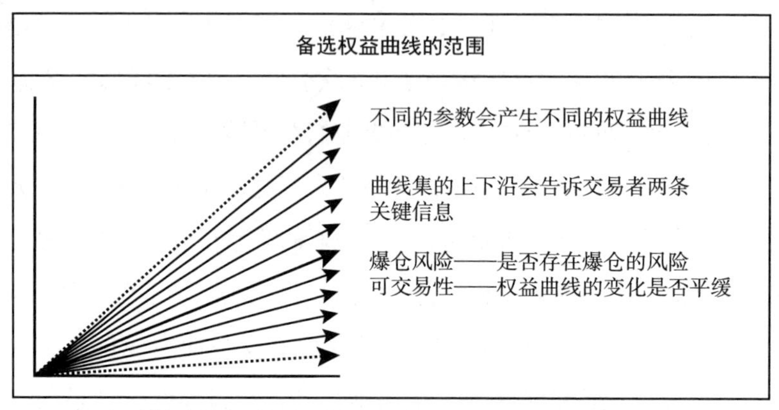

图 5-18 探索策略的备选权益曲线的范围，对于决定策略的爆仓风险与可交易性来说至关重要

□ 爆仓的可能性

交易者需要清楚地了解是否有任何潜在的备选权益曲线包含了超过 0 的爆仓风险。如果确实存在这样的情况，那么交易者就不应该采用该策略。关于这一点，我再怎么强调也不为过。交易者不仅需要了解他们已经确定或已经适应的单一参数值集，还需要对他们的策略的全部备选权益曲线、期望值和爆仓风险计算有一个全面的了解。如果这个完整的策略范围中包含了爆仓风险超过 0 的权益曲线，那么他们就不应该进行该策略的交易。

□ 可交易性

此外，交易者还应该检查备选权益曲线的范围是否看起来是可交易的。

如果备选权益曲线的上下沿之间的范围是可以接受的，并且变化不大，那么备选权益曲线范围就有可能是可交易的。然而，如果它们像图 5-15 中的例子那样变化无常，我们只看到了 6 条权益曲线，交易者可能会判定该策略不可交易。他们可能会将其比作牛仔的骑牛竞技，而不会喜欢在这种权益曲线开始波动时继续坚持下去。过多的变化会使交易者不太可能坚持并继续交易一种策略。

策略的稳健性评估

这就是为什么趋势交易者在本应获胜的时候却失败了。他们没有意识到他们的策略包含了一个庞大的备选权益曲线的可行域、各种期望值和爆仓风险计算值。他们没有意识到他们的参数值依赖的策略拥有如此多样化且广泛的备选权益曲线，其中一些可能具有超过 0 的爆仓风险。他们也没有意识到这个过程会有多么变化无常和坎坷，尽管有很大可能产生正向的长期结果，但许多人会被迫放弃他们的策略。只有当他们在场外观望，眼看着自己的策略从亏损表现中恢复，并达到新的权益高点时，才会意识到这一点。

这就是导致大多数趋势交易者最终放弃的原因。他们不知道如何进行权益曲线稳健性评估。他们通常使用主观参数值的指标。他们确定了他们认为的最佳变量组合，却无意中过度地将他们的模型与过去的数据拟合。他们对将来可能的表现变化毫无意识，因为他们总是调整参数值来追求属于历史的最佳表现。表现的波动如此之大，可能会将策略的期望值推向下方，而将爆仓风险推向上方，并且伴随迫使他们中途放弃策略的可能性！

参数越多，备选权益曲线就越多，风险就越大

所以，我希望你能从这个例子中看到，即便是一个简单的基于指标的趋势交易策略，基于不同的参数值集可以产生在交易表现上的变化如此之大、

如此之广，以至于它几乎要将 RTT 送进垃圾箱里。

让我们看看其他一些趋势交易策略，看看危险在哪里。

那么，图 5-19 中总结的采用两个流行指标的策略表现如何？

备选策略 1		
	指标	参数
趋势工具	MACD	3
回撤工具	随机摆动指标	4
	合计	7

图 5-19　即使是指标很少的简单策略，也会引入复杂性和权益曲线的脆弱性

这也是一个相对简单的策略，使用非常流行的趋势工具 MACD 和非常流行的回撤工具随机摆动指标。唯一的问题是，参数一共有 7 个。

那么，像图 5-20 中概述的更复杂的策略又怎么样？

备选策略 2		
	指标	参数
趋势工具	移动平均线	1
	ADX	3
回撤工具	斐波那契比率	4
	RSI	3
	合计	11

图 5-20　重度依赖指标的策略，通常会在备选权益曲线中经历更大的变异性

某种程度上，这可以被认为是一种非常保守的方法，使用双趋势和回撤工具来相互确认。唯一的问题是参数的数量，高达 11 个。我不敢想象它的备选权益曲线的范围的大小！

在我看来，对于这两种策略，大量的参数使得开发人员很容易进行调整，以使该策略与过去的数据相匹配。然而，如果进行了权益曲线稳健性的审查，则任何策略的脆弱性都将在其备选权益曲线、策略期望和爆仓风险计

算值的范围中得以暴露。稳健性的审查的确需要做很多工作，但如果它能预防交易者自我毁灭，那就是值得的。

参数和主观工具

难怪可怜的趋势交易者懂得顺趋势交易，也明白与趋势为友的道理，却无法成功地进行趋势交易。糟糕的、重度依赖参数的策略工具使他们几乎不可能取得趋势交易的成功。他们的失败还有什么好奇怪的吗？即便不担心趋势和回撤工具的变异性，单纯处理许多漫长的、一连串的交易损失已经够困难了。有了变异性在其中插上一脚，策略就是垃圾进，垃圾出。能够伤害交易者的，是许多漫长的、一连串的交易亏损。然而真正杀死交易者的，还得属他们对主观的、参数依赖型工具所创造的备选权益曲线的无知。

这些工具以其灵活性吸引、诱惑着毫无戒心的趋势交易者。它们不会试图取代交易者的观点，从而威胁到他们脆弱的自尊心。它们能够提供舒适与合作共存的机会。它们能给予交易者温暖和安全。它们通过彼此适配塑造了一个光明的愿景。主观工具与它的简单、灵活性，和那些掌控信息的聪明睿智的交易者，这真是天作之合。交易者彻彻底底、毫无戒备地接受了这个工具，这完全是一个灾难。

啊，我们这些凡人——如此轻易地被交易屏幕上的积极信号所诱惑。我们如此轻信，是多么无知和快乐的傻瓜啊。

所以，在我看来，任何带有一个或多个参数的工具，对于毫无戒心的交易者来说，都蕴含着巨大的风险，除非事先进行了适当的调查。它们太灵活，太不稳定，太不可靠。它们允许你做太多的修改，给你太多的空间，使你的策略适应过去的数据。如果没有经过详细的调查，它们就不具备足够的客观性或独立性。参数依赖型工具很容易成为过度拟合历史数据的帮凶，帮助交易者过度地将策略和历史数据相匹配。

独立的客观的工具

现在，我们已经来到了问题的关键所在。

在我看来，请记住（正如我之前提到的），我所写的一切都只是我的观点，你不同意也完全没有问题，完全不用担心。只是你要记得，要找到客观的证据来支持你的立场。回到刚才的主题，在我看来，有效的交易工具应该独立于交易者。一个好的工具将是100%客观的，并且不会依赖于交易者的任何主观解释或输入。一个好的工具可以完全依靠自己，不需要交易者的任何主观指令来使它工作。一个好的工具将是独立于交易者的。一个很好的工具将是一个无须交易者存在的区域，在那里交易者无法对其理解与解读产生影响。一个好的工具不可能被交易者调整或篡改。一个好的工具不会有可以操纵的参数。当且仅当，有一个交易工具具备这些特征，我才认为它可以被考虑进行交易。一旦一个工具能够独立于交易者存在，并且能够自主运作，那么接下来就应该评估这个工具本身的实用性。一个好的、独立的工具要么有效，要么无效。它不需要任何可变的信息来使它看起来可以工作。简简单单。

如果一个交易工具需要交易者的任何输入，这个交易工具就属于主观工具的范畴。这就不是客观的，也不是独立的。我认为它们太多变，太灵活，不能用于交易。我认为“变异性”和“主观性”是危险的。我相信“变异性”和“主观性”可以杀死一个交易者。

作为趋势交易者，应该只考虑客观和独立的工具。

作为一名交易者，你知道你需要帮助，所以你寻找可以帮助你的工具。在你的交易生涯开始时，你相信包含在图表包和交易平台中的工具将会有所帮助。然而，交易者并没有意识到，交易工具的变异性、灵活性实际上不是一种好处，而是一种障碍。交易者直到很久以后才明白这一点，这让他们感到困惑、沮丧，并且代价不菲。

这就是无知的代价。

虽然移动平均线指标是交易者可以接触到的最好的技术工具之一（我自己也使用它），但我们不难理解它有多主观，它对趋势解释有多易于变化和主观。既然如此，交易者在使用常见的趋势工具时感到困难重重也不足为奇了。

流行的趋势工具（如移动平均线、MACD 和 ADX 指标）都不得不面对相同的变异性和主观性的批评。根据参数的不同设置，它们可以给交易同一市场的两个人两种截然不同的趋势解释。传统的趋势线也遭受同样的批评，当两个不同的交易者看同一个图表时，根据他们选择的波动点，可以画出两条不同的趋势线。为什么你还要使用这种在趋势解释中如此不一致的工具呢？当交易者对趋势的解释差异如此之大时，你如何能客观地评估趋势工具的有效性？这些工具就像经济学家一样——它们似乎在解释过去发生的事情方面很有用，但在为未来提供客观和有用的分析方面效果较差。

不幸的是，等到趋势交易者充分理解这些工具的弱点时已经太迟了。他们的无知，阻碍了他们对策略有效性的质疑，或无法识别自己的障碍，无法测量他们的备选权益曲线的整体范围，以发现任何账户爆仓的可能性。无知会挫败趋势交易者每次遵循三大黄金原则的良好意图。

那么，该怎么办呢

最好使用不含参数的独立、客观的工具。然而，如果一个依赖参数的工具引发了你的兴趣，并能够帮助你定位开仓结构，请考虑它。请进行权益曲线稳健性审查，以发现其备选权益曲线的范围、期望和爆仓风险。此外，你最好开发一种衡量策略的盈利属性的方法。诸如可测量性和稳健性等属性。我将在后文详细讨论这些概念。

小结

虽然趋势交易过程简单，却存在许多问题。趋势交易者面临的最大挑战是，对爆仓风险的无知，以及他们对依赖于主观参数的工具的使用。不幸的是，由于他们的无知，他们才会成为策略研发的双重问题，即数据挖掘和过度的曲线拟合的牺牲品，最终导致了他们的失败和毁灭。因此，尽管知道并实施了三大黄金原则，尽管有坚实的科学数据支持趋势交易，他们还是失败了。

好吧，希望借助这本书，我能帮助那些决心成功的人，让他们了解交易世界中哪些地方存在陷阱，这样他们就能安全地沿着可持续交易的道路继续前进。既然我们知道趋势交易既持久又有利可图，但也并非没有挑战，那就让我花点时间回顾一些可供选择的趋势交易策略。

| 第6章 |

策　略

现在是时候来看看趋势交易策略了。

这些策略将基于过去的价格信息来做出买卖决策。这些策略会买进上涨中的市场，卖出下跌中的市场，坚守趋势交易的三个黄金原则：

- 顺趋势。
- 截断亏损。
- 让利润持续奔跑。

这些黄金原则自1800年以来一直在使用。陈旧，意味着它们经久耐用，这是一个很大的吸引力。正如你将看到的，这些策略都根据各自对黄金原则的解释，在坚持关键原则。当我检验每种策略时，我希望你能注意到它们在执行中的变化。当你这样做的时候，你应该在心里记下那些能引起共鸣的内容。你可能会希望将它们合并到你自己的策略方法中。正如你将看到的，大多数策略都是有利可图的，这加强了三大黄金原则的韧性和有效性。

尽管它们取得了成功，但你需要意识到，未来业绩是没有保证的。尽管这些策略在过去表现良好，但谁也不能保证它们在未来会有同样的表现。然而，话虽如此，从概率和厚尾的存在来看，它们大概率会维持高绩效。但就像任何与交易相关的东西一样，你需要抬起头、睁大眼睛，为意外事件做好准备。尊重市场中的“最大逆境先生”，确保你开始并继续以 0 爆仓风险进行交易。

市场

为了看清各种趋势交易策略的有效性，我将在我的 24 个市场的通用投资组合中运行它们，我称之为“P24”。为了避免数据挖掘，这 24 个市场已经独立、客观地选择了 8 个细分市场，基于它们的广泛代表性和市场流动性。市场选择的具体情况见表 6-1。

表 6-1 为了避免数据挖掘，我将审查的趋势交易策略运行在我的 P24 投资组合上，它们是根据各自的广泛性和流动性而独立和客观地选择市场的

市场					
市场分类	期货合约	交易所	平均每日成交量[⊖]	P24 投资组合流动性最强	代码
金融	欧元	CME	188 888	欧元	EC
外汇	日元	CME	138 000	日元	JY
	英镑	CME	89 000	英镑	BP
利率	10 年期国债	CME	1 249 000	10 年期国债	TY
	5 年期国债	CME	708 000	5 年期国债	FV

⊖ 成交量数据来源：高阶数据来自 Norgate Investor Services。

（续）

市场					
市场分类	期货合约	交易所	平均每日成交量	P24 投资组合流动性最强	代码
利率	30 年期国债	CME	339 000	30 年期国债	ZB
指数	迷你标普股指	CME	1 490 000	迷你标普股指	SP
	迷你纳指	CME	255 000	迷你纳指	ND
	迷你道指	CME	148 000	迷你道指	DJ
能源	原油	CME	253 000	原油	CL
能源	天然气	CME	115 000	天然气	NG
	燃油	CME	51 000	燃油	HO
金属	黄金	CME	137 000	黄金	GC
金属	铜	CME	45 000	铜	HG
	白银	CME	44 000	白银	SI
食物	玉米	CME	129 000	玉米	CO
谷物	大豆	CME	104 000	大豆	SO
	小麦	CME	55 000	小麦	ZW
软商品	糖	ICE	58 000	糖	SB
	咖啡	ICE	15 000	咖啡	KC
	棉花	ICE	14 000	棉花	CT
肉类	活牛	CME	23 000	活牛	LC
	生猪	CME	18 000	生猪	LH
	育肥用牛	CME	3 000	育肥用牛	GF

资料来源：数据来自 Norgate Investor Services。

请注意，虽然许多市场符号看起来很熟悉，但也有许多并不熟悉，因为它们既不是芝加哥商品交易所（CME）的合同符号，也不是我的经纪人的平台代码，而是我自己整合的 VBA Excel 交易模型的使用代码。对于数据，我将使用来自 Norgate Data 的逆向调整的主力连续期货合约。它们的数据涵盖了 40 年的活跃交易，这将为业绩分析提供大量的信息输入来源。

我使用的任何规模较小的投资组合都将来自 P24。

在我开始回顾这些策略之前，我将首先向你展示一个“裸”策略。一个没有任何技术分析提示的策略。我希望这一策略能证明，黄金原则中的两条原则有多么强大。

不含技术分析的“裸”交易

我们现在知道，严谨的科学数据告诉我们，趋势交易不会失败。厚尾效应和它们的经常性出现表明，趋势跟踪是一种已被证明有望获得巨大回报的策略。

我可以用一个简单的策略来证明这一点，称之为随机趋势交易者。该策略将使用 Excel 的随机数生成器或抛硬币，在开盘时发出买入或卖出交易的信号。这一策略将保持一天不止损的仓位，然后在第二天开盘时退出。

以下是规则。

规则	
策略：	随机趋势交易者
开仓结构：	无
进场：	随机（掷硬币）进场，选择以开盘价买入或卖出
止损：	不止损
离场：	第二日开盘时离场
手续费和滑点：	无
P8 投资组合：	日元、5 年期国债、迷你纳指、天然气、铜、大豆、咖啡、生猪

图 6-1 显示了策略的权益曲线。

在 8 个市场的投资组合中，模拟该策略获得了：

结果	
P8 投资组合：	SB，LC，GC，CO，TY，SP，CL&EC

（续）

开始时间：	1980
利润：	$264 429
交易数量：	64 686
平均利润：	$4
平均每次交易手续费和滑点：	$0

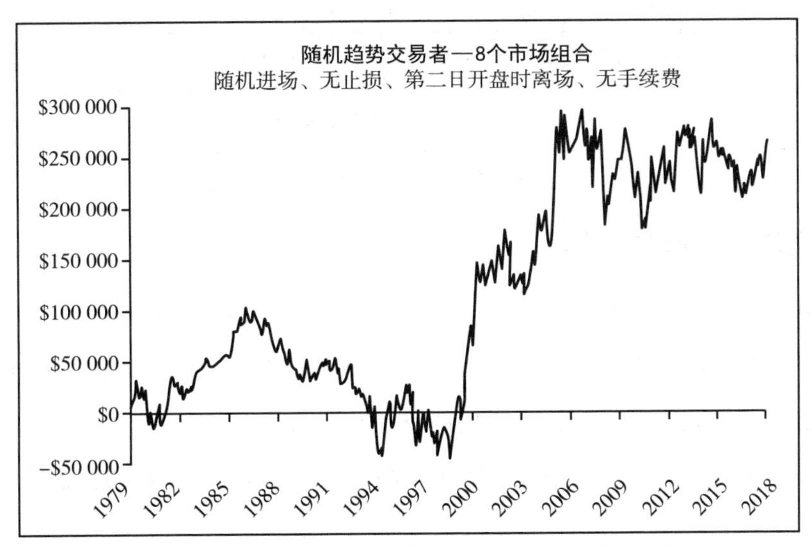

图 6-1 随机趋势交易者，使用抛硬币来产生买卖信号

虽然这是一个有利可图的策略，但你会注意到，一旦加上手续费和滑点，它很快就会变得无利可图。然而，对于本练习的目的来说，它是有用的。对于一种随机进场的策略来说，它的表现还不错。现在让我们看图 6-2 中的结果直方图。

你可以看到结果的分布几乎是正态分布的，单笔交易随着时间的推移，稳定地在平均值的两侧对称地下落，一半为正，另一半为负。不“正常”的地方是在厚尾上。这就是随机趋势交易者可以同时利用科学规律和趋势交易三大黄金原则的地方。让我们先看看截断亏损是否对我们的策略有利。

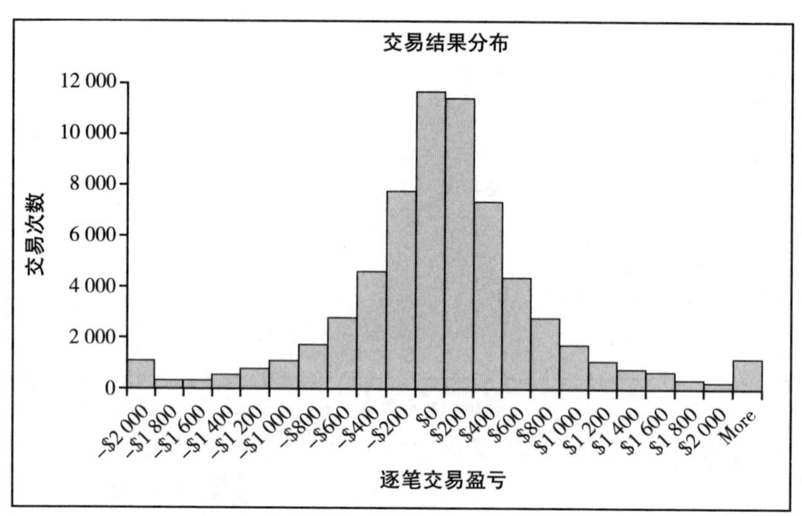

图 6-2 随机趋势交易者的逐笔交易结果直方图

□ 黄金原则：截断亏损

从图 6-2 中可以看出，其中存在大量的大幅亏损。如果我们能在策略上增加 1% 的止损，来拥抱“截断损失”的黄金原则，我们应该能够砍掉巨大的负数厚尾区间，并立即提高随机趋势交易者的盈利能力。

图 6-3 显示了添加 1% 的止损后，随机趋势交易者的全新的权益曲线。

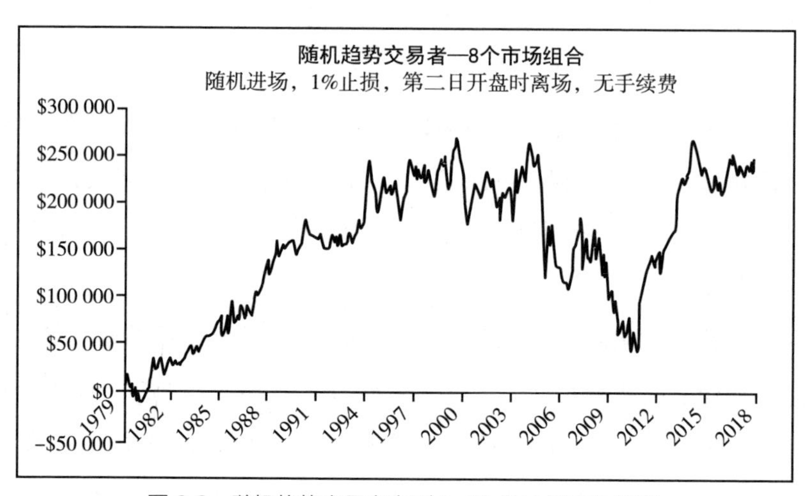

图 6-3 随机趋势交易者在引入 1% 的止损后的表现

在 8 个市场的投资组合中，修订后的策略实现了：

结果	
P8 投资组合：	SB，LC，GC，CO，TY，SP，CL&EC
开始时间：	1980
利润：	$243 121
交易数量：	64 686
平均利润：	$3.76
平均每次交易手续费和滑点：	$0

不幸的是，引入 1% 的止损来减少亏损，似乎并没有改善业绩，平均利润降至 3.76 美元——确实如此吗？让我们看看图 6-4，逐笔交易的直方图是否可以向我们显示更多信息。

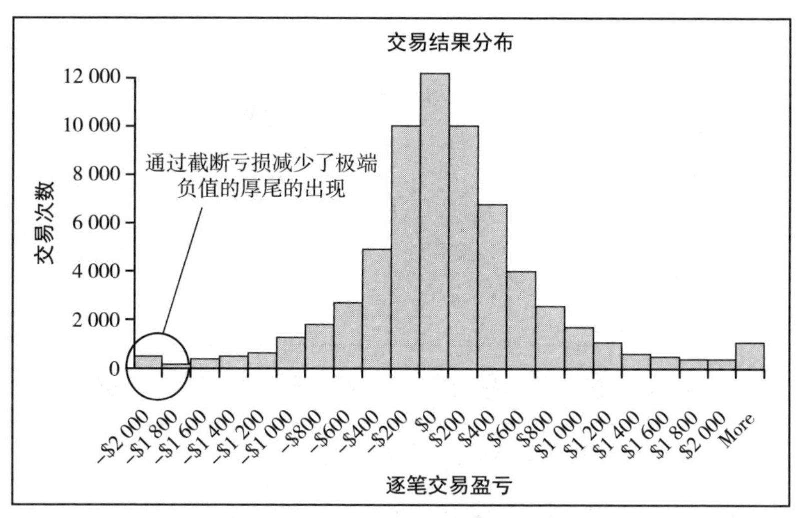

图 6-4　引入 1% 的止损，减少了随机趋势交易者的大幅亏损发生的频次

怎么样？虽然平均利润下降了，但权益曲线中并没有显示出巨大的负厚尾的减少。是的，净利润较低，然而，尽管随机趋势交易者赚取的利润更少，而大额的损失也要少得多，使其在交易时心态更容易平稳。因此，减少损失的一个好处是，它确实使交易策略更容易被执行。让我们

看看，如果引入让利润持续奔跑的黄金原则，是否也将有利于随机趋势交易者。

□ 黄金原则：让利润持续奔跑

在随机趋势交易者的基础上，我们现在将考虑添加跟踪止损。在最初的1% 止损的基础上，随机趋势交易者将不在第二日开盘时直接退出，而是将保持在获胜位置，直到前一周的低点（对于多头来说）或高点（对于空头来说）被打破为止。

图 6-5 显示了随机趋势交易者的新的模拟的权益曲线，也就是在最初的1% 止损的基础上，加上一个跟踪止损。

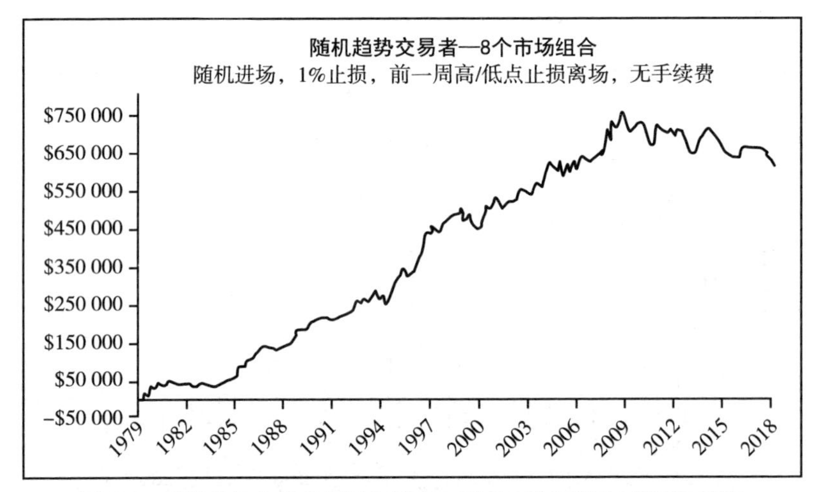

图 6-5 随机趋势交易者在引入锚定上周高 / 低点跟踪止损后的表现

哇，单单引入让利润持续奔跑，就给策略带来了这么大的进步啊。也许这个原则应该被称为“黄金原则中的黄金原则”！对于 8 个市场的投资组合，新的修改后的策略（模拟）实现了：

结果	
P8 投资组合：	SB，LC，GC，CO，TY，SP，CL & EC.

（续）

开始时间：	1980
利润：	$618 000
交易数量：	10 958
平均利润：	$56.40
平均每次交易手续费和滑点：	$0

让我们看看图 6-6 的逐笔交易的直方图，是否能给我们提供任何额外的见解？

直方图清楚地显示了引入黄金原则中的黄金原则带来的巨大的好处，即大幅的、极端的“正值”厚尾的暴增。让利润持续奔跑，将许多积极的结果进一步转移到了大幅盈利交易所在的极端边缘地带。

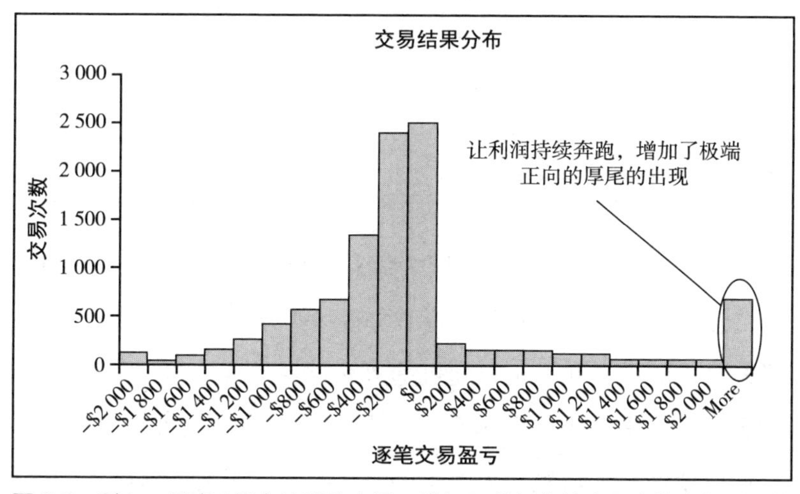

图 6-6 引入一周高 / 低点的跟踪止损，增加了随机趋势交易者的大幅利润的数量

□ 随机趋势交易者

好了，你现在有了。一种不含技术分析的“裸”策略，旨在避免负值的厚尾，并从正值的厚尾中获益。我甚至没有利用一点技术分析，就制定了这

么一个有利可图的交易策略。一个有利可图的交易策略每次以随机掷硬币作为入场信号。

让我们回顾一下该策略被修订后的规则：

规则	
策略：	随机趋势交易者
开仓结构：	无
进场：	随机（掷硬币）进场，选择以开盘价买入或卖出
初始止损：	1%
跟踪止损：	对上一周高点（空头交易）和低点（多头交易）的突破
手续费和滑点：	无
结果	
P8 投资组合：	SB，LC，GC，CO，TY，SP，CL & EC.
开始时间：	1980 年
利润：	$618 000
交易数量：	10 958
平均利润：	$56.40
平均每次交易手续费和滑点：	$0

但现在，我们不能太兴奋了，因为盈利能力是边缘化的。如果算上 50 美元的手续费和滑点，那么每笔交易的平均利润就会降到 6.40 美元。

不过，这里的重点并不是说随机趋势交易者是首选的交易策略，而是要用严谨的数学科学来表明，为何遵循趋势是不会失败的策略。随机趋势交易者证明，即使使用一种随机和无意义的进场技术，只要能截断亏损，让利润持续奔跑，那就可以成为一种理想的、有利可图的交易方法。你不能和数学争论，它和万有引力定律一样神圣不可侵犯！

但是等等。我可能听到了一些可疑的议论，暗示我可能犯了数据挖掘的错，因为我只选择了 8 个市场？我刚刚向你展示了表现最好的 8 个市场来证明这一点吗？如果是这样，我和那些不切实际的、将交易策略包装为印钞机的奸商又有什么区别呢？不，我不这么认为。所以，让我在我的通用P24投资组合上运行随机趋势交易者策略，该投资组合包含24个市场，是从8个不同细分市场的每个市场中选取的流动性最强的3个市场。图6-7显示了结果。

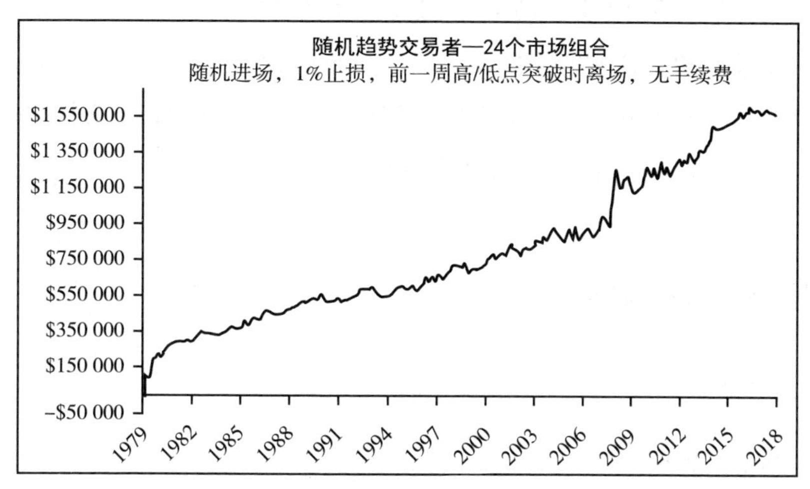

图6-7　随机趋势交易者对通用的P24投资组合的表现

P24投资组合的交易结果如下。

结果	
P24投资组合：	SB，ZW，CO，SO，HO，LC，GF，BP，SV，KC，CT，ZB，GC，HG，JY，LH，SP，TY，CL，FV，NG，ND，EC，YM
开始时间：	1980
利润：	$1 567 646
交易数量：	31 953
平均利润：	$49
平均每次交易手续费和滑点：	$0

好，现在如何？尽管将手续费和滑点也包括在内，这将只能表现为边际的盈利倾向，但这个基于随机抛硬币和坚持两个黄金原则的策略，对于一个

更大的、多元化的、涵盖了其细分市场中流动性最强的市场投资组合而言，表现是相当突出的。我不是说趋势交易像万有引力定律一样不可侵犯吗？数学不能说谎，厚尾现象的确存在。截断亏损，让利润持续奔跑是长达200年的行之有效的策略。即便是用在这么一种具有荒谬的随机掷币入场的策略上，甚至没有任何技术分析的提示，这就是数学的威力。

现在我们的小科学实验已经完成，是时候看一些不同的趋势交易策略了。每种策略都使用了各自偏好的技术分析元素，来拥抱趋势交易的三个黄金原则：顺趋势，截断亏损，让利润持续奔跑。

趋势交易的策略

趋势交易的方法本质上只有两种：

1. 动量趋势交易。
2. 相对强度趋势交易。

动量趋势交易策略认为，一旦价格高于或低于一个特定的价格水平，新的趋势就会开始。

相对强度趋势交易策略认为，一旦价格比其市场范围内类似的证券更强或更弱，新的趋势就开始了。

动量趋势交易

动量趋势交易可以分为两类：

- 相对动量趋势交易。
- 绝对动量趋势交易。

□ 相对动量趋势交易策略

相对动量趋势交易策略认为，一旦价格高于或低于之前的价格，一个新的趋势就会开始。这些策略不太关心一个市场是否已经突破了一个价格区间，而更关心是强于之前的价格还是弱于之前的价格。

例子包括：

- 变化率策略。
- 相对价格变化策略。
  - 移动平均线交叉策略。
- 相对时间移动策略。
  - 周期价格变化策略。

□ 绝对动量趋势交易策略

绝对动量趋势交易策略认为，一旦价格突破高于或低于绝对水平或区间，一个新的趋势就会开始。

例子包括：

- 突破策略：
  - 价格突破。
  - 波段高低点的突破。
  - 通道的突破。
  - 波动率突破。
- 回撤策略：
  - 弹力带均值回归策略。

相对强度趋势交易

相对强度趋势交易策略认为，一旦价格比其市场范围内类似的证券更强或更弱，一种新的趋势就开始了。

每种方法都有属于自己的各种技术，如图 6-8 所示。

在这本书中，我将只关注我所从事的和最了解的事情，即动量趋势交易。我不会讨论相对强度趋势交易。

现在，正如我们所知，趋势交易依赖于三个黄金原则：

- 顺趋势。
- 截断亏损。
- 让利润持续奔跑。

这是成功的趋势交易策略背后的三个核心价值驱动因素。这些原则并不试图预测市场走势，只是对它们做出反应，以从大幅度、超大幅度的价格走势中获取回报。现在，让我们来研究一些可供选择的趋势交易策略，以了解它们是如何整合、拥抱和执行这三个黄金原则的。

假设结果

请注意，每种策略的结果都是在相同的 P24 投资组合上运行的，并且是模拟的。它们是由我的 VBA Excel 交易模型用电脑生成的。此外，请注意，模拟结果并不保证未来的成功，并且由于某些市场条件（如流动性差和执行力差）的影响，它们可能会高估业绩。

趋势交易策略

- ■ 动量趋势交易
  - 相对动量
    - ■ 变化率系统
      - ● 相对价格变化
        - ○ 赫恩的 1% 规则（1850）
        - ○ 加特利 3 周和 6 周交叉（1935）
        - ○ 唐奇安 5 日和 20 日交叉（1960）
        - ○ 50 日和 200 日的黄金交叉
      - ● 相对时间移动
        - ○ 日期法则（1933）
  - 绝对动量
    - ■ 突破系统
      - ● 价格突破
        - ○ 李嘉图规则（1800）
      - ● 波段突破
        - ○ 道氏理论（1900）
      - ● 盘整突破
        - ○ 利弗莫尔回撤（1900）
        - ○ 达瓦斯箱体（1950）
        - ○ 阿诺德 PPS（1987）
      - ● 通道突破
        - ○ 唐奇安的 4 周规则（1960）
        - ○ 德雷福斯的 52 周规则（1960）
        - ○ 海龟交易（1983）
      - ● 波动率突破
        - ○ 布林带（1993）
        - ○ ATR 带（2020）
    - ■ 回撤系统
        - ○ 埃尔德的三重滤网交易系统（1985）
        - ○ 均值回归（2020）
- ■ 相对强度趋势交易

图 6-8 有多种符合趋势交易理念的方法

相对动量趋势交易

相对动量趋势交易策略关注的是，价格是高于还是低于之前的价格。这些策略属于“变化率”范畴，可以是基于价格的，也可以是基于时间的。让我们从研究一些相对的“价格”变化率策略开始。

□ 相对价格变化率的动量趋势交易

让我们先来看看帕特·赫恩的交易策略。

赫恩的 1% 规则（1850）

威廉·福勒在他 1870 年出版的《华尔街十年》一书中，记录了帕特·赫恩的交易策略。赫恩会先购买某只股票的 100 股，然后每当股价上涨 1% 时，就再购入等量的股票。而当股价下跌 1% 时，他会将所有持股卖出。尽管这种做法在技术上属于金字塔式加仓，但其核心理念体现了趋势交易的精髓：顺趋势，截断亏损，让利润持续奔跑。根据福勒的观察，赫恩的做法似乎是一种只考虑买入的策略。

让我们仔细看看，首先我将总结他的交易规则。

规则	
策略：	赫恩的 1% 规则
开发时间：	1850
发布时间：	1870
数据：	每天
方法：	趋势交易
技术：	价格变化率
对称性：	仅仅买入
市场：	所有

（续）

指标：	没有
参数—数量：	1
移动百分比：	（1%）
参数—对称性：	仅仅买入
参数—应用：	对所有市场的参数值相同
开仓结构：	没有
规则：	2
购买规则	
进场：	上涨突破了前一天收盘时的 1% 后买入
止损：	下跌突破了前一天收盘时的 1% 后卖出

图 6-9 展示了一个赫恩交易的案例。

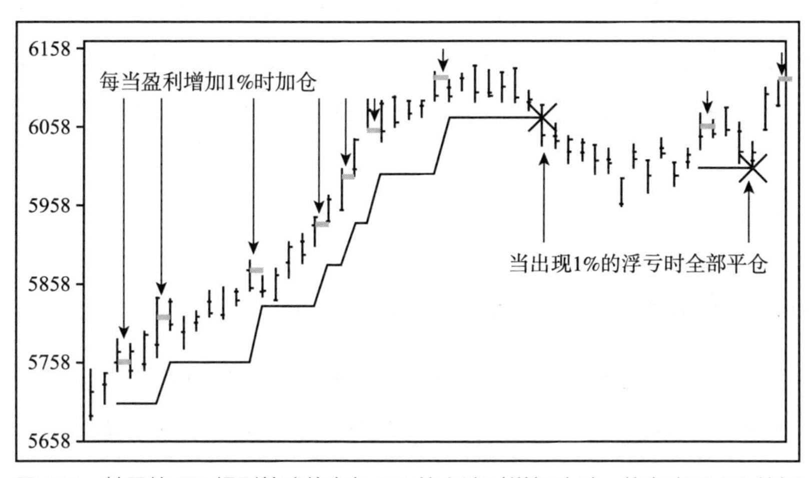

图 6-9 赫恩的 1% 规则策略将在每 1% 的上涨时增加头寸，将在出现 1% 的损失时，退出所有头寸

让我们在 P24 投资组合上运行这个早期的趋势交易策略，看看赫恩的理念是否有价值。

结果	
P24 投资组合：	SB，ZW，CO，SO，HO，LC，GF，BP，SV，KC，CT，ZB，GC，HG，JY，LH，SP，TY，CL，FV，NG，ND，EC，YM
开始时间：	1980
净利润：	–$2 056 953
总交易量：	59 294
平均利润：	–$35
平均每次交易手续费和滑点：	–$51

不幸的是，这是一个亏损的主张。尽管图 6-9 非常完美，但这个想法应用于 24 个市场的多元化投资组合中并叠加上手续费和滑点，每笔交易的亏损是 51 美元，赫恩的 1% 规则策略完全输了。

这个结果并不是对赫恩的批评。我认为，我们在过去 40 年里经历的市场比 19 世纪中期的市场波动更剧烈，当时的趋势可能更加渐进、更加平稳。然而，值得注意的是，在不考虑经纪成本的情况下，赫恩的 1% 规则平均每笔交易能带来 16 美元的收入。所以这个想法确实有价值，但还不足以覆盖经纪成本。

让我们继续探讨。

加特利的 3 周与 6 周交叉策略（1935）

或许，加特利的 1–2–3 回调图模式可能更为人所知。拉里·佩萨文托应用了谐波比，使这种模式流行起来。加特利的双重移动平均线策略鲜为人知，除非你恰好有一本他 1935 年出版的《股市利润》。在《股市利润》中，你将看到一幅插图，如图 6-10 所示。

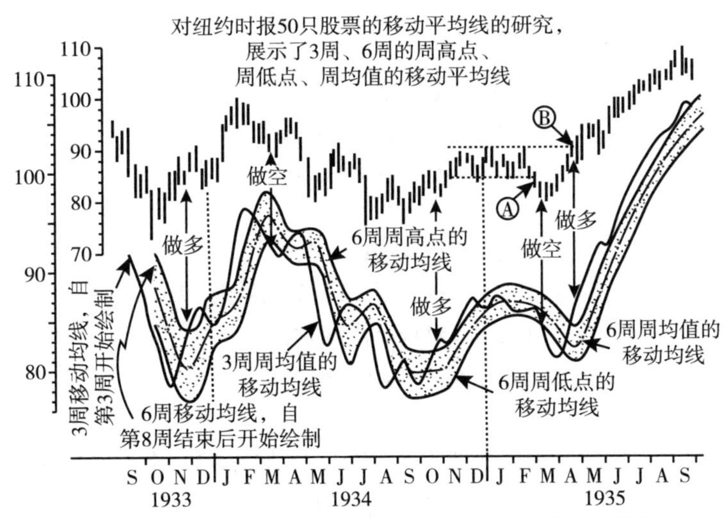

图 6-10 加特利在他 1935 年出版的《股市利润》中清楚地说明了他的 3 周与 6 周均线交叉策略

下面我将总结这些交易规则。

规则	
策略：	加特利的 3 周和 6 周交叉
开发时间：	未知
发布时间：	1935
数据：	每日
方法：	趋势交易
技术：	始终留在市场中：止损后，反向交易 相对价格变化率
对称性：	做多和做空
市场：	所有
指标：	移动平均线（三组）
参数—数量：	3 短期移动均线 最高价 / 最低价 周均值的 3 周移动平均值 平均值是每周最高价 / 最低价的平均值

（续）

参数—数量：	长期移动均线第 1 条
	周最高价的 6 周移动均线
	偏移量（向前移动）2 周
	长期移动均线第 2 条
	周最低价的 6 周移动均线
	偏移（向前移动）2 周每周偏移（2）
参数—对称性：	买卖开仓结构设置相同参数
参数—应用：	所有市场的参数值相同
做多规则	
开仓结构：	周均价的 3 周移动均线 > 周高点的 6 周移动均线
进场：	周一开盘时市场价做多
止损：	周均价的 3 周移动均线 < 周低点的 6 周移动均线
	周一开盘时市场价做空
做空规则	
开仓结构：	周均价的 3 周移动均线 < 周低点的 6 周移动均线
进场：	周一开盘时市场价做空
止损：	周均价的 3 周移动均线 > 周高点的 6 周移动均线
	周一开盘时市场价做多

和赫恩策略一样，我也根据加特利的规则，将他的策略编程到我的 VBA Excel 交易模型中，如图 6-11 所示。

作为一种相对动量策略，加特利策略会观察价格相较于之前水平的高低差异。在加特利的案例中，他使用了三个价格序列。当周五收盘时，周均价的 3 周移动均线高于周高点的 6 周移动均线（提前两周计算）时，策略会在周一开盘时选择做多。反之，如果周五收盘时周均价的 3 周移动均线低于周低点的 6 周移动均线（提前两周计算），策略会在周一开盘时选择做空。

让我们审视一下他在 1935 年首次提出的策略，自 1980 年以来在我的 P24 投资组合中表现如何。

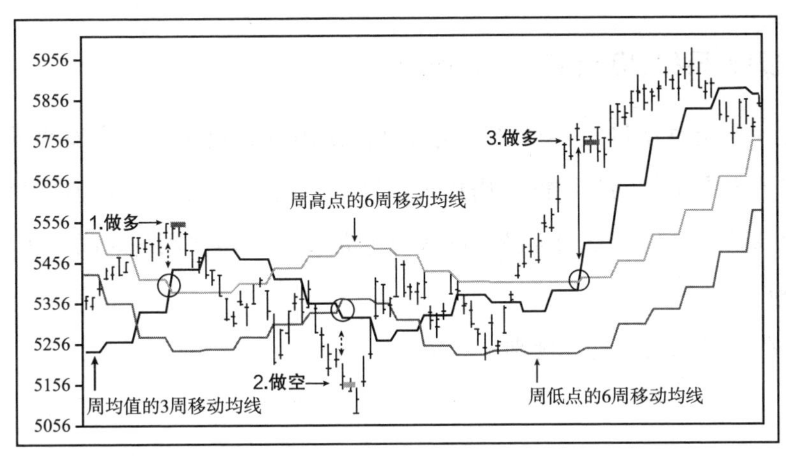

图 6-11 加特利将移动平均线的计算方法纳入交易的时间，远早于 20 世纪 70 年代个人电脑出现

结果	
P24 投资组合：	SB，ZW，CO，SO，HO，LC，GF，BP，SV，KC，CT，ZB，GC，HG，JY，LH，SP，TY，CL，FV，NG，ND，EC，YM
开始时间：	1980
净利润：	$1 079 398
总交易数：	3 387
平均利润：	$319
平均每次交易手续费和滑点：	–$51

令人印象深刻的是，这项 80 多年前的策略在近 40 多年的样本外数据上表现卓越。哈罗德 · 加特利，向你致敬！这是从他 1935 年的书中直接摘下来的原汁原味的策略。这是一个趋势交易策略，它不仅证明了趋势交易的黄金原则的有效性，还为该方法在 40 多年的样本外数据的稳健性提供了确凿的证据。请大家起立为哈罗德 · 加特利先生鼓掌。

唐奇安的 5 日和 20 日交叉（1960）

另一个相对动量是移动平均线策略，是由理查德·唐奇安发表的策略。唐奇安更为人所知的是他的 4 周规则，这是众所周知且广受欢迎的海龟交易策略的基础。这种策略与加特利的策略非常相似，但使用的时间更短。它出版于 1960 年。

我在这里总结了这些规则。

规则	
策略：	唐奇安 5 日和 20 日交叉
开发时间：	未知
发布时间：	1960
数据：	每日
交易方法：	趋势交易
技术：	总是在市场中：止损后反向交易 相对价格变化率
对称性：	做多和做空
市场：	所有
指标：	移动平均线（2 组）
参数—数量：	2 短期趋势：5 日移动均线 长期趋势：20 日移动均线
参数—对称性：	做多和做空开仓结构设置相同的参数值
参数—应用：	所有市场使用相同的参数值
规则：	2
做多规则	
开仓结构：	5 日移动均线 > 20 日移动均线
进场：	第二日开盘后市场价做多
止损：	5 日移动均线 < 20 日移动均线 第二日开盘时市场价做空

（续）

做空规则	
开仓结构：	5 日移动均线 < 20 日移动均线
进场：	第二日开盘时市场价做空
止损：	5 日移动均线 > 20 日移动均线 第二日开盘后市场价做多

再一次，我把这个策略编程到了我的 VBA Excel 交易模型中。图 6-12 展示了根据唐奇安规则触发的四笔交易的例子。

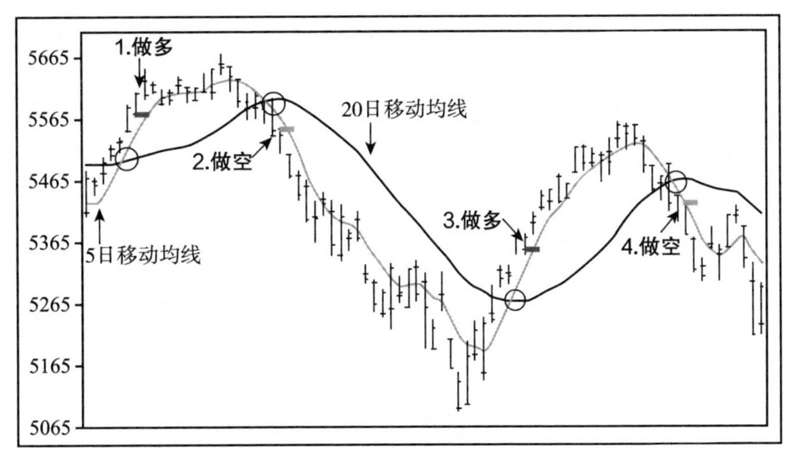

图 6-12 理查德·唐奇安的 5 日和 20 日策略，将在 5 日和 20 日移动均线之间发生交叉后，止损并反向交易开仓

他的模型自 1960 年以来就为人所知，让我们看看自 1980 年以来在我的 P24 投资组合中表现如何。

结果	
P24 投资组合：	SB，ZW，CO，SO，HO，LC，GF，BP，SV，KC，CT，ZB，GC，HG，JY，LH，SP，TY，CL，FV，NG，ND，EC，YM
开始时间：	1980
净利润：	$520 675
总交易量：	13 306

（续）

平均利润：	\$39
平均每次交易手续费和滑点：	–\$51

好消息是，该策略是盈利的。坏消息是，利润非常少。因此，我们对其盈利性给予肯定。但平均利润仅为 39 美元，这并不值得过分夸耀。不过，这也是利润，也是对趋势交易黄金原则的认可。我们还应该向唐奇安致敬，他的策略已经 60 多岁了。在过去 40 多年的样本外数据中产生了利润。若得以客观而系统地应用于多元化的市场投资组合，这样的利润足以令人妒忌。简而言之，尽管它可能不是顶尖策略，唐奇安的 5 日和 20 日策略确实证实了趋势交易理念的有效性。

50 日和 200 日的黄金交叉

我不知道这一策略应该归功于哪一位个人交易者。然而，由于它经常出现在媒体上，并且经常被“评论市场”的负责人引用，我认为我应该在此处审查一下。

毫无疑问，你可能在某些市场上见过所谓的“黄金交叉”或“死亡交叉”。市场评论员常常将这些交叉现象视为具有标志性的事件。许多市场参与者相信，这些交叉的出现预示着市场趋势的重大转变。

当 50 日移动均线上穿 200 日移动均线时，便形成了所谓的“黄金交叉”。相反，当 50 日移动均线下穿 200 日移动均线时，便形成了所谓的“死亡交叉”。

我在这里总结了这些规则。

规则	
策略：	50 日和 200 日的黄金交叉
开发时间：	未知
发布时间：	未知

（续）

数据：	每日
交易方法：	趋势交易
技术：	始终在市场上：止损后反向开仓 相对价格变化率
对称性：	做多和做空
市场：	全部
指标：	移动平均线（×2）
参数—数量：	2 中期趋势：50 日均线 长期趋势：200 日均线
参数—对称性：	做多和做空开仓结构的参数值相同
参数—应用：	对所有市场的参数值相同
规则：	2
做多规则	
开仓结构：	50 日移动均线 > 200 日移动均线
进场：	第二日开盘时市场价买入
止损：	50 日移动均线 < 200 日移动均线 第二日开盘时市场价卖出
做空规则	
开仓结构：	50 日移动均线 < 200 日移动均线
进场：	第二日开盘时市场价卖出
止损：	50 日移动均线 > 200 日移动均线 第二日开盘时市场价买入

这一策略与理查德·唐奇安的 5 日和 20 日交叉策略非常相似。唯一的区别是各自的移动平均线的参数。我已经将其编程到我的 VBA Excel 交易模型中，图 6-13 说明了两个交易的示例。

让我们看看这个黄金交叉与死亡交叉趋势交易策略在我的 P24 投资组合中表现如何。

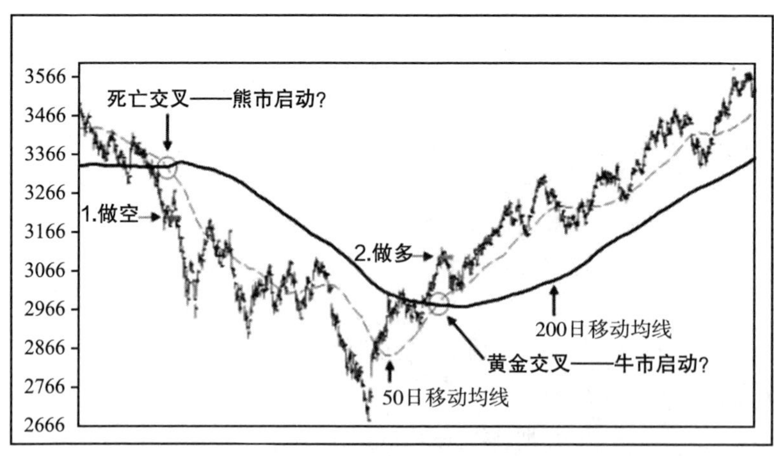

图 6-13　50 日和 200 日黄金交叉策略，将在 50 日和 200 日移动均线的交叉后止损并反转头寸

结果	
P24 投资组合：	SB，ZW，CO，SO，HO，LC，GF，BP，SV，KC，CT，ZB，GC，HG，JY，LH，SP，TY，CL，FV，NG，ND，EC，YM
开始时间：	1980
净利润：	\$1 715 940
总交易量：	1 235
平均利润：	\$1 389
平均每次交易手续费和滑点：	–\$51

哇，确实很好。平均利润高达 1 389 美元，这一策略无疑是稳定的，使黄金交叉策略成为趋势交易忠实信徒的（暂时的）领头羊。顺趋势，截断亏损，让利润持续奔跑，显然是值得的。只是有点遗憾，我无法把这个策略归功于任何已公开发布的来源。

现在是时候研究另一种趋势交易策略了。让我们来看看建立在相对时间变化率基础上的策略是什么样的，绩效表现又如何。

□ 相对时间变化率的动量趋势交易策略

这些策略寻找的是，在特定时间内价格的相对变化。

1933 年，考尔斯和琼斯发表了一篇研究论文——《股票市场行为中的一些后验概率》，研究了不同时间范围内的股价上涨势头。他们创建并检查了从 20 分钟到 3 年的多个时间序列。他们得出的结论是，股价运行存在动量，即正的或负的价格变化，有 62.5% 的机会在下一时间段会继续下去（而学者们却说，价格变化是随机的！）。

让我们以两个流行的时间周期为例，检验价格的相对变化率，看看“时间”在识别趋势交易机会方面有多有效。我将从每月的时间框架开始，然后研究季度价格。

月度收盘价策略（1933）

如果本月收盘价高于上月收盘价，该策略就会买入进场。如果本月收盘价低于上月收盘价，它将反转并做空。本策略追求一直在市场中持仓，被称为止损并反向交易策略。

我在这里总结了规则。

规则	
策略：	月度收盘价
开发时间：	1933
发布时间：	1933
数据：	每日
交易方法：	趋势交易
技术：	始终在市场中：止损并反向交易
	根据相对时间变化率
对称性：	做多和做空
市场范围：	全部
指标：	无

（续）

参数—数量：	0
参数—对称性：	不适用
参数—应用：	不适用
规则：	2
做多规则：	
开仓：	当月收盘价 > 上月收盘价
进场：	第二日买入，也就是下个月的第一天，开盘时市场价买入
止损：	当月收盘价 < 上月收盘价
	第二日卖出，也就是下个月的第一天，开盘时市场价卖出
做空规则：	
开仓：	当月收盘价 < 上月收盘价
进场：	第二日卖出，也就是下个月的第一天，开盘时市场价卖出
止损：	当月收盘价 > 上月收盘价
	第二日买入，也就是下个月的第一天，开盘时市场价买入

当月收盘价在交易方向上持续前进时，该策略将让利润持续奔跑，但如果月收盘价逆转，则会削减并逆转头寸。

和其他策略一样，我已经根据上面的规则编写了这个简单的相对时间策略，如图 6-14 所示。

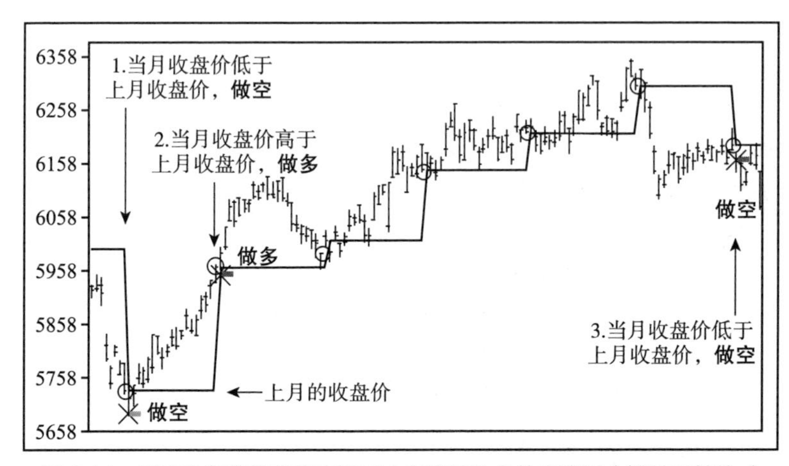

图 6-14　月度收盘价策略将在相反方向的月收盘价出现后止损并反转头寸

作为一种相对于时间的动量策略，该策略关注当月收盘价相对于上月收盘价的位置。如果该策略做空，且月收盘价抬高，则该策略将在下个月的第一天开盘时做多。如果该策略做多，且月收盘价降低，则该策略将在下个月的第一天开盘时做空。

让我们看看该策略自 1980 年以来在我的 P24 投资组合上的表现如何。

结果	
P24 投资组合：	SB，ZW，CO，SO，HO，LC，GF，BP，SV，KC，CT，ZB，GC，HG，JY，LH，SP，TY，CL，FV，NG，ND，EC，YM
开始时间：	1980
净利润：	\$1 003 526
总交易数：	4 993
平均利润：	\$201
平均每次交易手续费和滑点：	–\$51

怎么样？对于一个简单的策略来说，等待一定的时间，在盈利时让头寸持续奔跑，而在亏损时削减和逆转头寸，这是不错的。这也再次证明了趋势交易的三个黄金原则的力量。让我们向考尔斯和琼斯抬手致敬。

季度收盘价策略（1933）

与月度收盘价策略差不多，如果当前季度收盘价高于上一季度收盘价，这会令策略进入多头。如果当前季度收盘价低于上一季度收盘价，它将会逆转并做空。

以下规则与月度结算模式相同，只是时间周期不同。

规则	
策略：	季度收盘价策略
开发时间：	1933
发布时间：	1933

（续）

数据：	每日
方法：	趋势交易
技术：	留在市场中，止损后反向交易，基于相对时间变化
对称性：	做多和做空
市场：	全部
指标：	维持
参数—数量：	0
参数—对称性：	不适用
参数—应用：	不适用
规则：	2
做多规则	
开仓：	当前季度收盘价 > 前一季度收盘价
入场：	在次季度第一日，开盘时市场价买入
止损：	当前季度收盘价 < 前一季度收盘价 在次季度第一日，开盘时市场价卖出
做空规则	
开仓：	当前季度收盘价 < 前一季度收盘价
入场：	在次季度第一日，开盘时市场价卖出
止损：	当前季度收盘价 > 前一季度收盘价 在次季度第一日，开盘时市场价买入

在季度收盘价继续朝着交易方向发展时，该策略将让利润持续奔跑，但如果季度收盘逆转，如图 6-15 所示，则将削减和扭转头寸。

让我们看看该策略自 1980 年以来在我的 P24 投资组合中表现如何。

结果	
P24 投资组合：	SB，ZW，CO，SO，HO，LC，GF，BP，SV，KC，CT，ZB，GC，HG，JY，LH，SP，TY，CL，FV，NG，ND，EC，YM
开始时间：	1980
净利润：	$611 092

（续）

总交易量：	1 670
平均利润：	$366
平均每次交易手续费和滑点：	–$51

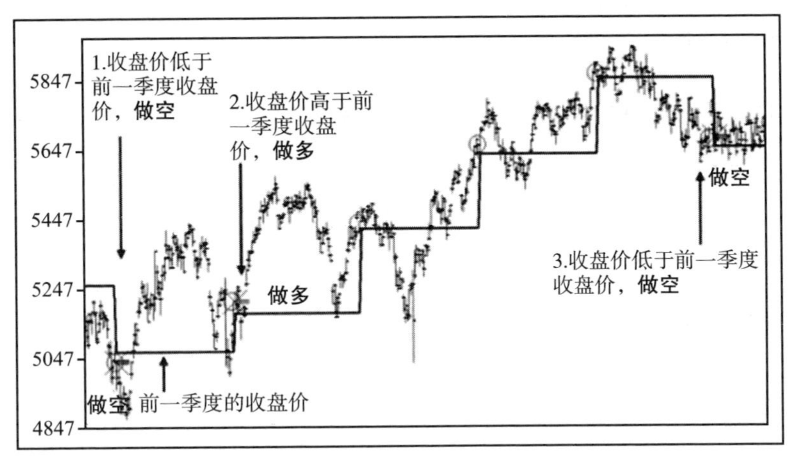

图 6-15 季度收盘价策略将在相反方向的季度收盘价后止损并扭转头寸

值得注意的是，由于季度信号出现的频率较低，该策略的表现虽然不如月度收盘价策略，但仍然保持了良好的净利润。尽管整体净利润可能不高，该策略的方法仍然与趋势交易的三大黄金原则相符，并得到了证实。

到目前为止，这些动量趋势交易策略关注的是价格相对于之前价格的位置，无论它们是高还是低。另一类动量策略则寻求价格突破某个绝对水平。现在让我们来看看它们。

绝对动量趋势交易策略

这些策略基于这样一个观点：一旦价格突破特定的水平，无论是向上还是向下，都标志着新趋势的开始。这些策略通常被称为突破系统或回撤系统。突破系统涵盖以下类型：

- 价格突破。
- 波段突破。
- 横盘突破。
- 通道突破。
- 波动率突破。

回撤系统涵盖了一些流行的均值回归策略。让我们先来看其中一些绝对动量的趋势交易策略。

□ 价格突破

我将从大卫·李嘉图开始。

李嘉图规则（1800）

詹姆斯·格兰特在他1838年出版的《大都会》第二卷中，提到了大卫·李嘉图：

> 他通过谨慎遵循自己提出的三个黄金原则来积累巨额财富，并常劝导他的私人朋友也遵循这些原则。这些原则包括：
>
> - 永远不要拒绝一个选择权。
> - 截断亏损。
> - 让利润持续奔跑。

让我尝试构建一个包含这三个黄金原则的策略。

永远不要拒绝一个选择权

为了实现李嘉图“永远不要拒绝一个选择权”的信念，我将把市场的价格行为信息作为“永远”不应该被拒绝的提示方向信息的“礼物”。简单来说，如果尚未持仓，市场价格上涨突破前一根K线的最高点时，根据李嘉图的规则应选择“做多”。交易者应密切关注市场动态。如果市场价格下跌突破前一根K线的最低点，根据李嘉图的规则应选择“做空”。再一次，交易者应该倾听市场的意见。市场价格给出的方向信息，是交易者“永远不应该”拒绝的“礼物”。

截断亏损

让我们简单一点。对于初始止损条件，我将使用开仓结构的K线或进场的K线的相反方向的端点位置，取（相对于开仓价格而言）这两者中较远的值。如果价格突破（向上突破了之前K线的高点），李嘉图规则将在开仓结构K线或进场K线的最低点下方一个点处，设置初始止损。如果价格突破（向下突破了之前K线的低点），李嘉图规则将在开仓结构K线或进场K线的最高点上方一个点处，设置初始止损。

让利润持续奔跑

如果市场起飞，我将使用最近的摆动点作为跟踪止损的依据。如果李嘉图规则指示因价格上涨而做多，我将把跟踪止损设置在最近的摆动低点下方一个点的位置。如果李嘉图规则指示因价格下跌而做空，我将把跟踪止损设置在最近的摆动高点上方一个点的位置。简简单单。

现在让我总结一下我对李嘉图规则的解释。

规则	
策略：	李嘉图规则
开发时间：	1800
发布时间：	1838
数据：	每天
方法：	趋势交易
技术：	价格突破

（续）

对称性：	做多和做空
市场：	所有
指标：	没有
参数—数量：	0
参数—对称性：	不适用
参数—应用：	不适用
规则：	3
做多规则	
开仓：	自然日 K 线
进场：	突破了前一根 K 线的高点时进场
初始止损：	突破开仓结构 K 线或进场 K 线的最低点时止损
跟踪止损：	在最近的波段低点位置卖出
做空规则	
开仓：	自然日 K 线
进场：	突破了前一根 K 线的低点时进场
初始止损：	突破开仓结构 K 线或进场 K 线的最高点时止损
跟踪止损：	在最近的波段高点位置买入

我已经将该策略编程到我的 VBA Excel 交易策略中，其中图 6-16 说明了根据规则进行的做多交易。

我在上方展示的大卫·李嘉图在 19 世纪使用的交易方法的简易版本，反映了他的核心哲学：接受所有市场方向的礼物（永远不要拒绝一个选择权），截断亏损，让你的利润持续奔跑。让我们看看自 1980 年以来，在我的 P24 投资组合上表现如何。

结果	
P24 投资组合：	SB，ZW，CO，SO，HO，LC，GF，BP，SV，KC，CT，ZB，GC，HG，JY，LH，SP，TY，CL，FV，NG，ND，EC，YM

（续）

开始时间：	1980
净利润：	$622 552
总交易量：	20 392
平均利润：	$31
平均每次交易手续费和滑点：	–$51

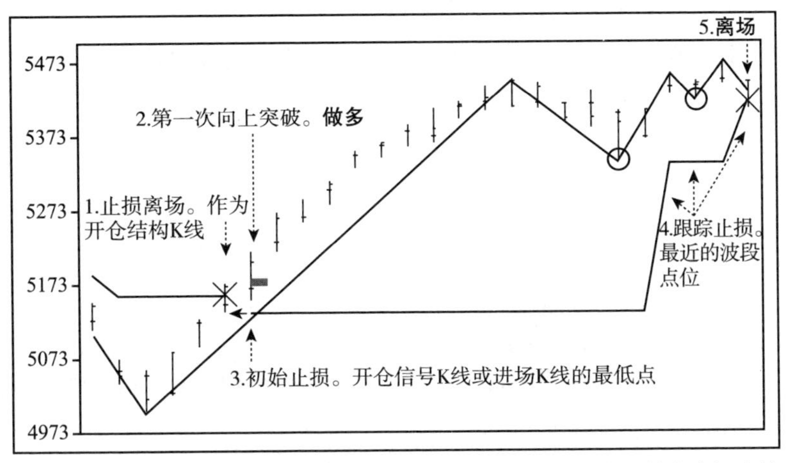

图6-16 李嘉图规则策略将跟踪第一根每日K线突破的方向，并在市场中持有头寸，直到其初始止损或跟踪止损被突破

好吧。不算世界一流，但他也不是一个失败者。显然，平均利润很低；然而，对于这样一个简单的策略，盈利能力已经足以令人印象深刻。它的简单性清楚而明显地证明了趋势交易的三个黄金原则的稳健性。

□ 波段突破

道氏理论（1900）

查尔斯·道被认为是技术分析之父。他有一项重要的工作，是他的峰谷趋势分析，出现更高的高点被定义为牛市，出现更低的低点被定义为熊市。

每个趋势都将维持到趋势状态发生变化为止。

道氏理论的峰谷趋势分析，或许是以机械方式定义“趋势”的第一次客观尝试，也可能是在赫恩的1%规则策略提出之后，设计的第二个系统性趋势交易策略。

简而言之，道氏理论认为，更高的高点和更高的低点表明当前是上涨趋势，而更低的高点和更低的低点表明当前是下跌趋势。为了方便，我将他的峰谷趋势分析简单地称为“道氏理论”。

我在此归纳了道氏理论中关于峰谷趋势分析的交易规则。

规则	
策略：	道氏理论
开发时间：	未知
发布时间：	1900
数据：	每日
方法：	趋势交易
技术：	永远维持在市场中，在反向的波段点位突破时止损并反向交易
对称性：	做多和做空
市场：	所有
指标：	无
参数—数量：	0
参数—对称性：	不适用
参数—应用：	不适用
规则：	1
做多规则	
开仓结构和进场：	当道氏趋势方向发生改变时——自趋势下跌转为趋势上涨
止损：	当道氏趋势方向发生改变时——自趋势上涨转为趋势下跌
做空规则	
开仓结构和进场：	当道氏趋势方向发生改变时——自趋势上涨转为趋势下跌
止损：	当道氏趋势方向发生改变时——自趋势下跌转为趋势上涨

我已经将道氏理论的机械峰谷趋势策略编为程序，效果如图6-17所示。

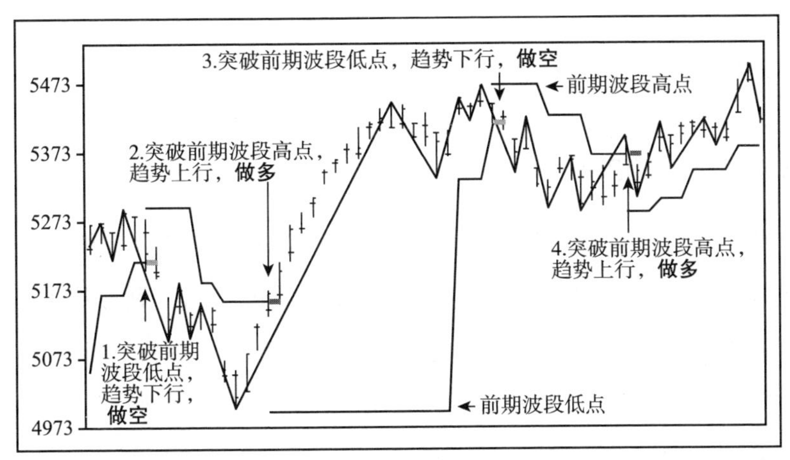

图 6-17 道氏理论的峰谷趋势分析始终在市场上，并将在道琼斯指数日趋势改变后停止和反转头寸

让我们看看自 1980 年以来，作为机械系统化策略的道氏理论在我的 P24 投资组合中表现如何。

结果	
P24 投资组合：	SB，ZW，CO，SO，HO，LC，GF，BP，SV，KC，CT，ZB，GC，HG，JY，LH，SP，TY，CL，FV，NG，ND，EC，YM
开始时间：	1980
净利润：	$1 090 346
总交易数：	17 927
平均利润：	$61
平均每次交易手续费和滑点：	–$51

不错，嘿。虽然平均利润很少，但这样一个包含如此简单的规则的机械策略，结果依然令人印象深刻。请记住道氏理论已经有超过 120 年的历史了，在超过 40 年的样本外数据上，仍然表现良好。这是趋势交易和道氏理论的惊人证明。就使用寿命和坚固性而言，查尔斯·道绝对值得戴上冠冕，为他鸣响 21 发礼炮。

□ 横盘突破

利弗莫尔回撤（1900）

利弗莫尔回撤策略是我将回顾的第一个横盘突破策略。杰西·利弗莫尔可能是我所知道的最著名的交易者。我知道埃德温·勒菲弗在1923年出版的《股票大作手回忆录》对我产生了深远的影响。我还记得，在我年轻时作为一名交易者，曾在美国银行位于悉尼的证券部门阅读过这本书。书中他对自身所有错误的分类，让我感觉在描述我自己。我当时心想，“我也是如此”“是的，那就是我！”。如果你尚未拥有这本书，建议你立即购买。

杰西·利弗莫尔是一位趋势交易者，他在1940年出版的《股票大作手操盘术》一书中总结了自己的交易方式。在他的书中，直接提到了趋势跟踪：

> 很多人可能会惊讶地发现，在我的交易方法中，当我从记录中看到一个上升趋势正在进行时，只要一只股票在其运动中达到新高，在经历了正常的回调之后，我就会成为一个买家。同样的道理也适用于我做空的时候。为什么？因为我是在顺应当时的趋势。我的记录信号指引我继续前进！

利弗莫尔将“正常的反应”定义为对新趋势的两次回调。他使用术语“枢轴”来描述波段点，并根据他的“枢轴”或波段点的位置来定义趋势。他将上升趋势定义为更高的枢轴（波段）高点和更高的枢轴（波段）低点。他将下降趋势定义为更低的枢轴（波段）高点和更低的枢轴（波段）低点。由于这与道氏理论的峰谷趋势分析相同，我将使用道氏理论这个术语。

利弗莫尔会寻求趋势发生变化的机会（根据道氏理论的定义），耐心等待针对新趋势发生的两次正常反应（或回调），然后在之前的波段点突破时进场，这也将再次确认新趋势。他将维持持仓，直到道氏理论指示的趋势的变化让他止损退出。道氏理论的趋势改变是指对之前的枢轴或波段点的相反方向的突破。

要确定他提出这种方法的准确年份是不可能的。他大约在 20 岁至 25 岁完成了策略的研发，因此我推测，可能是在 1900 年左右。

利弗莫尔在交易中还考虑了其他因素，但为了保持简单性，并与其他在此讨论的策略保持可比性，我更倾向于只讨论他基于价格的交易策略。

我在这里总结了这些规则。

规则	
策略：	利弗莫尔回撤
开发时间：	1900
发布日期：	1940
数据：	每日
交易方法：	趋势交易
技术：	横盘突破
对称性：	做多和做空
市场状况：	全部情况
指标：	无
参数—数量：	0
参数—对称性：	不适用
参数—应用：	不适用
规则：	4
做多规则	
开仓：	道氏理论指示的趋势从下降转变为上升
	对于新发生的上行趋势，两次反应 / 回撤的波段走势
进场：	突破前一个波段高点买入
止损：	突破最近一个波段低点卖出
做空规则	
开仓：	道氏理论指示的趋势从上升转变为下降
	对于新发生的下行趋势，两次反应 / 回撤的波段走势
进场：	突破前一个波段低点卖出
止损：	突破最近一个波段高点买入

我已经将利弗莫尔的回撤策略编程到我的 VBA Excel 交易策略中，如图 6-18 所示。

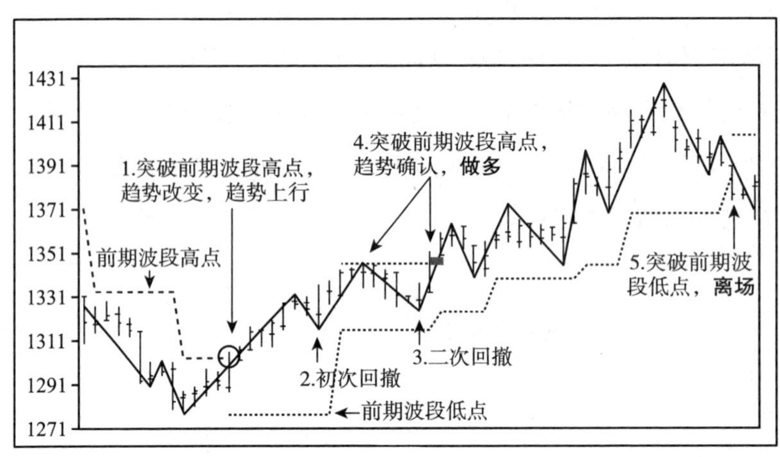

图 6-18 利弗莫尔回撤策略只会在“正常反应”之后启动交易，即对于新趋势而言出现两次回撤走势

让我们看看杰西·利弗莫尔的回撤策略，作为一个机械的系统化策略，自 1980 年以来在我的 P24 投资组合中表现如何。

结果	
P24 投资组合：	SB，ZW，CO，SO，HO，LC，GF，BP，SV，KC，CT，ZB，GC，HG，JY，LH，SP，TY，CL，FV，NG，ND，EC，YM
开始时间：	1980
净利润：	$35 136
总交易数：	1 279
平均利润：	$27
平均每次交易手续费和滑点：	–$51

这令人失望。考虑到这是大名鼎鼎的杰西·利弗莫尔，我本期待的更多。但事实并非如此。从积极的方面来说，这个策略至少在样本外数据上是有利可图的，这表明其核心理念是稳健的。尽管其稳健性水平目前还不足以直接

进行交易，但可能也足以让一个精力充沛、热情高涨的交易者在此基础上进行交易。如果你就是这样的交易者，请记住要小心跟随前人的脚步，避免掉入过度的曲线拟合的陷阱。你要专注于捕捉市场信号，而不是捕捉市场噪声。

顺便说一句，有趣的是，利弗莫尔的回撤策略与拉尔夫·艾略特的波浪理论是存在显著差异的。艾略特在20世纪30年代提出了他的波浪理论，主张价格趋势在完成五个波浪后结束。然而，利弗莫尔的回撤结构正期待着在发生第五浪时进入市场，就在艾略特期待市场会发生逆转的时候。尽管有人可能会指出我对艾略特波浪理论的简化忽略了其复杂的规则和分形结构，但我的观察依然有效。这两种方法在趋势的持续性和反转性上截然不同，这不仅有趣，也深刻反映了技术分析领域中交易者面临的挑战。技术分析领域充满了竞争和对立的声音，有时被戏称为“疯人院”，这种看法在一定程度上是可以理解的。

达瓦斯箱体（1950）

尼古拉斯·达瓦斯采用的箱体策略，是一种基于横盘突破的交易方法。他通过在横盘价格区域绘制一个虚拟的方框来界定股票的价格活动范围。一旦股价突破这个箱体，达瓦斯便会立即以市价进入市场。

尼古拉斯·达瓦斯虽然有著作，但并未详尽阐述其交易策略的具体规则。他没有具体说明箱体的界限或止损的设定，我们只能推测，如果股价跌破箱体的相反边界，他会退出交易。达瓦斯自称是思想图表师，从未在图表上实际绘制方框。简而言之，他专注于寻找横盘或整固阶段的价格行为。股价上升时，他选择做多。关于整体市场状况，达瓦斯的描述颇为模糊，他强调只交易那些在历史高点附近的股票，并关注它们过去两三年内的最高点和最低点，即52周的高点。

为了制定和评估达瓦斯的策略，我需要自行设定一些明确的规则。尽管达瓦斯像他的许多同辈和前辈一样，在他的策略中考虑了价格以外的因素，但我更倾向于以一种简洁和统一的方式应用这些策略。因此，我将专注于价格因素来进行观察和分析。

我根据我对达瓦斯箱体策略的解释，总结了这些规则。

规则	
策略：	达瓦斯箱体
开发时间：	1950
发布时间：	1960
数据：	每日
方法：	趋势交易
技术：	横盘突破
对称性：	做多和做空
市场：	全部
指标：	平均真实波动范围（ATR）
参数—数量：	5
	达瓦斯箱体（4）：
	箱体最小跨度：（20）日 K 线
	箱体最大跨度：（100）日 K 线
	箱体最大高度：定义为平均真实波动范围（20 日）的倍数（5 倍）
跟踪止损：	周数（2）
参数—对称性：	对做多和做空的开仓设置相同的参数
参数—应用：	跨所有市场的价值相同
交易规则：	4
做多规则	
设置：	达瓦斯箱体
趋势：	上涨—之前的收盘价必须高于前一年的高点
进场：	达瓦斯箱体高点被突破时买入
止损：	两周低点突破时卖出
做空规则	
设置：	达瓦斯箱体
趋势：	下跌—之前的收盘价必须低于前一年的低点
进场：	达瓦斯箱体低点被突破时卖出
止损：	两周高点突破时买入

我已编写了我对达瓦斯箱体策略的解释，如图 6-19 所示。

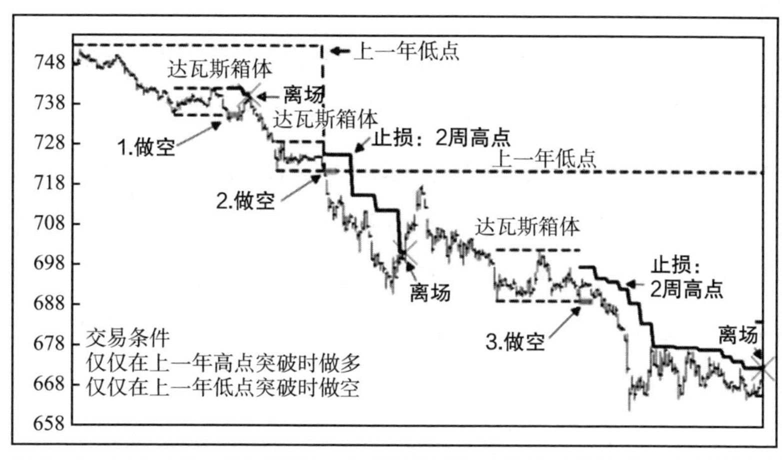

图 6-19　尼古拉斯·达瓦斯用一个想象的箱体来定义价格横盘。达瓦斯策略将在横盘箱体突破时交易

让我们看看自 1980 年以来，达瓦斯箱体策略在我的 P24 投资组合上表现如何。

结果	
P24 投资组合：	SB，ZW，CO，SO，HO，LC，GF，BP，SV，KC，CT，ZB，GC，HG，JY，LH，SP，TY，CL，FV，NG，ND，EC，YM
开始时间：	1980
净利润：	$136 731
总交易量：	636
平均利润：	$215
平均每次交易手续费和滑点：	–$51

与利弗莫尔的回撤策略相比，该策略表现尚可，但若与其他策略横向比较，则显得不那么突出。尽管如此，对于一个有着 70 年历史的策略而言，其盈利能力是值得肯定的。然而，我对其包含的参数数量感到担忧。我仅对箱体的最小跨度和最大跨度以及高度进行了规定。我确信，如果对这些参数进

行调整，将显著影响权益曲线、期望值、爆仓风险（回报率）和平均利润的计算结果。

尽管我不确定如何改进，但这是一个值得深思的问题。我必须指出，由于参数值是我自己设定的，而不是尼古拉斯·达瓦斯，因此我不能断言这些结果是样本外的。尽管如此，我确实采用了他的箱体哲学，并根据我的理解对其进行了参数编码。即便如此，达瓦斯的箱体哲学仍然显示出其优势，并且（与其他策略一起）证明了遵循趋势交易的三个黄金原则的有效性。

接下来，我将讨论另一种横盘突破策略：柯蒂斯·阿诺德的形态概率策略。

阿诺德形态概率策略（1987）

柯蒂斯·阿诺德在 1987 年开发了他的形态概率策略（PPS），并在 1995 年通过其著作《PPS 交易系统》向公众介绍。尽管在 1997 年，阿诺德因与美国商品期货交易委员会的分歧而遭遇争议，但这并不影响我们对其策略的客观评估。PPS 策略以其简洁性著称，它依据 18 日和 40 日移动均线来捕捉中期和长期的趋势，并据此进行交易。

价格横盘可以通过多种传统的图表模式来识别，包括三角形、矩形、楔形、头肩形以及双顶和双底等。为了简化分析，我将专注于三角形、矩形和楔形这三种模式。

柯蒂斯·阿诺德在其研究中寻找的形态至少包含 10 日，但不超过 50 日。他在书中提到，即使是少于 10 日的形态也可能具有研究价值，显示出他在形态幅度上的灵活性。在这个练习中，我将专注于形态本身，而不受形态持续时间或 K 线数量的限制。

PPS 策略采用了一套综合的止损机制，包括初始止损、盈亏平衡止损和跟踪止损。初始止损点的设定基于两个收敛趋势线的端点，选择距离开仓点最远的端点作为止损点。为了简化操作，我将采用开仓时 K 线相反方向的端点作为止损点。当持仓盈利达到初始风险的两倍，或者持仓持续至第 4 日时，PPS 策略会将止损点调整至盈亏平衡的位置。至于跟踪止损，PPS 策略会监控最近的波动点和 45 度趋势线的突破情况。为了简化，我将只采用最近的波动点突破作为跟踪止损的信号。根据我的解读，以下是规则。

规则

策略：	PPS
开发时间：	1987
发布时间：	1995
数据：	每日
方法：	趋势交易
技术：	横盘突破
对称性：	做多和做空
市场状况：	全部
指标：	移动平均线（×2）
参数—数量：	5
	中期趋势：移动平均线（18）
	长期趋势：移动平均线（40）
	盈亏平衡的止损点：交易风险的赢利倍数（2 倍）
	盈亏平衡的止损点：在进场数天（4 天）后有持仓利润
	定位开仓形态所需的波段点数量（4）
	注意：每一对波动都由一条趋势线连接
盈亏平衡止损：	持仓盈利达到开仓时交易风险的倍数（2）
盈亏平衡止损：	在进场数天（4 天）后有持仓利润
	定位开仓形态所需的波段点数量（4）
	注意：每一对波动都由一条趋势线连接
参数—对称性：	做多和做空结构设置相同的参数值
参数—应用：	对所有市场设置相同的参数值
规则：	6

做多规则

设置：	图表形态（三角形、矩形和楔形）
趋势：	中期 18 日移动均线在上涨而长期 40 日移动均线要么持平要么上升
进场：	形态顶部的趋势线被突破时买入
初始止损：	结构 K 线或进场 K 线的最低点被突破时卖出

（续）

盈亏平衡	
止损：	在第一次发生下列情况之一时，移动止损至盈亏平衡点 1. 持仓利润高于初始风险的两倍 2. 在持仓到第 4 天后依然有利润
跟踪止损：	在最近的波段低点被突破时卖出
做空规则	
设置：	图表形态（三角形、矩形和楔形）
趋势：	中期 18 日移动平均线在下跌而长期 40 日移动均线要么持平要么下跌
进场：	形态底部的趋势线被突破时卖出
初始止损：	结构 K 线或进场 K 线的最高点被突破时买入
盈亏平衡	
止损：	在第一次发生下列情况之一时，移动止损至盈亏平衡点 1. 持仓利润高于初始风险的两倍 2. 在持仓到第 4 天后依然有利润
跟踪止损：	在最近的波段高点被突破时买入

我已将 PPS 策略按照我的理解，通过编程到 VBA Excel 交易策略中，目的是实现一种机械性和系统性的方法，以捕捉和交易那些与潜在趋势方向一致的横盘模式的突破。这种模式的识别和交易策略在图 6-20 中有详细的展示。

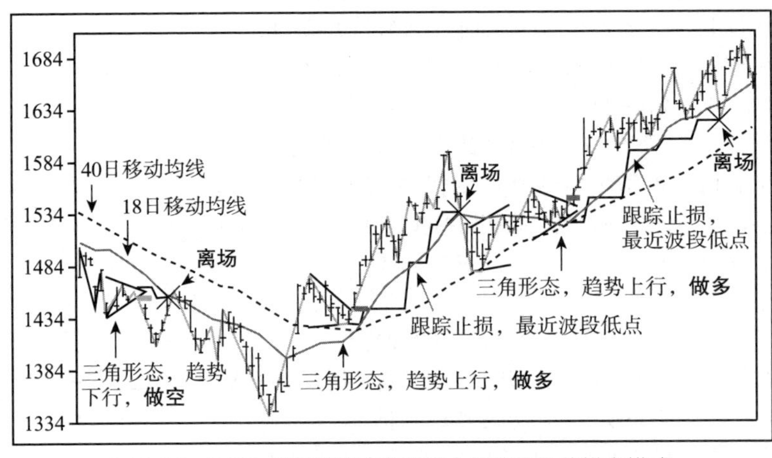

图 6-20 PPS 策略着眼于突破符合趋势的传统横盘模式

接下来，让我们评估我对阿诺德 PPS 策略的解释，自 1980 年以来在我的 P24 投资组合中表现如何。

结果	
P24 投资组合：	SB，ZW，CO，SO，HO，LC，GF，BP，SV，KC，CT，ZB，GC，HG，JY，LH，SP，TY，CL，FV，NG，ND，EC，YM
开始时间：	1980
净利润：	$450 780
总交易量：	2 586
平均利润：	$174
平均每次交易手续费和滑点：	–$51

横盘模式的识别和应用，部分归功于罗伯特 · D. 爱德华兹和约翰 · 迈吉在 1948 年出版的《股市趋势技术分析》一书，他们的工作帮助推广了这一概念。尽管柯蒂斯 · 阿诺德曾面临美国商品期货交易委员会的挑战，但他成功地将横盘交易模式整合进一个简单且逻辑性强的交易计划中。根据大多数样本外数据的表现，阿诺德的交易计划不仅证明了 PPS 策略的稳健性，而且进一步验证了趋势交易方法的有效性。这种稳健性表明，即使在不同的市场条件下，PPS 策略也能保持其性能，这是趋势交易优点的有力证明。

□ 通道突破

还有一种类型的绝对动量趋势交易策略是流行的通道突破策略。这些策略创造了市场价格的运行边界，在两侧给价格运行创建了通道。这些策略认为，当价格运行无论是向上还是向下的突破，都构成了趋势，必须进行交易。

我们对其中部分策略进行研究，先从唐奇安的 4 周规则开始。

唐奇安的 4 周规则（1960）

唐奇安的 4 周规则是一种简洁直观的交易策略，它通过跟踪 4 周的价格突破来决定交易方向。这一策略的核心在于持续参与市场，无论是在多头位置还是在空头位置。具体来说，策略遵循以下单一规则：如果当前持有空头仓位，而市场价格突破了过去 4 周的最高周收盘价，策略会退出空头并立即建立多头仓位。相反，如果当前持有多头仓位，而市场价格跌破了过去 4 周的最低周收盘价，策略会退出多头并立即建立空头仓位。这种机制确保了无论市场趋势如何变化，策略都能迅速适应并保持市场参与度。

我在这里总结了这些规则。

规则	
策略：	唐奇安的 4 周规则
开发时间：	未知
发布时间：	1960
数据：	每日
交易方法：	趋势交易
技术：	始终留在市场中：发生通道突破时，止损和反向交易
对称性：	做多和做空
市场适用：	全部
指标：	无
参数—数量：	1
	周通道（4）
参数—对称性：	买卖的参数相同
参数—应用：	所有市场的参数值相同
规则：	1
做多规则	
开仓结构和进场点：	突破前 4 周的最高点时买入开仓
止损：	突破前 4 周的最低点时卖出
做空规则	
开仓结构和进场点：	突破前 4 周的最低点时卖出开仓
止损：	突破前 4 周的最高点时买入

如图 6-21 所示，我将唐奇安的 4 周规则策略编程到我的交易策略中，它将在 4 周通道突破时止损并反向交易头寸。

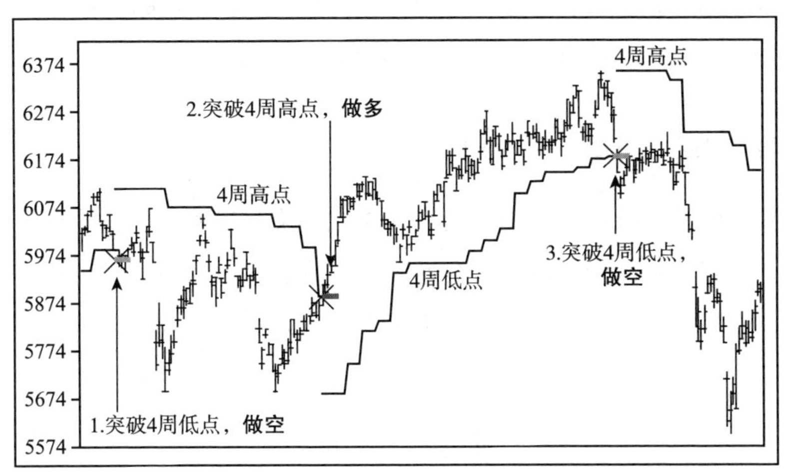

图 6-21　唐奇安的 4 周规则策略，将在 4 周通道突破时止损并反向交易头寸

让我们看看在 1960 年首次发布的唐奇安的 4 周规则，自 1980 年以来，在我的 P24 投资组合中表现如何。

结果	
P24 投资组合：	SB，ZW，CO，SO，HO，LC，GF，BP，SV，KC，CT，ZB，GC，HG，JY，LH，SP，TY，CL，FV，NG，ND，EC，YM
开始时间：	1980
净利润：	$1 601 223
总交易量：	6 120
平均利润：	$262
平均每次交易手续费和滑点：	–$51

这个策略自问世以来已超过 60 年，凭借其卓越的样本外表现，确实值得称赞。它以单一的规则和参数，体现了趋势交易的精髓，堪称经典之作。理查德 · 唐奇安先生，无疑值得我们的尊敬。

我认为，这个策略之所以可能是有史以来最好的策略之一，并非仅仅因为它的盈利能力或性能表现，而是因为它将持久性、简洁性（一个规则）和杰出的性能结合在一起，形成了一种完美的平衡。这种策略的卓越之处，在于它能够在保持简单性的同时，展现出卓越的交易效果。

德雷福斯的 52 周规则（1960）

杰克·德雷福斯的 52 周规则是一个著名的交易策略，但其确切的实施细节并不为外界所知。为了提供一个可行的交易策略，我采取了一种保守的方法，将其设计为类似于唐奇安的 4 周规则，但以 52 周为周期。

规则	
策略：	德雷福斯的 52 周规则
开发时间：	未知
发布时间：	1960
数据：	每日
方法：	趋势交易
技术：	总是留在市场中，发生通道突破时止损和反向交易
对称性：	做多和做空
市场适用：	全部
指标：	无
参数—数量：	周通道（52）
参数—对称性：	买卖的参数值相同
参数—应用：	所有市场的参数值相同
规则：	1
做多规则	
开仓结构和进场点：	之前 52 周的最高点突破时买入
止损：	在突破前 52 周的最低周低点时卖出
做空规则	
开仓结构和进场点：	之前 52 周的最低点突破时卖出
止损：	在突破前 52 周的最高周高点时买入

与其他策略类似，我将德雷福斯的52周规则编程到我的交易策略中，以根据其规则系统地识别和进场交易，如图6-22所示。

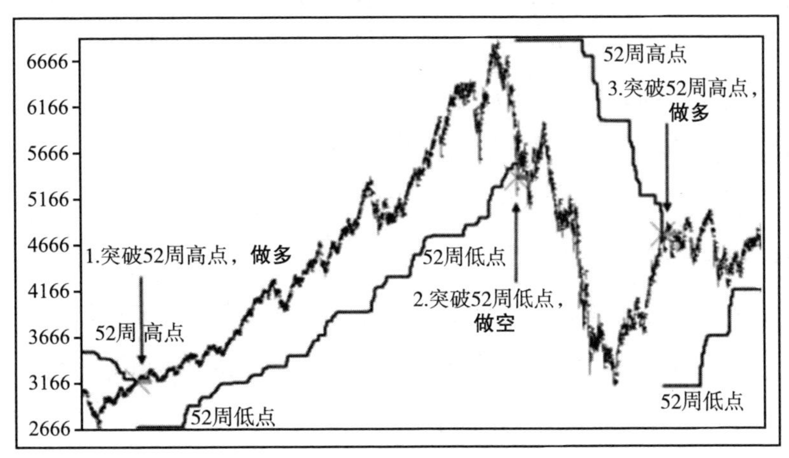

图6-22 德雷福斯的52周规则策略将在52周通道被突破时止损并反转头寸

以下是德雷福斯的52周规则自1980年以来在我的P24投资组合中的表现。

结果	
P24投资组合：	SB，ZW，CO，SO，HO，LC，GF，BP，SV，KC，CT，ZB，GC，HG，JY，LH，SP，TY，CL，FV，NG，ND，EC，YM
开始时间：	1980
净利润：	$1 442 906
总交易数：	475
平均利润：	$3 038
平均每次交易手续费和滑点：	–$51

怎么样？又一个超过60年历史的策略有出彩的表现。它不仅在样本外数据上展现了稳健性，而且再次彰显了趋势交易的三个黄金原则的力量。难怪杰克·德雷福斯被称为“华尔街之狮”！

海龟交易系统（1983）

海龟交易策略最初由理查德·丹尼斯和比尔·埃克哈特在 1983 年制定，并将其教授给了一群新交易者，这些交易者后来被称为“海龟”。这一策略在杰克·施瓦格的著作《不为人知的金融怪杰：11 位市场交易奇才的故事》中得到了广泛传播。丹尼斯和埃克哈特在唐奇安的 4 周规则基础上进行了创新，引入了为期 2 周的突破作为止损点，并增加了一个过滤器，要求在交易前必须出现一个亏损信号。

为了更深入地了解海龟交易策略，可以参考迈克尔·卡沃尔的《真正的海龟交易者》，该书提供了对该策略的详细回顾和分析。尽管海龟交易策略存在多种变体，但为了保持本文的简洁性，我们将重点放在总结的基本规则上。

规则	
策略：	海龟交易
开发时间：	未知
发布时间：	1983
数据：	每日
方法：	趋势交易
技术：	通道突破
对称性：	做多和做空
市场：	全部
指标：	无
参数—数量：	2
	周度进场通道（4）
	周度止损通道（2）
参数—对称性：	做多和做空设置同样的参数值
参数—应用：	参数对所有市场都适用
规则：	3
做多规则	
开仓结构：	之前 4 周通道的最高点被突破
过滤：	只有在前一个周度突破信号发生亏损时，才交易

（续）

进场：	4 周最高点被突破时进场
止损：	2 周最低点被突破时离场
做空规则	
开仓结构：	之前 4 周通道的最低点被突破
过滤：	只有在前一个周度突破信号发生亏损时，才交易
进场：	4 周最低点被突破时进场
止损：	2 周最高点被突破时离场

如图 6-23 所示，我已经根据上述规则编写了海龟交易策略。

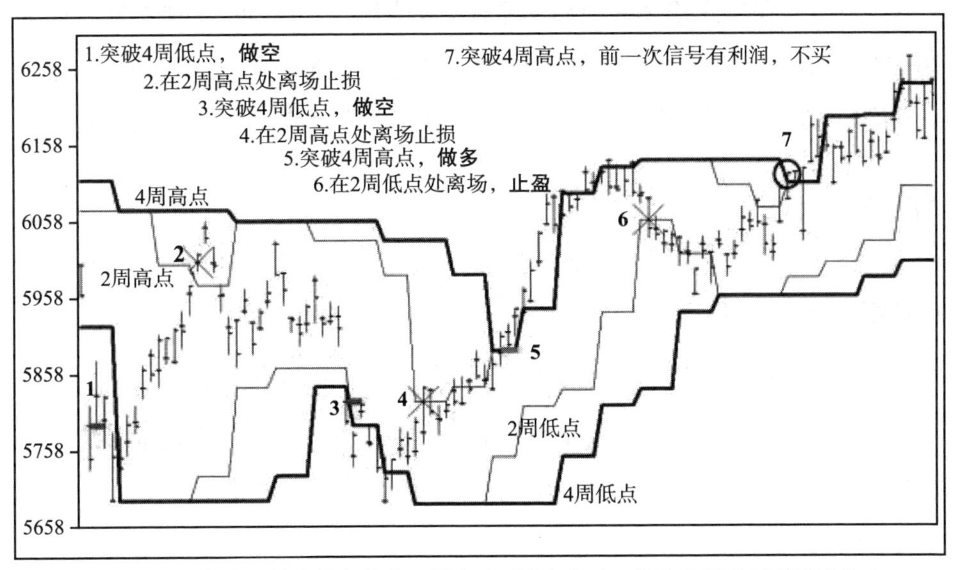

图 6-23 海龟交易策略将在发生 4 周突破时进入头寸，发生 2 周突破时退出头寸

我总结了自 1980 年以来，海龟交易策略在我的 P24 投资组合中的表现。

结果	
P24 投资组合：	SB，ZW，CO，SO，HO，LC，GF，BP，SV，KC，CT，ZB，GC，HG，JY，LH，SP，TY，CL，FV，NG，ND，EC，YM
开始时间：	1980
净利润：	$1 418 786

（续）

总交易量：	5 212
平均利润：	$272
平均每次交易手续费和滑点：	–$51

海龟交易策略以其稳定性和健壮性，已经证明了自己的价值，值得我们的认可和掌声。理查德・丹尼斯和比尔・埃克哈特在唐奇安的 4 周规则基础上进行了创新性的改进，这些改进既简单又有效，同时避免了过度的曲线拟合的风险。

接下来，我将介绍另一种动量趋势交易方法——波动率突破策略。作为这一策略的起点，我将首先探讨布林带的策略。这种方法利用价格波动率来识别潜在的市场突破，为交易者提供了一种基于市场波动性的交易信号。

□ 波动率突破

布林带（1993）

约翰・布林格在 20 世纪 80 年代开发了著名的布林带指标，它由三条线组成：中轨、上轨和下轨。这个指标的核心在于两个参数——周期长度和标准差倍数。周期长度决定了移动平均的时间段，而标准差倍数决定了上下轨相对于中轨的位置。

中轨是该时期价格的移动平均值，而上轨和下轨则表示价格相对于这个平均值的标准差。当市场波动性较弱，价格在中轨附近来回波动时，上下轨会收窄，反映出较低的波动性水平。相反，当价格开始朝一个方向移动，并且波动性增加时，上下轨会扩张，显示出更高的价格波动性。

这种设计使得布林带不仅能够反映市场趋势，还能衡量市场波动性，为交易者提供了一种判断市场状态和制定交易策略的工具。带宽，由中轨之外的上下轨之间所放置的标准差倍数决定。

布林带的上轨和下轨与中轨的距离基于标准差的倍数，这个距离是预测价格波动的关键参数。如果这个距离设定为一个标准差，根据正态分布原理，我们可以预期大约 68% 的时间价格会保持在上下轨之间。当价格收在轨道之外时，这种情况较少见，大约占 32%，这可能是新趋势开始的初步线索。

如果将这个距离增加到两个标准差，我们可以预期价格几乎 95% 的时间都会在轨道内。在这种情况下，价格收在轨道之外极为罕见，只占大约 5%，这可能是一个新趋势开始的强烈信号。

选择使用的标准差倍数对交易策略至关重要。更高的标准差倍数意味着价格收在轨道之外的情况更少，这可能表明潜在趋势的强度更大。然而，这也意味着交易机会可能减少，因为价格突破轨道的频率降低。

交易中一个核心的理念是，当价格在布林带的上轨或下轨之外收盘时，这通常被视为新趋势开始的信号。基于这个理念，交易者会在价格突破轨道时进场，并将止损设置在中轨的另一侧，以管理风险。

尽管布林带是一个广泛使用的指标，自 20 世纪 80 年代以来就存在，但市场上缺乏一个明确定义参数的公开策略，供我们进行编码、审查和样本外测试。然而，这并不意味着没有成功的布林带交易策略。事实上，1986 年开发并于 1993 年首次销售的一个以布林带为基础的策略，被《期货真相》杂志评为“历史上十大交易系统之一”。

我没有购买这个策略，因此不了解其具体的变量设置，即使我知道也不会在这里分享，因为这涉及尊重原创者的知识产权和保密协议。但重要的是，这个策略的成功证明了布林带在趋势交易中的潜力和有效性。

当我提到 1986 年作为开发时间，1993 年作为发布时间时，我并不是指我自己测试的布林带策略是从 1993 年发布的。我是为了认可布林带在 20 世纪 90 年代成为最受欢迎的趋势交易工具之一的地位。布林带不仅广受欢迎，而且被证明是有效的，它为交易者提供了一种基于价格波动性的交易方法。

布林带的流行和成功，部分归功于它简单直观的交易信号，这些信号帮助交易者识别市场趋势并做出相应的交易决策。尽管我无法提供具体的样本外测试结果，但布林带作为交易策略的基石，其在20世纪90年代的流行度和成功度是不容忽视的。

话虽如此，我将用80日和一个标准差来编制一个趋势交易的布林带策略。以下是我将使用的规则。

规则	
策略：	布林带
开发时间：	1986
发布时间：	1993
数据：	每日
方法：	趋势交易
技术：	波动率突破
对称性：	做多和做空
市场：	所有
指标：	布林带
参数—数量：	2
	布林带（80）
	用于创建上轨和下轨的标准差倍数（1）
参数—对称性：	对做多和做空结构设置相同的参数值
参数—应用：	对所有市场设置相同的参数值
规则：	2
做多规则	
趋势：	上涨——上一个K线的收盘价高于布林带上轨
进场：	次日开盘时市场价买入进场
止损：	前一个K线低点低于布林带中轨
	次日开盘时市场价卖出离场
做空规则	
趋势：	下轨——上一个K线的收盘价低于布林带下轨
进场：	次日开盘时市场价卖出进场
止损：	前一个K线低点高于布林带中轨
	次日开盘时市场价买入离场

在图 6-24 中，我已经编程了我的布林带策略，以根据上述规则机械和系统地识别交易机会。

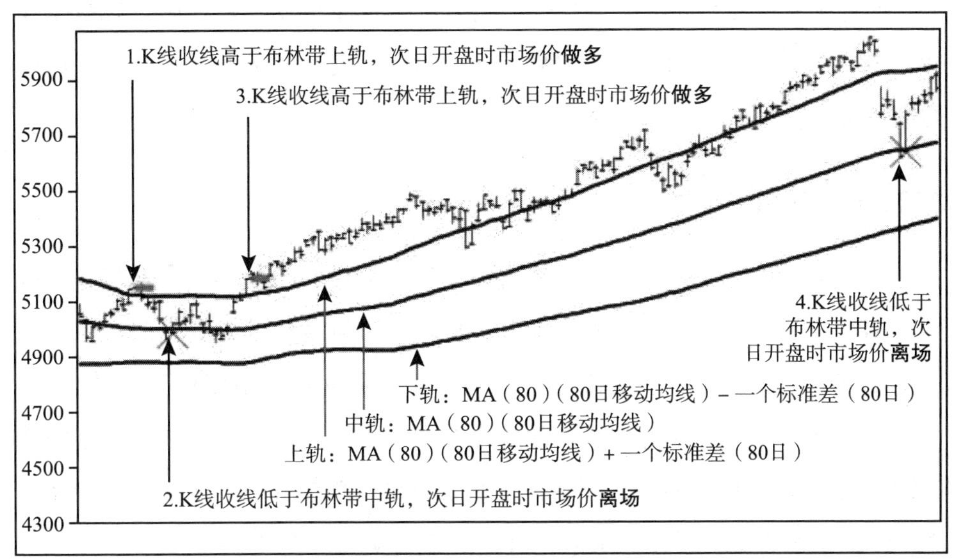

图 6-24 布林带策略将在价格扩张超过一个标准差后启动头寸，即价格在上下轨外收盘

让我们来看看布林带策略在我的 P24 投资组合上的表现如何。

结果	
P24 投资组合：	SB，ZW，CO，SO，HO，LC，GF，BP，SV，KC，CT，ZB，GC，HG，JY，LH，SP，TY，CL，FV，NG，ND，EC，YM
开始时间：	1980
净利润：	$1 558 476
总交易数：	2 954
平均利润：	$528
平均每次交易手续费和滑点：	–$51

我对布林带这一交易工具的效果印象深刻。然而，我必须指出，由于所使用的参数值是我设定的，这些结果不能被视为样本外测试的结果。因此，我不能断言这些结果证明了策略的稳健性。尽管如此，我可以公正地说，约

翰·布林格开发的布林带是一种强大的工具，它利用统计学原理来监测市场趋势并识别交易机会。

这种工具已经被纳入一种广受欢迎且被证明是成功的策略中，该策略在1993年首次商业化销售。这一策略用于寻找那些符合趋势交易三个黄金原则的交易机会。

ATR带（2020）

接下来，我想探讨的是另一种波动率突破策略，即基于平均真实波动范围（ATR）的交易策略。这种策略在核心理念上与布林带策略相似，但它采用的是ATR指标，而不是标准差，来测量市场波动率并据此创建上下轨。

ATR作为一种衡量市场波动性的指标，提供了一种灵活的方法来适应市场的变化。通过使用ATR来设定上下轨，这种策略能够更直接地反映价格的波动性，从而为交易者提供了另一种捕捉市场动态的工具。

尽管我不能确切地将这种基于ATR的策略归功于某一位特定的交易者，但这并不妨碍我们认识和利用这一策略在交易中的价值。

以下是我制定的规则。

规则	
策略：	ATR带
开发时间：	2020
发布时间：	2020
数据：	每日
方法：	趋势交易
技术：	波动率突破
对称性：	做多和做空
市场：	全部
指标：	移动平均线
	ATR
参数—数量：	3
	移动平均线（80）

（续）

	ATR（80）
	ATR 倍数（2），用于创建上下轨
参数—对称性：	对做多和做空结构设置相同的参数值
参数—应用：	对所有市场的参数值相同
规则：	2
做多规则	
趋势：	上升——之前的收盘价上破 ATR 带上方
进场：	第二日开盘时市价买入
止损：	之前的收盘价低于移动平均线
	第二日开盘时市价卖出
做空规则	
趋势：	下降——之前的收盘价下破 ATR 带下方
进场：	第二日开盘时市价卖出
止损：	之前的收盘价高于移动平均线
	第二日开盘时市价买入

和布林带突破策略一样，我已经按照上面的规则编程好了 ATR 带突破策略，如图 6-25 所示。

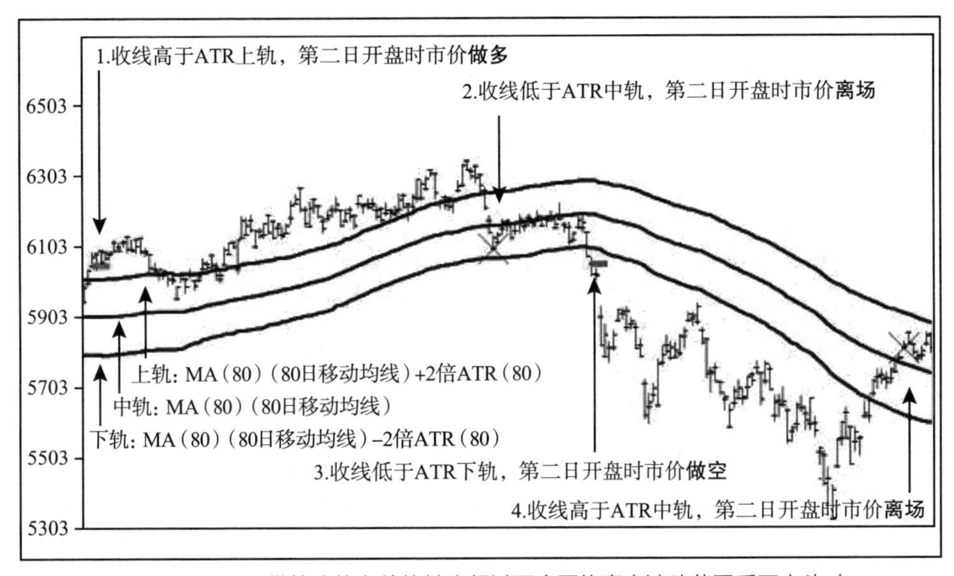

图 6-25　ATR 带策略将在价格扩张超过两个平均真实波动范围后开立头寸

现在，我要对我的 P24 投资组合运行这个策略。

结果	
P24 投资组合：	SB，ZW，CO，SO，HO，LC，GF，BP，SV，KC，CT，ZB，GC，HG，JY，LH，SP，TY，CL，FV，NG，ND，EC，YM
开始时间：	1980
净利润：	$1 193 319
总交易数：	3 544
平均利润：	$337
平均每次交易手续费和滑点：	–$51

这个策略已经显示出了积极的结果，与布林带策略一样，它在交易实践中被证明是有效的。然而，需要注意的是，由于参数值是由我设定的，我们无法将这些结果视为样本外测试的证据，但这并不妨碍我们认识到策略的潜在价值。尽管如此，我在这里将 ATR 带策略与布林带策略一同视为衡量市场波动性的两种不同、但可以互补的方法。

在结束对绝对动量“突破”趋势交易策略的回顾之后，我接下来想要探讨的是另一种绝对动量策略——“回撤”型策略。这种策略基于不同的交易逻辑，它关注的是市场在强劲趋势后的回撤机会，它为我们提供了另一种捕捉市场波动的视角。

回撤趋势交易

突破策略的核心在于迅速响应市场的动向，当价格突破关键水平时立即进场交易。相比之下，回撤策略则采取更耐心的方法，等待价格在强劲趋势后出现自然的暂停和回撤，然后以顺应原趋势的方向进行交易。

与我们之前讨论的其他趋势交易策略一样，回撤策略也遵循趋势交易的基本原则，但它的独特之处在于其对入场时机的把握。这种策略利用市场的自然波动，寻找更有利的价格点进行交易，从而提高交易的潜在价值。

通过这种方式，回撤策略不仅融合了趋势交易的精髓，还通过精准的时机选择优化了交易成本和风险管理，这是其区别于其他策略的关键优势。

□ 回撤交易系统

我将回顾两种回撤策略，希望这能让你很好地理解该思路。第一个将是亚历山大·埃尔德博士的三重滤网交易系统（TSTS）。

埃尔德的三重滤网交易系统（1985）

亚历山大·埃尔德博士是一位经验丰富的交易者，他在1985年制定了自己的交易策略，并在1986年的《期货》杂志上首次公开分享。这一策略以其独特的多时间框架分析而闻名，后来在1993年，他在自己的畅销书《以交易为生》中进一步阐述了这一方法。

该策略的核心是在三个不同的时间框架内寻找和确认趋势交易机会：周度、日度和日内。周度价格分析用于确定市场的主导趋势。日度价格分析用于识别与这一趋势一致的回撤，即市场价格的暂时反向移动。最后，日内价格行为用于精确确定进场点，以捕捉趋势恢复的时机。

对于大多数私人交易者而言，这种多时间框架的方法提供了一种全面的视角，帮助他们更好地理解市场动态，并在适当的时机进行交易。通过结合长期趋势分析和短期价格行为，埃尔德博士的策略为交易者提供了一种系统化的方法，以优化他们的交易决策。

趋势

亚历山大·埃尔德博士在其交易策略中采用了异同移动平均线指标（MACD）的直方图斜率，这是一种流行的技术分析工具，用于识别市场趋势的强度和方向。通过比较当前一周与前一周的MACD值，可以直观地观察趋势的变化。若直方图斜率上升，表明市场动能增强，趋势倾向于看涨，此时交易者应专注于寻找做多机会。相反，如果斜率下降，则趋势可能看跌，交易者应考虑做空机会。

埃尔德特别指出，最佳的做多信号通常为MACD直方图的斜率在零值以下上升时（负数），而最佳的做空信号则在零值以上下降时（正数）。然而，在我的测试中，这些特定条件并未得到一致验证。因此，在我的策略实施中，除了考虑MACD直方图的周斜率，我没有对趋势做任何额外的限制，以保持策略的简洁性和适应性。

通过这种方式，我的策略尝试维持埃尔德原始方法的核心原则，同时通过去除未经验证的条件，来提高策略的实用性和灵活性。

回撤

为了识别周趋势中的适当回撤水平，亚历山大·埃尔德博士推荐使用力指数，也称为Elder-Ray振荡器，这是他本人开发的一个技术指标。这个指标有助于交易者评估市场动能，并确定趋势的持续性或潜在的反转信号。

除了力指数，埃尔德博士还建议交易者考虑使用其他振荡器指标，如随机振荡器或威廉指标，这些工具同样能够提供对市场超买或超卖状态的洞察，从而帮助交易者确定可能的回撤水平。

在本篇评论中，我选择使用埃尔德博士自己开发的Elder-Ray振荡器，因为它不仅与他的多时间框架交易策略相协调，而且能够提供关于市场动能变化的直接信息。通过这种方式，Elder-Ray振荡器成了评估趋势持续性和识别交易机会的重要工具。

交易计划

在亚历山大·埃尔德博士的交易策略中，进场点的选择是在价格突破前一个满足趋势和回撤条件的K线时。具体来说，对于做多交易，初始止损设置在开仓结构K线或进场K线的最低点，以避免小幅度的波动导致过早止损。对于做空交易，初始止损则设置在相应的最高点。

一旦交易开始盈利，初始止损点会调整到盈亏平衡的位置，以保护资本不受损失。此外，策略建议使用未平仓利润的50%回撤作为跟踪止损点，这在理论上是合理的，因为它允许市场波动而保持盈利潜力。

然而，我在使用这个策略时发现，虽然初始止损和盈亏平衡止损都是有效的，但将跟踪止损设置为未平仓利润的50%回撤在实际交易中可能存在实用性问题。长期保持开放的头寸可能会导致策略在快速变化的市场中不够灵活。基于市场的实际动态和交易者的心理承受能力，长期持仓可能会非常具有挑战性。

因此，我对该策略进行了调整，使用最近的波段点作为跟踪止损点。这种方法更加注重市场的实际波动，提供了一种更为灵活和适应性更强的止损机制，以应对市场的不断变化。

根据我对埃尔德的三重滤网交易系统的理解，以下是我的交易规则。

规则	
策略：	TSTS
开发时间：	1985
发布时间：	1986
数据：	每日
方法：	趋势交易
技术：	回撤
对称性：	做多和做空
市场：	全部
指标：	MACD（12，26，9） Elder-Ray（13）
参数—数量：	5 MACD（3） Elder-Ray（1）

（续）

	跟踪止损：回撤百分比（50%）用以保护持仓浮盈
参数—对称性：	对做多和做空结构设置相同的参数值
参数—应用：	对所有市场都适用
规则：	6
做多规则	
趋势：	上行——周度 MACD 柱开始上升 上一周的柱状图高于前一周
回撤：	下行——Elder-Ray 熊市力量跌破零值后，反弹向零值回归
进场：	突破前一个 K 线的高点买入
初始止损：	在开仓结构 K 线或进场 K 线的最低点被跌破时卖出
盈亏平衡止损：	在出现开仓利润后将止损点移动到盈亏平衡点
跟踪止损：	最近的波段低点被突破时卖出
做空规则	
趋势：	下行——周度 MACD 柱开始下降 上一周的柱状图低于前一周
回撤：	上行——Elder-Ray 牛市力量涨破零值后，回落向零值回归
进场：	突破前一个 K 线的低点买入
初始止损：	在开仓结构 K 线或进场 K 线的最高点被涨破时买入
盈亏平衡止损：	在出现开仓利润后将止损点移动到盈亏平衡点
跟踪止损：	最近的波段高点被突破时买入

在图 6-26 中，我通过编程实现了 TSTS 策略，以一种机械和系统化的方式识别并交易那些符合特定规则的趋势交易机会。这里，我想对一些细节进行简要说明。

对于熟悉 MACD 指标的人来说，可能会注意到图 6-26 中的 MACD 表示方式与常规有所不同。这是因为我在 Excel 中使用了 VBA 自行编程，将原本应按周显示的 MACD 直方图转换为按日显示，用水平虚线表示。当这些虚线出现在日度 K 线图的上方时，它反映了上周的周度 MACD 柱状图低于前一周，指示趋势正在下降。

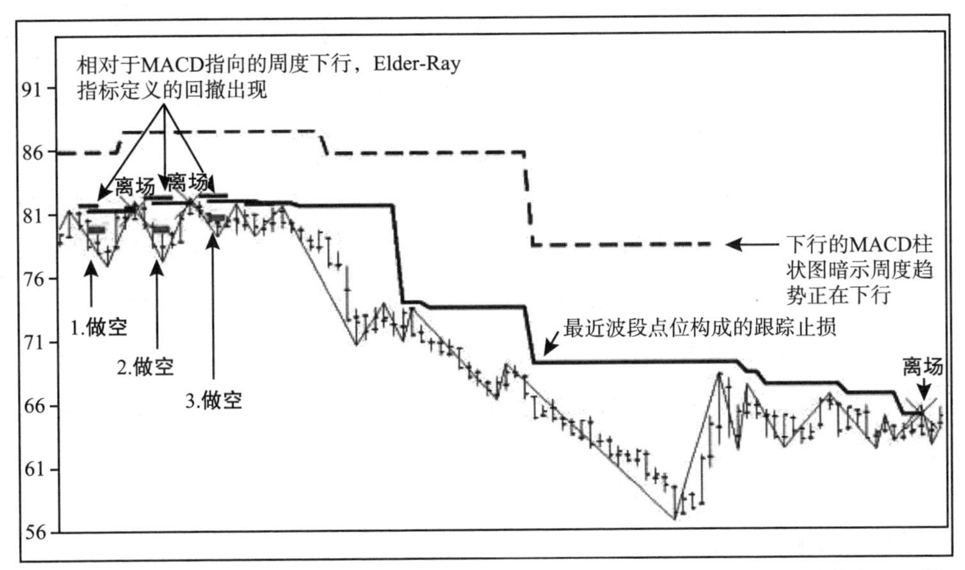

图 6-26 埃尔德的三重滤网交易系统在开始交易前，先等待较高时间框架内的趋势出现回撤

根据 TSTS 策略，这种下降趋势表明我们需要等待一个由 Elder-Ray 指标定义的回撤发生，才能考虑卖出机会。这意味着，只有当市场显示出与周趋势相反的短期回撤时，TSTS 策略才会寻找入场信号。

通过这种方式，图表中的 MACD 和 Elder-Ray 指标共同为 TSTS 策略提供了关键的信号，帮助交易者在符合策略条件的情况下做出更明智的交易决策。

以下是三重滤网交易系统自 1980 年以来，在我的 P24 投资组合上的表现结果。

结果	
P24 投资组合：	SB，ZW，CO，SO，HO，LC，GF，BP，SV，KC，CT，ZB，GC，HG，JY，LH，SP，TY，CL，FV，NG，ND，EC，YM
开始时间：	1980
净利润：	$336 473
总交易数：	$11 633
平均利润：	$29
平均每次交易手续费和滑点：	–$51

尽管埃尔德的 TSTS 策略在样本外测试中显示出了积极的结果，但我们也面临着一些挑战。虽然大多数结果都是正面的，表明策略在真实市场条件下是有效的，但我们也注意到平均净利润相对较低。这可能意味着策略需要进一步优化，以提高其盈利能力。然而，策略中最宝贵的教训是交易方向要与更高时间框架的趋势保持一致。这意味着，我们不仅要关注短期价格波动，还要理解长期趋势的动态，并确保我们的交易决策与这些趋势相一致。通过这种方式，我们可以更好地利用市场的动能，减少逆势交易的风险。在实践中，我们需要深入分析不同时间框架的价格行为，从而识别和确认趋势。一旦我们确定了更高时间框架的趋势方向，我们就可以根据 TSTS 策略原则，寻找一致的交易机会。

均值回归策略（2020）

这一策略与 TSTS 策略相似，它利用市场倾向于回归均值的特性，等待趋势的回撤后再寻求顺趋势方向的交易机会。市场经常在一段时间内朝一个方向移动，然后不可避免地发生反转回撤，这种现象在价格波幅分布图中表现为“尖峰”现象，即价格在极端波动后往往会回归到平均值。

我将这种策略称为“均值回归策略”，它使用两个不同周期的布林带通道，每个通道的标准差设为 1。较长周期（30 日）的布林带用于定义趋势，而较短周期（15 日）的布林带用于捕捉回撤。当每日收盘价突破较长周期布林带时，策略识别出趋势；随后，等待每日收盘价突破较短周期布林带的相反方向，以确认回撤的发生。

一旦回撤得到确认，策略将在第一个突破日 K 线的位置启动交易，顺着趋势方向进行。初始止损设置在开仓结构 K 线或进场 K 线的另一侧，选择更远的一边以提供更大的保护。跟踪止损则设置在最近的波段点，以确保在市场波动中保持灵活性。

这种策略并非源自任何已知的特定交易者，我出于保守考虑，将其视为一种新兴的方法。这种策略的目的是结合市场的均值回归特性和布林带的动态波动性，以实现更有效的趋势跟踪和风险管理。

让我总结一下规则。

规则	
策略：	均值回归
开发时间：	2020
发布时间：	2020
数据：	每日
方法：	趋势交易
技术：	回撤
对称性：	做多和做空
市场：	全部
指标：	布林带
参数—数量：	3
	代表趋势的布林带通道线的数据引用跨度（30 个 K 线）
	代表回撤的布林带通道线的数据引用跨度（15 个 K 线）
	标准差倍数（1）用于绘制上轨和下轨
参数—对称性：	对做多和做空结构设置同样的参数值
参数—应用：	对所有市场设置相同的参数值
规则：	5
做多规则	
趋势：	上行——前一个收盘价高于代表趋势的布林带上轨
回撤：	下行——前一个收盘价低于代表回撤的布林带下轨
进场：	第一次突破前一个 K 线高点时买入
初始止损：	在开仓结构 K 线或进场 K 线的最低点被下破时卖出
跟踪止损：	最近的波段低点下破时卖出
做空规则	
趋势：	下行——前一个收盘价低于代表趋势的布林带下轨
回撤：	上行——前一个收盘价高于代表回撤的布林带上轨
进场：	第一次突破前一个 K 线低点时卖出
初始止损：	在开仓结构 K 线或进场 K 线的最高点被上破时买入
跟踪止损：	最近的波段高点上破时卖出

在图 6-27 中，我已经编写了这个均值回归策略，以根据上述规则机械和系统地识别交易机会。

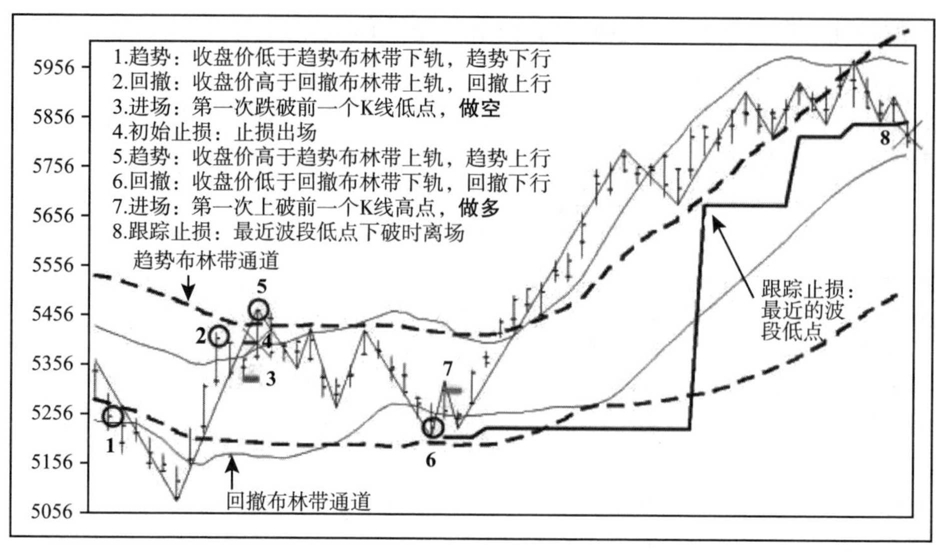

图 6-27 均值回归策略将等待逆趋势回撤后再开始交易

以下是该策略自 1980 年以来在我的 P24 投资组合中的表现。

结果	
P24 投资组合：	SB，ZW，CO，SO，HO，LC，GF，BP，SV，KC，CT，ZB，GC，HG，JY，LH，SP，TY，CL，FV，NG，ND，EC，YM
开始时间：	1980
净利润：	$535 005
总交易数：	5 163
平均利润：	$104
平均每次交易手续费和滑点：	–$51

虽然该策略在初步测试中表现出色，但需要注意，这些结果不是样本外数据，而是基于我最近设定的策略参数和变量值。因此，尽管这些积极的结果令人鼓舞，我们还不能断言这些结果证明了策略的稳健性，我们需要更多的测试和验证。即便如此，我认为该策略很好地阐释了基于均值回归的回撤型趋势交易策略的运作机制。这种策略利用市场的自然波动和回归均值的倾向，来寻找入场和退出的时机。此外，该策略也体现了趋势交易的核心原

则，即顺应长期趋势的方向进行交易，并且拥抱三个黄金原则。

回到随机趋势交易者（2020）

在完成对策略回顾之前，请允许我回到早期的科学实验，也就是随机趋势交易者。它展示了两个黄金原则的力量，“截断损失”和“让利润持续奔跑”。让我们看看第三个黄金原则“顺趋势”是否对随机趋势交易者有所帮助。在我们这么做的时候，我会增加手续费和滑点费。我假设实验策略从现在开始。

以下是交易规则以及新的顺趋势的要求。

规则	
策略：	随机趋势交易者
开发时间：	2020
发布时间：	2020
数据：	每日
方法：	趋势交易
技术：	掷硬币
对称性：	做多和做空
市场：	所有
指标：	移动平均
参数—数量：	3
	移动平均线（200）
	初始止损（1%）
	跟踪周度止损（1）
参数—对称性：	买卖设置的参数值相同
参数—应用：	所有市场的参数值都相同
规则：	4
做多规则	
开仓：	自然日K线
趋势：	上行——前一个收盘价高于200日移动均线
进场：	如果抛硬币的结果是买入，就第二天开盘时市价买入
初始止损：	在价格下跌1%时市价卖出

（续）

跟踪止损：	前一周低点下破时卖出
做空规则	
开仓：	自然日 K 线
趋势：	下行——前一个收盘价低于 200 日移动均线
进场：	如果抛硬币的结果是卖出，就第二天开盘时市价卖出
初始止损：	在价格上涨 1% 时市价买入
跟踪止损：	前一周高点上破时买入

让我们看看当一个趋势过滤器被引入，随机趋势交易者策略在我的 P24 投资组合中表现如何。

结果		
P24 投资组合：	SB，ZW，CO，SO，HO，LC，GF，BP，SV，KC，CT，ZB，GC，HG，JY，LH，SP，TY，CL，FV，NG，ND，EC，YM	
开始时间：	1980	
	未引入趋势过滤	引入 200 日均线的趋势过滤
总利润：	–$61 957	$568 075
交易次数：	31 953	15 871
平均利润：	–$2	$36
平均每次贸易手续费和滑点：	–$51	–$51

看起来非常不错。顺趋势交易的效果就是不一样。可以有把握地说，顺趋势交易是有效的，从平均损失 2 美元跳升到平均利润 36 美元。对于一种抛硬币的策略来说，这不算糟糕。不过，这个结果还不足以让我们有进一步的考虑。

小结

虽然不是全面的回顾，但我在这里分享的内容很好地代表了趋势交易领域中流行的一些策略。在表 6-2 中，我总结了回顾的策略。

表 6-2 这些策略很好地反映了交易者可以用来进行趋势交易的不同方法

策略模型	类型	发布时间	交易对象	净利润	交易次数	平均利润	手续费 / 滑点
随机趋势交易者	抛硬币	2020	P24	–$61 957	31 953	–$2	–$51
赫恩的 1% 规则	相对价格变化率	1870	P24	–$2 056 953	59 294	–$35	–$51
加特利的 3 周和 6 周交叉	相对价格变化率	1935	P24	$1 079 398	3 387	$319	–$51
唐奇安的 5 日和 20 日交叉	相对价格变化率	1960	P24	$520 675	13 306	$39	–$51
50 日和 200 日的黄金交叉	相对价格变化率	2020	P24	$1 715 940	1 235	$1 389	–$51
月度收盘价策略	相对时间变化率	1933	P24	$1 003 526	4 993	$201	–$51
季度收盘价策略	相对时间变化率	1933	P24	$611 092	1 670	$366	–$51
李嘉图规则	价格突破	1838	P24	$622 552	20 392	$31	–$51
道氏理论	波段突破	1900	P24	$1 090 346	17 927	$61	–$51
利弗莫尔回撤	横盘突破	1940	P24	$35 136	1 279	$27	–$51
达瓦斯箱体	横盘突破	1960	P24	$136 731	636	$215	–$51
阿诺德 PPS	横盘突破	1995	P24	$450 780	2 586	$174	–$51
唐奇安的 4 周规则	通道突破	1960	P24	$1 601 223	6 120	$262	–$51
德雷福斯的 52 周规则	通道突破	1960	P24	$1 442 906	475	$3 038	–$51
海龟交易	通道突破	1983	P24	$1 418 786	5 212	$272	–$51
布林带	波动率突破	1993	P24	$1 558 476	2 954	$528	–$51
ATR 带	波动率突破	2020	P24	$1 193 319	3 544	$337	–$51
埃尔德三重滤网交易系统	回撤	1986	P24	$336 473	11 633	$29	–$51
均值回归	回撤	2020	P24	$535 005	5 163	$104	–$51
随机趋势交易者（带有 200 日均线）	抛硬币	2020	P24	$583 946	15 871	$37	–$51

对于每个策略，如果已知发布日期，我就会公布；然而，对于那些没有发布日期的策略，我将赋予本书出版的年份。

我希望通过这次简要的策略回顾，让你能够清晰地理解每个策略定义趋势的方式，以及它们识别进场、止损和离场位置的方法。每个策略都是基于对交易的黄金原则的独特诠释来执行的。在审视这些策略时，建议你记录下那些特别引起你共鸣的想法。这些想法在你未来开发个人交易策略时，可能会成为宝贵的资源和灵感。

现在，你已经对趋势交易有了深入的了解，并对不同的交易策略有了充分的认识，接下来是考虑选择适合自己的交易方法的时候了。但在我们深入探索和选择一个明智且可持续的交易方法之前，至关重要的是理解在风险调整的基础上评估策略表现的方法。

风险调整意味着在评估交易策略时，不仅要考虑收益，还要考虑为了获得这些收益所承担的风险。这是确保长期交易成功的关键因素。一个策略可能在不考虑风险的情况下显示出较高的收益，但如果风险过高，那么这些收益可能难以持续。

因此，在继续我们的交易之旅之前，让我们首先聚焦于风险调整对策略表现评估的影响，确保我们选择的策略不仅能带来收益，而且能在可接受的风险水平内运作。

| 第7章 |

测量风险

在实现交易的可持续性之前，首先必须确保能够在市场中稳健生存。

我在交易领域能够持续存活并占据一席之地，主要是因为我始终将风险控制放在首位。我的生存之道归功于对交易风险的有效管理。尽管我不敢自称完美，但我的风险管理能力足以让我在这个充满不确定性的市场中立足。我专注于风险管理，这让我能够在市场的日常波动中保持活力，为那些罕见但有利可图的交易机会做好准备。我坚信，在交易中，生存比短期利润更重要。因此，我的首要交易目标是确保自己能够抵御爆仓风险，即使这意味着在某些时候要接受零收益或极低的收益。通过将爆仓风险降至最低，我确保了自己有资格参与市场，进行持仓调整和管理。请相信，只有我们能够有效规避爆仓风险，才能在市场中长期生存并捕捉到那些能够带来实质性收益的机会。

在我确保了能在市场中生存之后，第二个目标是最大化投资收益。为此，我致力于寻找和实施一个具有正向期望的稳健交易策略。正如稍后将介绍的，我将利用一系列工具来评估、开发和筛选出那些具有高价值的交易策略。一个好的策略的最明显的特征：能够带来健康的收益。我们都追求盈利，但识别并选择具有最大盈利潜力的策略是一个复杂的过程。作为交易者，我们必须理解，盈利潜力总是伴随着一定水平的风险。为了实现这一目标，我将深入分析策略的收益与风险比例，确保在追求最大化收益的同时，也能够合理地控制风险。这涉及对策略的细致审查，以及对市场行为的深刻理解。通过这种方法，我们控制风险在可接受范围内的同时，优化我们的交易策略，以实现最大的收益潜力。

在第 7 章中，我将重点讨论在考虑风险调整后收益的基础上衡量交易策略表现的重要性。这种方法强调了在评估策略时，不仅要看其最大收益潜力，还要考虑为实现这些收益所需承担的风险。

如何衡量策略的业绩表现

衡量交易业绩时，我们通常会考虑净利润，即扣除平均手续费和滑点之后的收益，以及策略的 CAGR，它反映了投资在一定时期内的平均年收益率。虽然我非常重视 CAGR 作为一个关键绩效指标，但这些指标仅提供了业绩的一个维度。

净利润和 CAGR 描述了投资的最终结果，但并未涵盖实现这些结果的过程。它们没有考虑到交易过程中的风险，这是评估策略时不可忽视的一个重要方面。

过分迷恋高盈利策略而忽视每日、每周和每月盈利的波动性是不足取的。虽然高收益可能令人兴奋，但如果它的代价是要伴随着剧烈的权益波动和高回撤，这种策略的吸引力就会大大降低。我们追求的是一个稳健的策略，它在提供合理收益的同时，也能维持较低的风险和波动性。

在评估交易策略时，我们不应仅仅关注净利润和CAGR，这些指标虽然重要，但它们不能全面反映策略的风险与收益。一个更全面的绩效衡量标准应该包括风险调整后的收益，这样我们才能确保交易决策的均衡性和可持续性。

作为交易者，我们需要深入了解策略背后的风险承担。表现良好的策略可能是基于高风险的投资，而我们的目标是以较低的风险实现稳健的回报。虽然我们都渴望实现理想的交易结果，但我们必须认识到，持续稳定的收益往往比短期内的高收益更为重要。

为了避免仅因为策略的高盈利能力或高CAGR而做出错误的策略选择，我们必须将波动性和风险纳入分析。我们需要评估承担每单位风险所带来的收益，以及这些收益是如何产生的。是通过承担了不合理的风险，还是通过精心设计的策略实现的？

为了更准确地评估策略，我们应该在分析工具包中加入风险调整的表现指标，那该怎么实现呢？

在衡量交易策略的表现时，风险调整是一个关键的考量因素，有多种方法可以帮助我们评估。一些交易者可能会关注策略的波动性、系统稳定性以及回撤情况，而另一些可能更倾向于分析夏普比率和索蒂诺比率，这些指标可以帮助我们了解每单位风险所带来的收益。此外，还有一些更复杂的风险调整指标，如卡玛比率、Mar比率、特雷诺比率、马丁比率、詹森的阿尔法和莫迪利亚尼测量，这些在专业交易圈中也经常被讨论。然而，为了避免这些复杂的术语和概念让新手感到困惑，让我们自己陷入不必要的复杂性，我打算在第7章中仅专注于介绍风险调整后收益的基础概念。

我们将从最基本的风险调整指标开始，确保每个人都能够理解并应用这些概念来评估交易策略。通过掌握这些基础知识，我们可以更有信心地迈出评估和选择交易策略的第一步。

测量风险调整后收益

正如先前所讨论的，存在多种测量风险调整后收益的方法。一种常见的方法是通过策略的年收益率除以某个风险指标，来标准化每单位风险的收益。这种方法的目标是评估每承担一定量的风险，策略能够产生多少收益。

将策略收益按照风险来标准化，会得到每单位风险的收益值（见图 7-1）。在经过风险调整后，单位风险的收益价值较高的策略，将优于单位风险的收益价值较低的策略。

$$经风险调整的收益 = \frac{年化收益}{年化风险}$$

图 7-1　交易者需要了解一个策略的每单位风险的收益，才能深入了解其收益是如何产生的

以图 7-2 中总结的两种交易策略为例。

风险调整后收益衡量

	年收益率	年风险率	每单位风险的收益率
策略 A	20%	40%	0.50%
策略 B	10%	5%	2.0%

图 7-2　以风险调整后收益为基础，策略 B 优于策略 A

让我们以两种假设的交易策略为例进行比较。策略 A 提供了较高的年收益率，达到 20%，但它的年风险率也较高，为 40%。这意味着每单位风险，策略 A 的年收益率是 0.5%。相比之下，策略 B 的年收益率为 10%，年风险率为 5%，每单位风险的收益率则为 2%。

在风险调整的基础上，尽管策略 B 的绝对收益较低，但由于其风险也较低，因此在风险调整后的表现上，策略 B 优于策略 A。这是因为策略 B 在每单位风险上产生的收益更高，表明它在风险控制和收益效率上更优秀。

正如我所提到的，在风险调整测量的领域中，存在着相当多的工具。其中两个比较受欢迎的是夏普比率和索蒂诺比率，而第三个不太被接受的是溃疡表现指数（UPI）。

这些指数都使用相同的分子，即策略的超额年化收益，也就是策略收益超出无风险利率的部分。它们的目标是衡量这部分超额收益相对于基线（无风险利率）的波动性。不同之处在于它们所采用的分母，即用作衡量风险的指标。通过这样做，它们各自将策略的表现按风险（波动性）单位进行缩放。在风险调整的基础上，每承担单位风险获得的收益更高的策略是更优越的。

所以，关键的区别在于它们各自认定的风险衡量指标。

夏普比率（见图7-3）通过使用投资组合收益的标准差作为分母，考虑了所有收益的波动性，包括正收益和负收益。这种方法简单明了，但可能不会区分好的风险和坏的风险。

索蒂诺比率（见图7-4）则更为关注下行风险，只将负收益的标准差作为分母。这使得索蒂诺比率能够更精确地衡量投资组合在不利市场条件下的表现。

而UPI（见图7-5）则使用溃疡指数（UI），它衡量的是策略在下跌期间的平均下降幅度，从而提供了对策略承受压力能力的评估。

$$夏普比率 = \frac{超额年化收益}{超额年化收益的标准差}$$

图7-3 夏普比率是风险调整后收益的行业标准测量方式

$$索蒂诺比率 = \frac{超额年化收益}{年化负收益的标准差}$$

图7-4 索蒂诺比率通过只关注下行风险，改进了夏普比率

$$UPI = \frac{超额年化收益}{UI}$$

图7-5 UPI通过关注UI定义的下行风险（平均回撤）的深度和广度，改进了索蒂诺比率和其他比率

标准差——风险的衡量指标

在这三个指标中，被引用最多的是夏普比率和索蒂诺比率。在这两者中，夏普比率是最受欢迎的。这是行业标准。夏普比率的受欢迎程度使其分母（收益的标准差）成为最常用的风险衡量指标。

因此，对于金融机构内部的大多数人来说，标准差是公认的风险或波动性的衡量标准。然而，它作为业界共识被接受，是否可以使其成为策略风险的最佳仲裁者？

让我们仔细看看。

标准差——计算和解释

标准差只是衡量收益与其平均值的离散度（见图 7-6）。这是一个简单的计算方法，特别是当你已经有一个电子表格时。若你不明就里，我告诉你它涉及以下计算：

1. 计算平均值。
2. 从每个数据点中减去平均值。
3. 将数据点与平均值之间的差值进行平方。
4. 计算平方差的平均值。
5. 计算平方差的平均值的平方根。

如果一个策略的收益遵循正态分布（尽管我们知道，这样的假设是值得怀疑的），那么可以预计 68% 的收益将在平均收益的正负一个标准差范围内。例如，如果一个策略的平均年收益率为 10%，而离散度约为 30%，那么人们预计在一年的 68% 的时间里，该策略的年收益率将在

–20%（=10%–30%）到 +40%（=10%+30%）的范围内。

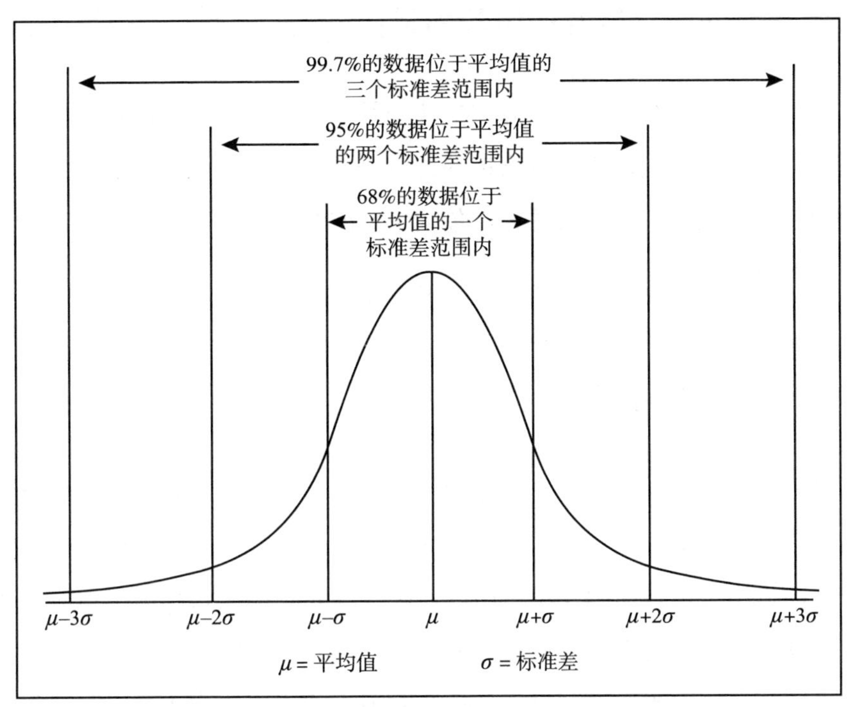

图 7-6 标准差衡量的是收益与平均值的差异性，标准差是衡量风险的业内公认的衡量指标

标准差——优势

使用标准差作为风险的衡量指标有两个优点。首先，它易于计算和理解。只要有了历史数据和电子表格，就能直接进行计算。其次，它为交易者提供了一个预测模型，他们可以以此来估计未来的年收益。无论他们是希望使用一个标准差（68%）、两个标准差（95%）还是三个标准差（99.7%），交易者都可以估计他们的年度收益的可能范围。标准差为他们提供了一架展望未来的望远镜。

标准差——是最好的风险衡量指标吗

虽然标准差在金融行业中被广泛接受并用作衡量波动性的标准工具，但对其作为交易者最佳风险衡量指标的地位仍有待商榷。标准差衡量的是收益的波动性，既包括正向的收益，也包括负向的收益，但这种全面性有时不足以区分不同类型的风险。

标准差——劣势

尽管标准差是金融行业中广泛使用的风险衡量工具，它通过量化投资收益的波动性来评估风险，但这种方法存在一些局限性。标准差衡量的是收益的波动性，不论是正向的还是负向的，它并没有考虑到市场参与者对这些波动的心理和行为反应。标准差的主要弱点在于它不能区分投资者对盈利和亏损的不同感受。在现实中，投资者往往对损失的厌恶远大于对同等金额盈利的喜好，这种现象被称为损失厌恶。此外，标准差也不能反映连续损失对投资者的心理影响，这可能导致投资者在面对持续下行的市场时做出非理性决策。因此，它没有考虑到现实中的市场环境。

□ 它忽略了市场的现实——价格不是正态分布的

标准差作为一种风险衡量工具，其有效性基于一个关键假设：市场价格或回报的变化应遵循正态分布，即呈现钟形曲线的形状。正态分布的假设意味着价格变化是对称的，并且极端值（大盈利或大损失）出现的概率较低。然而，如我们在第 3 章中所讨论的，市场价格的变化往往不遵循正态分布，特别是它们展现出所谓的“厚尾”现象，即极端价格变化比正态分布所预测的现象更常见。这种特性表明，市场价格的波动性比标准差所暗示的要大，这增加了出现极端损失的风险。此外，趋势交易策略的收益分布可能具有偏度，意味着小额损失比大额盈利更常见，同时伴有异常高的峰度，这导致了在某些时候可能出现巨大的盈利。这种偏度和厚尾的存在扭曲了收益分布，使其不再是标准的钟形曲线，而是呈现出不对称性。

鉴于这些现实情况，标准差显然不能准确地衡量风险。我很困惑，为什么这么多人使用一种依赖于正态分布结果的风险度量，而实际上我们已经知道它们并不遵循正态分布，这显然是荒谬的。

标准差不仅不能认识到策略结果分布的现实情况，而且也不能反映出交易者对风险的感受。

□ 忽视了交易者的现实——并非所有的风险都是平等的

标准差衡量的是投资结果的波动性，不论是盈利还是亏损，它并不考虑这些结果的时间顺序。这与我们作为交易者处理盈亏的方式不同。虽然盈利能够带来账户增值，但损失却是我们更为警惕的，因为它们可能导致账户回撤和心理压力。交易者确实关注损失，因为连续的亏损会影响整体的投资表现和情绪。然而，标准差作为一个波动性指标，并没有反映出对损失顺序的担忧。

简言之，并非所有风险在交易者眼中都被视为平等。标准差作为一种衡量波动性的工具，它平等地对待所有个别结果，不论它们是正面的还是负面的。然而，这种处理方式并没有考虑到交易者对不同类型风险的不同态度：

1. 交易者偏好上行的风险，因为它代表着潜在的利润，而面对下行的风险持谨慎态度，因为损失会对投资组合造成直接的负面影响。
2. 交易者特别关注连续的负收益，因为它们可能导致权益回撤，这不仅影响投资收益，还可能对心理造成压力。

让我们仔细看看。

□ 未获得合理评价的盈利能力

风险通常被定义为投资收益的不确定性，这包括正收益（利润）和负收益（亏损）。标准差作为衡量波动性的工具，能够捕捉到收益的离散程度，无论这些离散值是正的还是负的。

尽管标准差能够提供收益波动的度量，但交易者通常更关注账户的亏损的可能性。他们的主要目标是规避可能导致资本损失的下行风险。与此同时，适度的上行收益波动是交易的一部分，因为它代表着盈利的机会。因此，标准差并不能区分上行（好的利润）和下行（坏的损失）的波动性。它只关注波动性，而不关注其波动方向。

使用标准差作为衡量风险的指标时，我们可能会遇到一些局限性。标准差计算了所有结果的波动性，包括那些导致正收益的波动。这意味着，即使一个策略在产生较大正收益的同时只有较小的回撤，它的标准差也可能较高。也就是说以标准差的视角来衡量，一个优秀的策略反而因为其出色的盈利能力而遭到指标的低估。

例如，一个趋势跟踪策略可能涉及许多小损失和偶尔的大利润，这样的策略在标准差的计算中会显示出较高的数值。这可能导致它在风险调整后收益的评估中得分较低，即使它的长期表现可能是积极的。

另一方面，一个均值回归策略可能涉及许多小收益和偶尔的大损失，可能在标准差计算中显示出较低的数值，从而在风险调整后收益的评估中得分较高，尽管它可能面临不定期的巨大损失。

因此，尽管标准差提供了一个衡量波动性的方法，但它可能没有充分考虑到交易者所关注的风险类型。在评估风险调整后收益时，可能需要考虑其他因素，以更准确地反映策略在实际交易环境中的表现。

尽管标准差是金融领域常用的风险衡量工具，但它在处理显示出正偏态和厚尾分布的交易策略结果时存在局限性。夏普比率和索蒂诺比率等流行的风险调整后收益衡量标准，虽然在某些情况下有用，但它们基于标准差，可能无法完全捕捉到交易者面临的实际风险。

我再说一遍。交易者在评估策略时，特别关注策略获取正收益的潜力以及控制亏损的能力。而标准差没有充分考虑到交易者对盈利和亏损的不同态度，以及他们对策略在不同市场条件下表现的关注。

□ 忽略了下行期

标准差作为衡量波动性的工具，虽然能够提供投资收益分布的度量，但它并不考虑收益发生的顺序，也没有直接反映回撤的影响。然而，对于交易者来说，回撤（投资价值的连续下降）是一个关键的关注点。我们对回撤特别敏感，因为它们直接影响资本的保全和风险管理。尽管回撤是不可避免的，但我们更倾向于那些历史上展现出较小回撤的交易策略，因为它们可能提供更好的资本保护。我们面临的主要风险是累积损失，这可能导致长期的资本侵蚀。因此，我们更倾向于使用那些能够考虑回撤和其他风险因素的测量指标，这些指标能够更全面地反映交易策略的风险调整后表现。

然而，标准差的计算并不考虑收益发生的顺序，因此它不直接反映一连串损失对投资组合价值的影响，即所谓的权益回撤。举例来说，即使三种策略在一段时间内产生了相同的净利润，它们可能会经历不同程度的回撤，这些回撤对投资者的心理和资本都有显著的影响。标准差可能无法充分区分这些策略在管理回撤方面的差异。例如，以图 7-7 中总结的三种策略为例。这三种策略都产生了相同的净利润，同时遭受了三种完全不同的回撤。尽管它们的回撤方式不同，但标准差认为它们有相同的风险。

图 7-8 说明了三种策略实际上具备三种非常不同的权益曲线。

标准差不能区分不同策略之间的风险差异

	策略 A	策略 B	策略 C
净利润	$124 400	$124 400	$124 400
最大回撤	–$32 500	–$56 700	–$432 225
标准差	7.8%	7.8%	7.8%

图 7-7　标准差不能区分不同策略之间的风险差异

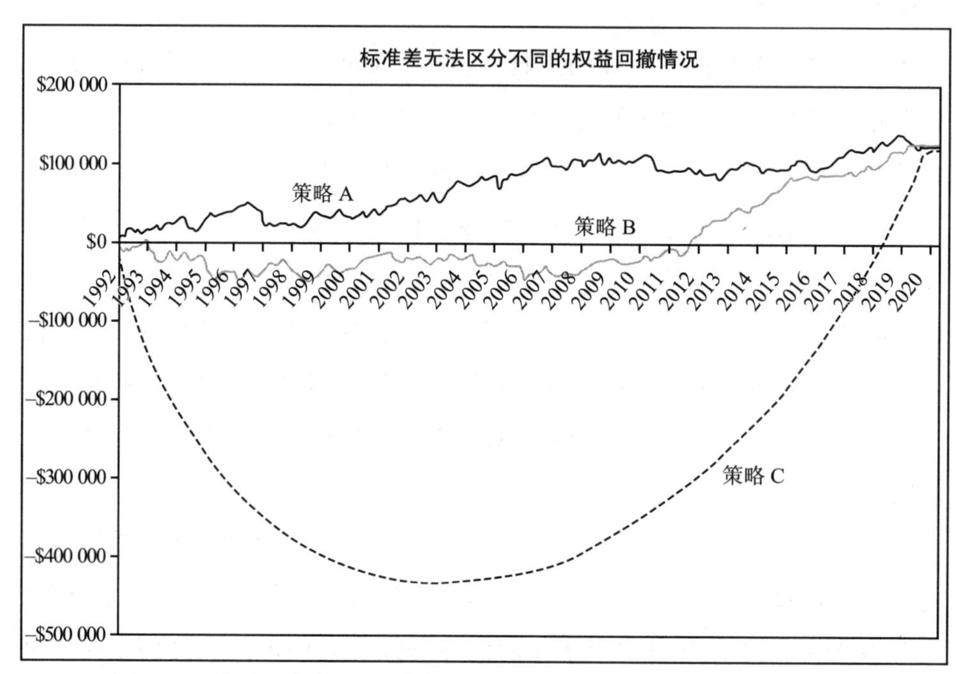

图 7-8　尽管有三条非常不同的权益曲线，但这三种策略都有相同的标准差

令人惊讶的是，尽管三种策略的权益曲线和下跌情况各不相同，但它们却展现出了相同的 7.8% 的标准差值。这一现象可能会引起一些误解，因为标准差仅仅反映了收益的波动性，而没有考虑到波动的时间序列特性。数学上，标准差提供了一种衡量波动性的统一方法，但这并不意味着所有具有相同标准差的策略在实际交易中的风险是一致的。实际上，交易者在评估策略

风险时，会考虑包括回撤、波动的序列以及市场条件等在内的多种因素。

策略C经历了可怕的、灭顶之灾的衰退。

策略B遭受了近20年的长期回撤状态。

策略A表现良好，随着其权益曲线的稳步增长，它产生了较小且易于恢复的回撤。

尽管三种策略产生了相同的净利润，它们在回撤幅度和风险状况上表现出明显的差异。在实际中，交易者可能会基于波动性水平来选择策略A，因为它展现出最低的波动性，这可能意味着在不确定的市场条件下，策略A提供了相对稳定的回报。然而，以标准差作为衡量波动性的工具，可能会显示这些策略具有相同的波动性水平。这是标准差作为风险的替代指标的一个主要缺陷。

尽管收益的顺序和由此产生的回撤对交易者具有重要影响，但这些因素并不影响标准差的计算。标准差衡量的是收益的波动性，它并不考虑收益发生的时间顺序，因此它不直接反映交易者在实际交易中面临的风险。

下行波动（损失的风险）包括单次亏损或连续亏损以及它们对投资组合价值的影响，即回撤。这些因素对于交易者来说至关重要，因为它们直接关系到资本的保护和风险管理。

尽管标准差是金融行业中广泛使用的风险衡量工具，但它仅衡量收益的波动性，不论是正的还是负的。标准差并不区分波动的性质，也不考虑收益发生的顺序，这可能与交易者对风险的实际考量存在差异。

我重申一遍：标准差忽略了交易者所面对的现实，他们非常关注下行损失、下跌的顺序以及由此产生的账户回撤。

□ 无法识别出低回撤策略

标准差作为衡量投资收益波动性的工具，提供了对策略潜在变化的量化。然而，它并不专门针对回撤（投资价值的下降期）进行衡量，而这恰恰是交易者在评估策略时关注的一个重要方面。由于标准差不区分盈亏发生的顺序，它可能无法充分反映那些在控制回撤方面表现出色的策略的优势。这意味着，尽管标准差是一个有用的波动性指标，但它可能不足以全面评估一个策略的风险调整后表现。

□ 让所有人失望——市场和交易者

你认为这两个弊端会让标准差从业界消失，但由于其既有地位，它仍然是业内测量风险的标准指标。

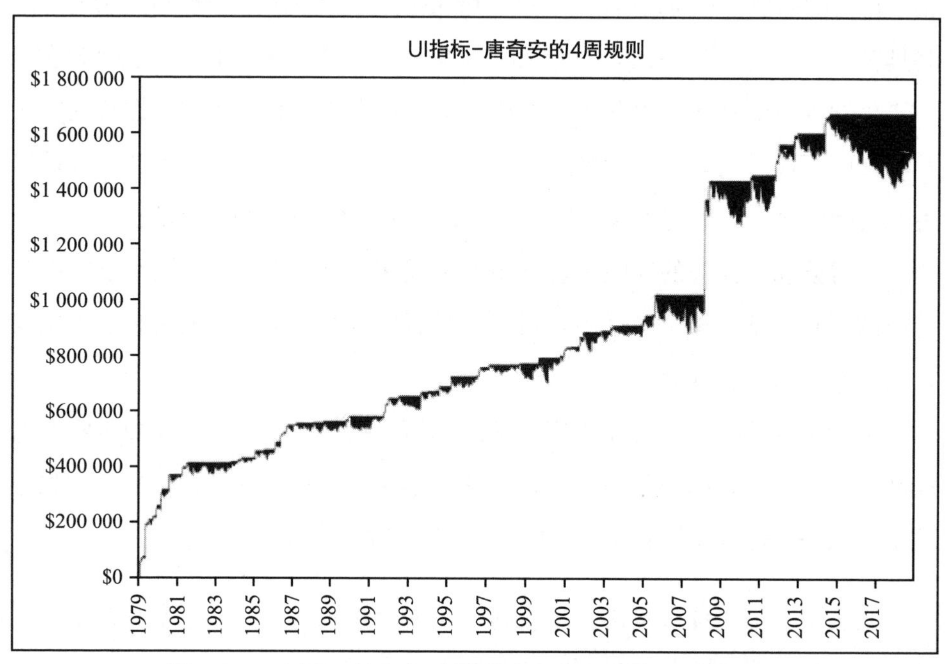

图 7-9 UI 测量了以黑暗区域为代表的历史回撤的深度和广度

幸运的是，作为交易者，我们这次不需要跟随大众。还有另一种更合适的衡量方法，它特别关注下行波动，即那些可能导致损失的波动。它被称为 UI。UI 不仅衡量波动的程度，还考虑了这些波动的顺序和累积效应，这可能对交易者的心理和资本都有显著影响。

UI的设计考虑了交易者对连续亏损和回撤的担忧，这些因素在标准差中可能没有得到充分体现。通过衡量这些“相对痛苦”，UI提供了一种更贴近交易现实的风险评估方法。

溃疡指数——一种更优越的风险指标

溃疡指数（UI）由彼得·马丁在1987年开发，并在他的著作——《富达基金的投资者指南》中首次介绍，UI是一种衡量交易策略可能带来的平均回撤的工具。UI的设计旨在捕捉交易过程中的下行波动，包括连续亏损的深度和广度，从而为交易者提供了一种评估潜在风险的方法。UI的核心优势在于它专注于负向波动，这与许多交易者的风险管理目标相一致。它提供了一种更为实际的风险评估方法，考虑了交易过程中可能遇到的连续损失。UI的计算可以应用于各种投资工具，包括个人证券、指数、基金以及交易策略，使其成为一种灵活的风险衡量工具。通过衡量投资价值的波动，UI帮助交易者识别和评估不同策略的潜在风险。

溃疡表现指数——一种优越的风险调整后收益测量

由于标准差作为测量风险的指标所具有的局限性，特别是在衡量真实交易环境中的个体和连续回撤风险方面，彼得·马丁开发了一种新的风险调整后收益测量方法，即溃疡表现指数（UPI）。这种方法与传统的夏普比率和索蒂诺比率不同，后者使用超额年化收益除以标准差来衡量风险调整后的收益。

而UPI指标，有时也称为马丁比率，提供了一种更贴近实际交易情况的风险调整方法。它通过识别并关注投资者在交易过程中可能遇到的连续回撤，从而更准确地衡量经风险调整后的收益。

UPI 的目标是衡量承担每单位平均下降风险所能获得的收益，从而帮助交易者识别那些在承担较低风险的同时能够提供较高收益的策略。这种方法鼓励交易者寻找具有高 UPI 值的策略，这表明在每单位风险上，策略能够带来更高的收益。

为了深入理解 UI 和 UPI，我们需要了解其计算方法。

UI——计算方式

UI 是一个衡量投资策略在特定时间内从权益高点经历的回撤的深度和广度的指标。UI 值的大小反映了回撤的严重程度以及恢复到先前高点所需的时间。一般来说，较低的 UI 值表明策略在面对市场波动时具有较好的恢复力和较低的风险。

在评估交易策略时，我们倾向于寻找那些展现出较低平均回撤水平的策略，因为这些策略可能在未来也能维持较低的回撤水平。较低的回撤水平不仅减少了资本的损失风险，也减轻了交易者在面对市场波动时的心理负担。

UI 根据图 7-10 中的公式进行计算。

$$\text{单位时间的回撤百分比（DPP）} = \frac{\text{现有权益值} - \text{权益高点值}}{\text{权益高点值}} \times 100$$

$$UI = \sqrt{\frac{DPP_1\,\text{^}2 + DPP_2\,\text{^}2 + \ldots DPP_N\,\text{^}2}{N}}$$

图 7-10　UI 值衡量了一个策略的平均下降百分比

UI 表示对下降百分比的平方的平均值取平方根。

UI 可以为任何时期（日度、周度、月度、季度或年度）计算，尽管对于较长的时期，如季度和年度，如果它们发生于期间，可能无法衡量其中的回撤。

UI 需要进行以下计算：

1. 选择你喜欢的时段（日度、周度、月度、季度或年度）。
2. 从权益高点计算回撤。
3. 将期间的回撤转换为一个百分比，再乘以 100。
4. 计算期间回撤的百分比的平方。（注：平方会放大其中大幅的回撤对整体样本的影响因素。）
5. 加总所有回撤的百分比的平方。
6. 计算出回撤的百分比平方的平均值。
7. 计算出回撤的百分比平方的平均值的平方根。
8. 平方根就是 UI 值。

表 7-1 显示了 S&P500 的 UI 计算值。该结果显示，在 1992 年至 2019 年间，S&P500 的年均回撤百分比为 14.5%。

在评估交易策略的 UI 时，一个关键的计算步骤是在每年的开始将权益曲线的初始值设定为零。这种方法模拟了策略在每个新年度起始账户余额的情况，从而确保了对每年表现的独立评估。

如图 7-11 所示，如果不进行这种重置，累积的权益曲线可能会对早期的回撤产生不成比例的影响。因为在策略初期，由于累积利润较少，相同百分比的回撤在数值上会显得更大。相反，随着时间的推移和利润的累积，后期的回撤虽然在百分比上可能相同，但在数值上会显得较小，这可能会误导交易者对策略风险的评估。

通过在每年年初重置权益曲线，我们可以更公平地衡量每个年度内的回撤情况，避免因累积效应而产生的评估偏差。

$$\text{UPI} = \frac{\text{超额年化收益}}{\text{UI}}$$

图 7-11 UPI 衡量承担每单位平均回撤风险（UI）的超额收益值

表 7-1　有了电子表格，计算 UI 很简单

计算 1992 ～ 2019 年的 S&P500 指数的溃疡指数								UI
	年份	收盘价	最大收盘价	回撤百分比	回撤百分比平方	回撤百分比平方的和	回撤百分比平方的平均	回撤百分比平方的平均的平方根
1	1992	435.70	435.7	0	0			
2	1993	466.40	466.4	0	0			
3	1994	459.30	466.4	−1.52%	0.02%			
4	1995	615.90	615.9	0	0			
5	1996	740.70	740.7	0	0			
6	1997	970.40	970.4	0	0			
7	1998	1 229.20	1 229.2	0	0			
8	1999	1 469.20	1 469.2	0	0			
9	2000	1 320.30	1 469.2	−10.13%	1.03%			
10	2001	1 148.10	1 469.2	−21.86%	4.78%			
11	2002	879.80	1 469.2	−40.12%	16.09%			
12	2003	1 111.90	1 469.2	−24.32%	5.91%			
13	2004	1 211.90	1 469.2	−17.51%	3.07%			
14	2005	1 248.30	1 469.2	−15.04%	2.26%			
15	2006	1 418.30	1 469.2	−3.46%	0.12%			
16	2007	1 468.40	1 469.2	−0.05%	0			
17	2008	903.20	1 469.2	−38.52%	14.84%			

（续）

计算1992～2019年的S&P500指数的溃疡指数								UI
	年份	收盘价	最大收盘价	回撤百分比	回撤百分比平方	回撤百分比平方的和	回撤百分比平方的平均	回撤百分比平方的平均的平方根
18	2009	1 115.10	1 469.2	−24.10%	5.81%			
19	2010	1 257.60	1 469.2	−14.40%	2.07%			
20	2011	1 257.60	1 469.2	−14.40%	2.07%			
21	2012	1 426.20	1 469.2	−2.93%	0.09%			
22	2013	1 848.40	1 848.4	0	0			
23	2014	2 058.90	2 058.9	0	0			
24	2015	2 043.90	2 058.9	−0.73%	0.01%			
25	2016	2 238.80	2 238.8	0	0			
26	2017	2 673.60	2 673.6	0	0			
27	2018	2 506.80	2 673.6	−6.24%	0.39%			
28	2019	2 986.20	2 986.2	0	0	58.6%	2.09%	14.5%

□ UI——解释

UI 是一个衡量交易策略从历史高点经历的回撤的深度和广度的指标（如表 7-2 所示）。它通过计算策略历史上的平均回撤百分比来反映策略的风险特性。一个策略的 UI 值较低可能表明其历史上的平均回撤较小，而 UI 值较高则可能表明其历史上的平均回撤较大。

表 7-2　UI 测量平均回撤百分比

溃疡指数			
平均回撤百分比			
年化表现：1992 ～ 2019 年			
策略：“圣杯”策略	0%	Dax	23%
10 年期国债	6%	铜	27%
S&P500	15%	原油	29%
S&P1200	15%	日经 225 指数	31%
黄金	18%	上证指数	36%
Ftse 100	21%	策略：一直最大回撤	100%
恒生指数	22%		

理论上，一个完美无亏损的策略将有 0 的 UI 值，而一个始终亏损的策略则可能具有接近 100% 的 UI 值。然而，这些极端情况在实际交易中极为罕见。

较高的 UI 值意味着策略在历史上经历了较大且可能较为频繁的回撤，这可能指示未来有较高的潜在风险。因此，在评估策略时，考虑其 UI 值是一个重要的步骤。

在选择策略时，虽然低 UI 值可能更受青睐，但也应该考虑到风险与收益的平衡。此外，UI 可以作为一个有用的工具来比较不同的金融工具，如股票、指数、基金以及不同市场条件下的交易策略的相对风险。例如，根据 UI

的评估，S&P500在1992年至2019年期间，相对于其他市场，显示出较低的平均回撤百分比，可以被认为是一个相对稳定的投资选择。与此同时，上证指数在同一时间段内可能经历了较高的平均回撤百分比，从而具有较高的UI值，表明其风险较大。

此外，10年期国债通常被视为风险较低的投资工具，其UI值非常低，反映出较小的回撤和较高的市场稳定性。

□ UI——优势

UI有很多优点。

关注对交易者有现实意义的重要风险

相较于标准差，UI提供了一种更为细致的风险衡量方法，它专注于区分投资收益中的上行波动（利润）和下行波动（损失）。与标准差不同，UI专注于衡量下行损失及其出现的序列，这使得它能够更准确地反映投资者在面对亏损时可能经历的“痛苦”。通过只考虑导致回撤的下行损失，UI能够提供一个更真实的历史风险评估。

衡量100%的负回报

UI的计算考虑了从权益高点到低点的下降幅度，以及这些回撤的恢复时间，从而提供了对策略在面对市场不利情况时的韧性和风险承受能力的评估。这种方法能够更全面地反映策略在实际交易中可能遇到的下行风险。

信息量不止是最大回撤

UI是一种全面的风险衡量工具，它通过测量所有回撤的深度和广度，提供了比单一最大回撤更丰富的信息。UI不仅关注最严重的回撤，而且考虑了所有回撤的累积效应，从而能够更全面地评估策略的风险特性。

帮助识别出低回撤策略

UI 的一个关键优势是其能够识别那些表现出低回撤波动性的策略，这些策略擅长避免过度回撤。这种能力尤为重要，因为能够考虑到损失的不对称性，即损失的影响通常大于同等幅度的盈利。正如在 *UPST* 中讨论的，50% 的损失需要 100% 的收益才能恢复，因此，避免大幅回撤对于保护资本至关重要。

在所有历史时期保持一致性

UI 在不同历史时期保持一致性的能力使其成为一个稳健的风险衡量工具。以表 7-3 为例，通过分析特定时间段（如 1992 年至 2019 年）的 S&P500 数据，我们可以观察到 UI 在不同市场条件下的稳定性。

表 7-3　UI 值在所有历史时期中都是一致的

溃疡指数			
S&P500			
1992 ～ 2019 年			
周度	17.3%	季度	16.4%
月度	16.9%	年度	14.5%

□ UI——缺点

对 UI 的主要批评之一是它基于历史数据，而不提供未来市场行为的预测。UI 通过衡量历史上的平均回撤幅度，为交易者提供了对过去市场表现的洞察，但它并不预测未来的市场波动。

与此同时，标准差的使用者可能会强调其在统计模型中的作用，认为了解策略的标准差可以帮助交易者估计未来收益的可能范围。然而，这种预测能力的假设基于市场价格和策略结果遵循正态分布的前提，这在真实市场中并不总是成立。市场价格的偏度和峰度（厚尾现象）意味着极端市场事件的可能性比正态分布所预测的要高。

因此，尽管标准差提供了一种衡量波动性的方法，但它的预测能力受到市场价格分布特性的限制。

最终，尽管 UI 和标准差都有其局限性，UI 提供了对于交易者来说至关重要的真正下行风险的洞察，即历史上的回撤。

UPI——一个更优越的经风险调整后收益的测量值

标准差作为衡量波动性的工具，在金融领域被广泛使用，但它在作为风险衡量指标时存在局限性。例如，它将上行和下行的波动同等对待，而不考虑它们对投资者心理和资本的不同影响。因此，基于标准差构建的风险调整后收益指标，如夏普比率和索蒂诺比率，也继承了这些局限性。

为了解决这些问题，彼得 · 马丁开发了一种新的风险调整后收益测量方法，即 UPI。UPI 旨在更准确地反映投资者面临的实际风险，通过考虑投资收益的下行波动和回撤，而不仅仅依赖于波动性。

UPI——计算值

彼得 · 马丁通过创新性地将策略相对于无风险利率的超额收益除以 UI 值，开发了一种新的风险调整后收益指标——UPI。这种方法不仅衡量了策略的收益，更重要的是，它考虑了策略承担的单位平均回撤风险，从而提供了一个更全面的经过“真实”风险调整后收益的视角。

UPI——一个案例

在评估三种看似权益曲线和回撤不同但净利润和标准差相同的策略时，UPI 提供了与传统风险调整指标（如夏普比率和索蒂诺比率）不同的视角。夏普比率通过将超额年化收益除以超额年化收益的标准差来计算，而索蒂诺比率则使用年化负收益的标准差，两者都没有区分下行或上行风险。

表 7-4 计算了五种策略的 UPI。

对于无风险利率，我使用了 10 年期美国国债收益率。

除了最初的三种策略，我还包括了另外两种策略，分别是回撤趋势交易者（RTT 来自第 5 章）和唐奇安的 4 周规则（来自第 6 章）。这些方法代表了五种非常不同的策略，有着各不相同的盈利能力，有五种非常不同的权益曲线和历史风险概况。总之，它们截然不同。

从表 7-4 的数据中，我们可以看到，RTT 和唐奇安的 4 周规则策略在风险调整后表现优于策略 A、策略 B 和策略 C，尤其是唐奇安的 4 周规则策略，它在所有策略中表现最为出色。

让我们分别看一下每个测量标准。

首先，夏普比率在评估这些策略时显示出较小的差异，所有策略的比率都在 0.1 ～ 0.4，这表明根据夏普比率，这些策略在风险调整后的收益相对较低。夏普比率没有充分区分不同策略的下行和上行风险，导致具有较大上行波动的策略（如唐奇安的 4 周规则）在夏普比率上受到不利影响。

索蒂诺比率提供了更明显的区分度，因为它专注于下行风险。索蒂诺比率的值从 0.1 到 1.2，这为我们提供了更细致的风险调整后收益评估，特别是对于唐奇安的 4 周规则等策略，它显示出了较大的差异。

表 7-4 UPI 衡量的是每单位平均回撤风险获取的超额收益

溃疡表现指数 一个更优越的经风险调整后收益的测量工具					
	策略 A	策略 B	策略 C	RTT	唐奇安的 4 周规则
净利润	\$124 400	\$124 400	\$124 400	\$222 744	\$1 554 739
最大回撤	–\$32 500	–\$56 700	–\$432 225	–\$69 905	–\$261 907
标准差	7.8%	7.8%	7.8%	43.8%	159.6%
常用风险度量					
夏普比率	0.2	0.2	0.1	0.2	0.4
索蒂诺比率	0.3	0.4	0.1	0.4	1.2
调整后的风险度量					
溃疡指数（平均最大回撤百分比）	19.5%	19.7%	49.3%	22.7%	50.0%
溃疡表现指数	**0.2**	**0.2**	**0.1**	**0.3**	**1.4**

最后，UPI 在衡量策略时，基于单位平均回撤风险的收益，提供了最大的区分度。UPI 正确地识别了唐奇安的 4 周规则策略为最优秀的策略，因为它在每单位回撤风险上提供了 1.4 个单位的超额收益。尽管唐奇安的 4 周规则策略的历史平均回撤百分比较大，但它在风险调整后收益上的表现出色。在我看来，UPI 指标提供了一个更为全面和准确的风险调整后收益评估，它考虑了策略的下行风险和上行潜力，为交易者提供了一个重要的工具。彼得・马丁的这一创新方法值得我们的认可和尊重。

在第 6 章中，我们探讨了多种趋势交易策略，并在表 7-5 中对它们进行了详细的总结和排序。我们的评估过程分为两个阶段：第一，我们根据各策略的直接盈利能力进行了初步排名，这是一个衡量策略收益潜力的简单指标。第二，为了更全面地评估这些策略，我们采用了 UPI，这是一个考虑了风险调整后收益的指标，它能够反映每单位风险所带来的收益。

正如我们所见，UPI 提供了一种独特的视角，用以重新评估策略的盈利能力。例如，尽管 50 日和 200 日的黄金交叉策略在原始盈利能力上排名第一，但在考虑风险调整后，它的排名下降至第 3 位。相反，海龟交易策略在风险调整后表现出色，从原始盈利能力的第 5 位上升至第 1 位，每承担一个单位的平均回撤风险能够获得 2.2 个单位的超额收益。

这一现象强调了在评估策略时考虑风险调整后收益的重要性。海龟交易、布林带、50 日和 200 日的黄金交叉、唐奇安的 4 周规则和道氏理论等策略，在既定的回撤水平下，显示出了在获取超额收益方面的高效率。根据 UPI 值，这些策略被认为是在趋势交易中实现风险调整后收益的更优越的方法。单纯根据 UPI 的标准，交易者相较于其他的策略，将更喜欢海龟交易策略。

表 7-5 UPI 指标，一个更好地测量经风险调整后收益的指标

不同的表现度量方式					
排名	策略按盈利能力的排名	净利润	排名	策略按风险调整的表现的排名	UPI
1	50 日和 200 日的黄金交叉	$1 715 940	1	海龟交易	2.2
2	唐奇安的 4 周规则	$1 601 223	2	布林带	1.7
3	布林带	$1 558 476	3	50 日和 200 日的黄金交叉	1.5
4	德雷福斯的 52 周规则	$1 442 906	4	唐奇安的 4 周规则	1.4
5	海龟交易	$1 418 786	5	道氏理论	1.4
6	ATR 带	$1 193 319	6	德雷福斯的 52 周规则	1.3
7	道氏理论	$1 090 346	7	ATR 带	1.1
8	加特利 3 周和 6 周交叉	$1 079 398	8	加特利 3 周和 6 周交叉	1.1
9	月度收盘价策略	$1 003 526	9	月度收盘价策略	0.8
10	李嘉图规则	$622 552	10	阿诺德 PPS	0.7
11	季度收盘价策略	$611 092	11	均值回归	0.6
12	随机趋势交易者（带有 200 日均线）	$583 946	12	李嘉图规则	0.5
13	均值回归	$535 005	13	季度收盘价策略	0.4
14	唐奇安 5 日和 20 日交叉	$520 675	14	随机趋势交易者（带有 200 日均线）	0.4
15	阿诺德 PPS	$450 780	15	唐奇安 5 日和 20 日交叉	0.4
16	埃尔德的三重滤网交易系统	$336 473	16	埃尔德的三重滤网交易系统	0.3
17	达瓦斯箱体	$136 731	17	达瓦斯箱体	0.1
18	利弗莫尔回撤	$35 136	18	利弗莫尔回撤	0.1

并非所有策略都是地位平等的

然而，选择策略并不是一个绝对的数值比较。虽然较高的 UPI 值通常意味着更好的风险调整后收益，但策略的选择应基于相对评估，考虑到不同策略在不同市场条件下的适应性。

策略的多样性要求我们认识到，并非所有策略都是平等的。趋势交易策略旨在捕捉市场的长期、可持续的价格波动，而逆趋势策略则专注于识别趋势的终止点。在趋势交易中，我们可以进一步区分为绝对动量策略和相对动量策略，其中绝对动量策略在价格或波动性达到某个特定水平后进场，而相对动量策略则在等待市场回撤后寻找进场机会。

每种策略类型都有其特定的市场行为假设和交易逻辑。

趋势交易策略的核心目标是利用和捕捉市场的长期价格波动。这些策略通常在确认市场趋势后进场，无论是基于价格本身的突破还是波动性的增加。一些交易者可能会选择在价格达到某个关键水平后立即进场，而另一些则可能更倾向于等待市场出现技术性回撤后再进行交易。

逆趋势策略则专注于识别和利用趋势的潜在反转点，无论是短暂的调整还是趋势的彻底改变。趋势可能因多种因素而终止，包括动力减弱、市场衰竭或极端的市场情绪。

鉴于不同策略的设计和目标不同，直接比较它们的 UPI 值可能并不总是合适的。因此，更有意义的是比较同类策略的 UPI 值，以评估它们在相似市场环境下的表现（见图 7-12）。

在我的个人交易实践中，我使用的策略的 UPI 值范围从 2.8 到低于 1。虽然 UPI 值低于 1 的策略可能初看起来不够吸引人，但它们实际上是针对我试图捕捉的市场结构特定部分的最佳策略。在与同类策略的比较中，它们已经是我能实现的最佳策略表现了。

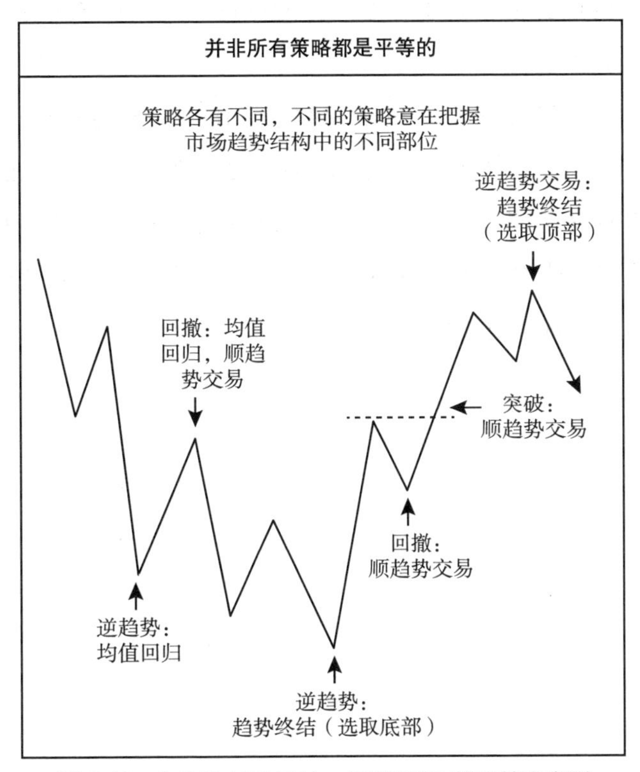

图 7-12　在比较 UPI 值时，必须比较同类的策略类型

根据经验，我认为 UPI 值超过 2 的策略表现出色，而低于 0.5 的策略则表现较差。然而，关键在于确保你进行的是同类策略之间的比较。当你将不相关但互补的策略组合在一起时，如果组合能够平滑权益曲线并降低平均历史回撤风险，你将获得一个表现出色的组合策略，其风险调整后的 UPI 值可能超过 3。

小结

尽管 UPI 是一个改进的风险调整后收益衡量指标，但它并不是选择最佳交易策略的唯一标准。策略的选择应基于稳健性和性能的综合分析。我个人倾向于给予稳健性更多的权重，但具体的权重分配往往依赖于经验和直觉，而非严格的科学计算。

尽管马丁的UPI是对夏普比率和索蒂诺比率的有益补充，但它并不是万能的。现在你已经理解了在衡量策略表现时考虑“真实”回撤风险的重要性，你已经准备好向前迈进，开发一个合理的交易解决方案。在我继续讨论之前，我将提供一个全面的交易者工具包，以帮助你更具体和细致地处理在策略研发、审查和选择过程中遇到的问题。

|第8章|

前　进

到目前为止，你应当能够很好地理解趋势交易具备吸引力的原因，包括趋势得以存在的原因、趋势交易是如何有效的、为什么这么多的趋势交易者以失败告终以及在交易者面对的实际回撤风险的背景下，衡量策略表现的重要性。希望我目前的努力能够鼓励你认真考虑把它作为一种首选的交易方式。

到目前为止，考虑到我所回顾的策略，你可能已经对不同的趋势类型、进场、止损和离场的技术发展出了一些偏好。你的下一步工作是将这些偏好发展为一个切实而明智的策略。如果你还没有发展出任何偏好，也没关系，因为我希望为你提供一些建议。但首先，我需要为你提供一个合适的工具包，它将帮助你研发、审查和选择一个明智的交易解决方案。

工具包

一套合适的工具将有很大的概率让你安全到达合理的、可持续的交易目的地，它包括：

- 构建投资组合。
- 数据。
- 软件。
- 具备盈利策略的要素。
- 策略审查。
- 策略基准。
- 策略研发。

构建投资组合

每个交易者在开发策略时都面临两大问题：过度的曲线拟合和数据挖掘（我猜在本书中我已经说得有点泛滥了）。曲线拟合将始终存在，而数据挖掘则可以被消除。数据挖掘可以通过客观地选择一个非常多样化且相关性最小的通用的市场投资组合来避免。从第 6 章中可知，我使用了一个由 24 个不同市场构成的通用组合，分布在 8 个市场大类中，包括：

- 外汇。
- 利率。
- 指数。
- 能源。

- 金属。
- 谷物。
- 软商品。
- 肉类。

在每个细分市场中，我将根据日平均成交量，选择三个流动性最强的期货合约。请参见图 8-1。

投资组合构建

为了避免数据挖掘，根据多样性和流动性选择投资组合

根据市场大类划分的最具有流动性的美国期货市场合约

依据多样性和流动性进行选择

市场类别	期货合约	交易所	每日成交量均值	资产组合 P2 最具有流动性	资产组合 P4 最具有流动性	资产组合 P8 最具有流动性	资产组合 P16 最具有流动性	资产组合 P24 最具有流动性
金融 外汇	欧元	CME	188 888			欧元	日元	欧元
	日元	CME	138 000					日元
	英镑	CME	89 000					英镑
利率	10年期国债	CME	1 249 000			10年期国债	10年期国债	10年期国债
	5年期国债	CME	708 000				5年期国债	5年期国债
	30年期国债	CME	339 000					30年期国债
指数	迷你标普	CME	1 490 000	迷你标普	迷你标普	迷你标普	迷你标普	迷你标普
	迷你纳斯达克	CME	255 000				迷你纳斯达克	迷你纳斯达克
	迷你道琼斯	CME	148 000					迷你道琼斯
能源 能源	原油	CME	253 000	原油	原油	原油	原油	原油
	天然气	CME	115 000				天然气	天然气
	燃油	CME	51 000					燃油
金属 金属	黄金	CME	137 000		黄金	黄金	黄金	黄金
	铜	CME	45 000				铜	铜
	白银	CME	44 000					白银
食物 谷物	玉米	CME	129 000		玉米	玉米	玉米	玉米
	大豆	CME	104 000				大豆	大豆
	小麦	CME	55 000					小麦
软商品	白糖	ICE	58 000			白糖	白糖	白糖
	咖啡	ICE	15 000				咖啡	咖啡
	棉花	ICE	14 000					棉花
肉类	活牛	CME	23 000			活牛	活牛	活牛
	生猪	CME	18 000				生猪	生猪
	育肥用牛	CME	3 000					育肥用牛

图 8-1 基于多样性和流动性等独立和客观的标准，创建投资组合，避免了数据挖掘

资料来源：来自诺格特投资者服务公司的高级数据。

在进行策略研究时，你应该创建一个全面的投资组合，它应该包含多个市场和资产类别，以确保结果的可靠性和有效性。这样的市场投资组合将帮助你验证策略在不同市场条件下的表现，确保没有数据挖掘的影响。

对于实际交易，建议以渐进的方式构建你的投资组合。开始时，可以选择少量的市场（如迷你投资组合 P2），然后根据你的多样性和流动性要求逐步增加市场数量（如 P4、P8 和 P16）。在这个过程中，要考虑到你的风险资本水平和风险偏好，特别是要考虑可能出现的回撤期。

如果你交易股票，你应该遵循同样的过程，根据多样性和成交量创建一个股票投资组合。按不同市场板块的平均日成交量，选择交易最活跃的一只、两只或三只以上的股票，例如：

- 选择性消费。
- 必需品消费。
- 能源。
- 金融。
- 医疗保健。
- 工业。
- 信息技术。
- 材料。
- 金属 / 采矿。
- 电信服务。
- 公用设施。
- 房地产。

对于实际交易，你需要基于多样性和流动性，考虑到风险资本水平和风险偏好（回撤期），从研究组合中选择一组市场，这才是合适的。

数据

为了确保交易策略测试的准确性，收集可靠和准确的数据是至关重要的。我采用的多时间框架策略组合覆盖了多样化且流动性强的市场，我将从日度数据着手，进而构建更高时间框架的数据，如周度、月度、季度和年度数据。

选择数据来源时，重要的是要确保它们的质量和完整性。我本人已经使用诺格特数据超过 15 年，对于期货和股票（包括澳大利亚和美国市场）的数据，我从未遇到过问题。这些数据通常从期货合约开始时就有所记录，为我的策略分析提供了坚实的基础。我使用以下格式：

数据：	期货数据
期间：	1980 年开始
来源：	诺格特数据
格式：	向前调整的连续期货合约数据
交易时段：	合并所有交易时段的数据

软件

在第 3 章中，我强调了培养验证技能的重要性，这对于任何希望独立测试和评估交易策略的交易者来说都是关键的。虽然掌握编码技能，如 VBA，可以提供强大的工具来实现这一目标，但这并不是唯一的途径。交易者也可以通过学习和使用现有的软件工具来发展他们的验证技能。依赖他人的专业知识和工具总是有局限性的，包括受到他们的知识、技能水平和可用性的限制。

我不愿意写太多关于软件的文章，因为我目前真的没有编制第三方交易/图表包的经验。就个人经验而言，我长期使用 VBA Excel 进行交易分析和图表制作，这为我提供了极大的灵活性。本书中的所有图表和性能指标都是通过我的 VBA Excel 交易模型生成的，它们证明了 VBA 在交易系统开发中的实用性和强大功能。尽管我对 VBA 有深入的了解，但我意识到每个交易者的需求和偏好都是不同的。因此，我不能全面地评价商业软件。

正如我在第 3 章中提到的，我的学生使用以下软件包：

- AmiBroker。
- Channalyze。
- MultiCharts。
- Trade Navigator。
- Tradeguider。
- TradeStation。
- Trading Blox。

其中，以下软件包在我的学生中更受欢迎：

- TradeStation。
- MultiCharts。
- AmiBroker。
- Trading Blox。

还有一些学生会直接使用以下编程语言编写我的策略：

- Visual Basic。
- Python。
- Java。
- Ruby。

这显然不是一个详尽的列表。相较于我，谷歌可能会对你更有帮助。我唯一的建议是，你要用技能来武装自己，这样你就可以独立地收集证据并验证交易想法。

获胜策略的属性

为了识别和开发有效的交易策略，了解获胜策略的关键属性至关重要。在图 8-2 中，我总结了这些属性，包括可测量性和稳健性。

获胜策略的属性				
属性	如何实现?	好处	结果	ROR
可测量性	明确的资金管理规则	建立权益曲线	基于证据	0
稳健性				
证据指标	样本外表现	稳健性	稳定的权益曲线	0
通用性	通过一个多元化的投资组合来盈利	避免了数据挖掘	稳定的权益曲线	0
好的设计原则	简单 规则很少 指标很少 参数很少 ● 对买卖设置的参数值相同 ● 对不同市场的参数值相同	避免曲线拟合	稳定的权益曲线	0

图 8-2 获胜的策略具有共同的属性，所有交易者都应该在他们自己的策略中找到这些属性

可测量性

可测量性要求策略具备清晰、客观的交易规则，以确保交易决策的一致性。这意味着策略中不应包含任何主观判断，所有的交易信号、进场点、止损点和离场点都应有明确的标准。例如，如果你的策略依赖于图表

模式，如头肩形态，那么你需要有一个明确的定义来确定何时这种形态是有效的。

在交易中，单纯依赖于等待特定的图表形态，如头肩形态，并在颈线突破时进场，这种观点可能不够全面。有效的交易策略需要明确和客观的规则，包括风险管理和进出场条件。

例如，当我实现柯蒂斯·阿诺德的 PPS 策略时，我定义了三角形、矩形和楔形形态需要至少有四个摆动点，并且每对摆动点之间通过趋势线相连，进场点是在形态的趋势线被突破时确定的。这种明确的界定对于编程的实现至关重要，因为编程语言需要精确的指令来执行交易策略。如果没有特定的规则，你将无法计算策略的期望值，从而计算爆仓风险。

稳健性

稳健性是交易策略追求的终极目标，因为它代表了策略在不同市场条件下的可靠性和持久性。可交易性是稳健性的关键组成部分，它强调了策略在真实市场环境中的可执行性。

可交易性要求我们考虑策略在面对市场波动，尤其是回撤时，具有可用性。一个策略是否能够在经历回撤后仍然保持其吸引力，是衡量其可交易性的重要指标。如果一个策略根据历史表现可能会遭受严重的回撤，那么在实际交易中，它可能难以被持续执行。

样本外数据为我们提供了策略在未知市场条件下表现的证据，有助于我们评估策略的稳健性。虽然大规模回撤对于某些类型的交易者而言可能是可接受的，但对于大多数个人交易者而言，更重要的是选择那些能够在控制风险的同时提供合理收益的策略。

因此，当我们谈论“可交易性”时，我们实际上是在强调保持执行策略时的理智以及交易的现实性，确保策略既能在理论上有效，也能在实际交易中被坚持执行。

稳健性是评估交易策略长期有效性的关键指标。一个稳健的策略不仅在过去表现出色，而且在当前市场条件下依然能够提供稳定的收益。这种策略的样本外权益曲线呈现稳定的上升趋势，这是其历史表现的有力证据。

正如我之前提到的，有两种方法可以衡量稳健性：

1. 证据。
2. 指标。

证据

一个稳健的策略应该有一条持续向上的权益曲线，并且策略投入使用的时间越长，其作为证据的说服力越强。

指标

如果没有样本外的数据表现作为证据，你可以寻找在一个策略中应该存在的可能指向稳健性的指标。有两个很好的指标表明其具备稳健性：

1. 通用性。
2. 良好的设计原则。

通用性

如果一个策略能够在多个不同的市场环境中实现盈利，这表明它具有跨市场投资组合的通用性，不太可能是针对特定市场的数据挖掘的结果。

良好的设计原则

稳健性的一个关键指标是，策略是否基于良好的设计原则开发。良好的设计原则通常强调简单性，这有助于降低策略过度适应历史数据（曲线拟合）的风险。简单性并不意味着策略的无效，而是意味着策略的规则、指标和参数应该尽可能简单，以便于理解和执行。

所有策略都存在一定程度的曲线拟合，因为它们都是基于对市场走势的捕捉。然而，经验丰富的交易者会努力平衡策略的适应性和简单性，以确保策略不仅在历史数据上表现良好，也能够适应未来的市场变化。相比之下，缺乏经验的交易者可能会过度优化策略，以追求完美的历史表现，这往往会导致策略在实际交易中表现不佳。

良好的设计原则包含了简单性。简单性将曲线拟合的风险降至最低。简单的想法加上少量的规则、少量的指标以及少量的参数。对于做多和做空以及所有市场都设置相同的参数值。请记住汤姆·德马克的这句经典评论：稳健性并不会与复杂性共存。

策略基准

你现在知道，在一个好的策略中应该寻找什么了。在交易者工具包中，需要的下一个重要和关键的工具是策略基准。

你需要策略基准测试，来帮助你避免掉入相关性陷阱。

你知道相关性陷阱是什么意思，就是只关注和交易那些自己开发的策略。你想要变得重要，想要成为与交易相关的人，你希望你的努力得到认可和回报。在你看来，最好的方法就是交易你自己开发的策略。然而，对于大多数交易者来说，他们所付出的最大的努力远远没有达到在真实市场和真实资金中取得成功所必需的努力。这就是根据已建立的稳健的策略，对开发工作进行基准测试始终很重要的原因。一种策略如果在过去很有效，很可能在将来也会继续有效。在你考虑用自己的策略来交易之前，策略基准测试是你必须通过的最低门槛。

如果你的努力无法超过策略基准，那么你应该考虑交易这条策略基准，而不是你自己设计的策略。不要相信你的自尊、你渴望建立相关性的感受，这些都依附于你的努力。你的自尊和相关性应该与你的账户余额挂钩。交易的目标是避免爆仓风险，实现在市场中生存、赚钱，并使你的交易账户余额增长。不要迎合自恋的自我，也不要过多迷恋自己为研发策略所付出的努力。

关键是要选择一个合适的策略进行基准测试，并确保它包含了获胜策略的许多属性，其中它所能拥有的单一最佳属性是稳健性。

为了帮助你选择一个合适的策略基准，或你喜欢的交易策略，你应该遵循一个客观和结构化的审查过程，就像我即将向你展示的那样。

策略审查

不幸的是，没有一个单一的、直接有效的测量方式，可以让一种策略凌驾于另一种策略之上。

虽然我使用数学来计算爆仓风险，但在策略审查时，我使用定性和定量的度量方式，没有绝对正确或错误的组合，这真的取决于每一个个体交易者。在审查一个策略时，我将进行稳健性和性能分析，以帮助我权衡对一个策略的看法。在这两者之间，我通常更重视稳健性指标，因为（正如我所指出的）一个策略的稳健性方面的表现将比其他任何引人注目的性能指标能让我有机会在市场中存活更长的时间。

稳健性分析

我将通过检查如图 8-3 所示的常见可疑点，来审查一个策略的稳健性。

我想看看有什么证据表明一种策略具备了稳健性。比如积极的样本外表现，经历的时间越长，样本外表现的证据就越多，我对这个策略就越有信心。

如果没有稳健性的证据，我将寻找稳健性可能存在的指标。即使已经有足够的证据，我仍然要检查可能的指标，以更好地理解该策略。

稳健性分析	
证据	样本外表现
指标	
通用性	通过一个多元化的投资组合来盈利，避免了数据挖掘
良好的	简单
设计	规则很少
原则	指标很少
	参数很少
	● 买卖设置的参数值相同
	● 所有市场的参数值都相同，避免了过度的曲线拟合

图 8-3 良好的策略方法将至少具备稳健性的证据或指标

通用性是稳健性的一个潜在的积极指标。通用性，表明策略不太可能是由数据挖掘产生的。所以，我想知道一个策略是否能在不同的市场投资组合中盈利。它可以在样本外市场，也就是该策略从未经历过的市场上实现盈利吗？

稳健性的另一个积极指标是，一种策略是否采用了良好的设计原则，以避免过度的曲线拟合。它是复杂的还是简单的？交易规则是多是少？指标数量是多是少？参数数量是多是少？这些参数值是否在买卖和所有市场中都设置了相同的值？考虑到参数的数量和允许发生的调整次数，备选的权益曲线范围有多大？是否有备选的权益曲线，产生了超过 0 的爆仓风险？该策略的权益是否足够稳定，可以在不同的参数值上进行交易？

一旦我完成了稳健性分析，我将开始性能分析。

性能分析

性能指标的各类海量资料可能让你迷失方向。这是一个你不愿陷入的谜题。多年来，我学会了依赖一些关键指标，如图 8-4 所示。

性能分析
生存情况
爆仓风险
收益 × 风险比
净利润（未涉及资金管理、头寸管理）
最大账户回撤（DD）
收益 × 风险比（净利润 / 最大账户回撤）
溃疡表现指数（UPI）
风险
每笔交易的平均风险（止损）
带有资金管理的策略效率
净利润（涉及资金管理头寸管理）
复合年增长率（CAGR）
交易难度
最大回撤（天数）
最大连续亏损
权益曲线平滑度 R^2

图 8-4 多年来，我已经学会了依赖一些关键的性能指标来评价策略

对于我的性能分析来说，我希望能深入了解策略绩效的五个重要领域：

- 生存情况。
- 收益风险比。
- 风险。
- 带有资金管理的策略效率。
- 交易难度。

让我们来逐一审视。

生存情况

我交易的首要目标是生存。没有什么可以和它相提并论。所以，我想知

道当一个策略的期望与我喜欢的资金管理策略相结合时，它的爆仓风险是多少。除非是 0，否则我就对它不感兴趣。

收益风险比

我的下一个问题是，了解一个策略的收益风险比是多少。这一策略在经历其历史上最糟糕的回撤之后，产生了多少收益？这个指标是经济学的经典基础了。如果一个策略基于它过去所承担的风险，都没有产生足够好的收益，那么为什么还要考虑这个策略呢？

虽然收益风险比很好，但它只关注历史上最严重回撤发生的单一时间点。UPI 虽然计算起来更复杂，但它给出了我对收益风险比的观察视角。通过测量回撤，它提供了一个更准确的风险调整后收益图景，告诉我一个策略承担每单位平均回撤风险中产生的每单位超额收益的效率，这个指标值是越高越好的。

风险

接下来，我非常想知道一个策略的平均风险或平均止损点数是多少。我这样做，是因为我想避免大止损的风险。当然，我更倾向于较低的风险（较小的止损），这有两个非常重要的原因。第一，我自然更愿意拿较少的资本去冒险，而不是拿较多的资本去冒险；第二，大止损会降低策略的赚钱效率。

你很可能已经听到或读到过类似以下的评论：

> 交易如何进场并不重要。重要的是你如何离场。不要担心进场，关键是离场。

对于我来说，这是一个危险信号。

在我看来，发表这通评论的人很可能不会交易，因为进场和止损（以及由此带来的交易风险）都非常重要。你都不能说这两者孰轻孰重。你的进场和止损代表了每个交易结构承担的风险。这是你仓位大小和潜在盈利能力的关键所在。

记住，资金管理是你生存（降低爆仓风险）和发展背后的秘密武器。随着你的账户余额的增长，资金管理允许你增加你的持仓规模。更大的持仓规模意味着更多的利润。相对于较低的平均风险，较高的平均风险适合的持仓规模将更小。我更倾向于选择每笔交易的平均风险较低的策略。这将允许我交易更大的头寸规模，并最终享受更大的利润潜力。这让我直接明白了下一个衡量方式：策略的效率的重要性。

带有资金管理的策略效率

如果我们能在交易中生存下来，我们的下一个目标就是赚钱。既然我们知道赚钱背后的秘密是资金管理，那么我们作为交易者想知道，当使用了资金管理时，这个策略的效率如何。

这一点非常重要，因为单单看策略的单一合约（或单个持仓大小），其结果可以隐藏大止损的存在。许多策略只是因为使用了大止损而看起来不错。开发者可以使用大止损来实现快速的获利了结，或仅在有利可图的平仓机会出现时才平仓，避免他们的策略被止损，无论经过多少天、多少周或多少月！

通过检查策略的效率，应用资金管理后的审查策略的盈利能力，大止损的存在不能再被隐藏，策略的真正能力（或缺乏能力）都会一览无余。请记住，如果我们有相同数量的风险资本分配给每笔交易，对于具有较大止损点的策略，其头寸规模将相对于止损点较小的策略更小。

我用来衡量策略效率的关键指标是CAGR。大规模止损或缺乏交易机会，在指标面前都会暴露出来。记住，如果0的爆仓风险是国王，那么CAGR就是女王。

交易难度

最后，我想快速了解一个策略在实际交易时会有多困难？历史上最糟糕的回撤持续了多久？在过去，有多少次连续的亏损？权益曲线有多平滑？它看起来是平稳的还是颠簸的？R 平方测量让我对交易策略的难度有了一个合理的认识。100% 的读数代表一条笔直的股票曲线，而较低的 50% 代表一条粗略的曲线。所以我们最好采用 R 平方数超过 90% 的交易策略。

把它们结合在一起——严谨的科学还是艺术

在这两种分析之后，你需要将它们联系在一起。如何权衡是你自己的事。对于我自己来说，我通常更重视策略的稳健性而不是性能（见图 8-5）。策略越稳健，绩效指标就越可信。策略越稳健，我就越有信心在发生权益回撤时进行交易。

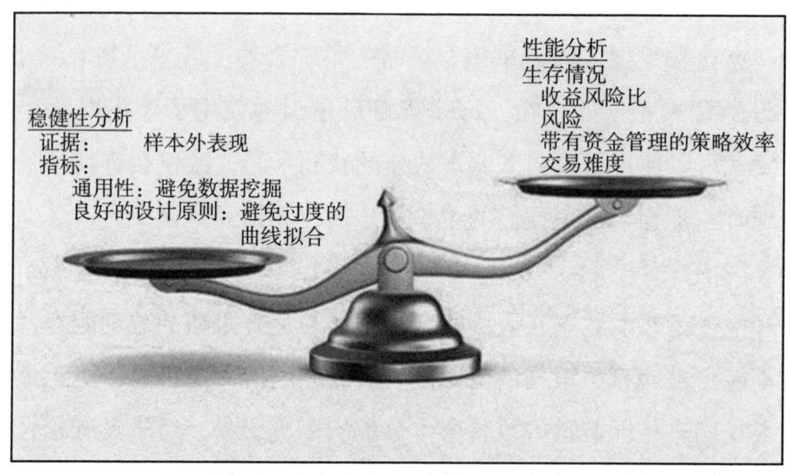

图 8-5 在最终的分析中，我通常更重视策略的稳健性，而不是性能指标

在稳健性分析中，我更看重的是稳健性的证据而不是指标。在五个绩效指标中，我将生存（低爆仓风险）、收益风险比和带有资金管理的策略效率排在前三名。

如果我要审查一个很少或基本没有样本外表现的策略，但它通过跨市场的通用性和良好的设计原则显示了稳健性良好的指标，我将容忍它拥有一个不那么理想的性能指标。

如果我觉得一个策略有太高的复杂性，已经被过度的曲线拟合，我就会把它放在一边，不做进一步考虑，不管它有多么得闪亮和耀眼，它看起来是多么的诱惑难挡。无论它的性能指标有多么华丽，也不会影响到我。

无论你以哪种方式审查策略，都要在稳健性和性能指标之间取得平衡。它将是科学和艺术的融合。正如我说过的，没有一个单一的超级指标可以对所有的策略进行排名。当然，积极的样本外表现为策略的稳健性提供了有力证据。而在不同的市场投资组合上的盈利能力，显示了策略的通用性，并杜绝了数据挖掘的可能。当然，因较少的规则而产生的简单性、很少的指标和参数，这些指标都表明了良好的设计原则，并杜绝了过度的曲线拟合。然而，不存在单一的洞察力、技术或度量方式供我们检测过度的曲线拟合。要决定策略究竟受到了多少曲线拟合的影响，这是非常主观的。曲线拟合的程度究竟是过度的还是合理的？在这方面，交易者将不得不依靠他们的经验，更多地进入“艺术”领域，而不是科学领域。

一旦交易者完成了他们的炼金术，最后一步就是确定一个策略的备选权益曲线的范围。来了解权益曲线的上下边界，及其结果期望和爆仓风险，还有变异水平，也就是交易过程究竟是平稳的还是颠簸的？

权益曲线稳健性审查

这是这个谜题的最后一块拼图和最后的障碍。对于那些不存在样本外稳健性证据的策略，我们需要知道该策略的权益曲线对其参数值的变化有多敏感。要做到这一点，我们需要完成权益曲线稳健性审查。

举个例子，我将审查在第 6 章与你们分享过的布林带策略。

请记住，尽管基于 20 世纪 90 年代问世的布林带指标，市面上已经有一个非常流行、非常成功的商业化策略，但我使用的参数值是我自己编写的。因此，尽管布林带策略被《期货真相》杂志评为“历史上十大交易系统之一”，但我不能直接依赖这些业绩数据，我的策略没有样本外数据表现的支持。

在没有证据的情况下，我需要依靠稳健性的指标。这条策略看起来不错。布林带策略拥有稳健性需要的所有指标：在不同的市场组合中具有通用性，以及它因为遵循良好的设计原则而具有的简单性。然而，它确实包含两个变量，表明其权益曲线可能是脆弱的或不稳定的。要了解它的脆弱程度，我们需要完成审查步骤。

因此，这使得布林带策略成为适合进行权益曲线稳健性审查的理想策略。

以下是它的规则：

规则	
策略：	布林带
开发时间：	1986
发布时间：	1993
数据：	每日
方法：	趋势交易
技术：	波动率突破
对称性：	做多和做空
市场：	所有
指标：	布林带
参数—数量：	2
	布林带（80）
	用于创建上轨和下轨的标准差倍数（1）
参数—对称性：	对买入和卖出结构设置相同的参数值
参数—应用：	对所有市场设置相同的参数值
规则：	2
做多规则	
趋势：	上涨——上一个 K 线的收盘价高于布林带上轨
进场：	次日开盘时市场价买入进场

（续）

止损：	前一个 K 线低点低于布林带中轨 次日开盘时市场价卖出离场
做空规则	
趋势：	下跌——上一个 K 线的收盘价低于布林带下轨
进场：	次日开盘时市场价卖出进场
止损：	前一个 K 线低点高于布林带中轨 次日开盘时市场价买入离场

该策略包含一个指标，它有 2 个参数。第一个是它的 80 日的跨度，第二个是它的标准差倍数（1），用于构造上轨和下轨。我将限定每个参数的调整次数为 4 次。由于有 2 个参数和 4 次调整，我知道策略的备选权益曲线的范围将是 24 条。如果再算上原始参数值，则整个范围由 25 条备选权益曲线组成。

我将对每个参数值设置 10% 幅度的调整，分别有两次高于原始参数值和两次低于原始参数值。布林带跨度的调整因子将是 8 日，也就是 80 日的 10%。标准差倍数的调整因子将是 0.1，为 1 的 10%。因此，我将使用的布林带跨度分别为 64 日、72 日、80 日（原始值）、88 日和 96 日。用于创建上下轨的标准差倍数，我将使用 0.8、0.9、1.0（原始值）、1.1 和 1.2。

我已经检测了所有另加的 24 条权益曲线，并将它们叠加在图 8-6 中。

显然，它看起来肯定比我在第 5 章中完成的回撤趋势交易者的审查结果要好得多。

虽然看起来不像，但在图 8-6 中确实展示了 25 条权益曲线。我发现这种策略对标准差倍数的变化不敏感，其中许多备选的权益曲线是彼此相似的。你所能看到的大部分的曲线变异，都是由时间跨度参数的调整引起的。

在我任意设定的只有 4 次调整的范围内，我们可以清楚地看到备选权益曲线的上下沿。我们需要解决的问题是，是否有任何处于下沿的权益曲线产生了超过 0 的爆仓风险。

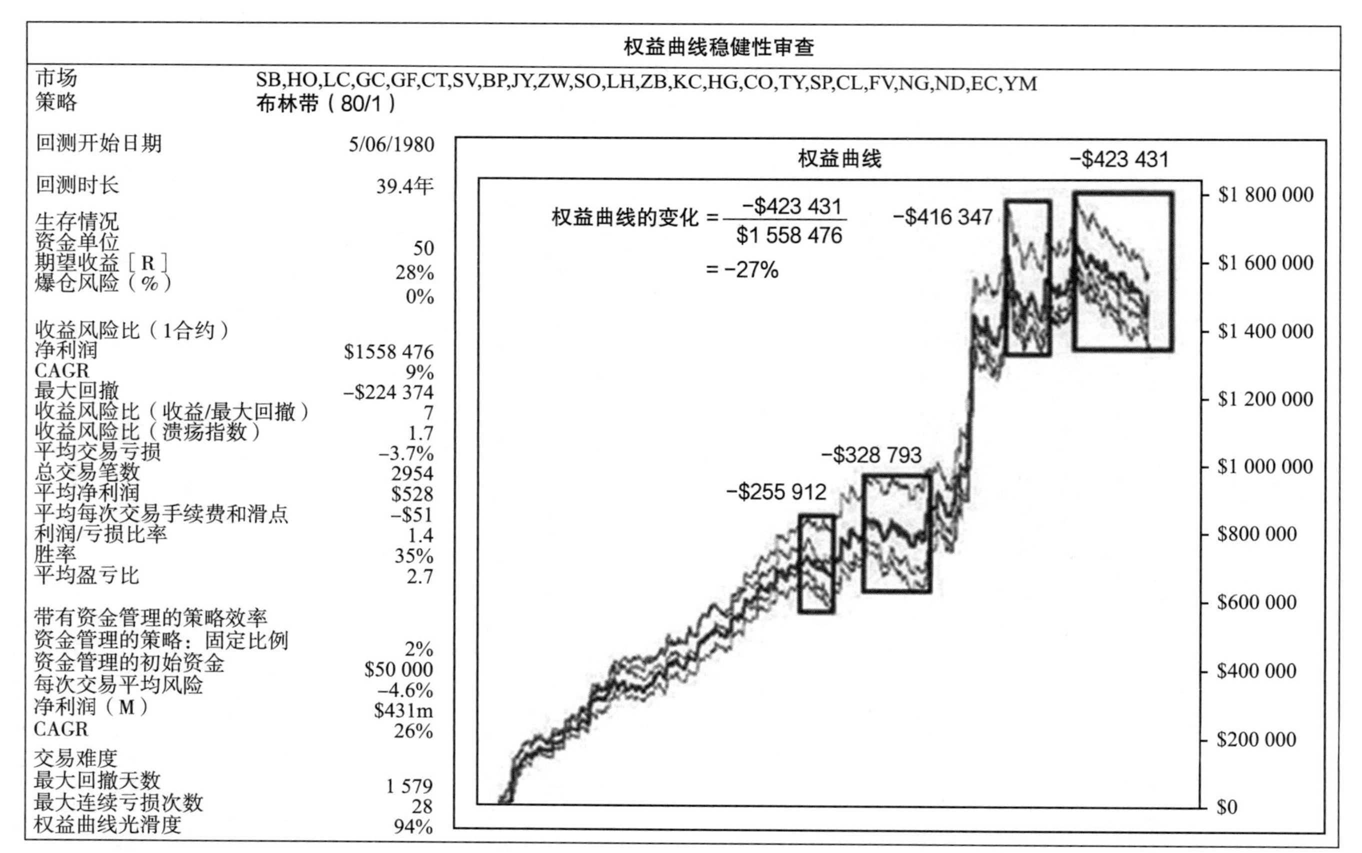

图 8-6 权益曲线稳健性审查需要检查策略的备选权益曲线的范围

表 8-1 没有一条布林带的备选权益曲线产生了超过 0 的爆仓风险

权益曲线稳健性审查

指标	布林带						
	时间跨度	标准差倍数	期望收益		逐笔风险		ROR
参数	80	1	28%	+	50	=	0%
参数调整							
	64	0.8	21%	+	50	=	0%
	64	0.9	21%	+	50	=	0%
	64	1	21%	+	50	=	0%
	64	1.1	21%	+	50	=	0%
	64	1.2	21%	+	50	=	0%
	72	0.8	27%	+	50	=	0%
	72	0.9	27%	+	50	=	0%
	72	1	27%	+	50	=	0%
	72	1.1	27%	+	50	=	0%
	72	1.2	27%	+	50	=	0%
	80	0.8	28%	+	50	=	0%
	80	0.9	28%	+	50	=	0%
	80	1	28%	+	50	=	0%
	80	1.1	28%	+	50	=	0%
	80	1.2	28%	+	50	=	0%
	88	0.8	27%	+	50	=	0%
	88	0.9	27%	+	50	=	0%
	88	1	27%	+	50	=	0%
	88	1.1	27%	+	50	=	0%
	88	1.2	27%	+	50	=	0%
	96	0.8	29%	+	50	=	0%
	96	0.9	29%	+	50	=	0%
	96	1	29%	+	50	=	0%
	96	1.1	29%	+	50	=	0%
	96	1.2	29%	+	50	=	0%

在表 8-1 中，我已经总结了这些计算值。

正如你所看到的，我很高兴地告诉你，没有任何备选的权益曲线产生了大于 0 的爆仓风险计算值。所以，我们可以肯定布林带策略。

现在，让我完成策略的权益曲线稳健性审查，如图 8-7 所示。

权益曲线稳健性审查				
策略			RTT	布林带
开仓			MA（34） MA（250） RSI（4.80%）	布林带 指标 （80,1）
盈利策略的特点				
可测量性		期望	9%	28%
		资金单位	20	50
		ROR	0%	0%
稳健性				
证据		样本外表现	否	否
指标				
	通用性	是否能在广泛的市场组合中获利	是	是
	良好的	权益曲线稳健性审查		
	设计原则	参数数量	4	2
		参数调整次数	4	4
		备选权益曲线数量	256	25
		权益曲线变异性	大	中等
		期望变异性	大	小
		是否有一组参数值使得爆仓风险大于 0	是	否
		是否权益曲线足够交易	**否**	**是**

图 8-7 如果策略存在脆弱点，将在权益曲线稳健性审查中暴露出来

为了便于比较，我已经包括了回撤趋势交易者的策略审查。在我看来，布林带策略的备选权益曲线的变异程度仅仅是中等水平。期望值的变化也很小。当它们结合起来，没有参数值产生超过 0 的爆仓风险时，我们可以有很

强的理由，认为该策略的权益曲线足够稳定，可以用于交易。

所以，你就正式获得了布林带策略，尽管由于缺乏样本外表现，没有证据表明其具有稳健性，但它仍值得考虑。它不仅通过其跨市场的通用性和设计的简单性表现出良好的稳健性指标，而且还具有稳定的权益曲线，其中普遍没有任何在 0 以上的爆仓风险。布林带策略似乎是一个稳健的策略。我说“似乎”，是因为对于不可知的未来而言，永远不可能有任何确定性的保证。我想当我们得知布林带是 20 世纪 90 年代非常成功的商业策略的核心支柱时，就不应该感到惊讶了。

权益曲线稳健性审查闭环了我在评估策略时遵循的过程。让我们使用这个新的策略审查工具来选出你的下一个工具，即策略基准。

策略基准——哪一种策略适合作为基准

现在让我们审视一下我在第 6 章回顾的策略，看看是否有一种适合被选为策略基准。记住，拥有一个策略基准的想法，可以帮助你避免落入相关性陷阱。这种策略将成为你的基准、一种需要超越的策略，它将成为你的底线策略。如果你希望交易你自己努力开发出的策略，这是你需要超越的基准线。

在第 6 章中，我回顾了 19 种策略，其中包括基于抛硬币的随机趋势交易者。在那组策略中，只有一种策略没有赚钱，即赫恩的 1% 规则。让我去掉赫恩的策略，按净利润对那组策略进行排名（见表 8-2）。

许多人可能认为，从公平的角度看，50 日和 200 日的黄金交叉似乎是一种突出的策略、一种值得选择的策略。然而，你现在知道，仅看单一维度的指标并不能触及策略评估的本质，这是很不够的。我们必须进行策略稳健性和性能分析。那么，让我们开始吧。

表 8-2 第 6 章涉及的趋势交易策略以净收益排名

策略	类型	发布时间	投资组合	净收益	交易次数	平均收益	手续费和滑点
50 日和 200 日的黄金交叉	相对价格	2020	P24	$1 715 940	1 235	$1 389	–$51
唐奇安的 4 周规则	通道突破	1960	P24	$1 601 223	6 120	$262	–$51
布林带	波动突破	1993	P24	$1 558 476	2 954	$528	–$51
德雷福斯的 52 周规则	通道突破	1960	P24	$1 442 906	475	$3 038	–$51
海龟交易	通道突破	1983	P24	$1 418 786	5 212	$272	–$51
ATR 带	波动突破	2020	P24	$1 193 319	3 544	$337	–$51
道氏理论	波段突破	1900	P24	$1 090 346	17 927	$61	–$51
加特利 3 周和 6 周交叉	相对价格	1935	P24	$1 079 398	3 387	$319	–$51
月度收盘价	相对时间	1933	P24	$1 003 526	4 993	$201	–$51
李嘉图规则	价格突破	1838	P24	$622 552	20 392	$31	–$51
季度收盘价	相对时间	1933	P24	$611 092	1 670	$366	–$51
随机趋势交易者（带有 200 日均线）	抛硬币	2020	P24	$583 946	15 871	$37	–$51
均值回归	回撤	2020	P24	$535 005	5 163	$104	–$51
唐奇安 5 日和 20 日交叉	相对价格	1960	P24	$520 675	13 306	$39	–$51
阿诺德 PPS	横盘突破	1995	P24	$450 780	2 586	$174	–$51
埃尔德的三重滤网交易系统	回撤	1986	P24	$336 473	11 633	$29	–$51
达瓦斯箱体	横盘突破	1960	P24	$136 731	636	$215	–$51
利弗莫尔回撤	横盘突破	1940	P24	$35 136	1 279	$27	–$51

收集数据

在表 8-3 中，我总结了其余 18 个适合成为策略基准的策略。为了进行稳健性分析，我总结了每种策略的稳健性的证据和指标。

表 8-3 包含了所有我用到的稳健性的信息。发布的数据中有一条，策略的样本外表现数据的数量。这也是能够为我提供策略稳健性的确凿证据的数据。除了四种策略外，大多数策略都有大量的证据来证明它们的稳健性。为了补充证据的不足，我总结了稳健性的重要指标。正如你所看到的，由于样本外证据的水平，大多数策略都具有良好的稳健性指标。它们都是通用的，在 24 个市场的不同投资组合中都可以盈利。这有力地表明，它们不是数据挖掘的产物。另一个指标是，它们是否遵循了良好的设计原则？它们是简单的还是复杂的？是否存在过度的曲线拟合？一眼看去，有三种策略存在较多的规则：

- 均值回归。
- 阿诺德 PPS。
- 埃尔德的三重滤网交易系统。

显然，规则比其他的策略更多。不幸的是，这表明了存在过度的曲线拟合的可能性。然而，尽管它们的规则很多，但它们的规则是对做多和做空都适用的对称的规则，并且对所有市场通用，这表明不存在过度的曲线拟合。令人高兴的一点是，这些策略总体上并不是重度依赖指标。然而，看到以下三种策略的参数数量，我就无法这么乐观了：

- 阿诺德 PPS。
- 埃尔德的三重滤网交易系统。
- 达瓦斯箱体。

表 8-3 稳健性的关键证据是样本外数据的表现，而关键的指标是其通用性和设计的简单性

策略类型	稳健性分析												
	证据						指标						
	发布时间	样本外年数	净利润	交易次数	平均利润	手续费和滑点	数据挖掘？	是否有过度的曲线拟合？					
							市场	规则		指标	参数		
								数量	对称性	数量	数量	对称性	市场适用
50 日和 200 日的黄金交叉	2020	0	$1 715 940	1 235	$1 389	$51	P24	2	是	1	2	是	是
唐奇安的 4 周规则	1960	60	$1 601 223	6 120	$262	$51	P24	1	是	0	1	是	是
布林带	1993	27	$1 558 476	2 954	$528	$51	P24	2	是	1	2	是	是
德雷福斯的 52 周规则	1960	60	$1 442 906	475	$3 038	$51	P24	1	是	0	1	是	是
海龟交易	1983	37	$1 418 786	5 212	$272	$51	P24	3	是	0	2	是	是
ATR 带	2020	0	$1 193 319	3 544	$337	$51	P24	2	是	1	2	是	是
道氏理论	1900	120	$1 090 346	17 927	$61	$51	P24	1	是	0	0	否	否
加特利 3 周和 6 周交叉	1935	85	$1 079 398	3 387	$319	$51	P24	2	是	1	3	是	是
月度收盘价	1933	87	$1 003 526	4 993	$201	$51	P24	2	是	0	0	否	否
李嘉图规则	1838	182	$622 552	20 392	$31	$51	P24	3	是	0	0	否	否

（续）

策略类型	稳健性分析												
	证据						指标						
	发布时间	样本外年数	净利润	交易次数	平均利润	手续费和滑点	数据挖掘?	是否有过度的曲线拟合?					
							市场	规则		指标	参数		
								数量	对称性	数量	数量	对称性	市场适用
季度收盘价	1933	87	$611 092	1 670	$366	$51	P24	2	是	0	0	否	否
随机趋势交易者（带有 200 日均线）	2020	0	$583 946	15 871	$37	$51	P24	4	是	1	3	是	是
均值回归	2020	0	$535 005	5 163	$104	$51	P24	5	是	1	3	是	是
唐奇安 5 日和 20 日交叉	1960	60	$520 675	13 306	$39	$51	P24	2	是	1	2	是	是
阿诺德 PPS	1995	25	$450 780	2 586	$174	$51	P24	6	是	1	5	是	是
埃尔德的三重滤网交易系统	1986	34	$336 473	11 633	$29	$51	P24	6	是	2	5	是	是
达瓦斯箱体	1960	60	$136 731	636	$215	$51	P24	4	是	1	5	是	是
利弗莫尔回撤	1940	80	$35 136	1 279	$27	$51	P24	4	是	0	0	否	否

每个策略都包含五个参数。这几乎是其余策略参数数量平均值的两倍。然而，从这些策略的角度看，在存在参数的地方，它们对买卖开仓架构以及所有市场都具有相同的数值。这也再次表明，不太可能存在过度的曲线拟合。不过，考虑到已经有的样本外表现的数量，我们不应该感到惊讶。

我在表 8-4 中，总结了关键的性能指标。

我已经列出了我在审查策略时所依赖的关键绩效指标。根据初始净利润排名，位于前五的候选策略基准的是：

1. 50 日和 200 日的黄金交叉。
2. 唐奇安的 4 周规则。
3. 布林带。
4. 德雷福斯的 52 周规则。
5. 海龟交易。

现在让我们更进一步，看看其中哪种策略将成为首选。

初始稳健性和性能分析

任何策略的首要属性都是稳健性。我更喜欢样本外的证据。根据这些标准，我将剔除以下策略：

1. 50 日和 200 日的黄金交叉。
2. ATR 带。
3. 随机趋势交易者。
4. 均值回归。

表 8-4 良好绩效的关键指标包括衡量生存情况、收益风险比、带有资金管理的策略效率以及交易难度的指标

策略类型	稳健性		性能分析												
			生存情况			收益风险比				带有资金管理的策略效率			交易难度		
	发布时间	样本外年数	期望收益	资金单位	ROR	净利润	最大回撤	收益风险比	UPI	风险	资金管理	CAGR	最大回撤天数	最大连续亏损	R^2
50 日和 200 日的黄金交叉	2020	0	39%	50	0	$1 715 940	$196 367	9	1.5	4.4%	$17m	16%	1 197	22	97%
唐奇安的 4 周规则	1960	60	14%	50	0	$1 601 223	$261 817	6	1.4	5.6%	$69m	20%	1 608	18	93%
布林带	1993	27	28%	50	0	$1 558 476	$224 374	7	1.7	4.6%	$431m	26%	1 579	28	94%
德雷福斯的 52 周规则	1960	60	47%	50	0	$1 442 906	$113 469	13	1.3	16.7%	$2m	10%	1 600	9	98%
海龟交易	1983	37	21%	50	0	$1 418 786	$95 107	15	2.2	4.7%	$257m	24%	1 637	20	96%
ATR 带	2020	0	18%	50	0	$1 193 319	$298 392	4	1.1	4.2%	$130m	22%	3 036	22	92%
道氏理论	1900	120	5%	50	0	$1 090 346	$250 428	4	1.4	3.3%	$167m	23%	2 238	24	95%
加特利 3 周和 6 周交叉	1935	85	12%	50	0	$1 079 398	$295 771	4	1.1	6.2%	$30m	18%	2 972	18	83%
月度收盘价	1933	87	10%	50	0	$1 003 526	$382 027	3	0.8	5.0%	$582m	27%	3 556	22	83%
李嘉图规则	1838	182	3%	50	100%	$622 552	$449 550	1	0.5	1.9%	$116m	21%	2 237	27	77%
季度收盘价	1933	87	9%	50	0	$611 092	$261 974	2	0.4	7.5%	$5m	12%	4 472	17	74%
随机趋势交易者（带有 200 日均线）	2020	0	7%	50	0	$583 946	$197 797	3	0.4	1.0%	$0m	0%	3 257	53	87%

（续）

策略类型	稳健性		性能分析												
			生存情况			收益风险比					带有资金管理的策略效率		交易难度		
	发布时间	样本外年数	期望收益	资金单位	ROR	净利润	最大回撤	收益风险比	UPI	风险	资金管理	CAGR	最大回撤天数	最大连续亏损	R^2
均值回归	2020	0	13%	50	0	$535 005	$121 869	4	0.6	1.8%	$219m	24%	3 441	27	92%
唐奇安 5 日和 20 日交叉	1960	60	3%	50	100%	$520 675	$311 061	2	0.4	3.0%	$0m	0%	6 689	25	36%
阿诺德 PPS	1995	25	31%	50	0	$450 780	$62 059	7	0.7	2.2%	$35m	18%	2 494	23	95%
埃尔德的三重滤网交易系统	1986	34	4%	50	100%	$336 473	$330 350	1	0.3	1.8%	$5m	12%	5 039	32	51%
达瓦斯箱体	1960	60	15%	50	0	$136 731	$75 614	2	0.1	5.5%	$0m	0%	3 089	17	82%
利弗莫尔回撤	1940	80	3%	50	100%	$35 136	$101 554	0	0.1	2.8%	$0m	0%	3 827	17	30%

50 日和 200 日的黄金交叉策略的运气不佳，它一下子就跌落了神坛。但不幸的是，我没有任何可靠的记录来证明它是什么时候发布的，由谁发布的？毫无疑问，可能会有交易者多年来一直跟踪此策略并成功实施交易，他们必然会嘲笑我剔除它的决定。30 多年来，我个人一直在使用 200 日移动均线作为我的主导趋势工具。我认为它的效果很好。但我还没有应用 50 日移动均线来产生交易信号。所以，如果没有可靠的证据证明它第一次发布的时间，我不能依靠表现有利的后见之明来保留它。对于我的 ATR 带策略和均值回归策略来说，也很难取舍，因为它们的最高 CAGR 分别为 22% 和 24%。

但这也触及了核心关键问题，即为什么我们需要在决定采纳任何交易策略之前，首先要进行客观地评估。

尽管一个策略可能表面上看起来很吸引人，具有卓越的性能、广泛的适用性和良好的设计原则，但若缺乏稳健性的证明，我们很难对使用其持续交易持有信心。特别是在众多其他策略中，那些拥有大量样本外证据支持其稳健性的策略显然更值得考虑。或许在未来，比如 20 年后，有人可能会出版一本书来重新评估我的两种策略，届时它们可能已经证明了自己的价值。但在当下，如果继续坚持使用它们，那将是基于希望而非确凿证据，这是不明智的。因此，让我们坚持基于证据来做决策，尤其是在有其他策略已经提供了充分证据的情况下。

看到随机趋势交易者策略的离开，这令人失望；然而，它已经达到了它的目的，展示了趋势交易的三个黄金原则的力量。

剔除这四种策略，将使选择池中待选策略的数量减少到 14 种。

我的首要绩效指标是爆仓风险。我将自己偏好的固定百分比资金管理策略应用到每一种策略中。我固定承担 2% 的风险，以创造 50 单位的资金，每次都以 5 万美元的账户余额进行初始交易。我把 100% 的损失定为爆仓点。为了计算每个策略的爆仓风险，我使用了模拟器，如 *UPST* 中所述。通过对模拟的爆仓风险进行计算，我删除了以下策略，因为它们各自的爆仓风险都在 0 以上。

1. 李嘉图规则。
2. 唐奇安 5 日和 20 日交叉。
3. 埃尔德的三重滤网交易系统。
4. 利弗莫尔回撤。

剔除这四种策略，将使选择池中待选策略的数量减少到 10 种。

确实，未能保留利弗莫尔回撤策略令人感到失望。对于这样一位传奇人物来说，结果确实不尽如人意。但这种情况不应被看作对利弗莫尔本人或其市场策略的否定。回撤交易法可能只是他众多策略中的一个。同样的情况也适用于理查德·唐奇安和亚历山大·埃尔德。排除这些策略仅仅意味着，根据我的模拟投资收益率（爆仓风险）计算，这些特定策略的爆仓风险超过了 0，这并没有否定他们的其他策略和贡献。例如，唐奇安的 4 周规则策略和埃尔德的畅销书《以交易为生》都广受好评。这仅仅说明，讨论中的策略没有通过我的稳健性测试，仅此而已。

我还应该补充一点，即使我的爆仓风险计算没有剔除这些策略，还有一些其他绩效指标也会剔除它们。

例如，它们的收益风险比和风险调整后收益指标都很差：

	收益风险比	UPI
• 李嘉图规则	1	0.5
• 唐奇安 5 日和 20 日交叉	2	0.4
• 埃尔德的三重滤网交易系统	1	0.3
• 利弗莫尔回撤	0	0.1

除了李嘉图规则之外，这些策略的资金管理效率也很低：

	资金管理的盈利效率	CAGR
● 李嘉图规则	$116m	21%
● 唐奇安 5 日和 20 日交叉	$0m	0%
● 埃尔德的三重滤网交易系统	$5m	12%
● 利弗莫尔回撤	$0m	0%

它们的回撤期也特别长，这将测试任何交易者的耐心：

	回撤期（天数）
● 李嘉图规则	2 237
● 唐奇安 5 日和 20 日交叉	6 689
● 埃尔德的三重滤网交易系统	5 039
● 利弗莫尔回撤	3 827

最后，它们的权益曲线形状都很粗糙，R 平方值都很差，这使得每种策略几乎不可能用来交易：

	R^2
● 李嘉图规则	77%
● 唐奇安 5 日和 20 日交叉	36%
● 埃尔德的三重滤网交易系统	51%
● 利弗莫尔回撤	30%

所以，尽管看到这些策略被淘汰是一件遗憾的事情，但它们在样本外数据上的表现为它们的稳健性提供了有力证据，同时也提供了它们表现不佳的有力证据，因此证明了它们被淘汰的合理性。

前十名

因此，现在我们获得了最终的十种策略，表 8-5 总结了对它们开展的稳健性分析。

表 8-5 排在前十名的策略都有关于稳健性分析的良好的证据和指标

策略	类型	稳健性分析												
		证据						指标						
		发布时间	样本外年数	净利润	交易次数	平均利润	手续费和滑点	数据挖掘？	是否过度的曲线拟合？					
								市场	规则		指标	参数		
									数量	对称性	数量	数量	对称性	市场适用
唐奇安的 4 周规则	通道突破	1960	60	$1 601 223	6 120	$262	–$51	P24	1	是	0	1	是	是
布林带	波动率突破	1993	27	$1 558 476	2 954	$528	–$51	P24	2	是	1	2	是	是
德雷福斯的 52 周规则	通道突破	1960	60	$1 442 906	475	$3 038	–$51	P24	1	是	0	1	是	是
海龟交易	通道突破	1983	37	$1 418 786	5 212	$272	–$51	P24	3	是	0	2	是	是
道氏理论	波段突破	1900	120	$1 090 346	17 927	$61	–$51	P24	1	是	0	0	NA	NA
加特利 3 周和 6 周交叉	相对价格变化	1935	85	$1 079 398	3 387	$319	–$51	P24	2	是	1	3	是	是
月度收盘价	相对时间变化	1933	87	$1 003 526	4 993	$201	–$51	P24	2	是	0	0	NA	NA
季度收盘价	相对时间变化	1933	87	$611 092	1 670	$366	–$51	P24	2	是	0	0	NA	NA
阿诺德 PPS	横盘突破	1995	25	$450 780	2 586	$174	–$51	P24	6	是	1	5	是	是
达瓦斯箱体	横盘突破	1960	60	$136 731	636	$215	–$51	P24	4	是	1	5	是	是

表 8-6 总结了它们的性能分析。

每种策略都有资格进入我的前十名。它们都拥有充足的样本外表现，其中阿诺德 PPS 策略是最年轻的，只有 25 年的历史。它们都具有通用性，它们在 24 个市场的多元化投资组合中都是盈利的，这表明每个策略都不是通过数据挖掘得来的。少数策略可能显得脆弱的领域，在于它们是否遵循了良好的设计原则。

阿诺德 PPS 策略、达瓦斯箱体策略和加特利 3 周和 6 周交叉策略可能因为参数数量（分别是 5 个、5 个和 3 个）而被剔除。加特利的策略可以被认为是合理的，因为他使用 3 周和 6 周的参数在 1935 年就已经明确发表，并且它们的样本外表现也经受住了时间的考验。阿诺德 PPS 策略也可以被认为是合理的。尽管它有 5 个参数，但它们在 1995 年也被很好地定义了，其中 3 个参数与他深思熟虑的交易计划有关，遵循了合理的逻辑。

所以，我将暂时保留阿诺德和加特利的策略。

然而，尼古拉斯·达瓦斯从未明确记录过他的规则或参数的值。我根据对他的策略的解读制定了这些规则。鉴于其策略的脆弱性，我会投票剔除达瓦斯箱体策略，因为它没有遵循需要明确定义规则的良好的设计原则。不过，我还是愿意将达瓦斯箱体策略保留在前十名中，因为它不太可能挑战第一名的位置。

现在的关键是从前十名中选择一种作为你的策略基准。正如我多次提到的，我们作为交易者的主要目标首先是在市场上生存下来。我们通过以 0 的爆仓风险进行交易来实现这一点。如果我们生存下来，下一个目标就是赚钱。并且，我们知道真正的秘密在于资金管理，我们需要查看每个策略赚钱的效率。这就是把 CAGR 放在我的前三大绩效指标中的原因。假设在所有其他稳健性标准都满足的前提下，它是一个策略优越性或赚钱效率的最终裁决者。所以，让我根据每个策略各自的 CAGR 来对策略进行排名。

表 8-6　排在前十名的策略中，大多数但并非全部都有良好的性能指标

策略	类型	稳健性		性能分析												
				生存情况			收益风险比				带有资金管理的策略效率			交易难度		
		发布时间	样本外年数	期望收益	资金单位	ROR	净利润	最大回撤	收益风险比	UPI	风险	资金管理	CAGR	最大回撤天数	最大连续亏损	R^2
唐奇安的 4 周规则	通道突破	1960	60	14%	50	0	$1 601 223	*$261 817	6	1.4	*5.6%	$69m	20%	1 608	18	93%
布林带	波动率突破	1993	27	28%	50	0	$1 558 476	*$224 374	7	1.7	*4.6%	$431m	26%	1 579	28	94%
德雷福斯的 52 周规则	通道突破	1960	60	47%	50	0	$1 442 906	*$113 469	13	1.3	*16.7%	$2m	10%	1 600	9	98%
海龟交易	通道突破	1983	37	21%	50	0	$1 418 786	*$95 107	15	2.2	*4.7%	$257m	24%	1 637	20	96%
道氏理论	波段突破	1900	120	5%	50	0	$1 090 346	*$250 428	4	1.4	*3.3%	$167m	23%	2 238	24	95%
加特利 3 周和 6 周交叉	相对价格变化率	1935	85	12%	50	0	$1 079 398	*$295 771	4	1.1	*6.2%	$30m	18%	2 972	18	83%
月度收盘价	相对时间变化率	1933	87	10%	50	0	$1 003 526	*$382 027	3	0.8	*5.0%	$582m	27%	3 556	22	83%
季度收盘价	相对时间变化率	1933	87	9%	50	0	$611 092	*$261 974	2	0.4	*7.5%	$5m	12%	4 472	17	74%
阿诺德 PPS	横盘突破	1995	25	31%	50	0	$450 780	*$62 059	7	0.7	*2.2%	$35m	18%	2 494	23	95%
达瓦斯箱体	横盘突破	1960	60	15%	50	0	$136 731	*$75 614	2	0.1	*5.5%	$0m	0%	3 089	17	82%

以 CAGR 排名

在表 8-7 和表 8-8 中，我根据 CAGR 衡量的赚钱效率，对十种策略进行了排名。

在前十名中，我们新的前五名现在看起来完全不同：

1. 月度收盘价。
2. 布林带。
3. 海龟交易。
4. 道氏理论。
5. 唐奇安的 4 周规则。

它看起来和我们最初的前五名大不相同：

1. 50 日和 200 日的黄金交叉。
2. 唐奇安的 4 周规则。
3. 布林带。
4. 德雷福斯的 52 周规则。
5. 海龟交易。

特别祝贺唐奇安的 4 周规则、布林带和海龟交易保持在前五名之列。特别是理查德·唐奇安，他有两种策略进入了前五名，因为海龟交易策略是建立在他的 4 周规则之上的。

应该对德雷福斯的 52 周规则策略退出前五名表示遗憾。尽管它的单一头寸净收益令人印象深刻，达到了 1 442 906 美元，但它最终在我的表中跌至第九位，CAGR 仅为 10%。尽管它拥有最平滑的权益曲线之一，R 平方读数为 98%（请注意，100% 将是一条笔直的 45 度权益曲线），并且拥有 1 600 天的最短回撤期之一。

表 8-7 按 CAGR 排名的十种策略的绩效指标

策略	类型	稳健性分析												
		证据						指标						
								数据挖掘？	是否过度的曲线拟合？					
									规则		指标	参数		
		发布时间	样本外年数	净利润	交易次数	平均利润	手续费和滑点	市场	数量	对称性	数量	数量	对称性	市场适用
月度收盘价	相对时间变化率	1933	87	$1 003 526	4 993	$201	–$51	P24	2	是	0	0	NA	NA
布林带	波动率突破	1993	27	$1 558 476	2 954	$528	–$51	P24	2	是	1	2	是	是
海龟交易	通道突破	1983	37	$1 418 786	5 212	$272	–$51	P24	3	是	0	2	是	是
道氏理论	波段点位突破	1900	120	$1 090 346	17 927	$61	–$51	P24	1	是	0	0	NA	NA
唐奇安的 4 周规则	通道突破	1960	60	$1 601 223	6 120	$262	–$51	P24	1	是	0	1	是	是
阿诺德 PPS	横盘突破	1995	25	$450 780	2 586	$174	–$51	P24	6	是	1	5	是	是
加特利 3 周和 6 周交叉	相对价格变化	1935	85	$1 079 398	3 387	$319	–$51	P24	2	是	1	3	是	是
季度收盘价	相对时间变化	1933	87	$611 092	1 670	$366	–$51	P24	2	是	0	0	NA	NA
德雷福斯的 52 周规则	通道突破	1960	60	$1 442 906	475	$3 038	–$51	P24	1	是	0	1	是	是
达瓦斯箱体	横盘突破	1960	60	$136 731	636	$215	–$51	P24	4	是	1	5	是	是

表 8-8 按 CAGR 排名的十种策略的绩效指标

策略	类型	稳健性		性能分析														
		发布时间	样本外年数	生存情况			收益风险比				带有资金管理的策略效率			交易难度		
				期望收益	资金单位	ROR	净利润	最大回撤	收益风险比	UPI	风险	资金管理	CAGR	最大回撤天数	最大连续亏损	R^2
月度收盘价	相对时间变化	1933	87	10%	50	0	$1 003 526	–$382 027	3	0.8	–5.0%	$582m	27%	3 556	22	83%
布林带	波动率突破	1993	27	28%	50	0	$1 558 476	–$224 374	7	1.7	–4.6%	$431m	26%	1 579	28	94%
海龟交易	通道突破	1983	37	21%	50	0	$1 418 786	–$95 107	15	2.2	–4.7%	$257m	24%	1 637	20	96%
道氏理论	波段突破	1900	120	5%	50	0	$1 090 346	–$250 428	4	1.4	–3.3%	$167m	23%	2 238	24	95%
唐奇安的4周规则	通道突破	1960	60	14%	50	0	$1 601 223	–$261 817	6	1.4	–5.6%	$69m	20%	1 608	18	93%
阿诺德 PPS	横盘突破	1995	25	31%	50	0	$450 780	–$62 059	7	0.7	–2.2%	$35m	18%	2 494	23	95%
加特利3周和6周交叉	相对价格变化	1935	85	12%	50	0	$1 079 398	–$295 771	4	1.1	–6.2%	$30m	18%	2 972	18	83%
季度收盘价	相对时间变化	1933	87	9%	50	0	$611 092	–$261 974	2	0.4	–7.5%	$5m	12%	4 472	17	74%
德雷福斯的52周规则	通道突破	1960	60	47%	50	0	$1 442 906	–$113 469	13	1.3	–16.7%	$2m	10%	1 600	9	98%
达瓦斯箱体	横盘突破	1960	60	15%	50	0	$136 731	–$75 614	2	0.1	–5.5%	$0m	0%	3 089	17	82%

它失宠的原因是使用了大止损。

作为一个止损反转策略，它将始终在市场中。采用 52 周突破会创造巨大的风险，比如每笔交易的平均风险高达 –16.7%！这是很大的风险。拥有如此大的止损，阻碍了策略建立头寸规模。记住，当我们交易时，有一个固定的资本量供在交易中冒险。资本的金额由我们的资金管理策略定义。如果一个开仓架构的止损很小，那意味着相对于一个更大止损的开仓架构，它可以建立的头寸规模也更大。德雷福斯的 52 周规则有巨大的止损。因此，它在赚钱方面效率不高，是大止损毁了它。这就是为什么在审查策略时，看到它在应用资金管理时的表现如此重要。基于单一合约或头寸规模的权益曲线，可能会隐藏大止损和低效率的存在。记住，CAGR 是女王！

在我的系统审查阶段，基于我的稳健性和性能分析，月度收盘价策略将是你工具包的首选策略基准。它不仅稳健，而且以 27% 的 CAGR 位列赚钱效率榜首。双赢。

真的吗？

记住，没有一个单一的超级指标可以对策略排名，即使是 CAGR。尽管其显著的年化收益，月度收盘价策略在一些关键指标上表现不佳。它的收益风险比非常低，只有 3：1，UPI 也很低。它承担每单位平均回撤风险，只赚取了 0.8 单位的高于无风险利率的超额收益。它遭受了第二长的回撤期：3 556 天，并且没有得到平滑的权益曲线，R 平方数值也比较低，只有 83%。好吧，不用担心。还有九种其他策略可供选择——这带我们来到下一个合乎逻辑的选择策略，即布林带。凭借其高的 CAGR（26%），明显更好的收益风险比（7：1）和健康的 UPI 值（1.7），以及合理的回撤期（1 579 天）和更平滑的（94%）R 平方权益曲线，它看起来是我们下一个显而易见的选择。

真的吗？

嗯，你可能会想到它在我表中的位置，但你必须记住，我为了策略审查编造了它的核心参数值为 80。我给了它一个慷慨的发布日期，承认它在 20

世纪90年代有史以来最佳的商业可用交易策略之一中的使用。该策略被《期货真相》杂志评为“历史上十大交易系统之一”。但是，尽管它有令人印象深刻的背书，但我不知道附带系统的参数值。所以，尽管它的历史传承，尽管我对它的权益曲线稳健性审查持积极态度，但我必须忽视其出色的表现。它的结果不是样本外的，即使它既有通用性又有良好的设计原则，拥有足够稳定的权益曲线可供交易，但在有如此多其他具有充分样本外稳健性证据的替代策略可供选择时，我不得不忽略它。

所以，对于我来说，我必须跳过布林带。这让我来到了下一个排名最高的策略，即海龟交易。它有一个健康的24%的CAGR和优越的风险调整后表现。它在两个领域交融贯通。它既享有15∶1的强大收益风险比，又享有2.2的优秀UPI。它同时拥有1 637天的合理回撤期和96%的R平方权益曲线。对于我来说，海龟交易似乎具有最强大的稳健性和绩效指标组合，产生最佳的风险调整后表现，使其成为策略基准的理想候选者。

权益曲线稳健性审查——海龟交易

在我考虑推荐海龟交易作为你的策略基准之前，我首先想审查其权益曲线对参数值变化的敏感性。并非因为这是必要的，任何进一步的分析对于这个37年以上的样本外表现来说都是多余的。这种表现已经为其策略稳健性提供了无可辩驳的证据。不，是因为这是一个非常好的练习，足以让我说明问题。所以，为了审查其对参数值变化的敏感性，我将完成一个权益曲线稳健性审查。

让我们回顾一下我们在第6章中首次看到的策略规则。

规则	
策略：	海龟交易
开发时间：	未知
发布时间：	1983

（续）

数据：	每日
方法：	趋势交易
技术：	通道突破
对称性：	买和卖
市场：	全部
指标：	无
参数—数量：	2 周度进场通道（4） 周度止损通道（2）
参数—对称性：	做多和做空
参数—应用：	参数对所有市场都适用
规则：	
做多规则	
开仓结构：	之前 4 周通道的最高点被突破
过滤：	只有在前一个周度突破信号发生亏损时，才交易
进场：	4 周最高点被突破时进场
止损：	2 周最低点被突破时离场
做空规则	
开仓结构：	之前 4 周通道的最低点被突破
过滤：	只有在前一个周度突破信号发生亏损时，才交易
进场：	4 周最低点被突破时进场
止损：	2 周最高点被突破时离场

这个策略包含两个参数。第一个发生在进场时，突破通道的时间长度（4 周），第二个是相反的发生在止损时，突破通道的时间长度（2 周）。

我将限制每个参数的调整次数为四次。有两个变量和四次调整，就像布林带审查一样，我知道当包含原始变量值时，策略的备选权益曲线的范围将是 25 条。

不幸的是，我不能像在布林带审查中那样，为每个变量使用 10% 的调整，因为周的数量不容易分割。在这次审查中，我将使用一周作为调整单位，原始值上下各两次调整。因此，对于每周进入突破通道的长度，我将使用2周、3周、4周（原始值）、5周和6周。对于相反的每周止损突破通道，我将使用0周、1周、2周（原始值）、3周和4周。自然地，零周止损是不可能的，因为它意味着策略在进场后立即止损。因此，我将去掉零周止损，这将把海龟交易的备选权益曲线的范围从25条减少到20条。此外，海龟交易限制了相反“止损”通道的长度，使其小于突破“进入”通道的长度。例如，以两周作为突破进入信号参数，不能搭配以3周作为相反突破止损的参数，因为已经进入的头寸在3周通道处发生止损前，可能会先触发另一个2周突破进入信号。因此，这将移除三条权益曲线（2周进入与3周止损、2周进入与4周止损和3周进入与4周止损）。这将把备选权益曲线的范围从20条减少到17条。尽管如此，这仍然足够评估其稳定性。

我已经运行了所有额外的16条权益曲线，并将它们叠加在图8-8中。

基于我自己限制的四次调整，我们可以清楚地看到备选权益曲线的上下沿。我们需要回答的问题是，是否有任何处于下沿的权益曲线产生了超过0的爆仓风险。

我在表8-9中总结了结果。

如你所见，没有任何备选权益曲线产生了超过0的爆仓风险。所以，海龟交易也得到了值得两个大拇指的肯定。

现在让我完成图8-9中显示的权益曲线稳健性审查。

基于以一周为单位的调整幅度，备选权益曲线和期望值的变化幅度很大。出于为海龟交易的辩护，必须指出我的调整幅度本身就很大，在四周突破中，一周代表25%的调整。这比我在布林带审查中使用的10%的调整要大得多。但无论如何，作为一个以周为单位的突破策略，最小的调整单位是周，所以我只能按周来调整参数。因此，上下沿之间的变异性很大。但不管变异性如何，没有任何参数值产生了超过0的爆仓风险，这使海龟交易的权益曲线足够稳定，可以交易。

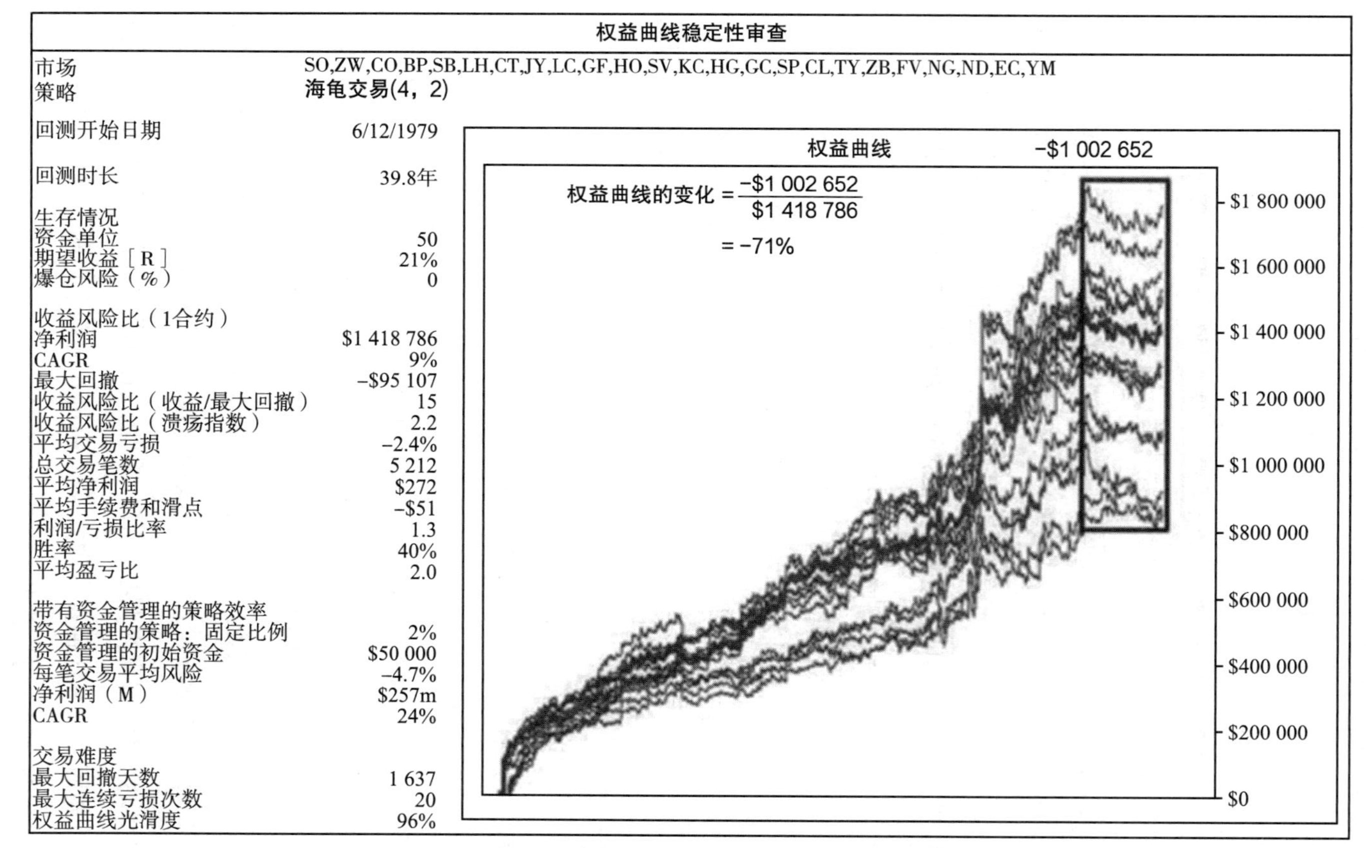

图 8-8　海龟交易的备选权益曲线的范围

表 8-9 海龟交易的备选权益曲线的范围没有产生任何超过 0 的爆仓风险

权益曲线稳健性审查

指标	通道突破 进场信号周数量	通道突破 止损信号周数量	期望收益		资金单位		ROR
参数	4	2	21%	+	50	=	0
参数值调整							
	2	1	8%	+	50	=	0
	2	2	15%	+	50	=	0
	3	1	14%	+	50	=	0
	3	2	19%	+	50	=	0
	3	3	23%	+	50	=	0
	4	1	16%	+	50	=	0
	4	2	21%	+	50	=	0
	4	3	25%	+	50	=	0
	4	4	24%	+	50	=	0
	5	1	15%	+	50	=	0
	5	2	21%	+	50	=	0
	5	3	23%	+	50	=	0
	5	4	24%	+	50	=	0
	6	1	15%	+	50	=	0
	6	2	23%	+	50	=	0
	6	3	23%	+	50	=	0
	6	4	24%	+	50	=	0

此外，正如我之前所说，这次审查完全是多余的，因为海龟交易拥有超过 37 年的样本外表现，是 1983 年由理查德・丹尼斯和比尔・埃克哈特教授给他们的学生交易者的最基本配置。这种表现提供了其稳健性的无可辩驳的证据。这足以确认它是一个合适的策略基准。然而，如果你决定你的偏好是交易这个策略，并选择改变参数，至少你会知道它的备选权益曲线范围的大小。

在我看来，海龟交易成为下一个最适合被选为策略基准的策略。

权益曲线稳健性审查				
策略			RTT	海龟交易
开仓			MA（34）	通道（4）
			MA（250）	通道（2）
			RSI（4.80%）	
盈利策略的特点				
可测量性		期望	9%	21%
		资金单位	20	50
		ROR	0%	0%
稳健性				
	证据	样本外表现	不具备	具备
	指标			
	通用性	是否能在广泛的市场组合中获利	是	是
	良好的	权益曲线稳健性审查		
	设计	参数数量	4	2
	原则	参数调整次数	4	4
		备选权益曲线数量	256	17
		权益曲线变异性	大	大
		期望变异性	大	大
		是否有一组参数值使得爆仓风险大于 0	是	否
		是否权益曲线足够交易	**否**	**是**

图 8-9 对海龟交易的审查，证实其权益曲线对于交易来说已经足够稳定

重返 20 世纪 80 年代——海龟交易

因此，海龟交易是我为你的交易者工具包选择的策略基准。根据我的稳健性和性能分析以及权益曲线稳健性审查，它是排名最高的策略。现在，它应该成为你评判自己努力的基准。如果你无法超越它，而你又希望参与交易，那么应该认真考虑交易海龟策略。

那么，我的分析是否使海龟交易成为完美的策略呢？不。尽管它的排名是应得的，但它并不完美。对于我来说，一个大问题是它的止损规模，为 –4.7%。它可能不像 –16.7% 那样大，但它仍然相对较大。然而，作为基准

策略，它是完美的。它是我列表中最好的，并且它比大多数自制的、失败的交易策略有更多吸引人的属性。如果你自己的努力无法超越海龟交易策略，并且你希望交易，那么你应该认真考虑它，即使要使用相对较大的止损。

我希望经验丰富的交易者没有错过其中的讽刺意味。当你一直在挠头寻找答案，寻找有效的策略，阅读书籍，参加研讨会和工作坊，以及狂热地编码时，答案却一直在最显而易见的地方。那就是海龟交易策略。

现在，既然我已经选择了一个策略基准，你的工具包的最后补充是一个策略开发蓝图。

策略研发

这是给你的工具包的最后补充。

所有艰苦的工作都已经完成。你的工具包里拥有了开发策略所需要的一切：

- 构建投资组合。
- 数据。
- 软件。
- 具备盈利策略的要素。
- 策略审查。
- 策略基准。

你已经知道客观地选出基于多样性和平均日交易量的市场组合的重要性。你将需要确保可靠的数据来源。软件，如果你还没有，那么它应该出现在你的购物清单上。你知道交易策略想要获得哪些特征，并且知道如何将你的努力与海龟交易策略进行审查和基准比较。

解决这个难题的最后一步是一个策略开发的蓝图。这仅仅包括一个六步计划：

1. 找到一种方法。
2. 对方法进行编码。
3. 审查方法。
4. 比较方法。
5. 调整方法：
   - 避免过度的曲线拟合。
   - 再度审查。
   - 再度比较。
6. 完成权益曲线稳健性的审查。

反复打磨。就是这样。

掸去旧的交易书上的灰尘，最好回顾一下 2000 年之前出版的书，因为它们将提供超过 20 年的样本外表现。开始阅读，如果一个想法吸引了你的注意，就把它编写出来，然后在一个多样化市场的通用投资组合上进行历史回测。这将产生一个历史权益曲线，并生成我所使用过的绩效指标。如果做不到，可以用电子表格手动完成。进行策略审查，并与海龟交易进行比较。如果它值得进一步关注，考虑如何在不陷入过度的曲线拟合的陷阱的情况下改进它。尝试在使用规则、指标和变量的数量上保持精简。再次审查修改后的策略，并与海龟交易进行比较。

这里有一个难点，在于你需要认识到你的正常“调整”，何时滑坡到过度的曲线拟合。当你跨越了那个分水岭，一切都结束了，没有奖励，只能回到原点。

如果你相信你没有越过过度的曲线拟合的界线，并且策略看起来比海龟交易更优越，最后一步是进行权益曲线稳健性审查。你需要确定，考虑到你将允许的变量数量和调整次数，策略的备选权益曲线的范围有多大。你需要确定是否有任何备选权益曲线产生超过 0 的爆仓风险。你需要确定备选权益曲线的上下沿之间存在多少变化，并判断这种变化是否合理，足以开展交易。你需要确定策略的权益曲线是否足够稳定，以在不同组的变量值上进行交易。

如果答案是肯定的，那就欢呼吧，你的下一个目标将是通过一个测试。如果测试也成功了，那策略就可以上路了，是时候开香槟庆祝了。

如果答案是否定的，不要担心。还有很多旧的交易想法可以让你忙碌起来，你需要的只是反复打磨。

数据拆分

正如我提到的，衡量策略稳健性的另一种方法是将数据一分为二，用样本内数据集来开发一个想法，然后看看它在样本外数据集上的表现如何。但我也表示过，我更喜欢使用整个数据集进行权益曲线稳健性审查。我喜欢测量策略的备选权益曲线的规模和广度，研究备选权益曲线的上下沿，看看其中揭示了什么线索。我不进行数据分割的另一个原因是，因为我专注的是旧的和已经公布的想法，对于我来说大部分 1980 年以后的历史数据已经属于“样本外”的了！

小结

好了，现在你已经拥有了进入策略开发这个激动人心的世界所需的正确工具。这是一个永远不应该离开你左右的百宝箱。现在你知道如何挑选和构建一个投资组合并获取数据，知道软件对于帮助你收集证据的重要性，知道在成功策略中要注意什么，知道如何进行策略审查，知道如何选择一个基准策略，以帮助你避免陷入相关性陷阱。而且你现在实际上已经有一个策略基准了。

现在你已经准备充分，是时候开发一个合理的交易策略了，这个策略将（希望）超越你的基准策略，并将你坚定地推向可持续交易的道路。

| 第9章 |

回到未来

市场越变，不变之道越显。

现在是时候回溯过去，以向前迈进。

顺便说一句，我想将第 9 章献给在技术分析领域载入史册的前辈们：那些慷慨分享市场洞察力的交易者，那些提供肩膀让我们所有人都站在上面的巨人。尽管他们不再以肉身形式与我们同在，但我想展示，他们的精神一定还与我们同在，在动荡的全球市场中，帮助我们穿越伴随我们的交易迷雾。我希望第 9 章能够公正地对待他们过去的贡献，因为我将审视技术分析领域中很少有人用的、很少得到证据支持的、通常是误导性的、有时甚至是自相矛盾的一颗非常特别的明珠。

除了向我们的前辈致以诚挚的感谢，第 9 章的目标是开发一个明智且可持续的交易策略。为了做到这一点，我将遵循我的策略发展蓝图。

策略研发

我将按照我在第 8 章中与你们分享的六步计划进行操作。

1. 找到一种方法。
2. 对方法进行编码。
3. 审查方法。
4. 比较方法。
5. 调整方法：
   - 避免过度的曲线拟合。
   - 再度审查。
   - 再度比较。
6. 完成权益曲线稳健性的审查。

找到一种方法

是时候沿着记忆的小路漫步了。我确实相信，回顾过去才能向前迈进。不妨花时间看看后视镜，寻找灵感。现在你知道了，正是那些旧想法能够给予交易者最渴望的礼物——来自积极的样本外表现的稳健性证明。新的想法做不到这一点，但旧想法可以。

□ 回顾 2000 年之前出版的交易书

现在有很多关于交易的旧想法。你只需要去寻找它们。一个简单的方法是回顾所有在 2000 年之前出版的交易书。如果一个想法吸引了你的注意，就为它编写代码进行审查。在 2000 年之前的出版物，将为你提供超过 20 年的样本外表现，这足以衡量一个交易想法的稳健性。

□ 十大趋势交易策略

对于我来说，我会从回顾我的十大趋势交易策略列表开始，我已经在表 9-1 和表 9-2 中进行了总结。

这些表格最初是一份包含 18 种替代趋势交易策略的列表。当我引入随机趋势交易者策略时，策略增加到了 19 种。通过我的稳健性和性能分析，列表被缩减到了十种。正如你所知，我的原始列表并不全面，所以请不要认为你对已建立想法的搜索应该限制在我的十大趋势交易策略上。

问题就变成了我应该回顾哪种已建立的方法。既然这里的关键词是“已建立”，我可以看到一个策略在年龄方面是突出的，道氏理论无疑是最古老的，它已经有 120 年的历史了。那就这样吧，道氏理论，就是你了。

□ 道氏理论

背景

道氏理论要归功于查尔斯·道，他被认为是技术分析的奠基人，特别是趋势分析的奠基人。这对于我而言非常幸运，因为我的书是关于趋势交易的。除了他的理论，他和所在的组织一道，也是市场的重要构成部分。他在 1882 年与爱德华·琼斯一起创立了道琼斯公司，并成了《华尔街日报》的合伙人和编辑。他无疑是华尔街的支柱，他在 1884 年创建了道琼斯铁路指数（现在称为交通指数），并在 1896 年创建了道琼斯工业指数。道关于市场行为的想法在 1900 年他在《华尔街日报》发表的一系列文章中得以展现。有趣的是，他从未出版过完整的市场理论，从未写过一本分享他洞见的书，也从未使用过“道氏理论”这个词语。是道的密友塞缪尔·纳尔逊精练了他的理论，并首次创造了“道氏理论”这个词语。支持道的想法的重要出版物包括：

表 9-1 十大趋势交易策略的关键稳健性指标

策略	类型	稳健性分析												
		证据						指标						
								数据挖掘?	是否过度的曲线拟合?					
									规则		指标	参数		
		发布时间	样本外年数	净利润	交易次数	平均利润	手续费和滑点	市场	数量	对称性	数量	数量	对称性	市场适用
月度收盘价	相对时间变化率	1933	87	$1 003 526	4 993	$201	-$51	P24	2	是	0	0	否	否
布林带	波动率突破	1993	27	$1 558 476	2 954	$528	-$51	P24	2	是	1	2	是	是
海龟交易	通道突破	1983	37	$1 418 786	5 212	$272	-$51	P24	3	是	0	2	是	是
道氏理论	波段点位突破	1900	120	$1 090 346	17 927	$61	-$51	P24	1	是	0	0	否	否
唐奇安的 4 周规则	通道突破	1960	60	$1 601 223	6 120	$262	-$51	P24	1	是	0	1	是	是
阿诺德 PPS	横盘突破	1995	25	$450 780	2 586	$174	-$51	P24	6	是	1	5	是	是
加特利 3 周和 6 周交叉	相对价格变化	1935	85	$1 079 398	3 387	$319	-$51	P24	2	是	1	3	是	是
季度收盘价	相对时间变化	1933	87	$611 092	1 670	$366	-$51	P24	2	是	0	0	否	否
德雷福斯的 52 周规则	通道突破	1960	60	$1 442 906	475	$3 038	-$51	P24	1	是	0	1	是	是
达瓦斯箱体	横盘突破	1960	60	$136 731	636	$215	-$51	P24	4	是	1	5	是	是

表 9-2 十大趋势交易策略的关键性能指标

策略	类型	稳健性		性能分析												
				生存情况			收益风险比				带有资金管理的策略效率			交易难度		
		发布时间	样本外年数	期望收益	资金单位	ROR	净利润	最大回撤	收益风险比	UPI	风险	资金管理	CAGR	最大回撤天数	最大连续亏损	R^2
月度收盘价	相对时间变化	1933	87	10%	50	0	$1 003 526	–$382 027	3	0.8	–5.0%	$20m	27%	3 556	22	83%
布林带	波动率突破	1993	27	28%	50	0	$1 558 476	–$224 374	7	1.7	–4.6%	$431m	26%	1 579	28	94%
海龟交易	通道突破	1983	37	21%	50	0	$1 418 786	–$95 107	15	2.2	–4.7%	$257m	24%	1 637	20	96%
道氏理论	波段突破	1900	120	5%	50	0	$1 090 346	–$250 428	4	1.4	–3.3%	$85m	23%	2 238	24	95%
唐奇安的 4 周规则	通道突破	1960	60	14%	50	0	$1 601 223	–$261 817	6	1.4	–5.6%	$69m	20%	1 608	18	93%
阿诺德 PPS	横盘突破	1995	25	31%	50	0	$450 780	–$62 059	7	0.7	–2.2%	$113m	18%	1 875	31	95%
加特利 3 周和 6 周交叉	相对价格变化	1935	85	12%	50	0	$1 079 398	–$295 771	4	1.1	–6.2%	$30m	18%	2 972	18	83%
季度收盘价	相对时间变化	1933	87	9%	50	0	$611 092	–$261 974	2	0.4	–7.5%	$5m	12%	4 472	17	74%
德雷福斯的 52 周规则	通道突破	1960	60	47%	50	0	$1 442 906	–$113 469	13	1.3	–16.7%	$2m	10%	1 600	9	98%
达瓦斯箱体	横盘突破	1960	60	15%	50	0	$136 731	–$75 614	2	0.1	–5.5%	$0m	0%	3 089	17	82%

- 1902 年—《股票投机的 ABC》由塞缪尔·纳尔逊著。
- 1922 年—《股市晴雨表》由威廉·汉密尔顿著。
- 1932 年—《道氏理论》由罗伯特·雷亚著。
- 1960 年—《我如何帮助超过 1 万名投资者在股市中获利》由谢弗著。
- 1961 年—《道氏理论的今天》由理查德·拉塞尔著。

简而言之

那么，它究竟是什么？冒着过度简化的风险，道氏理论可以概括为我在图 9-1 中总结的七个要点。请花点时间阅读它们。

道氏理论概述		
1. 市场包含所有信息		
价格反映了所有相关的基本面、政治和心理信息		
相信你所看到的，而不是你所想到的		
2. 市场趋势由峰值和谷值来定义		
上升趋势由更高的峰值和更高的谷值定义。价格更高，趋势上升		
下降趋势由更低的峰值和更低的谷值定义。价格更低，趋势下降		
3. 市场趋势包含三个趋势		
基本趋势	主要趋势	在其方向上交易，而不是逆向的 持续时间在一年到三年之间
次要趋势	中间趋势	是针对主要趋势的回撤 持续时间在三周到三个月之间
微型趋势	小型趋势	是针对次要趋势的回撤 与基本趋势一致 持续时间不超过三周
4. 市场主要趋势包含三个阶段		
吸筹阶段	精明的参与者正在进场，感觉到趋势的变化	
公众参与阶段	大多数投资者正在进场，看到新的趋势	
派发阶段	公众正在进场，趋势在新闻中被广泛宣传	

图 9-1 道氏理论的七个要点

5. 市场趋势必须相互确认

 每个指数都需要一个确认的趋势改变，以确认基本趋势的变化

6. 市场趋势的成交量必须确认趋势

 基本趋势的成交量 > 次要趋势的成交量。价格信号比成交量更重要

7. 基本趋势被认为是有效的，直到发生确认的反转

图 9-1 道氏理论的七个要点（续）

明白了吗？或许懂了？还是不懂吗？别担心，我将简化它。

峰谷趋势分析

为了我的研究目的，我想将道氏理论提炼出最简单的解释。一个能够包含道氏理论的解释，并且能够让我编写一个具有清晰和客观规则的策略。

我想专注于第二点：

2. 市场趋势由峰值和谷值来定义。

 上升趋势由更高的峰值和更高的谷值定义。

 价格更高，趋势上升。

 下降趋势由更低的峰值和更低的谷值定义。

 价格更低，趋势下降。

这指的是道氏理论的峰谷趋势分析。正是基于这种分析，道赢得了趋势分析之父的称号。这是一种简单而有效的分析方法，用于确定趋势，如图 9-2 所示。

尽管道使用了“峰值”和“谷值”这些术语，但我

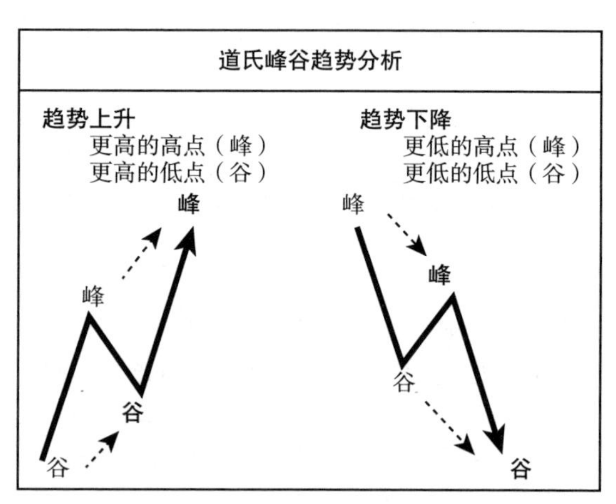

图 9-2 峰谷趋势分析是道氏理论的重要组成部分

更倾向于使用“高点”和“低点”。当市场处于上升趋势时，它应该形成更高的高点和低点。同样，如果市场处于下降趋势，它应该形成更低的低点和高点。

简化

我知道道氏理论不仅仅是峰谷趋势分析。然而，对于我的目的来说，当我使用“道氏理论”这个词语时，将仅仅指代峰谷趋势分析，而不是整个理论。此外，我将用波段走势图覆盖在日K线图上来帮助识别趋势。波段走势图平滑价格，并帮助识别市场的高点和低点，这反过来又有助于根据道氏理论（峰谷趋势分析）来识别趋势和趋势的变化。

道氏理论 101

一旦你定义了如何识别“高点”和“低点”，道氏理论就变得很简单了。正如我所说，我在日K线图上叠加了波段走势图。根据道氏理论判断市场趋势时，只有三个关键规则需要记住：

1. 道氏理论始终在市场中，趋势要么上升要么下降。
2. 当市场创造更高的高点时，趋势是上升的。
3. 当市场创造更低的低点时，趋势是下降的。

简单吧？真的就像数一二三一样简单，正如我在图9-3中展示的那样。

如果你能理解图9-3，那么你就可以认为自己是道氏理论（峰谷趋势分析）的专家了。如你所见，叠加在日K线图上的波段走势图有助于定义“高点”和“低点”，从而使价格变得平滑。

道氏理论始终在市场中进行趋势解读。趋势要么上升，要么下降，策略要么做多，要么做空。

图9-3始于上升趋势。市场正在创造更高的（波段）高点和更高的（波

段）低点。当趋势上升时，你需要关注波段低点的突破。当突破发生时，趋势发生变化，道氏理论从做多转为做空。当趋势下降时，市场应该创造更低的低点和更低的高点。当这种情况发生时，你需要关注波段高点的突破。当这样的突破发生时，趋势发生变化，道氏理论从做空转为做多。图 9-3 以上升趋势结束，交易者应该关注波段低点的突破，以预示道氏趋势从上升转为下降。

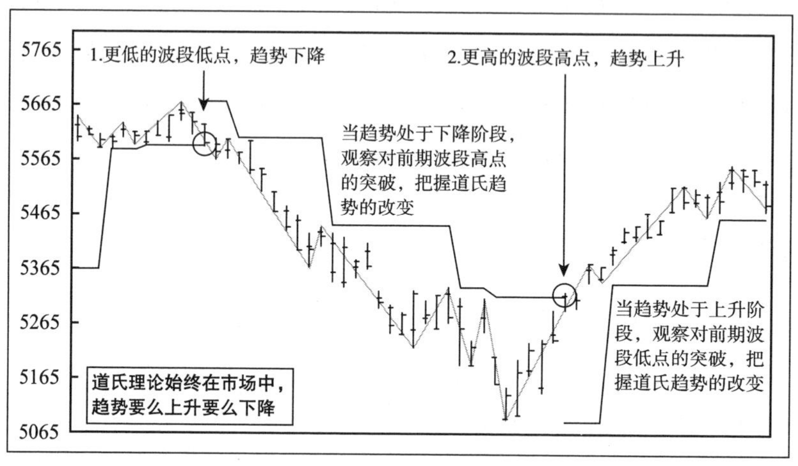

图 9-3　道氏理论是一个止损和反转策略，它总是在市场中，要么做多，要么做空

就是这样。道氏理论 101。

现在你对道氏理论有了更好的理解，是时候进行编码了。

将方法编码

幸运的是，我已经在第 6 章中对道氏理论进行了编码。由于我将基于日 K 线图开发一个道氏理论策略，我开始将该策略称为日度道氏理论交易者（DDT）。该策略将在每日的道氏趋势发生变化时进入头寸。

我在这里总结了规则。

规则	
策略：	DDT
核心—方法：	道氏理论
核心—发布时间：	1900
市场：	所有
指标：	无
参数—数量：	0
规则：	1
做多规则	
设置和进场条件：	日道氏趋势改变——从下降趋势变为上升趋势
止损：	日道氏趋势改变——从上升趋势变为下降趋势
做空规则	
设置和进场条件：	日道氏趋势改变——从上升趋势变为下降趋势
止损：	日道氏趋势改变——从下降趋势变为上升趋势

让我们重新审视一下第6章中我的道氏理论图表示例，图9-4中再次展示了它。

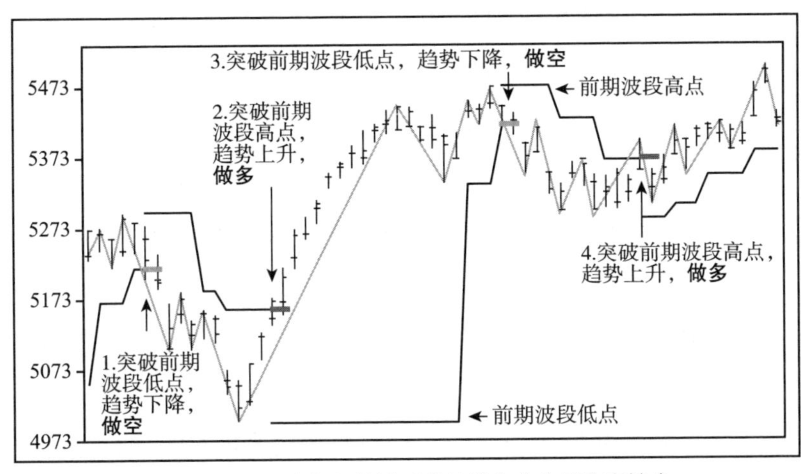

图9-4　DDT在每日的道氏趋势发生变化后改变持仓

如你所见，DDT始终在市场中，要么做多，要么做空。它将在每日的道氏趋势发生变化时进入头寸。一旦进入头寸，它将在最近的波段点的相反突破处设置初始和跟踪止损。突破将引发道氏趋势的变化。一旦止损出局，它将自动进入新头寸。这种类型的策略被称为止损和反转（SAR）策略。

审查方法

让我们看看 DDT 的表现，如图 9-5 所示。

这并不令人惊讶，因为我们已经看到了第 6 章中的许多数字。

比较方法

表 9-3 比较了 DDT 与海龟交易的表现。

在这个阶段，我对 DDT 策略的稳健性感到满意。所有的结果都是样本外的，证明了这个策略（以及道氏理论）是稳健的。能够在 24 个多样化市场的投资组合中获利，展示了它的通用性和没有数据挖掘。它的简单性展示了良好的设计原则，并确保了没有过度的曲线拟合。所以，就稳健性而言，一切都很好。

作为一名交易者，我担心的是策略的回撤水平。

记住，"可交易的" 稳健性应该是每个策略的圣杯目标，不幸的是，DDT 经历的大回撤是不可交易的。很少有私人交易者能够承受它。所以，目前它是我的交易障碍，它的回撤使得这个策略没有交易的吸引力。

调整方法

现在来到了调整和挑战的阶段。我们要提出改进 DDT 的想法，同时避免过度的曲线拟合。道氏理论作为一个核心理念，由于其长久性、耐用性、简单性、有效性和效率，它已经很难再有所改进。让我们保持 DDT 的现状，并创建一个基于周的更高时间框架的新道氏理论策略。让我们看看一个包含了更高时间框架的策略是否能够带来更低的回撤。

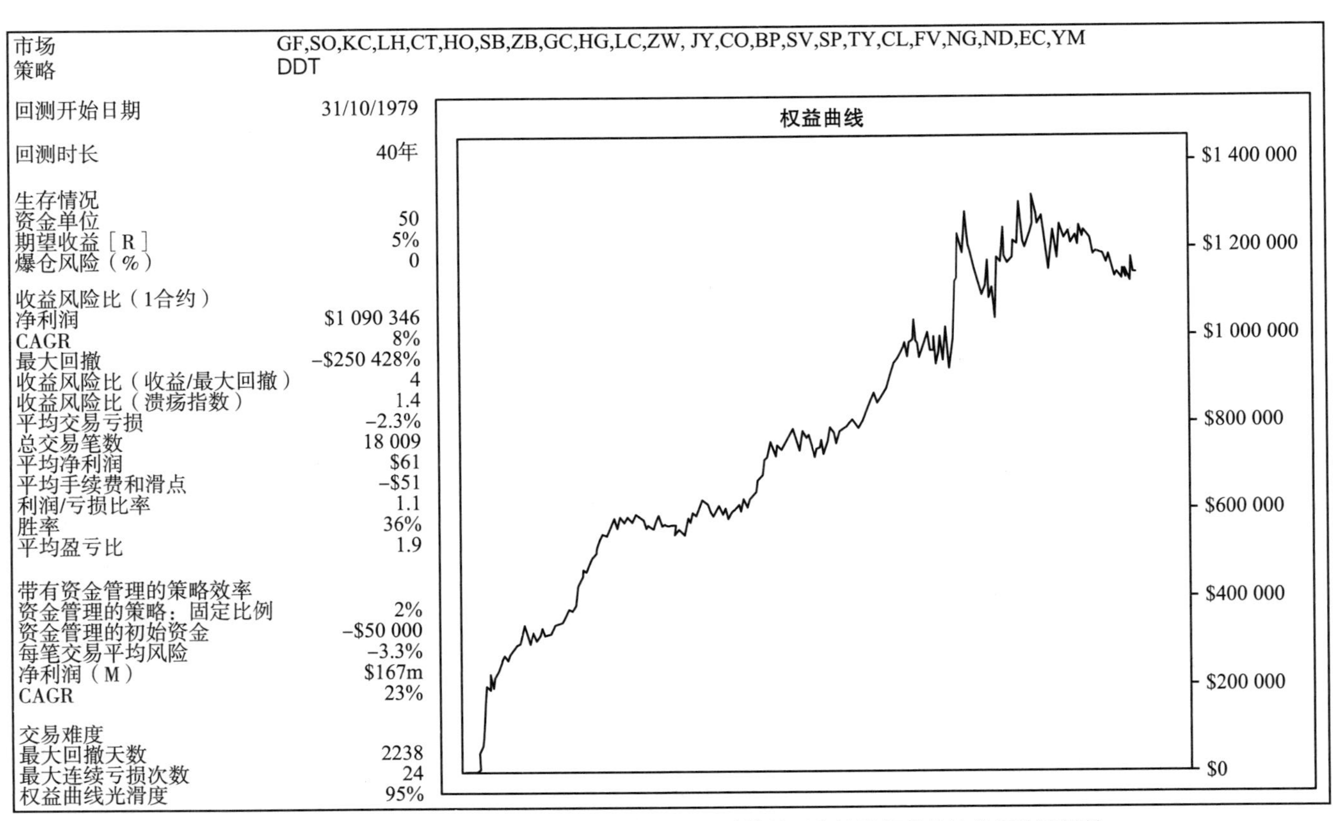

图 9-5　DDT 的正向的样本外表现强调了道氏理论简单而有效的峰谷趋势分析的稳健性

表 9-3　DDT 的大幅历史回撤使其不适合私人交易者

策略	类型	稳健性		性能分析												
				生存情况			收益风险比			带有资金管理的策略效率				交易难度		
		发布时间	样本外年数	期望收益	资金单位	ROR	净利润	最大回撤	收益风险比	UPI	风险	资金管理	CAGR	最大回撤天数	最大连续亏损	R^2
海龟交易	通道突破	1983	37	21%	50	0	$1 418 786	–$95 107	15	2.2	–4.7%	$257m	24%	1 637	20	96%
日度道氏趋势交易者	波段突破	1900	120	5%	50	0	$1 090 346	–$250 428	4	1.4	–3.3%	$167m	23%	2 238	24	95%

□ 编码周度道氏趋势交易者

我将这个新策略称为周度道氏趋势交易者（WDT），它的规则与 DDT 的完全相同，除了时间框架是周度的。

规则	
策略：	WDT
核心—方法：	道氏理论
核心—发布时间：	1900
市场：	所有
指标：	无
参数—数量：	0
规则：	1
做多规则	
设置和进场条件：	周度道氏趋势改变——从下降趋势变为上升趋势
止损：	周度道氏趋势改变——从上升趋势变为下降趋势
做空规则	
设置和进场条件：	周度道氏趋势改变——从上升趋势变为下降趋势
止损：	周度道氏趋势改变——从下降趋势变为上升趋势

我已经在我的 VBA Excel 交易策略中编程了 WDT，以机械和系统化的方式定位并交易周度道氏趋势的变化，如图 9-6 所示。

□ 审查 WDT

WDT 的性能总结在图 9-7 中。从日度时间框架切换到周度，收益得到了增长，净利润翻了一番。到目前为止，对于我来说看起来不错。

□ 比较 WDT

表 9-4 将 WDT 与 DDT 和海龟交易进行了比较。

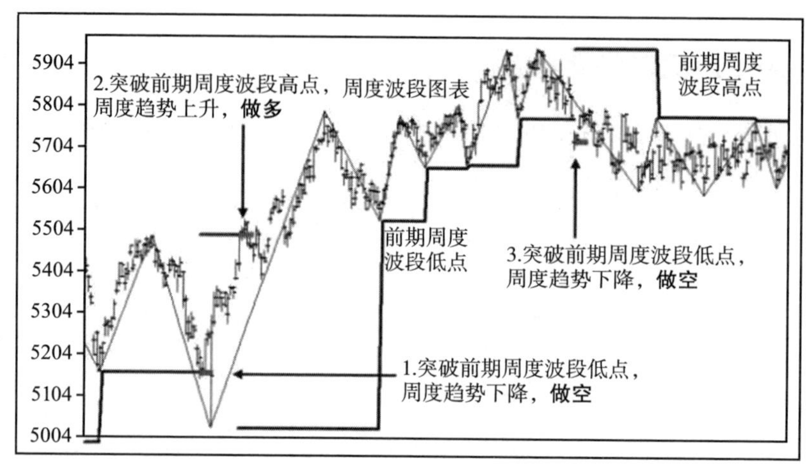

图 9-6　WDT 策略在周度道氏趋势发生改变时改变持仓

整体来看，WDT 普遍领先于 DDT，这确实令人高兴。期望值、净利润、回撤、收益风险比、风险调整后收益（在 UPI 上的巨大飞跃）、效率（惊人的更好）以及在最糟糕历史回撤期间的时间都有所提高。这是一个非常好的开始。然而，尽管 WDT 的回撤风险低于 DDT，但对于我来说仍然太大，并且仍然是一个交易障碍。

□ 调整 WDT

是时候进行更多的调整了。由于从日度时间框架切换到周度时间框架的效果非常好，我想创建另一个道氏理论策略。我将基于月度时间框架，并称为月度道氏趋势交易者（MDT）。

□ 编码 MDT

规则与 DDT 和 WDT 完全相同，除了交易的时间周期切换到了月度时间框架。

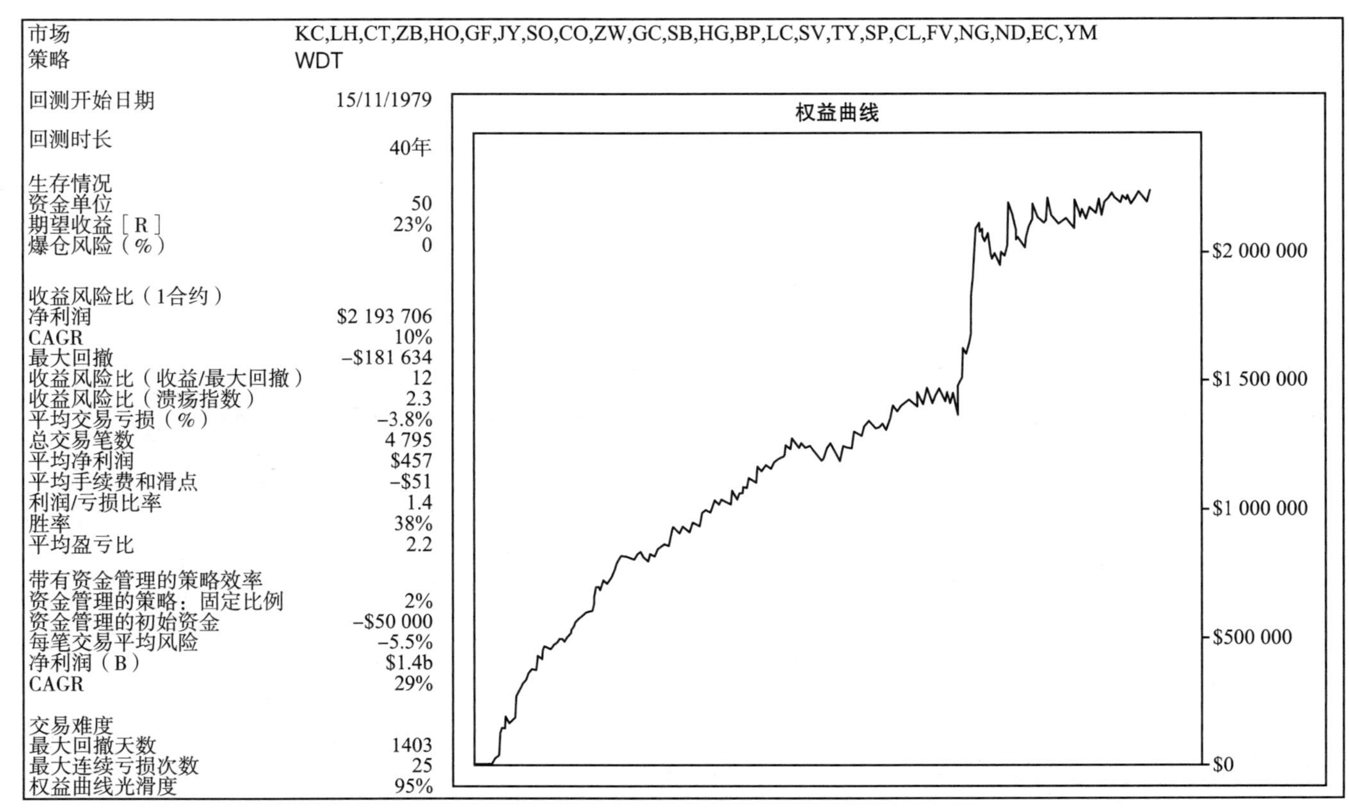

图 9-7 WDT 在更高的每周时间框架内的积极的样本外表现，进一步强调了道氏理论简单、有效的峰谷趋势分析的稳健性

表 9-4 虽然 WDT 在最大回撤的表现实现了对 DDT 的改进，但它仍然不足以挑战海龟交易

策略	类型	稳健性		性能分析												
				生存情况			收益风险比				带有资金管理的策略效率				交易难度		
		发布时间	样本外年数	期望收益	资金单位	ROR	净利润	最大回撤	收益风险比	UPI	风险	资金管理	CARG	最大回撤天数	最大连续亏损	R^2
海龟交易	通道突破	1983	37	21%	50	0	$1 418 786	–$95 107	15	2.2	–4.7%	$257m	24%	1 637	20	96%
日度道氏趋势交易者	波段突破	1900	120	5%	50	0	$1 090 346	–$250 428	4	1.4	–3.3%	$167m	23%	2 238	24	95%
周度道氏趋势交易者	波段突破	1900	120	23%	50	0	$2 193 706	–$181 634	12	2.3	–5.5%	$1.4b	29%	1 403	25	95%

规则	
策略：	MDT
核心—方法：	道氏理论
核心—发布时间：	1900
市场：	所有
指标：	无
参数—数量：	0
规则：	1
做多规则	
设置和进场条件：	月度道氏趋势改变——从下降趋势变为上升趋势
止损：	月度道氏趋势改变——从上升趋势变为下降趋势
做空规则	
设置和进场条件：	月度道氏趋势改变——从上升趋势变为下降趋势
止损：	月度道氏趋势改变——从下降趋势变为上升趋势

我已经对MDT进行了编程，以机械化、系统化的方式，定位并交易月度道氏趋势的变化，如图9-8所示。

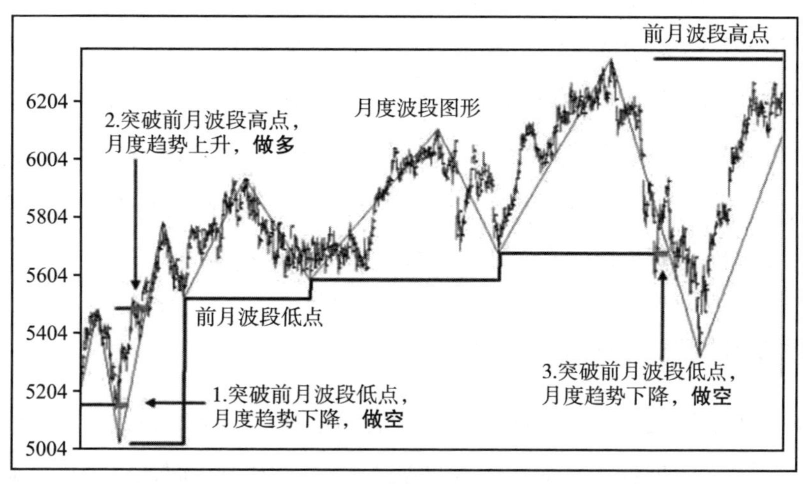

图9-8 MDT在月度道氏趋势发生变化后，改变持仓

□ 审查 MDT

MDT 的性能总结在图 9-9 中。转向月度时间框架，确实为我们提供了对道氏理论稳健性的另一层洞见。尽管一些指标有所改善，但其他一些指标并没有。

□ 比较 MDT

通过我的调整，现在我有三种版本的道氏理论策略，可以与海龟交易者相对比，如表 9-5 所示。

到目前为止，提升时间框架已经改善了道氏理论的致命弱点，即其最大的历史回撤。看到期望值、回撤时间、连续亏损次数和权益曲线平滑度的改善也是好事。令人失望的是，其盈利效率有所下降。MDT 的 –10.1% 的平均风险（止损）阻碍了其增加头寸规模和因此获得利润的能力。它录得了一个令人失望的 13% 的 CAGR。与 DDT、WDT 和海龟交易相比，它在赚钱方面的效率低下。

由于其效率低下，MDT 是大止损风险的典型例子。

看看它的权益曲线。正如你所看到的，它非常吸引人。R 平方值达到 99%，几乎是传说中的直线。谁不想要这样的策略呢？唯一的问题是大止损的存在。我知道你可以在效率指标中清楚地看到这一点，但你要记住，并非每个开发者在应用资金管理时都会展示他们策略的平均风险或策略的性能。

因此，尽管 MDT 表面上看起来非常吸引人，拥有惊人的权益曲线，但持续的高回撤和大止损的存在使其成为一个交易障碍。

□ 用损失过滤器对方法进行调整

嗯，我本想的是进行一次彻底的清洗和重复，尝试在另一个更高的时间框架上应用道氏理论。然而，这样做毫无意义，因为我们知道平均风险会再次上升，造成更大的止损，并降低道氏理论在赚钱方面的效率。

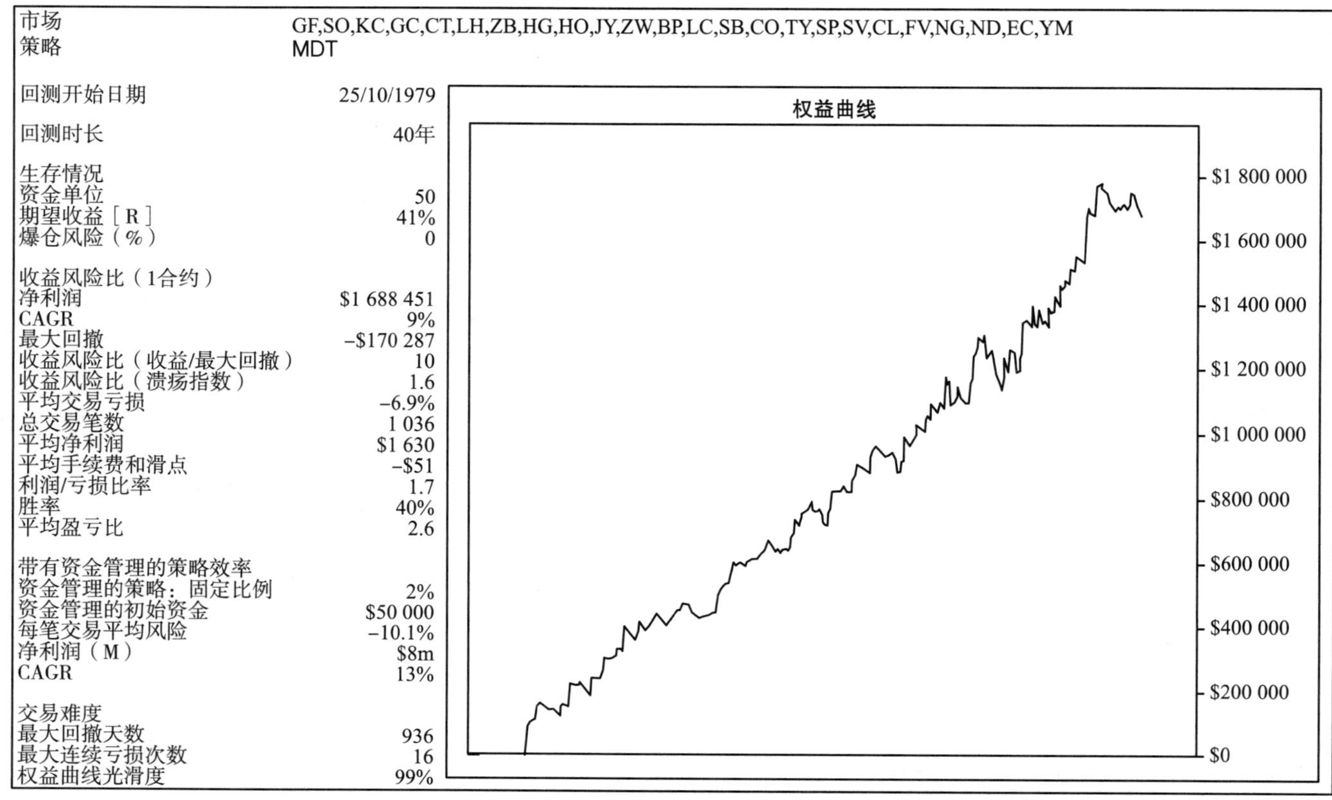

图 9-9 MDT 在较高月度时间框架上的正向的样本外表现，再次强化了道氏理论简单而有效的峰谷趋势分析的稳健性

表9-5　尽管MDT的最大回撤比DDT和WDT有所改善，但它仍然不够低，无法撼动海龟交易的地位

策略	类型	稳健性		性能分析												
				生存情况			收益风险比			带有资金管理的策略效率				交易难度		
		发布时间	样本外年数	期望收益	资金单位	ROR	净利润	最大回撤	收益风险比	UPI	风险	资金管理	CAGR	最大回撤天数	最大连续亏损	R^2
海龟交易	通道突破	1983	37	21%	50	0	$1 418 786	–$95 107	15	2.2	–4.7%	$257m	24%	1 637	20	96%
日度道氏趋势交易者	波段突破	1900	120	5%	50	0	$1 090 346	–$250 428	4	1.4	–3.3%	$167m	23%	2 238	24	95%
周度道氏趋势交易者	波段突破	1900	120	23%	50	0	$2 193 706	–$181 634	12	2.3	–5.5%	$1.4b	29%	1 403	25	95%
月度道氏趋势交易者	波段突破	1900	120	41%	50	0	$1 688 451	–$170 287	10	1.6	–10.1%	$8m	13%	936	16	99%

那么，该怎么办呢？我怎样才能在不陷入过度的曲线拟合的陷阱的情况下对抗道氏理论的大回撤呢？由于本章的精神以及我信仰的核心是重新审视旧的想法，我应该继续寻找已经经受住时间考验的成熟见解。带着这个想法，我想借鉴理查德·丹尼斯和比尔·埃克哈特的海龟交易书中的一页，看看他们的亏损信号过滤器是否可以帮助减少道氏理论的各种回撤？记住，海龟交易不会采取四周突破，除非前一个的信号是亏损的。

□ 给 DDT 添加损失过滤器

我将回到 DDT 并插入新的代码行。它将确保只有在前一次日度道氏趋势改变信号是亏损的情况下，才会采取当前的日度道氏信号。下面是附加了亏损信号过滤器的规则。

规则	
策略：	DDT
核心—方法：	道氏理论
核心—发布时间：	1900
市场：	所有
指标：	无
参数—数量：	0
规则：	2
做多规则	
过滤：	只有在前一次日度道氏趋势改变是亏损的条件下才进场
设置和进场条件：	日度道氏趋势改变——从下降趋势变为上升趋势
止损：	日度道氏趋势改变——从上升趋势变为下降趋势
卖出规则	
过滤：	只有在前一次日度道氏趋势改变是亏损的条件下才进场
设置和进场条件：	日度道氏趋势改变——从上升趋势变为下降趋势
止损：	日度道氏趋势改变——从下降趋势变为上升趋势

我已经修改了DDT的程序，使其能够机械和系统化地仅定位和交易那些在亏损的道氏信号之后发生的日度道氏趋势改变。请参阅图9-10。

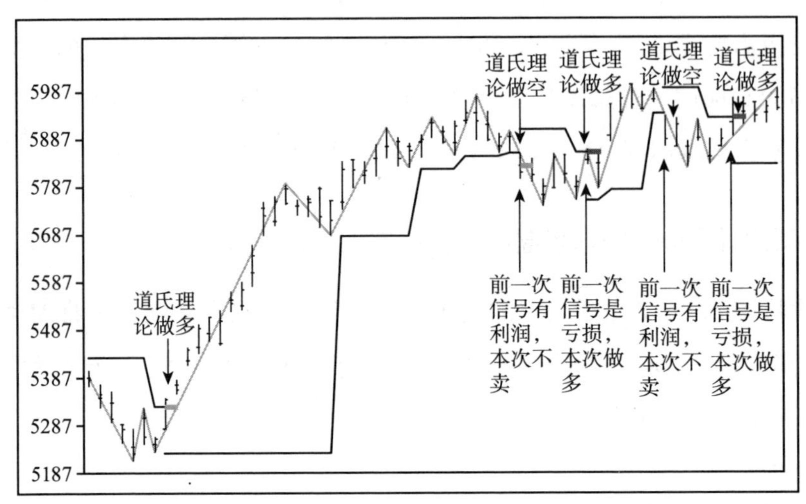

图9-10 只有前一次日度道氏趋势的信号造成亏损，DDT才会参与这一次的交易机会

□ 审查带有损失过滤器的DDT

图9-11总结了带有损失过滤器（LF）的DDT性能。我必须承认，损失过滤器的引入显然看起来是一击绝杀的好球。

□ 比较带有损失过滤器的DDT

表9-6将迄今为止的策略与海龟交易进行了比较。我认为理查德·丹尼斯和比尔·埃克哈特应该因为他们提出的简单过滤器而得到一个大大的感谢。这是他们在1983年教给他们学生的一种过滤器。

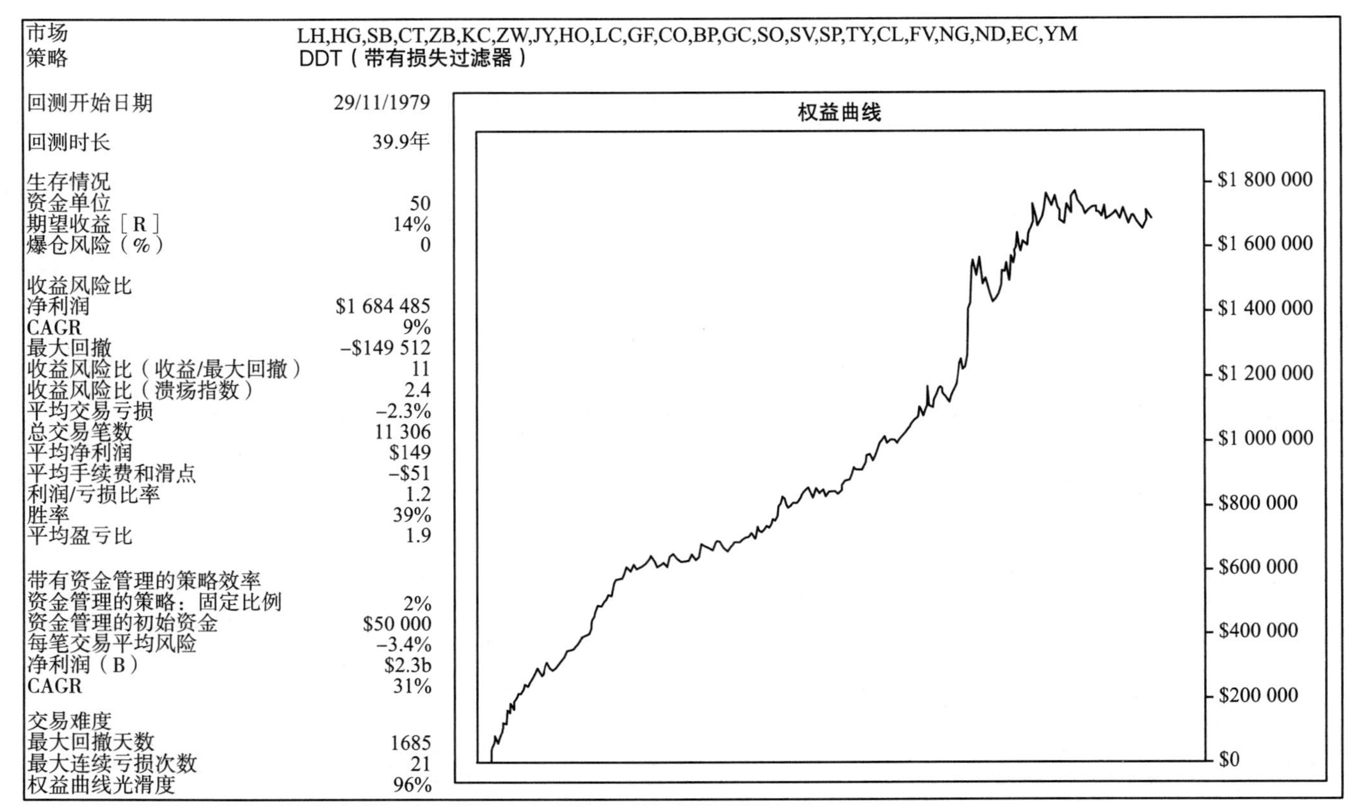

市场	LH,HG,SB,CT,ZB,KC,ZW,JY,HO,LC,GF,CO,BP,GC,SO,SV,SP,TY,CL,FV,NG,ND,EC,YM
策略	DDT（带有损失过滤器）
回测开始日期	29/11/1979
回测时长	39.9年
生存情况	
资金单位	50
期望收益［R］	14%
爆仓风险（%）	0
收益风险比	
净利润	$1 684 485
CAGR	9%
最大回撤	–$149 512
收益风险比（收益/最大回撤）	11
收益风险比（溃疡指数）	2.4
平均交易亏损	–2.3%
总交易笔数	11 306
平均净利润	$149
平均手续费和滑点	–$51
利润/亏损比率	1.2
胜率	39%
平均盈亏比	1.9
带有资金管理的策略效率	
资金管理的策略：固定比例	2%
资金管理的初始资金	$50 000
每笔交易平均风险	–3.4%
净利润（B）	$2.3b
CAGR	31%
交易难度	
最大回撤天数	1685
最大连续亏损次数	21
权益曲线光滑度	96%

图 9-11　等待亏损信号先出现，对 DDT 的策略性能有积极影响

表 9-6　加上损失过滤器，对 DDT 的性能指标产生了显著的提升

策略	类型	稳健性		性能分析												
				生存情况			收益风险比				带有资金管理的策略效率			交易难度		
		发布时间	样本外年数	期望收益	资金单位	ROR	净利润	最大回撤	收益风险比	UPI	风险	资金管理	CAGR	最大回撤天数	最大连续亏损	R^2
海龟交易	通道突破	1983	37	21%	50	0	$1 418 786	–$95 107	15	2.2	–4.7%	$257m	24%	1 637	20	96%
日度道氏趋势交易者	波段突破	1900	120	5%	50	0	$1 090 346	–$250 428	4	1.4	–3.3%	$167m	23%	2 238	24	95%
周度道氏趋势交易者	波段突破	1900	120	23%	50	0	$2 193 706	–$181 634	12	2.3	–5.5%	$1.4b	29%	1 403	25	95%
月度道氏趋势交易者	波段突破	1900	120	41%	50	0	$1 688 451	–$170 287	10	1.6	–10.1%	$8m	13%	936	16	99%
带有损失过滤器的日度道氏趋势交易者	波段突破	1900	120	14%	50	0	$1 684 485	–$149 512	11	2.4	–3.4%	$2.3b	31%	1 685	21	96%

看起来，加上损失过滤器似乎对 DDT 的性能指标产生了显著的影响：

	DDT	DDT（带损失过滤器）	影响（带损失过滤器）
● 期望值	5%	14%	+180%
● 净利润	$1.090m	$1.684m	+55%
● 最大回撤	–$0.250m	–$0.150m	–40%
● 收益风险比	4	11	+175%
● UPI	1.4	2.4	+71%
● 考虑资金管理的净利润	$167m	$2.3b	+1 277%
● CAGR	23%	31%	+35%
● 连续亏损次数	24	21	–12.5%
● 平滑度（R^2）	95%	96%	+1%

这是对性能的非凡影响，并且很高兴看到它来自另一个“旧”想法。

不幸的是，尽管它的表现非常非凡，但仍然存在回撤太大的现实。尽管回撤已经下降了 40%，但对于一般私人交易者来说仍然太大。让我们继续寻找。

□ 给 WDT 添加损失过滤器

由于损失过滤器在 DDT 上效果非常好，我想看看它在 WDT 和 MDT 上的影响是否相似。我想知道它是否足以将回撤降低到一个可接受的水平？

□ 编码带有损失过滤器的 WDT 策略

我已经向 WDT 添加了代码行以符合新规则。规则如下：

规则	
策略：	WDT
核心—方法：	道氏理论
核心—发布时间：	1900
市场：	所有

（续）

指标：	无
变量—数量：	0
规则：	2
做多规则	
过滤器：	仅在前一次周度道氏趋势改变为亏损信号时，触发交易
架构和进场条件：	周度道氏趋势改变——从下降趋势变为上升趋势
止损：	周度道氏趋势改变——从上升趋势变为下降趋势
做空规则	
过滤器：	仅在前一次周度道氏趋势改变为亏损信号时，触发交易
架构和进场条件：	周度道氏趋势改变——从上升趋势变为下降趋势
止损：	周度道氏趋势改变——从下降趋势变为上升趋势

如你在图 9-12 中所见，我已经修改了 WDT 的程序，使其能够机械和系统化地仅定位和交易那些在亏损的周度道氏信号之后发生的周度道氏趋势改变的信号。

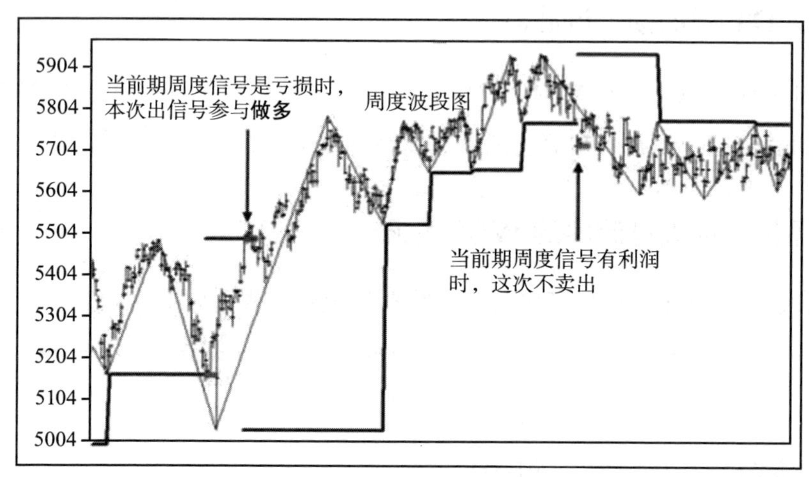

图 9-12　WDT 将仅仅交易那些在前一次周度信号发生亏损后，产生的周度道氏趋势信号

□ 审查带有损失过滤器的 WDT 的性能

图 9-13 总结了带有损失过滤器的 WDT 的性能。损失过滤器的引入确实减少了策略的回撤、平滑了权益曲线，并减少了最糟糕回撤期的天数。损失过滤器确实使 WDT 成为一个更容易被交易的策略。

□ 比较带有损失过滤器的 WDT

不幸的是，表 9-7 显示交易性能的改善是以相当大的性能成本为代价的。从盈利能力方面来看，情况不太好：

	WDT	WDT（带损失过滤器）	影响（带损失过滤器）
● 净利润	$2.2m	$1.6m	–27%
● 考虑资金管理的净利润	$1.4b	$474m	–66%

然而，在其他指标上有所改善：

	WDT	WDT（带损失过滤器）	影响（带损失过滤器）
● 期望值	23%	27%	+15%
● 最大回撤	–$0.182m	–$0.131m	–28%
● UPI	2.3	2.0	–15%
● 连续亏损次数	25	18	–28%
● 平滑度（R^2）	95%	97%	+2%

最令人高兴的指标是最大回撤下降了 28%。但不幸的是，对于一般私人交易者来说，它仍然太高了。让我们看看将损失过滤器引入 MDT，并看看我们是否能处理它。

□ 编码带有损失过滤器的 MDT 策略

我已经向 MDT 添加了代码行以符合新的规则。规则如下：

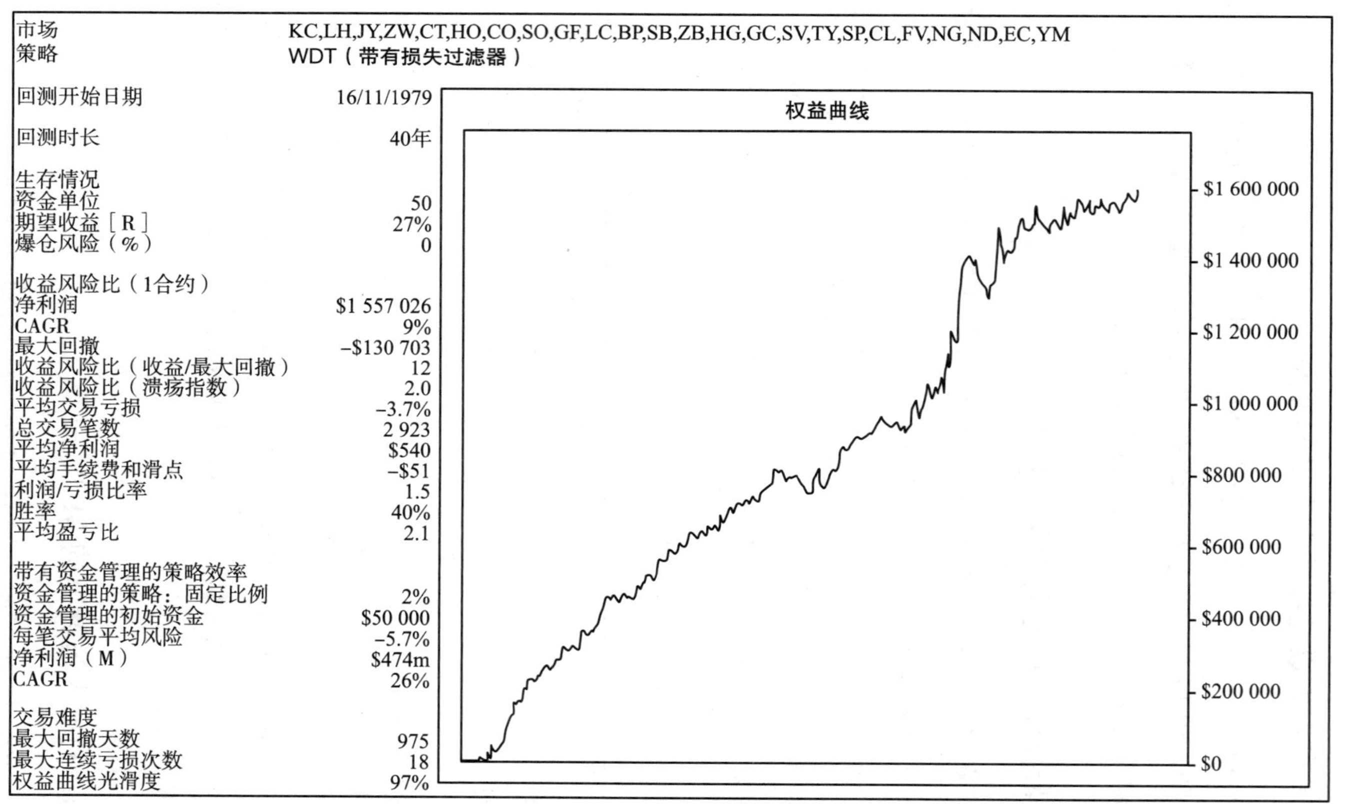

图 9-13　等待亏损的信号先出现，确实对 WDT 策略的表现产生了积极的影响

表 9-7 尽管有损失过滤器降低了 WDT 的最大回撤，但仍然不足以挑战海龟交易策略的表现

策略	类型	稳健性		性能分析												
				生存情况			收益风险比				带有资金管理的策略效率			交易难度		
		发布时间	样本外年数	期望收益	资金单位	ROR	净利润	最大回撤	收益风险比	UPI	风险	资金管理	CAGR	最大回撤天数	最大连续亏损	R^2
海龟交易	通道突破	1983	37	21%	50	0	$1 418 786	–$95 107	15	2.2	–4.7%	$257m	24%	1 637	20	96%
日度道氏趋势交易者	波段突破	1900	120	5%	50	0	$1 090 346	–$250 428	4	1.4	–3.3%	$167m	23%	2 238	24	95%
周度道氏趋势交易者	波段突破	1900	120	23%	50	0	$2 193 706	–$181 634	12	2.3	–5.5%	$1.4b	29%	1 403	25	95%
月度道氏趋势交易者	波段突破	1900	120	41%	50	0	$1 688 451	–$170 287	10	1.6	–10.1%	$8m	13%	936	16	99%
日度道氏趋势交易者带损失过滤器	波段突破	1900	120	14%	50	0	$1 684 485	–$149 512	11	2.4	–3.4%	$2.3b	31%	1 685	21	96%
周度道氏趋势交易者带损失过滤器	波段突破	1900	120	27%	50	0	$1 577 026	–$130 703	12	2.0	–5.7%	$474m	26%	975	18	97%

规则	
策略：	MDT
核心—方法：	道氏理论
核心—发布时间：	1900
市场：	所有
指标：	无
变量—数量：	0
规则：	2
做多规则	
过滤器：	仅在前一次月度道氏趋势改变为亏损信号时，触发交易
架构和进场条件：	月度道氏趋势改变——从下降趋势变为上升趋势
止损：	月度道氏趋势改变——从上升趋势变为下降趋势
做空规则	
过滤器：	仅在前一次月度道氏趋势改变为亏损信号时，触发交易
架构和进场条件：	月度道氏趋势改变——从上升趋势变为下降趋势
止损：	月度道氏趋势改变——从下降趋势变为上升趋势

我已经修改了 MDT 的程序，使其能够机械和系统化地仅定位和交易那些在亏损的月度道氏信号之后发生的月度道氏趋势改变。请参阅图 9-14。

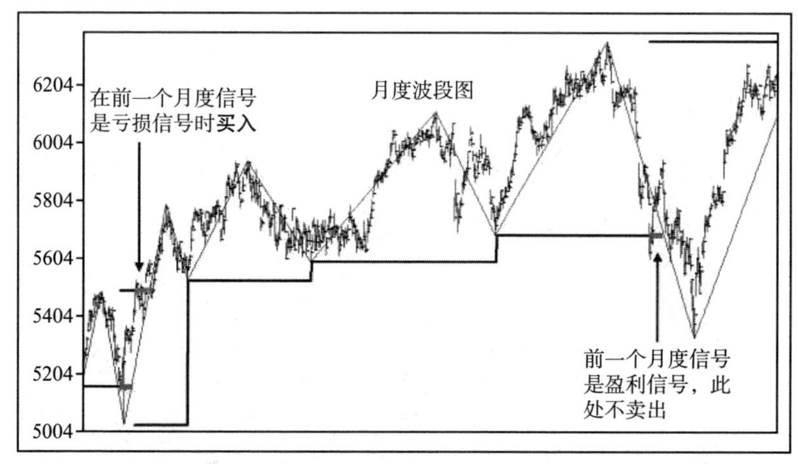

图 9-14　MDT 只有在前一次月度道氏趋势改变是亏损的情况下，才会交易本次月度道氏趋势的改变

□ 审查带有损失过滤器的 MDT 的性能

图 9-15 总结了带有损失过滤器的 MDT 的性能。

□ 比较带有损失过滤器的 MDT

引入损失过滤器对 MDT 的最大回撤有积极影响。然而，正如表 9-8 所示，过滤器的改进是以牺牲性能为代价的。

当然，更低的回撤确实是积极的。然而对于整个策略来说，它并不是一个积极的贡献。期望值、盈利能力、收益风险比、UPI、效率、回撤天数和权益曲线的平滑度都受到了不利影响。

□ 损失过滤器

虽然损失过滤器降低了 WDT 和 MDT 的盈利能力，但它对 DDT 产生了显著影响。这种不成比例的影响是由于在日度时间框架上，道氏交易的信号频率更高。

表 9-9 总结了损失过滤器对每个道氏趋势策略的影响。在比较其对跟随亏损和跟随盈利交易的影响时发现了有趣的一点。对于 DDT 和 WDT，我们可以看到分别有 268% 和 64% 的改进。不幸的是，对于 MDT 来说，它的平均利润下降了 30%。交易数量的减少影响了 MDT，因为似乎信号出现的频率越高，损失过滤器的积极影响就越大。

□ 不止于此

尽管损失过滤器对 DDT 和 WDT 有积极影响，但它未能将回撤降低到可管理的水平。因此，我需要继续我的调整。

该怎么办?

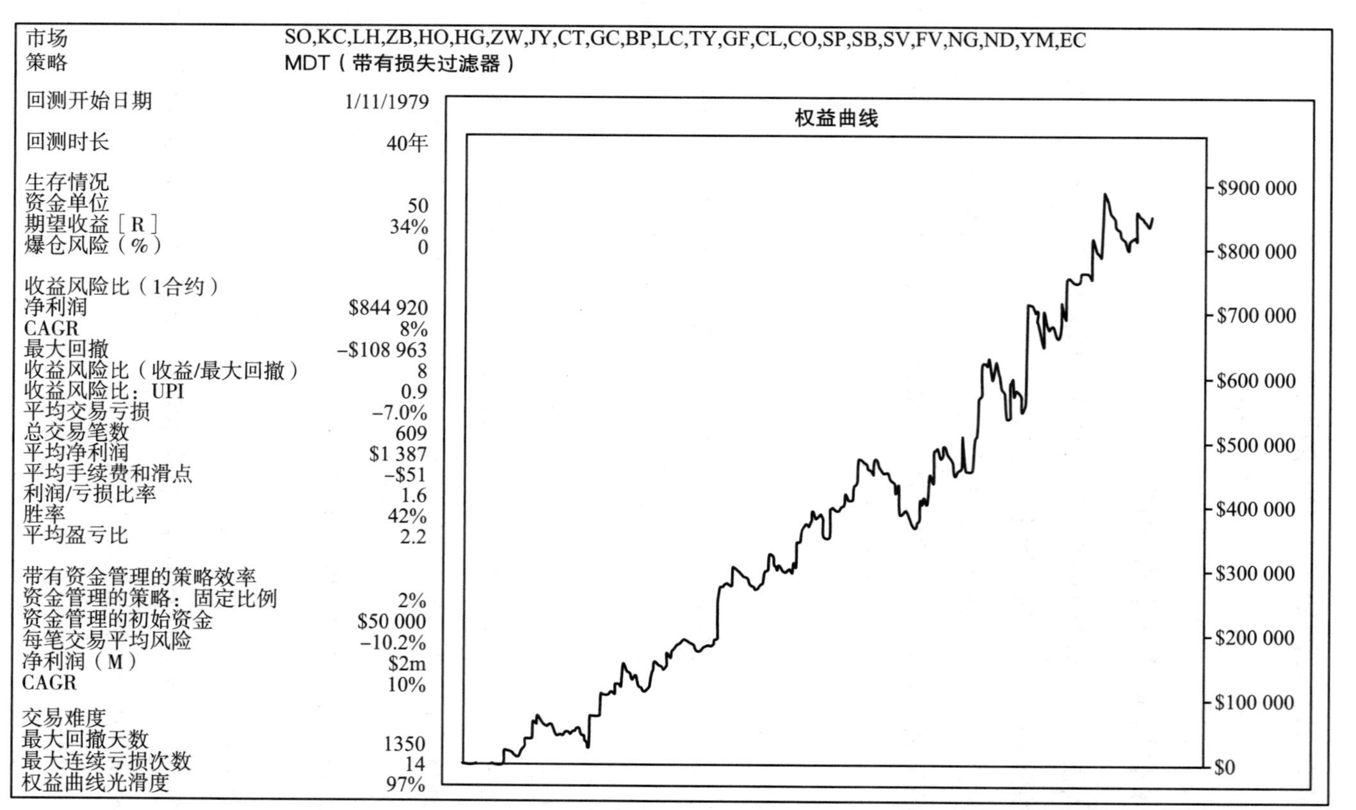

图 9-15 等到亏损信号先出现，对于 MDT 策略的最大历史回撤有正向的改善作用

表 9-8 尽管损失过滤器降低了 MDT 的最大回撤，但它对其他性能指标产生了负面影响，这使 MDT 并不优于海龟交易

策略	类型	稳健性		性能分析												
				生存情况			收益风险比				带有资金管理的策略效率			交易难度		
		发布时间	样本外年数	期望收益	资金单位	ROR	净利润	最大回撤	收益风险比	UPI	风险	资金管理	CAGR	最大回撤天数	最大连续亏损	R^2
海龟交易	通道突破	1983	37	21%	50	0	$1 418 786	–$95 107	15	2.2	–4.7%	$257m	24%	1 637	20	96%
日度道氏趋势交易者	波段突破	1900	120	5%	50	0	$1 090 346	–$250 428	4	1.4	–3.3%	$167m	23%	2 238	24	95%
周度道氏趋势交易者	波段突破	1900	120	23%	50	0	$2 193 706	–$181 634	12	2.3	–5.5%	$1.4b	29%	1 403	25	95%
月度道氏趋势交易者	波段突破	1900	120	41%	50	0	$1 688 451	–$170 287	10	1.6	–10.1%	$8m	13%	936	16	99%
带有损失过滤器的日度道氏趋势交易者	波段突破	1900	120	14%	50	0	$1 684 485	–$149 512	11	2.4	–3.4%	$2.3b	31%	1 685	21	96%
带有损失过滤器的周度道氏趋势交易者	波段突破	1900	120	27%	50	0	$1 577 026	–$130 703	12	2.0	–5.7%	$474m	26%	975	18	97%
带有损失过滤器的月度道氏趋势交易	波段突破	1900	120	34%	50	0	$844 920	–$108 963	8	0.9	–10.2%	$2m	10%	1 350	14	97%

表 9-9　损失过滤器对于高频的交易策略来说有更大的影响

市场	KC,LH,CT,ZB,HO,GF,JY,SO,CO,ZW,GC,SB,HG,BP,LC,SV,TY,SP,CL,FV,NG,ND,EC,YM											
策略	日度道氏趋势交易者				周度道氏趋势交易者				月度道氏趋势交易者			
回测开始日期	31/10/1979	带有止损过滤	带有利润过滤		15/11/1979	带有止损过滤	带有利润过滤		25/10/1979	带有止损过滤	带有利润过滤	
收益风险比												
1 合约净利润	$1 090 346	$1 684 485	–$594 139		$2 193 706	$1 577 026	$616 680		$1 688 451	$844 920	$843 531	
总交易次数	18 009	11 306	6 703		4 795	2 923	1 872		1 036	609	427	
平均每笔利润	$61	$149	–$89	268%	$457	$540	$329	64%	$1 630	$1 387	$1 975	–30%

到目前为止，我一直在观察道氏趋势的信号，判断是否要交易道氏趋势的变化。我研究了损失过滤器对每种策略的影响。接下来，我想探讨一下改变交易计划是否有助于降低各个策略的回撤？

□ 通过改变初始止损来调整策略

到目前为止，交易计划采用了直接的道氏理论。无论是进场还是止损，都发生在道氏趋势的变化时。由于 DDT、WDT 和 MDT 都是从道氏理论衍生而来的，因此尽管时间框架（日度、周度和月度）不同，我还是强烈希望策略保持 100% 的道氏理论。到目前为止，我在审查原始道氏趋势策略和损失过滤器时，一直在提高时间框架。我还没有尝试的是，降低到日内时间框架。所以，接下来我想研究引入日内的初始止损的影响，看看它是否可能对降低历史回撤有积极影响。

我的观点是，盈利的交易应该一飞冲天，不再回头。因此，引入初始止损的目的是快速退出亏损交易。我要向“截断亏损”这一黄金原则深深鞠躬，并坚定地接受成功交易的唯一真正秘诀——通过早早止损来成为一个善于失败的人，而不是等待道氏趋势的变化才退出亏损交易，我想使用更近的初始止损。为此，我将使用日内道氏趋势的反向突破。由于我不收集日内数据，我将使用近似方案。我将使用与进场或开仓信号的 K 线中距离最远的相反突破点，无论是开仓信号 K 线还是进场 K 线，来作为我的日内波段高点或低点。信号 K 线是位于进场 K 线之前的 K 线。我乐于使用日 K 线的高点或低点作为日内波段高点或低点的近似方案，因为通常（尽管并非总是）日内高点或低点确实代表了日内波段点。

□ 编码：给 DDT 添加损失过滤器和双止损交易计划

我已经修改了 DDT，引入了一个初始日 K 线止损，现在该策略根据以下规则进行交易。

规则	
策略：	DDT
核心—方法：	道氏理论
核心—发布时间：	1900
市场：	所有
指标：	无
参数—数量：	0
规则：	3
做多规则	
过滤器：	仅在前一次日度道氏趋势改变为亏损时交易
设置和进场条件：	日度道氏趋势改变——从下降趋势变为上升趋势
初始止损：	卖出日线突破信号 K 线或进场 K 线更低的低点
跟踪止损：	日度道氏趋势改变——从上升趋势变为下降趋势
做空规则	
过滤器：	仅在前一次日度道氏趋势改变为亏损时交易
设置和进场条件：	日度道氏趋势改变——从上升趋势变为下降趋势
初始止损：	买入日线突破信号 K 线或进场 K 线更高的高点
跟踪止损：	日度道氏趋势改变——从下降趋势变为上升趋势

我已经修改了 DDT，使其同时使用初始和跟踪止损进行交易，如图 9-16 所示。

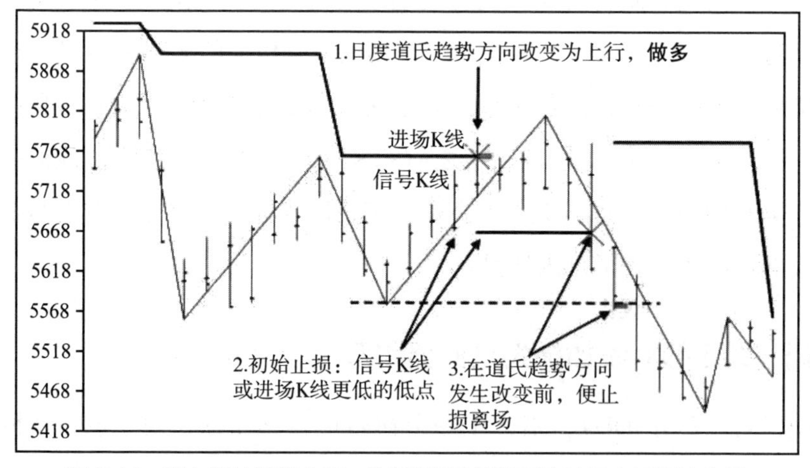

图 9-16 引入初始日线止损，使得 DDT 能够更快地退出亏损的交易

□ 审查带有损失过滤器和双止损交易计划的 DDT 的性能

图 9-17 总结了在引入损失过滤器和初始日止损后 DDT 的性能。引入初始日止损使 DDT 继续表现出色。

□ 比较带有损失过滤器和双止损交易计划的 DDT

表 9-10 总结了我们不断增长的可能的替代策略列表。如你所见，引入初始日止损对 DDT 产生了积极影响。

引入初始日止损改善了 DDT 的期望值、风险调整后的 UPI（非常好）和效率。不幸的是，它尚未能将最大历史回撤幅度降低到可管理的水平。让我们看看引入初始日止损是否可以帮助降低 WDT 或 MDT 的最大回撤。

□ 给 WDT（带损失过滤器）和双止损交易计划编码

我已经为 WDT 引入了初始日线止损，现在该策略根据以下规则进行交易。

规则	
策略：	WDT
核心—方法：	道氏理论
核心—发布时间：	1900
市场：	所有
指标：	无
变量—数量：	0
规则：	3
做多规则	
过滤器：	仅在前一次周度道氏趋势改变信号为亏损时交易
开仓架构和进场条件：	周度道氏趋势改变——从下降趋势变为上升趋势
初始止损：	卖出突破日信号 K 线或进场 K 线中更低的低点
跟踪止损：	周度道氏趋势改变——从上升趋势变为下降趋势
做空规则	
过滤器：	仅在前一次周度道氏趋势改变为亏损时交易
开仓架构和进场条件：	周度道氏趋势改变——从上升趋势变为下降趋势
初始止损：	买入突破日信号 K 线或进场 K 线中更高的高点
跟踪止损：	周度道氏趋势改变——从下降趋势变为上升趋势

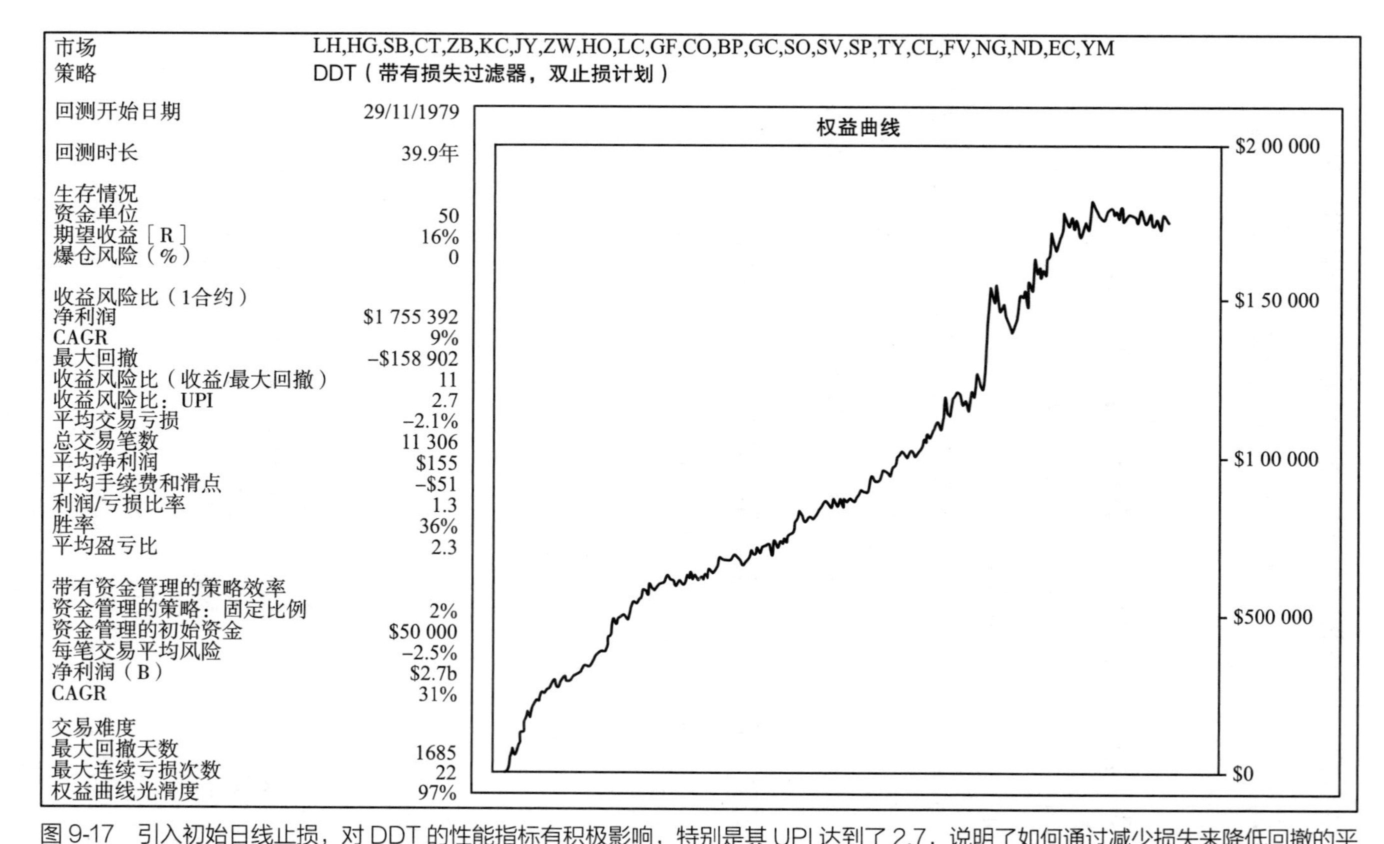

图 9-17　引入初始日线止损，对 DDT 的性能指标有积极影响，特别是其 UPI 达到了 2.7，说明了如何通过减少损失来降低回撤的平均广度和深度，从而提高策略的风险调整后收益

表 9-10 引入初始日止损几乎对 DDT 策略的所有指标都产生了改善作用

策略	类型	稳健性		性能分析												
				生存情况			收益风险比				带有资金管理的策略效率			交易难度		
		发布时间	样本外年数	期望收益	资金单位	ROR	净利润	最大回撤	收益风险比	UPI	风险	资金管理	CAGR	最大回撤天数	最大连续亏损	R^2
海龟交易	通道突破	1983	37	21%	50	0	$1 418 786	–$95 107	15	2.2	–4.7%	$257m	24%	1 637	20	96%
日度道氏趋势交易者	波段突破	1900	120	5%	50	0	$1 090 346	–$250 428	4	1.4	–3.3%	$167m	23%	2 238	24	95%
周度道氏趋势交易者	波段突破	1900	120	23%	50	0	$2 193 706	–$181 634	12	2.3	–5.5%	$1.4b	29%	1 403	25	95%
月度道氏趋势交易者	波段突破	1900	120	41%	50	0	$1 688 451	–$170 287	10	1.6	–10.1%	$8m	13%	936	16	99%
带有损失过滤器的日度道氏趋势交易者	波段突破	1900	120	14%	50	0	$1 684 485	–$149 512	11	2.4	–3.4%	$2.3b	31%	1 685	21	96%
带有损失过滤器的周度道氏趋势交易者	波段突破	1900	120	27%	50	0	$1 577 026	–$130 703	12	2.0	–5.7%	$474m	26%	975	18	97%

（续）

策略	类型	稳健性		性能分析												
				生存情况			收益风险比				带有资金管理的策略效率			交易难度		
		发布时间	样本外年数	期望收益	资金单位	ROR	净利润	最大回撤	收益风险比	UPI	风险	资金管理	CAGR	最大回撤天数	最大连续亏损	R^2
带有损失过滤器的月度道氏趋势交易者	波段突破	1900	120	34%	50	0	$844 920	–$108 963	8	0.9	–10.2%	$2m	10%	1 350	14	97%
带有损失过滤器和双止损交易计划的日度道氏趋势交易者	波段突破	1900	120	16%	50	0	$1 755 392	–$158 902	11	2.7	–2.5%	$2.7b	31%	1 685	22	97%

我已经修改了 WDT，使其可以同时使用初始止损和跟踪止损进行交易，如图 9-18 所示。

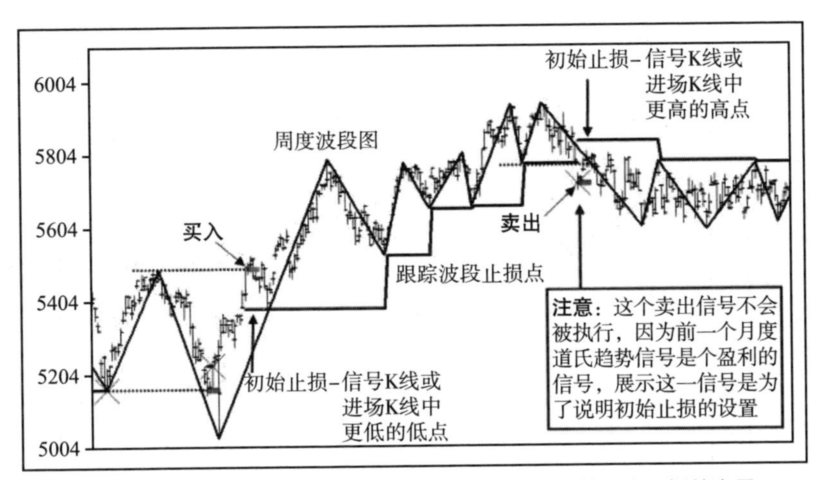

图 9-18 引入初始日线止损，使得 WDT 能够更快地退出亏损的交易

□ 审查带有损失过滤器和双止损交易计划的 WDT 的性能

图 9-19 总结了在引入损失过滤器和初始日线止损后 WDT 的性能。引入初始日线止损使 WDT 的每次交易平均风险从 –5.7% 减半到 –2.7%。

□ 比较带有损失过滤器和双止损交易计划的 WDT

表 9-11 引入初始日线止损降低了 WDT 的最大回撤，使其低于海龟交易，同时显著提高了其赚钱的效率。双赢局面。

如你所知，较小的止损能够提升策略的持仓规模和效率。引入初始日线止损，使 WDT 的平均风险减半，从 –5.7% 降到 –2.7%，将利润从 4.74 亿美元提高到惊人的 13 亿美元。这使得 WDT 的 CAGR 从 26% 跃升至 29%，非常出色。

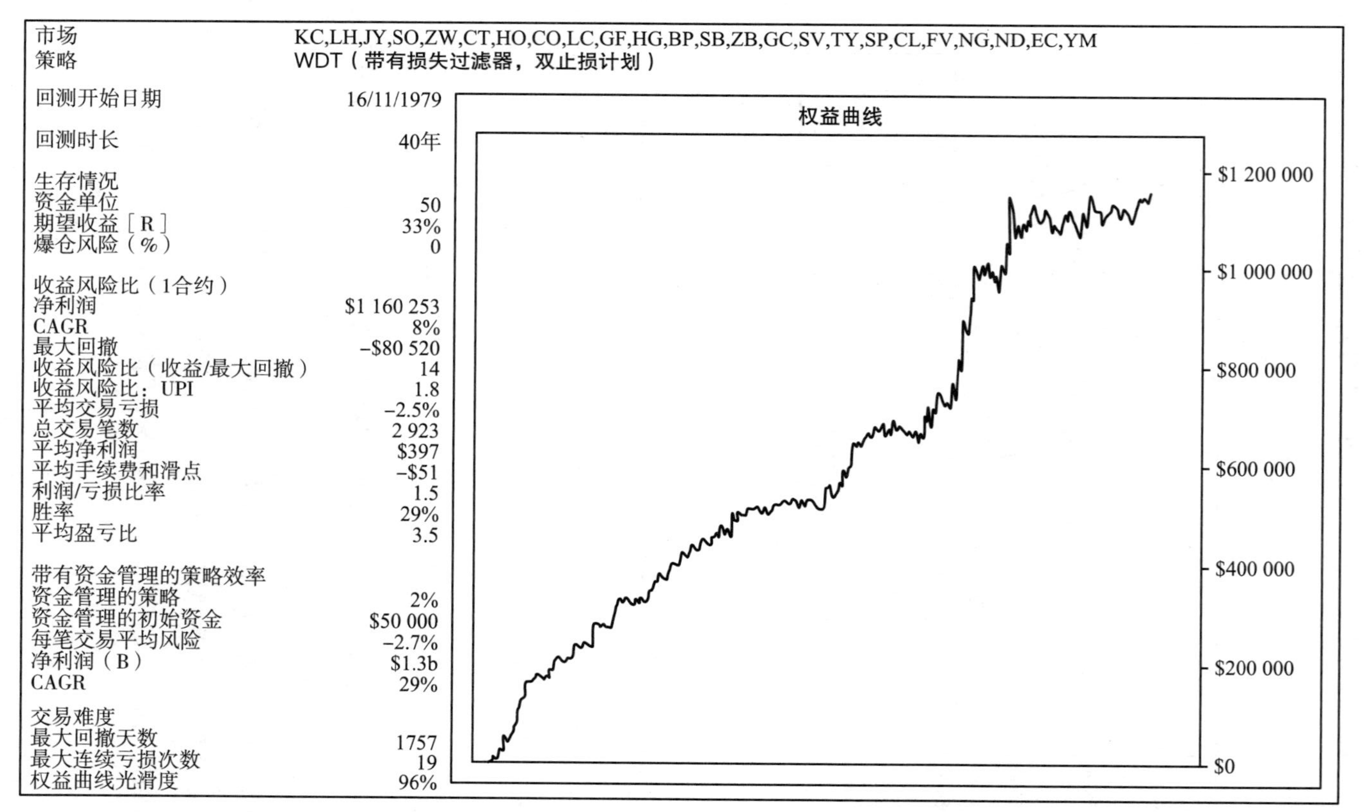

图 9-19 引入初始日线止损，对 WDT 的策略表现有积极的影响

表 9-11 引入初始日线止损降低了 WDT 的最大回撤，使其低于海龟交易，同时显著提高了其赚钱的效率。双赢局面

策略	类型	稳健性		性能分析												
				生存情况			收益风险比				带有资金管理的策略效率			交易难度		
		发布时间	样本外年数	期望收益	资金单位	ROR	净利润	最大回撤	收益风险比	UPI	风险	资金管理	CAGR	最大回撤天数	最大连续亏损	R^2
海龟交易	通道突破	1983	37	21%	50	0	$1 418 786	–$95 107	15	2.2	–4.7%	$257m	24%	1 637	20	96%
日度道氏趋势交易者	波段突破	1900	120	5%	50	0	$1 090 346	–$250 428	4	1.4	–3.3%	$167m	23%	2 238	24	95%
周度道氏趋势交易者	波段突破	1900	120	23%	50	0	$2 193 706	–$181 634	12	2.3	–5.5%	$1.4b	29%	1 403	25	95%
月度道氏趋势交易者	波段突破	1900	120	41%	50	0	$1 688 451	–$170 287	10	1.6	–10.1%	$8m	13%	936	16	99%
日度道氏趋势交易者带损失过滤器	波段突破	1900	120	14%	50	0	$1 684 485	–$149 512	11	2.4	–3.4%	$2.3b	31%	1 685	21	96%
周度道氏趋势交易者带损失过滤器	波段突破	1900	120	27%	50	0	$1 577 026	–$130 703	12	2.0	–5.7%	$474m	26%	975	18	97%

（续）

策略	类型	稳健性		性能分析													
				生存情况			收益风险比				带有资金管理的策略效率			交易难度			
		发布时间	样本外年数	期望收益	资金单位	ROR	净利润	最大回撤	收益风险比	UPI	风险	资金管理	CAGR	最大回撤天数	最大连续亏损	R^2
月度道氏趋势交易者带损失过滤器	波段突破	1900	120	34%	50	0	$844 920	−$108 963	8	0.9	−10.2%	$2m	10%	1 350	14	97%
日度道氏趋势交易者带损失过滤器和双重止损	波段突破	1900	120	16%	50	0	$1 755 392	−$158 902	11	2.7	−2.5%	$2.7b	31%	1 685	22	97%
周度道氏趋势交易者带损失过滤器和双重止损	波段突破	1900	120	33%	50	0	$1 160 253	−$80 520	14	1.8	−2.7%	$1.3b	29%	1 757	19	96%

不仅性能有了显著提升，回撤也下降了38%，从–130 703美元降至–80 520美元。双赢。唯一的不足是，风险调整后的UPI从每单位平均回撤风险的2个单位的超额收益下降到1.8个单位。虽然令人失望，但考虑到盈利能力的大幅提高，这并不是一个交易障碍。截断亏损这一黄金原则，在WDT中确实奏效了。

□ 编码：给MDT添加损失过滤器和双止损交易计划

让我们看看引入初始日线止损对MDT有什么帮助。我已经修改了MDT，现在使策略根据以下规则进行交易。

规则	
策略：	MDT
核心—方法：	道氏理论
核心—发布时间：	1900
市场：	所有
指标：	无
变量—数量：	0
规则：	3
做多规则	
过滤器：	仅在前一次月度道氏趋势改变信号为亏损时交易
开仓架构和进场条件：	月度道氏趋势改变——从下降趋势变为上升趋势
初始止损：	卖出突破日信号K线或进场K线中更低的低点
跟踪止损：	月度道氏趋势改变——从上升趋势变为下降趋势
做空规则	
过滤器：	仅在前一次月度道氏趋势改变为亏损时交易
开仓架构和进场条件：	月度道氏趋势改变——从上升趋势变为下降趋势
初始止损：	买入突破日信号K线或进场K线中更高的高点
跟踪止损：	月度道氏趋势改变——从下降趋势变为上升趋势

我已经修改了MDT，使其可以同时使用初始止损和跟踪止损进行交易，如图9-20所示。

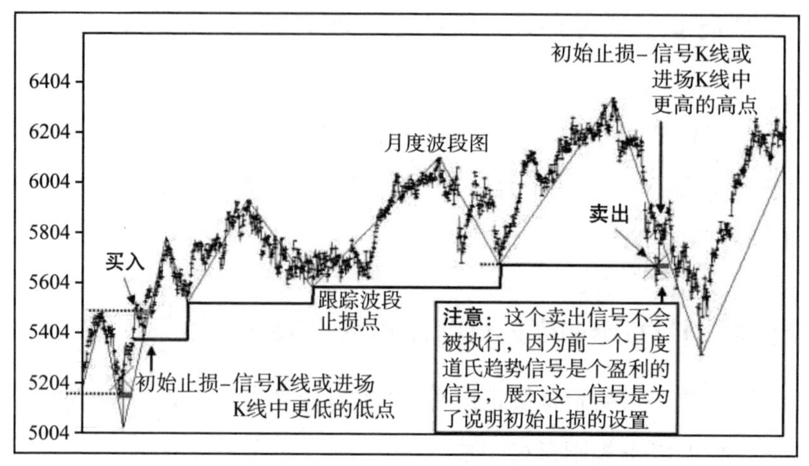

图 9-20　引入日线的初始止损，使得 MDT 可以更快地退出亏损的交易

□ 审查带有损失过滤器和双止损交易计划的 MDT 的策略性能

图 9-21 总结了在引入亏损过滤器和日线初始止损后 MDT 的性能。

□ 比较带有损失过滤器和双止损交易计划的 MDT

表 9-12 显示，引入日线的初始止损，显著降低了 MDT 的最大回撤。

最令人高兴的是看到历史最大回撤下降了 44%，降至 -63 000 美元的水平，而对单一头寸规模净利润的影响仅为 22%。此外，平均风险从 -10.2% 戏剧性地下降至 -2.9%，使其效率从 200 万美元提升至 1500 万美元。使用较小的止损进行交易肯定是有意义的。㊀

然而，尽管看到回撤最终降至更可管理的水平，并且肯定低于海龟交易的回撤，但在我看来，它仍然不代表最终合理的交易终点。首先，随着止损的收紧，其准确度下降至 20%，使其成为一种难以跟进的方法。我知道交易者应该只为了赚取期望值而交易，然而实际上，一个准确度为 20% 的策略对于一般私人交易者来说可能太难跟进了。其次，更重要的是，海龟交易在赚钱方面的效率要高出许多。

㊀ 存在四舍五入的情况。——译者注

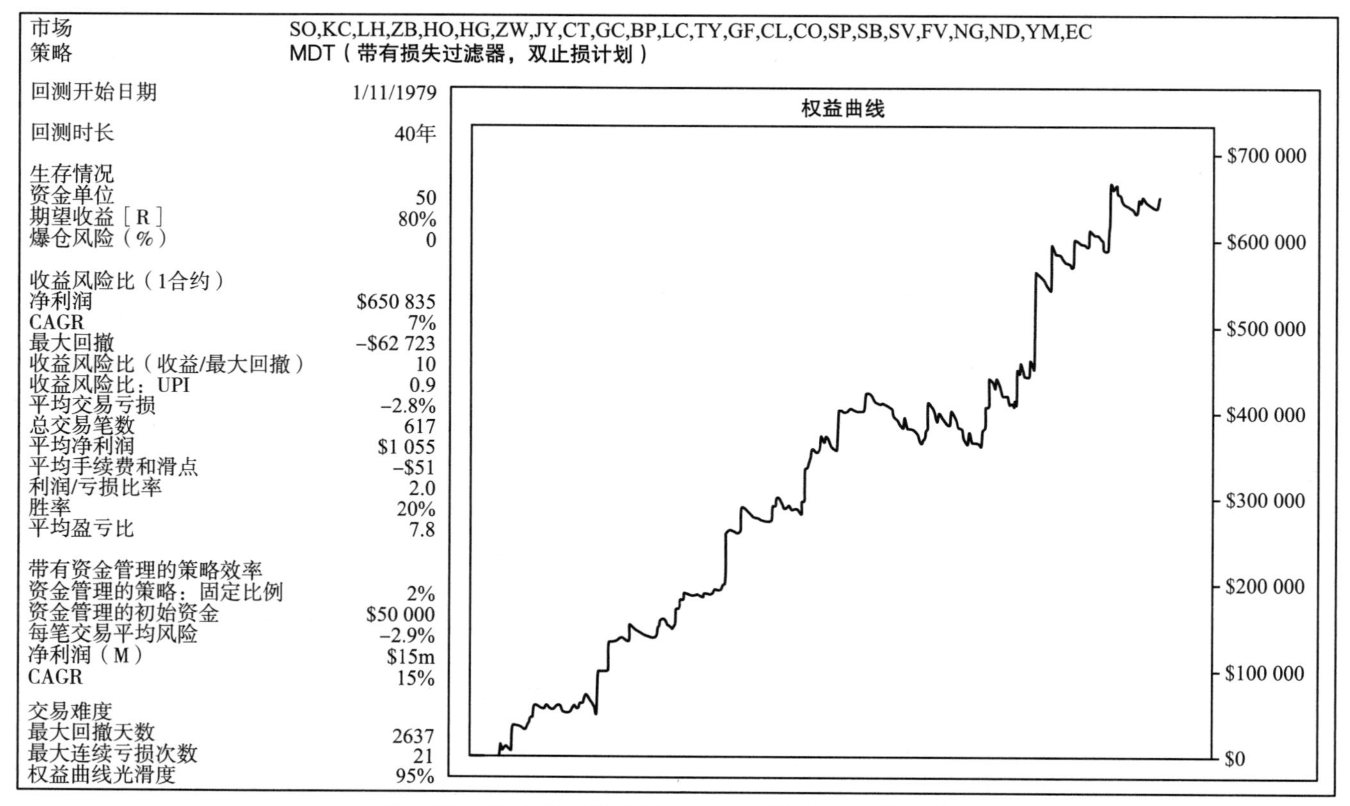

图 9-21　引入初始日线止损，对 MDT 策略具有积极的效果

表 9-12　虽然引入初始日线止损，对降低 MDT 的最大回撤有积极影响，但这是以准确度降至 20% 为代价的。这个低水平可能对私人交易者来说是一个难以逾越的障碍

策略	类型	稳健性		性能分析													
				生存情况			收益风险比				带有资金管理的策略效率				交易难度		
		发布时间	样本外年数	期望收益	资金单位	ROR	净利润	最大回撤	收益风险比	UPI	风险	资金管理	CAGR	最大回撤天数	最大连续亏损	R^2
海龟交易	通道突破	1983	37	21%	50	0	$1 418 786	–$95 107	15	2.2	–4.7%	$257m	24%	1 637	20	96%
日度道氏趋势交易者	波段突破	1900	120	5%	50	0	$1 090 346	–$250 428	4	1.4	–3.3%	$167m	23%	2 238	24	95%
周度道氏趋势交易者	波段突破	1900	120	23%	50	0	$2 193 706	–$181 634	12	2.3	–5.5%	$1.4b	29%	1 403	25	95%
月度道氏趋势交易者	波段突破	1900	120	41%	50	0	$1 688 451	–$170 287	10	1.6	–10.1%	$8m	13%	936	16	99%
日度道氏趋势交易者带损失过滤器	波段突破	1900	120	14%	50	0	$1 684 485	–$149 512	11	2.4	–3.4%	$2.3b	31%	1 685	21	96%
周度道氏趋势交易者带损失过滤器	波段突破	1900	120	27%	50	0	$1 577 026	–$130 703	12	2.0	–5.7%	$474m	26%	975	18	97%

（续）

策略	类型	稳健性		性能分析													
				生存情况			收益风险比				带有资金管理的策略效率			交易难度			
		发布时间	样本外年数	期望收益	资金单位	ROR	净利润	最大回撤	收益风险比	UPI	风险	资金管理	CAGR	最大回撤天数	最大连续亏损	R^2
月度道氏趋势交易者带损失过滤器	波段突破	1900	120	34%	50	0	$844 920	–$108 963	8	0.9	–10.2%	$2m	10%	1 350	14	97%
日度道氏趋势交易者带损失过滤器和双重止损	波段突破	1900	120	16%	50	0	$1 755 392	–$158 902	11	2.7	–2.5%	$2.7b	31%	1 685	22	97%
周度道氏趋势交易者带损失过滤器和双重止损	波段突破	1900	120	33%	50	0	$1 160 253	–$80 520	14	1.8	–2.7%	$1.3b	29%	1 757	19	96%
月度道氏趋势交易者带损失过滤器和双重止损	波段突破	1900	120	80%	50	0	$650 835	–$62 723	10	0.9	–2.9%	$15m	15%	2 637	21	95%

然而，顺便说一下，带有损失过滤器和日线初始止损的 MDT，是我个人认为最能体现三个黄金原则的策略。使用月度道氏趋势的变化绝对能使策略与强劲的趋势保持一致。使用月度进场信号的日线初始止损，绝对可以快速截断亏损。使用月度波段点作为跟踪止损，绝对是让利润持续奔跑。MDT 绝对是趋势交易三个黄金原则的代表。我不能说它是最佳选择，因为还有表现更好的道氏策略——然而，它绝对是展现趋势交易本质的代表；顺趋势，截断亏损，让利润持续奔跑。

到目前为止，我已经实现了降低道氏理论的交易回撤的主要目标，但有时是以牺牲性能为代价的。让我尝试另一个想法。

□ 通过引入多时间框架调整方法

接下来，我想将多个时间框架结合到道氏策略中。我想知道将更高时间框架的进场信号与更低时间框架的交易计划结合会如何？也就是说，让策略在周度或月度这种更高时间框架的道氏趋势改变时进场，并使用日度道氏趋势的变化作为跟踪止损。看看这样的组合是否会降低回撤，让我们来看一下。

□ 编码：给 WDT 添加损失过滤器和日度双止损交易计划

我已经修改了 WDT，使用日度初始止损和日度跟踪波段止损。WDT 现在根据以下规则进行交易。

规则	
策略：	WDT
核心—方法论：	道氏理论
核心—发布时间：	1900
市场：	所有
指标：	无
变量—数量：	0
规则：	4

（续）

做多规则	
过滤器：	仅在前一周度道氏趋势改变信号为亏损信号时交易
开仓架构和进场条件：	周度道氏趋势改变——从下降趋势变为上升趋势
初始止损：	突破日开仓信号K线或进场K线更低的低点卖出
跟踪止损：	日度道氏趋势改变——从上升趋势变为下降趋势
做空规则	
过滤器：	仅在前一周度道氏趋势改变信号为亏损信号时交易
开仓架构和进场条件：	周度道氏趋势改变——从上升趋势变为下降趋势
初始止损：	突破日开仓信号K线或进场K线更高的高点买入
跟踪止损：	日度道氏趋势改变——从下降趋势变为上升趋势

我已经修改了WDT，使其可以同时使用日度初始止损和日度跟踪波段止损，如图9-22所示。

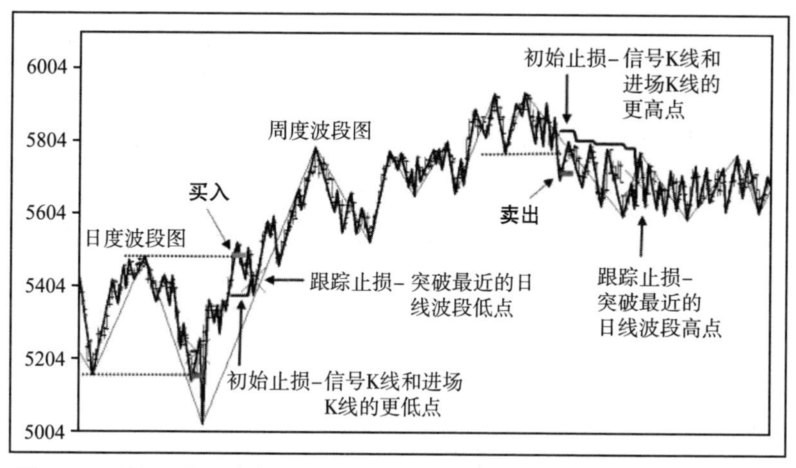

图9-22 引入日度跟踪波段止损，将WDT转变为一个双时间框架的道氏策略

□ 审查带有损失过滤器和日度双止损交易计划的WDT策略的性能

图9-23总结了在引入损失过滤器和日度初始止损及跟踪波段止损后WDT的性能。

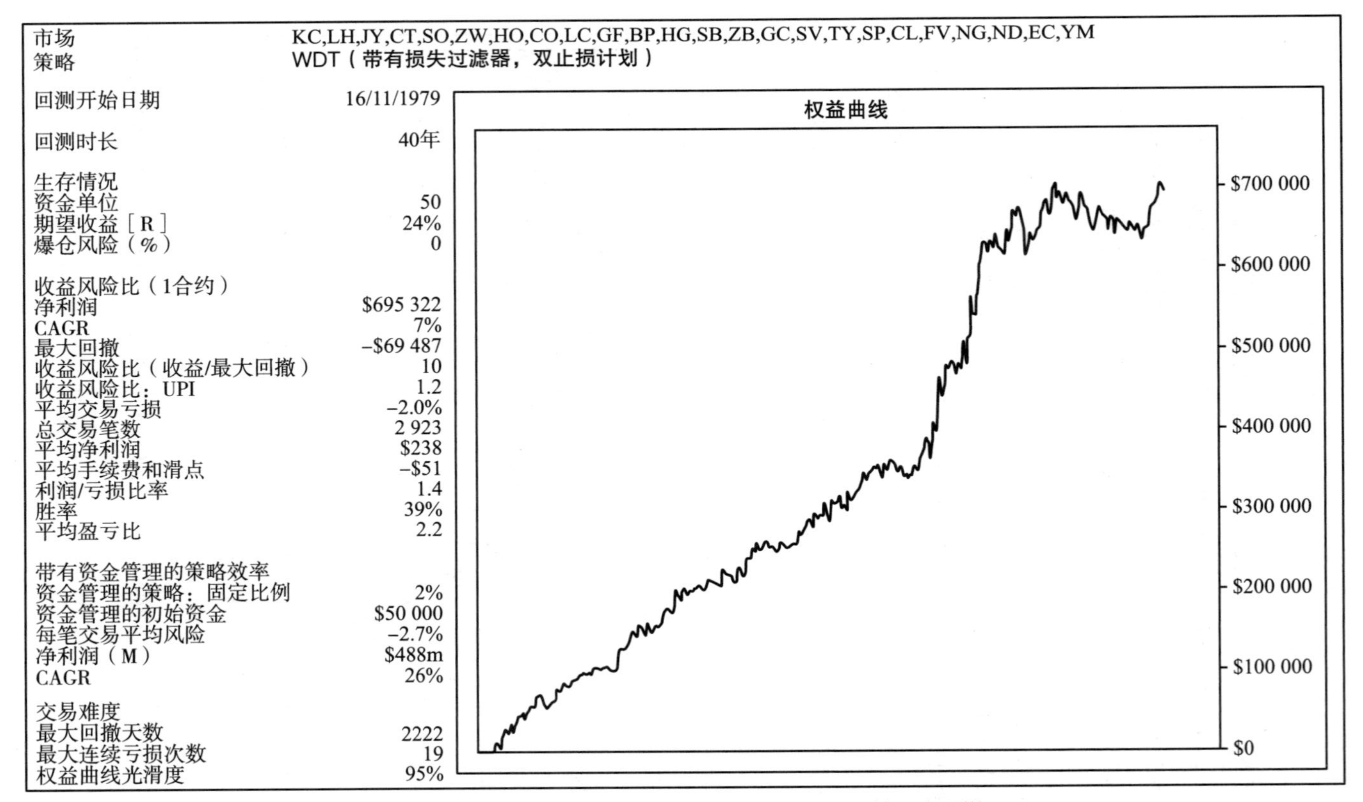

图 9-23 引入日度跟踪波段止损，降低了 WDT 的最大回撤

□ 比较带有损失过滤器和日度双止损交易计划的 WDT

表 9-13 总结了这个不断增长的替代策略的列表。

在 WDT 中引入日度初始止损和日度跟踪波段止损，我肯定实现了降低回撤的主要目标，从 –80 520 美元降至 –69 487 美元，下降了 14%。然而，这种改进代价很高。性能显示净利润从 13 亿美元下降 62% 至 4.88 亿美元。沉重的代价。此外，风险调整后的 UPI 下降了 33% 至 1.2。

让我们在 MDT 中运行日度双止损交易计划，看看会有什么线索。

□ 编码：给 MDT 添加损失过滤器和日度双止损交易计划

我已经修改了 MDT，使用日度初始止损和日度跟踪波段止损。策略现在根据以下规则进行交易。

规则	
策略：	MDT
核心—方法：	道氏理论
核心—发布时间：	1900
市场：	所有
指标：	无
变量—数量：	0
规则：	4
做多规则	
过滤器：	仅在前一次月度道氏趋势改变为亏损信号时交易
开仓架构和进场条件：	月度道氏趋势改变——从下降趋势变为上升趋势
初始止损：	突破日开仓信号 K 线或进场 K 线中更低点时卖出
跟踪止损：	日度道氏趋势改变——从上升趋势变为下降趋势
做空规则	
过滤器：	仅在前一次月度道氏趋势改变为亏损信号时交易
开仓架构和进场条件：	月度道氏趋势改变——从上升趋势变为下降趋势
初始止损：	突破日开仓信号 K 线或进场 K 线中更高点时买入
跟踪止损：	日度道氏趋势改变——从下降趋势变为上升趋势

表 9-13　好消息是，引入日度跟踪波段止损降低了 WDT 的最大回撤——然而，坏消息是，这是以降低性能为代价的

策略	类型	稳健性		性能分析												
				生存情况			收益风险比					带有资金管理的策略效率		交易难度		
		发布时间	样本外年数	期望收益	资金单位	ROR	净利润	最大回撤	收益风险比	UPI	风险	资金管理	CAGR	最大回撤天数	最大连续亏损	R^2
海龟交易	通道突破	1983	37	21%	50	0	$1 418 786	–$95 107	15	2.2	–4.7%	$257m	24%	1 637	20	96%
日度道氏趋势交易者	波段突破	1900	120	5%	50	0	$1 090 346	–$250 428	4	1.4	–3.3%	$167m	23%	2 238	24	95%
周度道氏趋势交易者	波段突破	1900	120	23%	50	0	$2 193 706	–$181 634	12	2.3	–5.5%	$1.4b	29%	1 403	25	95%
月度道氏趋势交易者	波段突破	1900	120	41%	50	0	$1 688 451	–$170 287	10	1.6	–10.1%	$8m	13%	936	16	99%
日度道氏趋势交易者带损失过滤器	波段突破	1900	120	14%	50	0	$1 684 485	–$149 512	11	2.4	–3.4%	$2.3b	31%	1 685	21	96%
周度道氏趋势交易者带损失过滤器	波段突破	1900	120	27%	50	0	$1 577 026	–$130 703	12	2.0	–5.7%	$474m	26%	975	18	97%
月度道氏趋势交易者带损失过滤器	波段突破	1900	120	34%	50	0	$844 920	–$108 963	8	0.9	–10.2%	$2m	10%	1 350	14	97%

（续）

策略	类型	稳健性		性能分析												
				生存情况			收益风险比				带有资金管理的策略效率			交易难度		
		发布时间	样本外年数	期望收益	资金单位	ROR	净利润	最大回撤	收益风险比	UPI	风险	资金管理	CAGR	最大回撤天数	最大连续亏损	R^2
日度道氏趋势交易者带损失过滤器和双重止损	波段突破	1900	120	16%	50	0	$1 755 392	–$158 902	11	2.7	–2.5%	$2.7b	31%	1 685	22	97%
周度道氏趋势交易者带损失过滤器和双重止损	波段突破	1900	120	33%	50	0	$1 160 253	–$80 520	14	1.8	–2.7%	$1.3b	29%	1 757	19	96%
月度道氏趋势交易者带损失过滤器和双重止损	波段突破	1900	120	80%	50	0	$650 835	–$62 723	10	0.9	–2.9%	$15m	15%	2 637	21	95%
周度道氏趋势交易者带损失过滤器和双重止损、日度跟踪止损	波段突破	1900	120	24%	50	0	$695 322	–$69 487	10	1.2	–2.7%	$488m	26%	2 222	19	95%

我已经修改了 MDT，使其可以同时使用日度初始止损和日度跟踪波段止损，如图 9-24 所示。

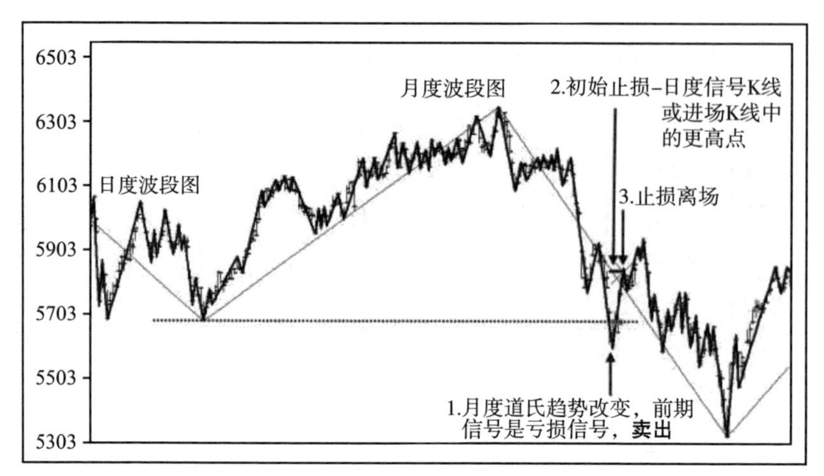

图 9-24 引入日度跟踪波段止损，将 MDT 策略转变为一个双时间框架的道氏策略

□ 审查带有损失过滤器和日度双止损交易计划的 MDT 的性能

图 9-25 总结了在引入带有日度初始止损和日度跟踪波段止损的损失过滤器后，MDT 的性能表现。将 MDT 与日度双止损交易计划结合似乎没有积极影响。

□ 比较带有损失过滤器和日度双止损交易计划的 MDT

表 9-14 显示，引入日度初始止损和日度跟踪波段止损使 MDT 的最大回撤显著减少。这是迄今为止实现的最小回撤。

基于降低回撤的主要目标，带有日度初始止损和日度跟踪波段止损的 MDT 看起来能够超越海龟交易的策略。它确实拥有最小的回撤，为 –33 057 美元。然而，这是以巨大的代价换来的。盈利能力已经被削弱。风险调整后的性能几乎消失，UPI 降至 0.3。最大回撤天数增加到了令人不安的 4 332 天[㊀]。坏消息是，尽管达到了最小化回撤的目标，但这种组合将是吸引力最小的。好消息是，我已经接近完成我的调整。

㊀ 原书为 4362 天，疑有误。——译者注

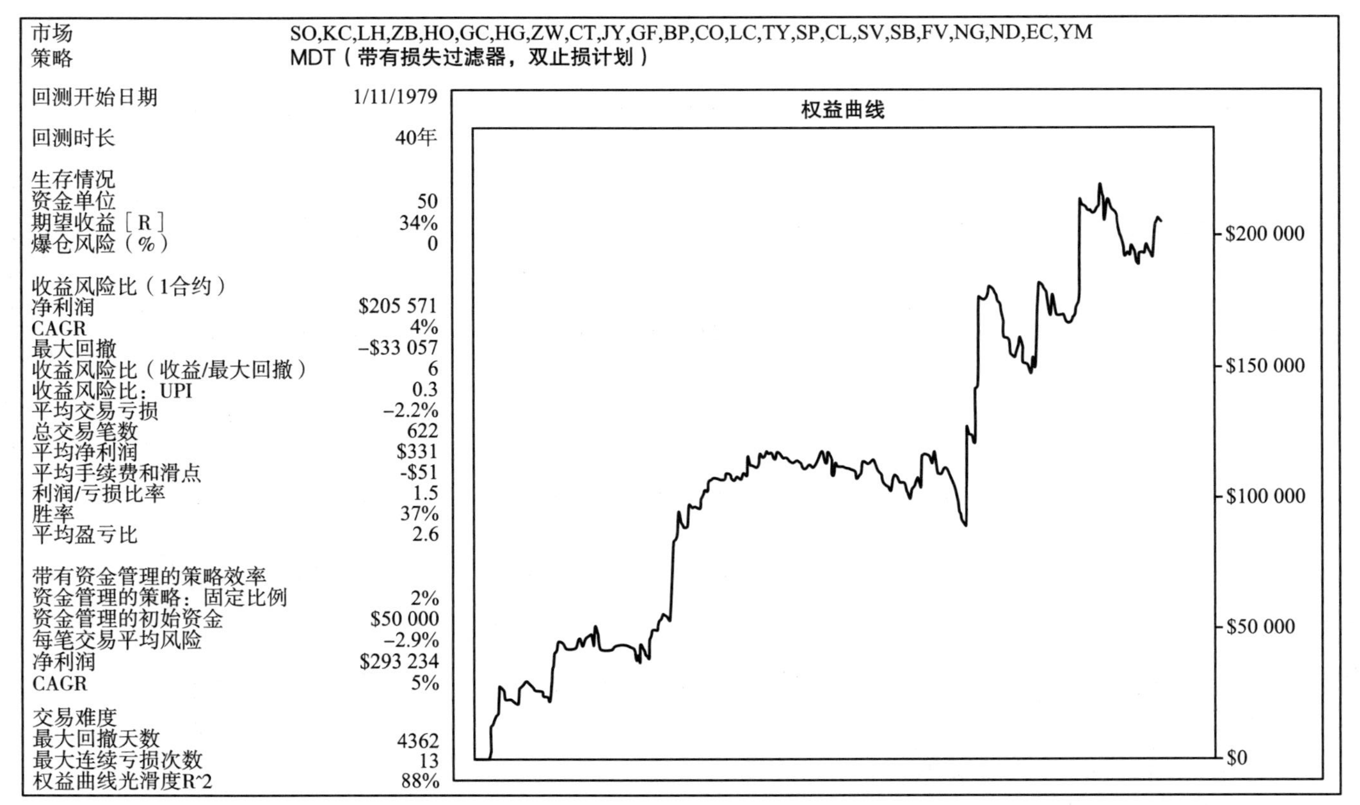

图 9-25 引入日度初始止损跟踪波段止损似乎对于 MDT 没有积极的影响，尽管最大回撤幅度是降低了

表 9-14　尽管产生了幅度最小的回撤，但引入日度初始止损和日度跟踪波段止损，对 MDT 的整体表现存在不利的影响

策略	类型	稳健性		性能分析												
				生存情况			收益风险比				带有资金管理的策略效率			交易难度		
		发布时间	样本外年数	期望收益	资金单位	ROR	净利润	最大回撤	收益风险比	UPI	风险	资金管理	CAGR	最大回撤天数	最大连续亏损	R^2
海龟交易	通道突破	1983	37	21%	50	0	$1 418 786	–$95 107	15	2.2	–4.7%	$257m	24%	1 637	20	96%
日度道氏趋势交易者	波段突破	1900	120	5%	50	0	$1 090 346	–$250 428	4	1.4	–3.3%	$167m	23%	2 238	24	95%
周度道氏趋势交易者	波段突破	1900	120	23%	50	0	$2 193 706	–$181 634	12	2.3	–5.5%	$1.4b	29%	1 403	25	95%
月度道氏趋势交易者	波段突破	1900	120	41%	50	0	$1 688 451	–$170 287	10	1.6	–10.1%	$8m	13%	936	16	99%
日度道氏趋势交易者带损失过滤器	波段突破	1900	120	14%	50	0	$1 684 485	–$149 512	11	2.4	–3.4%	$2.3b	31%	1 685	21	96%
周度道氏趋势交易者带损失过滤器	波段突破	1900	120	27%	50	0	$1 577 026	–$130 703	12	2.0	–5.7%	$474m	26%	975	18	97%
月度道氏趋势交易者带损失过滤器	波段突破	1900	120	34%	50	0	$844 920	–$108 963	8	0.9	–10.2%	$2m	10%	1 350	14	97%

（续）

策略	类型	稳健性		性能分析												
				生存情况			收益风险比				带有资金管理的策略效率			交易难度		
		发布时间	样本外年数	期望收益	资金单位	ROR	净利润	最大回撤	收益风险比	UPI	风险	资金管理	CAGR	最大回撤天数	最大连续亏损	R^2
日度道氏趋势交易者带损失过滤器和双重止损	波段突破	1900	120	16%	50	0	\$1 755 392	−\$158 902	11	2.7	−2.5%	\$2.7b	31%	1 685	22	97%
周度道氏趋势交易者带损失过滤器和双重止损	波段突破	1900	120	33%	50	0	\$1 160 253	−\$80 520	14	1.8	−2.7%	\$1.3b	29%	1 757	19	96%
月度道氏趋势交易者带损失过滤器和双重止损	波段突破	1900	120	80%	50	0	\$650 835	−\$62 723	10	0.9	−2.9%	\$15m	15%	2 637	21	95%
周度道氏趋势交易者带损失过滤器和双重止损、日度跟踪止损	波段突破	1900	120	24%	50	0	\$695 322	−\$69 487	10	1.2	−2.7%	\$488m	26%	2 222	19	95%
月度道氏趋势交易者带损失过滤器和双重止损、日度跟踪止损	波段突破	1900	120	34%	50	0	\$205 571	−\$33 057	6	0.3	−2.9%	\$0.3m	5%	4 332	13	88%

□ 你的选择

最终要由个人交易者决定，他们是否认为我给出的任何组合足够好，能够超越海龟交易的基准。就我个人而言，我认为修改后的 WDT（MWDT）带有损失过滤器、日度初始止损和周度跟踪波段止损，即使其回撤仍然较大，也是优越的策略。

让我们比较一下性能：

	MWDT 带有损失过滤器 带有日度初始止损	海龟交易	效果
● 期望	33%	21%	+57%
● 净利润	\$1.160m	\$1.419m	−18%
● 回撤	−\$0.080m	−\$0.095m	−16%
● 收益风险比	14	15	−7%
● UPI	1.8	2.2	−18%
● 每笔交易的平均风险	−2.7%	−4.7%	+42%
● 带资金管理策略的净利润	\$1.3b	\$257m	+406%
● CAGR	29%	24%	+21%
● 最大回撤期	1757 天	1637 天	+7%
● 连续亏损次数	19	20	−5%
● 光滑度（R^2）	96%	96%	+0%

首先，从典型的私人交易者的角度看，MWDT 较小的回撤是一个巨大的吸引力。其次，尽管它在收益风险比指标上落后于海龟交易，但它凭借较小的止损和卓越的 29% 的 CAGR，实现了 13 亿美元的利润，相比之下海龟交易只有 2.57 亿美元。它在赚钱方面的效率远高于海龟交易，因为它较低的平均风险（−2.7%）允许交易者比海龟交易（平均风险为 −4.7%）更快地增加头寸规模。此外，毫无疑问，MWDT 更加稳健。道氏理论已经存在了很长时间，比理查德·唐奇安的 4 周规则策略（海龟交易就建立在此策略之上）要

长得多。并且请记住，在实现你的第一个目标——在市场上生存下来之后，你的第二个目标是赚钱，MWDT 在这方面做得非常出色——凭借其损失过滤器、日度初始止损和周度跟踪波段止损实现了 29% 的 CAGR。

权益曲线稳健性审查

在我策略发展蓝图的最后一步，是进行权益曲线稳健性审查。现在，对于 MWDT 来说，这一步实际上是多余的。除了 1983 年的损失过滤器，MWDT 是 100% 的道氏理论，其大部分结果都是样本外的。样本外的表现提供了不可否认的证据，证明该策略是稳健的。然而，为了完整地展示我的策略开发过程，我将继续完成权益曲线稳健性审查。

□ 目的

审查的全部目的，是确定一个策略的权益曲线是否稳定，使得策略在各种参数值下都能维持 0 的爆仓风险。为了实现这一点，需要知道策略的所有备选权益曲线、期望值和爆仓风险的全部范围。范围的大小将取决于策略中的参数数量以及允许的调整次数。参数和调整次数越多，范围就越大。范围越大，备选权益曲线中一个或多个产生超过 0 的爆仓风险的可能性就越高。这不是一个好结果，但除非你完成权益曲线稳健性审查，否则你不会知道这一点。

图 9-26 总结了我对 MWDT 的权益曲线稳健性审查。

为了帮助你了解 MWDT 的稳健性，我引用了第 5 章 RTT 的审查作为比较。如你所见，这是一个相对简单的练习。与 RTT 不同，带有损失过滤器和日线初始止损交易计划的 MWDT，不包含任何主观变量依赖指标。MWDT 只有一条权益曲线，它要么有效，要么无效。如你所见，它是有效的。它不需要有利的参数值就能产生有利的结果。道氏理论通过了客观性和独立性测试。道氏理论处理的是 100% 的价格，它是 100% 客观的。没有人可以调整、修改、摆弄或改变道氏趋势的变化。没有人，你办不到，我也办不到，央行也办不到，甚至市场这个最大逆境先生也办不到。这是纯粹的 100% 的市场行为。你无法施加影响，我也没有什么可说。它要么有效，要么无效。道氏理论是有效的。

权益曲线稳健性审查					
策略				RTT	MWDT
开仓				MA（34） MA（250） RSI（4.80%）	WDT（带有损失过滤器，双止损计划）
盈利策略的特点					
可测量性			期望	9%	33%
			资金单位	20	50
			ROR	0	0
稳健性					
	证据		样本外表现	不具备	具备
	指标				
		通用性	是否能在广泛的市场组合中获利	是	是
		良好的设计原则	权益曲线稳健性审查		
			参数数量	4	0
			参数调整次数	4	0
			备选权益曲线数量	256	1
			权益曲线变异性	大	无
			期望变异性	大	无
			是否有一组参数值使得爆仓风险大于 0	是	无
			是否权益曲线足够交易	**否**	**是**

图 9-26 审查结果显示，MWDT 带有止损过滤器、日线初始止损和周度波段跟踪止损，拥有稳定的权益曲线

合理的交易目的地

我坚信 MWDT 为交易市场提供了一种明智和可持续的方法。通过在道氏趋势的周度改变的基础上，叠加一个简单的损失过滤器、日度初始止损和

周度跟踪波段止损，它拥有可验证的和基于证据的优势。该策略坚定地围绕趋势交易的黄金原则。使用更高的周度时间框架，该策略确保交易者（希望如此）实现了根据道氏理论定义的“顺趋势”。使用低得多的日内初始止损，是坚定的“截断亏损”，而使用周度道氏趋势变化作为跟踪止损，体现了“让利润持续奔跑”。它不仅囊括了所有的三个选项，而且效率很高——拥有健康的 29% 的 CAGR。我鼓励你考虑这个策略，并且，如果你这样做，请在将其实施到市场中之前先独立验证它，并完成一次测试。如果你希望看到性能数据的更新版本，请随时通过我的网站与我联系。只需在邮件主题行写上 MWDT 的当前性能，我会发送给你，请放心向我索取。

回撤

尽管我付出了努力，MWDT 在我的 P24 投资组合上的 –80 520 美元回撤可能对于大多数私人交易者来说仍然太大。如果你对你的策略审查感到满意，就像我对 MWDT 一样，但对回撤水平感到不舒服，下一个合乎逻辑的步骤是构建一个投资组合，其中历史回撤水平对于你的交易账户和风险偏好而言是可以接受的。为了构建一个较小的投资组合，你需要避免陷入数据挖掘的陷阱。你不应该只选择或挑选 P24 投资组合中表现最好的市场，那是不可取的。最好是根据我在第 8 章展示的那样，构建一个基于多样化和流动性的渐进式投资组合。请参阅图 8-1 中显示的小型投资组合 P2、P4、P8 和 P16。这些投资组合是根据多样性和流动性的客观标准构建的。我已经在各种投资组合配置上运行了 MWDT，如图 9-27 所示。

很高兴看到该策略在所有投资组合中表现良好。请理解，随着投资组合规模的增大，性能会有所提高。较小的投资组合总是处于劣势，因为市场较小，它们捕捉良好交易机会的机会较少。在表 9-15 中，我总结了 MWDT 策略在每个投资组合中的性能表现。

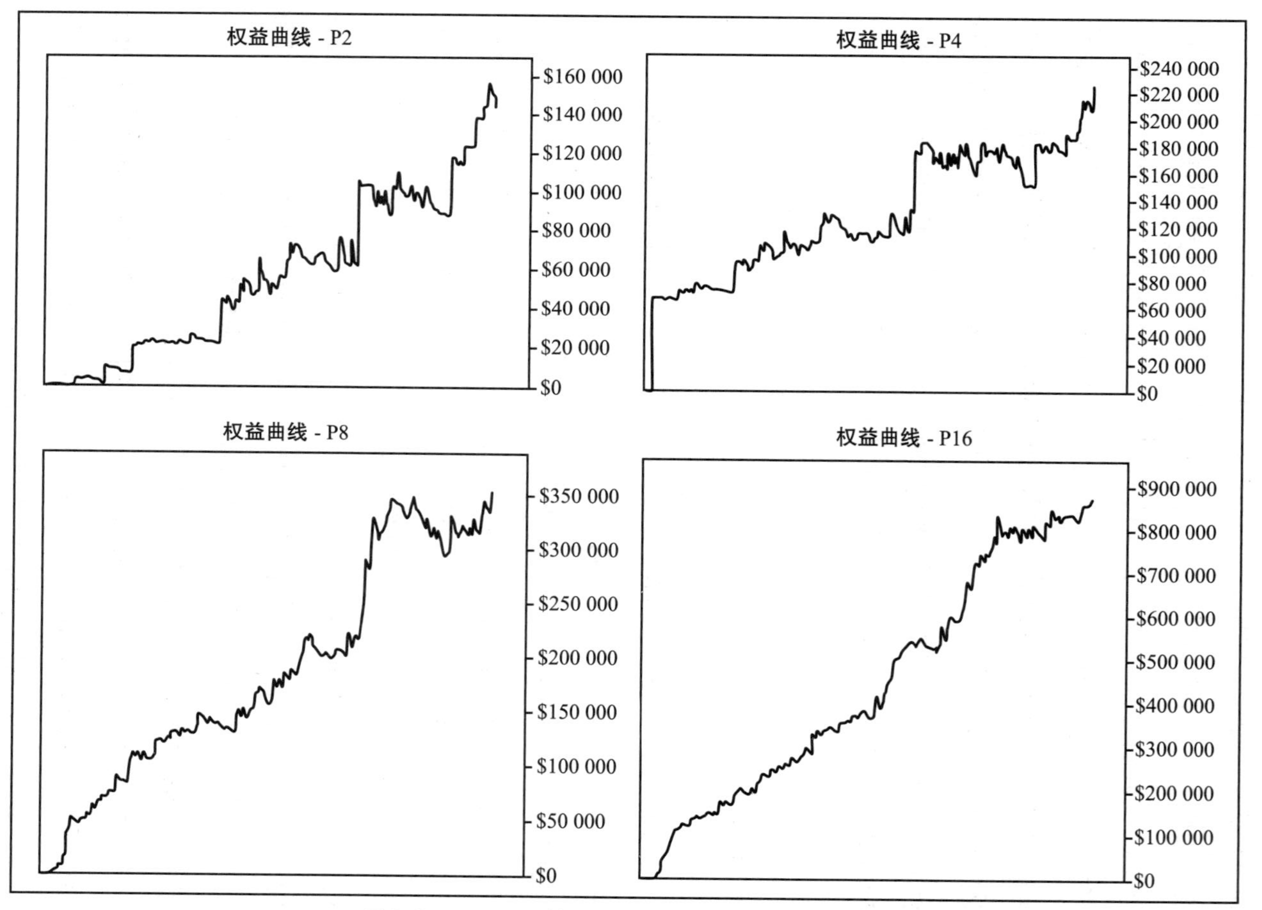

图 9-27 MWDT 策略展示在各种市场中稳定的表现

表 9-15 MWDT 的性能并不依赖于少数表现良好的市场

策略	MWDT（带有损失过滤器，双止损计划）				
回测开始日期	16/11/1979				
回测时长	40 年				
资产组合	P2	P4	P8	P16	P24
生存情况					
资金单位	50	50	50	50	50
期望收益	40%	38%	38%	41%	33%
爆仓风险（%）	0	0	0	0	0
收益风险比（1 合约）					
净利润	\$144 190	\$219 530	\$352 733	\$871 470	\$1 160 253
CAGR	4%	4%	5%	8%	8%
最大回撤	–\$22 405	–\$32 948	–\$56 288	–\$55 262	–\$80 520
收益风险比（收益 / 最大回撤）	6	7	6	16	14
收益风险比：UPI	0.2	0.4	0.7	1.7	1.8
平均交易亏损（%）	–1.8%	–1.6%	–1.8%	–2.6%	–2.5%
总交易笔数	258	501	929	1900	2 923
平均净利润	\$559	\$438	\$380	\$459	\$397
平均手续费和滑点	–\$51	–\$51	–\$51	–\$51	–\$51
利润 / 亏损比率	1.6	1.6	1.5	1.6	1.5
胜率	33%	34%	31%	30%	29%

（续）

平均盈亏比	3.3	3.1	3.5	3.8	3.5
带有资金管理的策略效率					
资金管理的策略：固定比例	2%	2%	2%	2%	2%
资金管理的初始资金	\$50 000	\$50 000	\$50 000	\$50 000	\$50 000
每笔交易平均风险	–2.0%	–1.7%	–2.0%	–2.8%	–2.7%
净利润	\$277 365	\$2m	\$22m	\$813m	\$1.3b
CAGR	5%	10%	17%	27%	29%
交易难度					
最大回撤天数	1599	2884	2509	1800	1757
最大连续亏损次数	11	14	16	17	19
权益曲线光滑度 R^2	93%	95%	93%	98%	96%

MWDT在投资组合中的性能是稳定一致的，凸显了道氏理论和策略的稳健性。在所有投资组合中，利润对损失比率、准确性和平均盈亏比率及其产生的期望值是统一的，表明策略的性能并不依赖于少数关键市场。交易较大的投资组合的好处在于，随着每个投资组合规模的增加，收益风险比指标和效率会有所提高。

查尔斯·道（1851—1902）

查尔斯·道，向你致敬。我可以证明，不仅通过模拟历史权益曲线的样本外数据，而且通过我自己的交易，道的峰谷趋势分析在今天和在1900年首次通过《华尔街日报》的文章分享时一样有效。我可以证明，它经受住了时间的考验。无论是1987年的股市崩盘还是后来的亚洲货币危机，还是互联网泡沫，还是美国住房泡沫或全球金融危机，还是量化宽松或高频交易，还是颠覆性的科技独角兽浪潮，都没有破坏其有效性。道氏理论正如我所说的，是永恒的，并且毫无疑问证明了这句老话：

市场越变，不变之道越显。

道氏理论可能很古老，对于许多人来说可能一点也不时尚。然而，不可否认的是，在多个时间框架周期和所有市场中，它在所有市场条件和黑天鹅事件下的表现，使其成为一种稳健的方法，值得被市场参与者认真审查并积极考虑。许多人研究市场，只看到不确定性，道氏理论看到的却是机会。最大的问题是，道氏理论是否会像过去一样在未来继续表现良好？嗯，没有人知道，我不知道，你也不知道。然而，如果它在过去所有市场条件下、跨越所有牛熊市场周期、跨越所有时间框架和所有市场的表现可以作为参考，那么面向未来的胜算也会看起来相当积极。然而，你不需要胜算来在市场中生存。只要将你的爆仓风险牢牢地保持在0以确保生存，道氏理论的罗盘就有可能引导你穿越这个名为市场的动荡和不可预测的迷宫。

感谢你，查尔斯·道，这一章是献给你和你的同行的。

回到未来以向前发展

我希望你现在已经熟悉了我的开发策略的过程。我坚持认为回顾过去才能向前迈进，因为只有旧的想法，才能赋予我大量的样本外数据和稳健性的有力证据。一旦你找到一个旧的想法并审视它，这就成了一个规范性的过程。使用你的软件来编码这个想法，审查并与你的策略基准进行比较。为了避免数据挖掘，请确保它在多样化的全球市场投资组合中具有通用性。如果它有足够有趣的表现，你可以考虑对其进行调整，但不要陷入过度的曲线拟合的陷阱。如果策略仍然看起来有利，记得完成权益曲线稳健性审查。如果你还能笑到最后，请完成一个测试，如果结果积极，庆祝一下，带家人出去吃大餐！

就这么简单！

拥抱多样化

一旦完成，你的目标最终是构建一个由顺趋势和逆趋势技术组成的、不相关的策略组合，这些策略可以在多个时间框架和多个市场中进行交易。分散交易是有用的，技术、时间框架和市场的多样化将平滑你的权益曲线。

正如世界上最大的对冲基金之一桥水基金的负责人雷·达里奥在他的《原则》一书中写道，构建一个不相关的策略组合或使用分散化的投资策略，就是……

……交易的圣杯……

在多个时间框架和多个市场中，使用多个不相关的策略，将为你提供更多的交易机会，分散单一策略和单一市场的交易失败的风险，并平滑权益曲线。分散化能提供更好的风险管理。但首先，请专注于通过顺趋势实现你的可持续交易。

感谢你

感谢你抽出时间阅读我对趋势交易的看法。我知道每个人的时间都是有限的，所以我感谢你阅读这本书。我不期望你会同意我所写的每一件事，如果我的意见有时与你完全相反，我要表示歉意。然而，我希望你能同意我的大多数观点，以证明你花时间阅读这本书是值得的。

我知道我一开始很苛刻，描绘了一个不太讨人喜欢的趋势交易者的形象：在大部分时间里，这是一种痛苦的存在。我给你传递交易的真实一面，帮助你在几次亏损后不放弃。我想让你知道，期待并开始欢迎前方的痛苦，为不可避免的事物做好准备。在趋势交易的世界里，不可避免的是回撤。我这样做是因为，我想让你在第一次回撤中生存下来，看到你安全地到达另一边，那里有新的权益高点在等着你。能做到这一点，你将会有很大的胜算取得交易的成功。

并且我相信你可以做到。因为你已经拥有了识别或创造稳健且具有正期望值的策略所需的全部知识，这样的策略应该能够抵御未来不可避免的回撤。因此，我希望关于趋势交易的坦诚和面向现实的讨论以及我所审查的观点，能够帮助你实现在一条上升的权益曲线上稳步前进，尽管这条曲线有时可能会有些波动，但只要你追求的是厚尾的盈利，策略表现最终是会受到严谨的科学数据支持的。

你现在应该对交易的矛盾性质有了很好的理解和体会。你现在应该准备好期待意外，因为很少有东西像看上去那样简单。尤其是在交易世界中，无论你在哪里看，都有很多矛盾。尽管从技术、互联网和智能设备的进步来看，现在似乎是最好的时候，但它仍然是最糟糕的时候，超过 90% 的活跃交易者仍然亏损。在交易的世界，我们的恒定伴侣不是舒适、确定性和安全，而是痛苦、变化和不确定性。在交易的世界，最有说服力的语言或最精湛的技术分析，在市场面前都是苍白无力的。在交易的世界，过多的思考不会让你赚钱，反而让你付出代价。在交易的世界，最擅长认输才让你有机会成为最好的赢家。在交易的世界，挑选赢家、追求准确、拥有良好的进场技术和保持正确并不能带来成功，但掌握数学概率可以。这是一个偷懒会致命的世界。警惕那些诱人的指标。在交易的世界，夸耀自己见多识广的人却恰恰表现得最无知。在交易的世界，无论你是谁、认识谁都不会影响交易的结果。在交易的世界，过度创造力和独创性会受到过度惩罚。在交易的世界，物质将被轻视，简单纯粹将获得珍视。在交易的世界，多则惑、少则明。在交易的世界，回顾过去才能向前迈进。在交易的世界，是喜旧厌新的。在交易的世界，一切都被颠覆。在交易的世界，你不能相信浮于表面的信息。在交易的世界，成功不值得庆祝，谦卑会得到赐福。在交易的世界，一方面，我们被告知趋势是我们的朋友，要顺趋势，另一方面，我们被告知过去的业绩并不代表未来的业绩。我们被告知结果的分布是正态的，但无论我们怎么看，它都不像正态分布。饮食类图书都说肥胖是坏的，而交易成功却喜欢厚尾。在交易的世界，严谨的科学主张趋势交易不会输，但事实是许多人输了。在交易的世界，标准差是普遍接受的风险衡量指标，却受到普遍的批评。在交易的世界，我们希望溃疡指数更大而不是更小。交易的世界是一个我们交易者生活在其中的奇怪、别扭和矛盾的世界。在交易的世界，机会不在于确定性，而在于不确定性。承认、接受、拥抱和执行这些矛盾，将有助于你坚定地走在通往可持续交易的道路上。

在我离开之前，请记住，我只向你展示了通往罗马的一条路。如果它不适合你，不要担心——还有交易的替代方法。我再次为我的重复风格道歉，并请记住，在你考虑任何观点之前，要质疑并独立验证它。

最后，我想再次说，单独靠本书中的观点，不足以让你成功。你不仅需要一个稳健的正期望策略来交易，你还需要成功交易的普遍原则。如果你还没有，我鼓励你为自己准备一本我的前作——《交易圣经》。我实际上把《交易圣经》排在这本书之上，因为普遍原则优先于方法论。然而，我也非常重视我在这里分享的内容，特别是因为我认为这本书是《交易圣经》的缺失章节或伴读书。当它们结合在一起时，我真的相信这会坚定地让你走上明智和可持续交易的道路。最后请记住，如果你需要 MWDT 策略性能的更新，请不要犹豫，通过我的网站与我联系。

我祝你一切成功。

| 附录 |

这是对讨论动量投资和趋势交易的文献的简要概述。

考尔斯和琼斯（1933）

1933年，考尔斯和琼斯完成了一篇名为《股票市场行为中的一些后验概率》的研究论文（1937年7月发表于《计量经济学》)。他们对个股的两种序列进行了分类，即正向序列和反转序列。当正收益之后跟随正收益，负收益之后跟随负收益时，就会发生正向（趋势）序列。而当正收益之后跟随负收益，反之亦然时，则会发生反转（逆趋势）序列。

他们检验了从20分钟到最长3年的各种时间序列的价格数据。他们发现在每一个时间序列中，正向（趋势）序列的数量都多于反转（逆趋势）序列。例如，在1835年到1935年的月度时间序列中，如果市场已经上涨，那么下个月市场再次上涨的概率为62.5%。动量带来更多动量。

列维（1967）

1967年，列维在《金融杂志》上发表了一篇题为《相对强弱作为投资选择标准》的文章。列维发现，在26周的时间里，过去表现良好的股票群体和未来表现良好的股票群体之间存在“良好的相关性”。他写道：

> 26周的平均排名和比率明显支持相对强弱的持续性的概念。历史上表现最强的10%的股票在接下来的26周里平均升值了9.6%。历史上表现最弱的10%的股票在接下来的26周里平均升值仅为2.9%。

相对的强度意味着更强的动量。

杰加迪什和蒂特曼（1993）

1993年，杰加迪什和蒂特曼在《金融杂志》上发表了一篇题为《买优和卖劣的收益：对股市效率的影响》的文章。他们展示了一种动量策略，即做多过去表现良好的股票，并做空过去表现不佳的股票，在一到四个季度的持有期内产生了显著的正收益。他们发现了强劲且持续的动量的存在。

阿内斯、廖和史蒂文斯（1997）

1997年，阿内斯、廖和史蒂文斯在《投资组合管理杂志》上发表了一篇题为《股票和国家收益横截面可预测性的相似之处》的论文。他们发现在美国股票和国际股票指数中存在强劲且持续的动量。

鲁文霍斯特和杰特（1998）

1998年，鲁文霍斯特和杰特在《金融杂志》上发表了一篇题为《国际动量策略》的文章。他们检查了包括奥地利、比利时、丹麦、法国、德国、意大利、荷兰、挪威、西班牙、瑞典、瑞士和英国在内的国际市场的股份。他们发现了强劲且持续的动量的存在。

勒巴伦（1999）

1999年，勒巴伦在《国际经济学杂志》上发表了一篇题为《技术分析规则盈利性和外汇干预》的文章。他采用 150 日移动平均线交叉策略检验了货币市场。

勒巴伦发现，使用简单的动量策略在外汇系列中创造了“异常大的利润”。他发现了强劲且持续的动量的存在。

莫斯考维茨和格林布拉特（1999）

1999 年，莫斯考维茨和格林布拉特在《金融杂志》上发表了一篇题为《行业是否解释了动量》的文章。他们发现跨行业存在强劲且持续的动量。

鲁文霍斯特（1999）

1999 年，鲁文霍斯特在《金融杂志》上发表了一篇题为《新兴股市的地方收益因素和周转》的文章。他检查了 20 个国家的 1 700 只股票，并发现新兴市场股票经历了强劲的动量。他发现了强劲且持续的动量的存在。

格里芬、季、马丁（2003）

2003 年，格里芬、季、马丁在《金融杂志》上发表了一篇题为《动量投资和商业周期风险：从一端到另一端的证据》的文章。他们发现在正增长和负增长期间都存在强劲且持续的动量。

黄、乔治（2004）

2004 年，黄和乔治在《金融杂志》上发表了一篇题为《52 周高点和动量投资》的文章。他们使用 52 周高点突破来测试，并在 1963 年到 2001 年的股票中证明了动量的存在。他们发现了强劲且持续的动量的存在。

威尔科克斯、克里滕登（2005）

2005 年，威尔科克斯和克里滕登写了一篇题为《趋势交易在股票上有效吗》的论文。

他们检查了 1983 年到 2004 年之间超过 24 000 只股票。他们采用了一种仅做多的策略，即在股票达到历史最高点时买入，并在 10 日平均真实波动范围止损。他们表明，他们的策略在同一时期显著优于 S&P500 指数。他们发现了强劲且持续的动量的存在。

法伯（2006）

2006 年，法伯在《财富管理杂志》上发表了一篇题为《战术性资产配置的定量方法》的文章。

他应用了一个简单的月度交叉策略，即当月收盘价高于 10 个月移动平均线时买入，并在月收盘价低于 10 个月移动平均线时转为现金。他将他的交叉策略应用于 1972 年到 2005 年的美国和外国股票、大宗商品和债券。他发现在所有资产类别中都存在强劲且持续的动量。

萨克马里、沈、夏尔马（2010）

2010 年，萨克马里、沈、夏尔马在《银行与金融杂志》上发表了一篇题为《商品期货中的动量交易策略：重新审视》的文章。他们在过去 48 年的 28 个期货市场上应用了几种动量交易策略，如移动平均线交叉和通道突破。他们发现了强劲且持续的动量的存在。

刘、刘和马（2010）

2010 年，刘、刘和马在《国际货币与金融杂志》上发表了一篇题为《国际股票市场中的 52 周高点动量策略》的文章。他们采用了一种策略，在 20 个国际市场上购买了 52 周高点，并发现了强劲且持续的动量的存在。

赫斯特、乌伊和彼得森（2010）

2010 年，赫斯特、乌伊和彼得森在《投资管理杂志》上发表了一篇题为《揭开管理期货的神秘面纱》的文章。他们检查了 1985 年到 2012 年的管理期货基金的收益，并证明了它们的收益的一个显著部分可以通过简单的趋势交易策略来解释。他们展示了趋势跟踪在牛市和熊市期间的一致性，发现了强劲且持续的动量的存在。

莫斯考维茨、乌伊、华和彼得森（2011）

2011 年，莫斯考维茨、乌伊、华和彼得森在《金融经济学杂志》上发表了一篇题为《时间序列动量》的研究论文。他们检查了 1985 年到 2010 年的 58 个市场，涵盖了股票指数、货币、大宗商品和债券。在所有行业中，他们发现了强劲且持续的动量的存在。

安东纳奇（2012）

2012 年，安东纳奇在《管理与创业杂志》上发表了一篇题为《通过双重动量收获风险溢价》的文章。他涵盖了自 1974 年以来的数据，包括股票、黄金、公司债券和政府债券。他发现所有市场都存在强劲且持续的动量。

卢和于（2012）

2012 年，卢和于在《固定收益杂志》上发表了一篇题为《政府债券市场中的动量》的文章。他们检查了 1987 年到 2011 年的政府债券，并发现了强劲且持续的动量的存在。

赫斯特、乌伊和彼得森（2012）

2012 年，AQR 资本管理有限责任公司发表了由赫斯特、乌伊和彼得森撰写的一篇题为《趋势交易投资的百年证据》的论文。他们对 1903 年到 2011 年的商品、股票指数和货币对进行了详尽的动量检查。他们发现所有市场中都存在强劲且持续的动量。他们还发现，将动量方法纳入传统的 60/40 股票 / 债券组合可以增加收益，同时降低波动性和最大回撤。

勒佩里埃、德伦布尔、西格、波特斯和布沙尔（2014）

2014 年，勒佩里埃、德伦布尔、西格、波特斯和布沙尔在《投资策略杂志》上发表了一篇题为《两个世纪的趋势交易》的论文。这又是一项详尽的研究，涵盖了自 1800 年以来的大宗商品和股票。他们发现随着时间的推移，所有资产类别中都存在强劲、稳定且持续的动量。

格雷泽曼和卡明斯基（2014）

嗯，这本书或许是倡导趋势交易的终极权威指南。2014年，格雷泽曼和卡明斯基出版了他们的书——《管理期货的趋势交易：寻找危机阿尔法》。他们在1223年到2013年的84个市场中应用了趋势交易策略，涵盖了股票、债券、货币和大宗商品。这是近800年的数据。他们发现所有资产类别和所有世纪中都存在强劲且持续的动量。特别是，他们展示了动量享有13%的年收益率，而买入并持有的年收益率为4.8%。动量加油！

克莱尔、西顿、史密斯和托马斯（2014）

2014年，克莱尔、西顿、史密斯和托马斯在《投资杂志》上发表了一篇题为《规模很重要：国际股票组合中的尾部风险、动量和趋势交易》的论文。他们的研究比较了在广泛的国际股票市场中相对动量与绝对动量的有效性。他们发现了只有相对动量的有效性有限，而他们发现绝对动量（趋势交易）策略中存在强劲且持续的动量。

格拉巴达尼迪斯（2016）

2016年，格拉巴达尼迪斯在《国际金融评论》上发表了一篇题为《用组合移动平均线对市场择时》的文章。他证明了在美国股票中应用移动平均趋势交易策略时，存在强劲且持续的动量。

乔治普鲁和王（2016）

2016年，乔治普鲁和王发表了一篇题为《趋势是你的朋友：跨股票和商品市场的时间序列动量策略》的论文，发表在《金融评论》上。他们的研究涵盖了1969年到2015年的传统资产类别。他们发现了强劲且持续的动量的存在。

哈米尔、拉特雷和范赫默特（2016）

2016年，哈米尔、拉特雷和范赫默特制作了一篇题为《趋势交易：股票和债券危机阿尔法》的论文。他们检查了 1960 年到 2015 年由债券、大宗商品、货币和股票指数组成的全球多元化投资组合。他们发现了强劲且持续的动量的存在。他们还发现，在熊市期间，动量特别强劲。

迪苏扎、斯里查纳柴乔克、王和姚（2016）

2016 年，迪苏扎、斯里查纳柴乔克、王和姚在《金融管理杂志》上发表了一篇题为《时间序列动量对股票收益近 100 年的持久影响》的论文。他们回顾了 1927 年到 2014 年的美国股票和 1975 年的国际股票。他们将相对动量策略和绝对动量策略应用于他们的数据集。当应用绝对动量策略时，他们发现了强劲且持续的动量的存在。当使用相对动量策略时，他们没有发现强劲且持续的动量的存在。

格奇和萨莫诺夫（2017）

2017 年，格奇和萨莫诺夫在《金融分析师杂志》上发表了一篇题为《两个世纪的多资产动量（股权、债券、货币、大宗商品、板块和股票）》的论文。他们检查了 215 年里广泛的资产类别，涵盖了股票指数、债券、货币、大宗商品和美国股票。他们发现了强劲且持续的动量的存在。

赫斯特、乌伊和彼得森（2017）

2017 年，这些作者在《投资组合管理杂志》上写了他们之前 2012 年论文《趋势交易投资的百年证据》的扩展。他们早期的论文涵盖了 1903 年到 2011 年。在这篇论文中，他们将研究时间追溯到 1880 年。他们发现自 1880 年以来的每一个十年中都存在强劲且持续的动量。他们还发现，动量在所有市场条件下都表现良好，从衰退到繁荣，从战争到和平时期，从高到低的利率制度以及从高通胀到低通胀时期。动量加油！